新型工业化教育
New Industrialization

新型工业化·新计算·计算机应用与技术类系列

COMPUTER APPLICATION

Python 程序设计

从基础入门到实战应用(微课版)

(第2版)

王雷春/主　编
朱晓钢/副主编

新形态·立体化
精　品　系　列

扫一扫书中二维码
观看本书配套视频

電子工業出版社
Publishing House of Electronics Industry
北京·BEIJING

内 容 简 介

Python 优雅、简洁，具有大量的标准库模块，并且支持数量众多的第三方库，可供科学计算、数据分析、人工智能等相关行业的人员学习和研究，对学科交叉应用也很有帮助。本书分为两部分：教学篇和实验篇。教学篇共 15 章，包括 Python 初步，Python 编程基础，程序设计结构，组合数据，函数，面向对象程序设计，模块、包和库，正则表达式，文件访问，异常处理和单元测试，数据库访问，图形用户界面编程，多进程与多线程，网络程序设计，Python 与人工智能，内容以程序设计应用为导向，侧重使用 Python 解决实际问题的方法和能力训练。实验篇包括与各章知识对应的实验内容，力求通过实验培养学生使用 Python 解决实际问题的编程能力。

本书完全面向 Python 3.X，全部案例均在 Python 3.12.8 和 PyCharm Community Edition 2024.2.5 环境中进行编写和测试。在教学篇中，除基本案例外，各章（不包括第 1 章）都精选并安排了与实际结合紧密的典型案例，让读者既可以通过基本案例学到 Python 基础知识和使用方法，又可以通过典型案例对所学知识进行综合练习和应用，进一步提高编程能力。

本书既可作为高等学校计算机程序设计相关课程的教材，也可作为工具书供 Python 从业者学习和使用。

图书在版编目（CIP）数据

Python 程序设计 ： 从基础入门到实战应用 ： 微课版 /
王雷春主编. -- 2 版. -- 北京 ： 电子工业出版社，
2025. 9. -- ISBN 978-7-121-51045-8

Ⅰ. TP312.8

中国国家版本馆 CIP 数据核字第 2025HV0296 号

责任编辑：戴晨辰
印　　刷：天津千鹤文化传播有限公司
装　　订：天津千鹤文化传播有限公司
出版发行：电子工业出版社
　　　　　北京市海淀区万寿路 173 信箱　　邮编：100036
开　　本：787×1092　1/16　印张：20　字数：565 千字
版　　次：2019 年 8 月第 1 版
　　　　　2025 年 9 月第 2 版
印　　次：2025 年 9 月第 1 次印刷
定　　价：69.80 元

凡所购买电子工业出版社图书有缺损问题，请向购买书店调换。若书店售缺，请与本社发行部联系，联系及邮购电话：（010）88254888，88258888。

质量投诉请发邮件至 zlts@phei.com.cn，盗版侵权举报请发邮件至 dbqq@phei.com.cn。

本书咨询联系方式：dcc@phei.com.cn。

前言 Preface

“计算机程序设计”是高等学校计算机专业的核心课程，它以高级程序设计语言作为工具，介绍程序设计的思想和方法，为后续相关计算机课程的学习奠定基础，也是训练学生使用计算机编程解决实际问题的重要课程。

与其他程序设计语言（如 C、C++、C#、Java 等）相比，Python 是一门免费、开源、跨平台的高级动态编程语言，由 Guido van Rossum 于 1991 年首次发布。凭借其简洁的语法和强大的扩展性，Python 逐步成为开发者社区的重要工具，并多次被 TIOBE 评为“年度编程语言”。目前，Python 已经在计算机科学、统计分析、图形图像处理、人工智能、网络爬虫、自动化运维等领域中得到广泛的应用。

Python 支持命令式编程、函数式编程和面向对象程序设计，其语法简洁、清晰，拥有大量功能强大的标准库模块和第三方库，可以使学习者从语法细节中摆脱出来，专注于问题本身的分析、设计，以及解决该问题的逻辑与方法。因此，Python 的开发效率高，可以帮助不同领域的设计人员、研究人员、项目管理人员快速实现自己的思路和创意。

在国外，Python 已经成为很多著名高校，如卡耐基梅隆大学、麻省理工学院、加州大学伯克利分校、哈佛大学等计算机相关专业要求掌握的程序设计语言，甚至一些高中也将其列为程序设计入门语言。在国内，清华大学、北京大学等高校的一些专业也陆续开设了 Python 程序设计课程。

考虑到 Python 语法简洁易学、跨平台兼容性强，以及其在科学计算、数据分析和人工智能等领域的良好应用，本书以 Python 作为载体，系统介绍程序设计的基本思想和方法，旨在培养学生利用 Python 解决实际问题的能力。

本书分为两部分：教学篇和实验篇。教学篇共 15 章：第 1 章介绍 Python 的特点和应用，开发环境，程序开发，程序结构和编码规范，输入、输出函数等；第 2 章介绍数据类型、数字类型、字符串类型、常量和变量、运算符和表达式、内置函数、程序调试等；第 3 章介绍程序设计结构，包括顺序结构、选择结构和循环结构；第 4 章介绍组合数据的使用方法，包括列表、元组、字典和集合；第 5 章介绍函数定义和调用、函数参数、特殊函数、装饰器及变量作用域等；第 6 章介绍类和对象，类的成员和方法，类的继承和多态，抽象类和抽象方法等；第 7 章介绍常用标准库模块、常用第三方库及自定义模块等；第 8 章介绍正则表达式语法，以及使用 re 模块处理字符串的方法与步骤等；第 9 章介绍文本文件和二进制文件的访问方法；第 10 章介绍异常处理和单元测试的方法与步骤；第 11 章介绍在 Python 程序中访问不同类型数据库的方法；第 12 章介绍基于第三方库 wxPython 的图形用户界面程序设计；第 13 章介绍多进程与多线程的创建、使用、通信、同步等；第 14 章介绍网络程序设计，包括基于 TCP 和 UDP 的套接字编程、Web 编程等；第 15 章介绍人工智能的基本概念，以及使用 Sklearn 库和 TensorFlow 框架进行人工智能开发的初步知识。实验篇包括精选的、与各章知识对应的实验题目，以便读者上机练习。

本书既介绍了 Python 基础知识，如 Python 编程基础、程序设计结构、函数、面向对象程序设计、常用标准库模块和常用第三方库等；又介绍了 Python 中较为专业的内容，如数据库访问、图形用户界面编程、多进程与多线程、网络程序设计等；还对当前的研究热点——人工智能进行了探索，介绍了基于 Python 的机器学习库 Sklearn 和深度学习框架 TensorFlow 的初步使用方法。本书有 300 多个案例，分为两类：一类是与书中各个知识点对应的基本案例；另一类是面向应用的典型案例。读者可以通过基本案例学习并掌握 Python 基本理论和实践知识，通过典型案例提升自己解决较为复杂的实际问题的能力。

在 Python 的发展过程中，形成了 Python 2.X 和 Python 3.X 两个版本序列。考虑到 Python 3.X 是 Python 的主流，本书选择 Windows 64 位操作系统下的 Python 3.12.8 作为实现环境。同时，本书也介绍了在效率很高的集成开发软件 PyCharm 中进行 Python 程序设计和开发的方法。

本书提供丰富的配套教学资源，读者可以登录华信教育资源网（www.hxedu.com.cn）下载，也可与作者联系索取。作者邮箱为 2430179820@qq.com。

本书既可作为高等学校计算机程序设计相关课程的教材，也可作为工具书供 Python 从业者学习和使用。

本书第 1 ~ 13 章由王雷春（湖北大学）编写，第 14 章、第 15 章、习题和实验部分由朱晓钢（湖北大学）编写，全书由王雷春统稿。此外，参与本书部分章节编写和案例实现的还有周国玉等。

由于作者学识水平有限，书中难免存在疏漏和不妥之处，恳请广大读者批评指正。

王雷春

于湖北武汉

目录 Contents

第1部分 教 学 篇

第 2 部分 实 验 篇

第 1 部分　教 学 篇

第 1 章　Python 初步

本章内容：

- 概述
- 开发环境
- 程序开发
- 程序结构和编码规范
- 输入、输出函数

1.1　概述

1.1.1　Python 简介

Python 是一种高层次的，结合了解释性、编译性、互动性且面向对象的脚本语言，支持命令式编程、函数式编程和面向对象程序设计，被广泛应用于计算机科学、统计分析、人工智能等领域。Python 是由 Guido van Rossum 于 1989 年发明的，其第一个公开版本发行于 1991 年。

Python 已经成为最受欢迎的程序设计语言之一。自 2004 年以后，Python 的使用率呈线性增长。2011 年 1 月，Python 被 TIOBE 评为 2010 年“年度编程语言”。截止到 2024 年，Python 在 IEEE Spectrum 顶级编程语言交互排行榜上多次高居榜首（见图 1.1）。

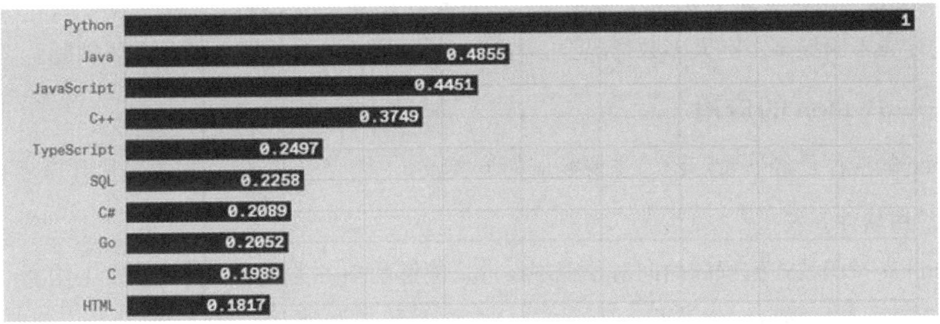

图 1.1　2024 年 IEEE Spectrum 第十一届顶级编程语言交互排行榜

由于 Python 的简洁性、易读性和可扩展性，国外用 Python 进行科学计算的研究机构日益增多，一些世界著名大学的程序设计课程也已经使用 Python 来讲授，如卡耐基梅隆大学的“编程基础”、麻省理工学院的“计算机科学及编程导论”就使用 Python 讲授。

众多开源的第三方库（又称扩展库）都提供了 Python 的调用接口，如科学计算库 NumPy 和

SciPy（在 NumPy 的基础上提供了更高级的科学计算功能）、数据分析库 Pandas、计算机视觉库 OpenCV、三维可视化库 VTK 和医学图像处理库 ITK 等。

因此，Python 及其众多的第三方库构成的开发环境十分适合设计人员、研究人员进行数据处理和分析等，或者开发科学计算应用程序。

1.1.2 Python 的特点

1. Python 的优势

与其他编程语言相比，Python 具有如下优势。

（1）简单、易学。Python 的关键字相对较少，其结构简单，语法定义明确，学习起来非常便捷，能让学习者更多地关注解决问题的方法和程序本身的算法、逻辑。

（2）可移植性。Python 源代码开放，在一个平台（如 Windows）上开发的 Python 程序几乎可以不加修改地运行在其他平台上，如 Linux、FreeBSD、Macintosh、Solaris 等。

（3）解释性。Python 程序不需要被编译成二进制代码，可以直接从源文件运行。在计算机内部，Python 解释器先把源代码转换为字节码的中间形式，再把它翻译成计算机使用的机器语言并执行。

（4）面向对象。Python 既支持面向过程程序设计也支持面向对象程序设计，完全支持类的继承、重载和派生等。

（5）可扩展性和可嵌入性。Python 支持 C、C++接口，可以方便地嵌入 C、C++程序。同时，也可以将 Python 代码嵌入 C、C++程序中，从而提供脚本功能。

（6）丰富的标准库模块和第三方库。Python 拥有 200 多个能够处理各种任务的标准库模块，如数学函数模块 math、正则表达式模块 re、随机数生成模块 random、图形界面编程模块 tkinter 等。同时，Python 还支持很多功能强大的第三方库，如科学计算库 NumPy、数据分析库 Pandas 和数据可视化库 Matplotlib 等。开发人员能够方便地利用这些模块和库的功能完成设计和开发任务。

2. Python 的局限性

Python 虽然是一个非常成功的语言，开发效率很高，但也有不足和局限性。与 C、C++等程序相比，Python 程序的运行速度较慢。因此，在编写程序时，可以将对运行速度要求较高的部分使用 C、C++等编写，再将其嵌入 Python 程序中，从而充分发挥不同编程语言的优势。不过，现在计算机硬件的配置不断提高，在大多数情况下，程序运行速度并不是需要考虑的首要问题。

1.1.3 Python 的应用

Python 的应用已经非常广泛，主要涵盖如下领域。

1. 应用软件开发

Python 支持函数式编程和面向对象程序设计，能够承担各类应用软件的开发工作。

2. 科学计算和数据分析

Python 被广泛应用在科学计算和数据分析中，如生物信息学、物理学、建筑学、地理信息系统、图像可视化分析、生命科学等。

3. 网络爬虫

网络爬虫又称网络蜘蛛，是大数据行业获取数据的核心工具。能够编写网络爬虫的编程语言不少，Python 绝对是其中的主流语言，而基于 Python 的 Scrapy 是使用最多的爬虫框架之一。

4. Web 应用开发

Python 具有一些优秀的 Web 框架，如 Django、Flask 等。很多大型网站使用基于 Python 的 Web 框架开发，如 Youtube、Dropbox、豆瓣等。

5. 游戏开发

Python 标准库提供了 pygame 模块，用户利用这个模块可以制作 2D 游戏。同时，用户也可以先使用 Python 编写游戏的逻辑代码，再使用 C++编写图形显示等对性能要求较高的模块。

6. 自动化运维

Python 标准库提供了一些能够调用系统功能的模块，用户利用这些模块可以方便地编写脚本控制系统，从而实现自动化运维。

7. 人工智能和机器学习

由于 Python 具有动态特性和良好的性能，现在一些非常有影响力的人工智能框架（如 TensorFlow、PyTorch 等）都提供了 Python 支持，并且一些机器学习方向、深度学习方向和自然语言处理方向的网站基本都是通过 Python 实现的。

1.2 开发环境

1.2.1 Python 版本

Python 目前有两个版本序列：Python 2.X 和 Python 3.X。Python 2.X 最早的版本发布于 2000 年年底，最终版本为 Python 2.7。

Python 2.X 和 Python 3.X 两个版本序列之间有很多用法是不兼容的，除基本的输入、输出方式不同外，很多内置函数和标准库模块的用法有较大的差别，并且适用于这两个版本序列的第三方库也有很大的差别。

总体来说，Python 3.X 的设计理念更加合理、高效和人性化，一些第三方库也不断推出与 Python 3.X 相适应的新版本。而且，Python 开发团队已经终止了对 Python 2.X 的支持。

因此，考虑到 Windows 的使用者众多和 Python 开发团队对 Python 3.X 的支持，本书所有程序均基于 Windows 环境下的 Python 3.X。

1.2.2 常用开发环境

要学习 Python 程序设计，首先需要搭建开发环境，然后才能编辑、测试和运行 Python 程序，检验自己所学的 Python 知识。

目前，支持 Python 的开发环境和工具比较多，如 Python 自带的开发环境和工具、PyCharm 和 Anaconda3 等，简要介绍如下。

（1）Python 自带的开发环境和工具，包括命令行和一个纯 Python 的集成开发环境（Integrated Development Environment，IDE）。在安装好 Python 后，就可以直接使用其自带的开发环境和工具，不需要另外安装。

（2）PyCharm。PyCharm 是由 JetBrains 公司打造的一个 Python 集成开发环境，带有一整套可以帮助用户提高 Python 开发效率的工具，是供专业开发人员和初入门人员使用的强大工具。

（3）Anaconda3。Anaconda3 是一个面向数据科学、机器学习和科学计算的开源集成开发环境，包含 Conda 等 180 多个科学包及其依赖项，被广泛应用于学术研究、商业分析和开发等多个领域。

（4）Jupyter Notebook。Jupyter Notebook 是一个交互式笔记本，支持运行 Python 等多种编程语言，其本质是一个 Web 应用程序，便于创建和共享程序文档，支持实时代码、数学方程、可视化和 Markdown 等。

（5）Visual Studio Code。Visual Studio Code 是一个功能丰富的跨平台源代码编辑器，支持各种编程语言的开发（包括 Python）。

（6）Vim。Vim 的全称是 Vi Improved，是一个类似于 Vi 的功能强大、高度可定制的文本编辑器，在 Vi 的基础上改进和增加了很多特性。

本书仅介绍 Windows 环境下 Python 与 PyCharm 的下载和安装。

1.2.3 Python 下载和安装

1. Python 下载

可以通过 Python 官网选择需要的 Python 版本并下载其安装文件，本书下载的是支持 64 位 Windows 的 Python 3.12.8 安装文件 python-3.12.8-amd64.exe。

2. Python 安装

Python 安装过程如下。

（1）双击下载的 Python 3.12.8 安装文件 python-3.12.8-amd64.exe，进入 Python 安装位置和 PATH 设置对话框，如图 1.2 所示。

（2）在该对话框中选择勾选“Add python.exe to PATH”复选框，并选择“Install Now”（立即安装）或“Customize installation”（自定义安装）选项，开始安装 Python。

（3）在安装完成后，单击“Close”按钮，如图 1.3 所示。

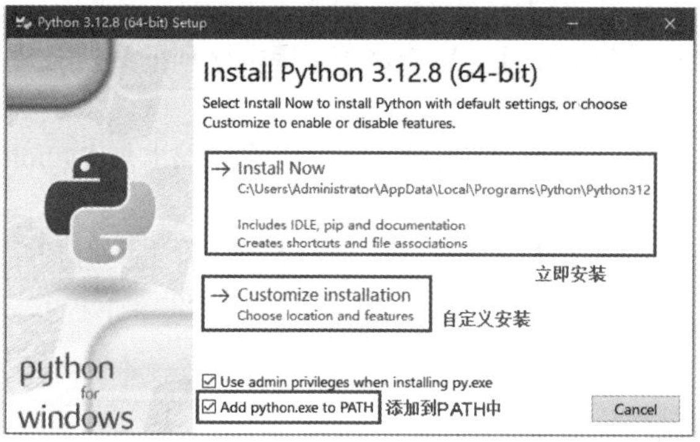

图 1.2 Python 安装位置和 PATH 设置对话框

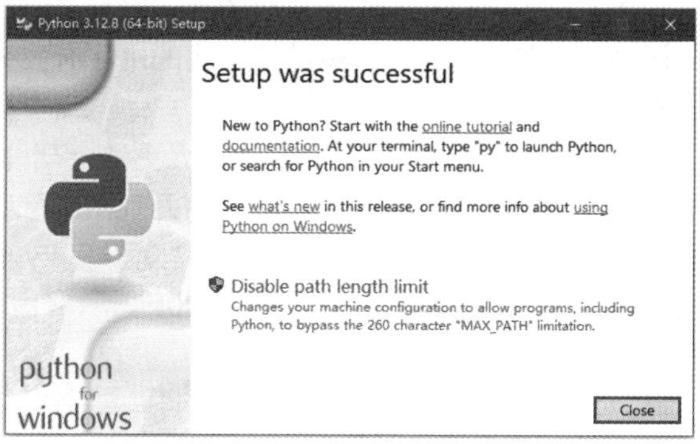

图 1.3 Python 安装完成

3. Python 运行环境测试

在 Python 安装完成后，打开 Windows 命令行界面，在该界面中输入“python”并按回车键，即可进入 Python 运行环境，测试结果如图 1.4 所示，说明 Python 安装成功。如果需要退出 Python 运行环境，则可以使用 quit()函数或 exit()函数。

在 Python 的 IDLE（Integrated Development and Learning Environment，集成开发与学习环境）中使用 exit()函数或 quit()函数，相当于关闭 IDLE 程序，如图 1.5 所示。

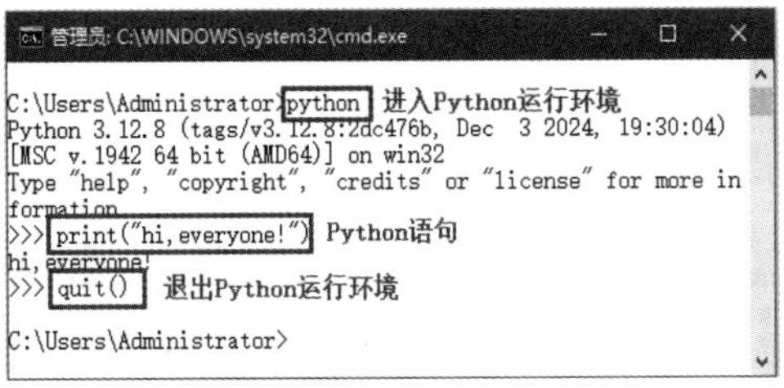

图 1.4　Python 运行测试结果

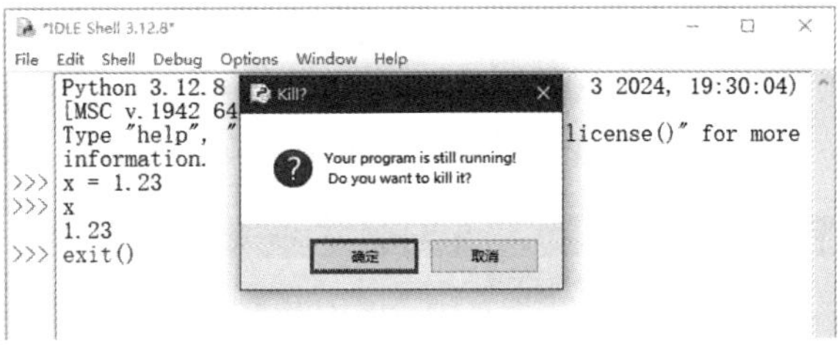

图 1.5　使用 exit()函数或 quit()函数退出

1.2.4　PyCharm 下载和安装

1. PyCharm 简介

前文介绍过，PyCharm 是由 JetBrains 公司打造的一个 Python 集成开发环境，带有一整套可以帮助用户提高 Python 开发效率的工具，如调试、语法高亮、Project 管理、代码跳转、智能提示、自动完成、单元测试等。

PyCharm 有 Professional 和 Community 两种版本。其中，Professional 版本支持 Python 集成开发环境的所有功能，如 Web 开发、远程开发、Python 分析器、数据库等，一般只有 1 个月的试用期。仅用于学习的教师和学生可以申请免费使用一年。Community 版本只支持基本的 Python 开发。本书选用的是 PyCharm Community 版本。

2. PyCharm 下载

可以通过 PyCharm 官网选择需要的 PyCharm 版本并下载其安装文件，本书选择的是 PyCharm Community Edition 2024.2.5 安装文件 pycharm-community-2024.2.5.exe。

3. PyCharm 安装

PyCharm 安装步骤如下。

（1）双击下载的 PyCharm Community Edition 2024.2.5 安装文件 pycharm-community-2024.2.5.exe，进入安装程序欢迎界面，如图 1.6 所示。

（2）在该界面中，单击“下一步”按钮。

（3）在打开的安装路径设置对话框中选择要安装 PyCharm 的路径，单击“下一步”按钮，如图 1.7 所示。

图 1.6　安装程序欢迎界面

图 1.7　安装路径设置对话框

（4）在打开的安装选项设置对话框中，勾选“PyCharm Community Edition”“添加‘将文件夹打开为项目’”等复选框，单击“下一步”按钮，如图 1.8 所示。

（5）在打开的对话框中单击“安装”按钮，开始安装 PyCharm，如图 1.9 所示。

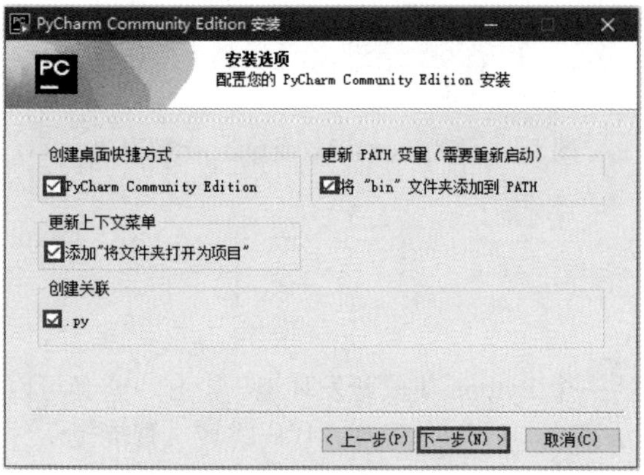

图 1.8　安装选项设置对话框

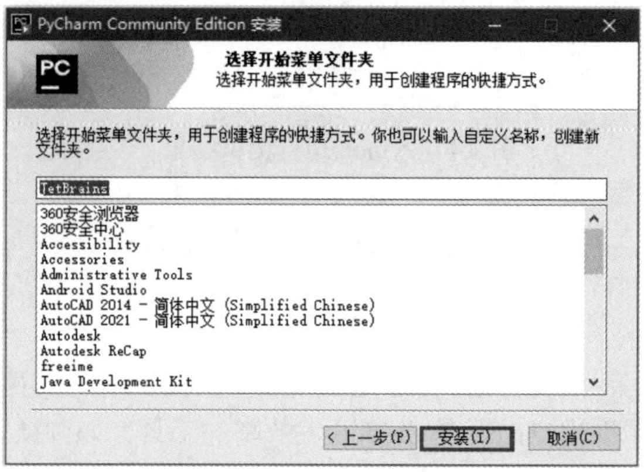

图 1.9　开始安装 PyCharm

（6）在安装完成后，单击“完成”按钮，如图 1.10 所示。

由于 PyCharm 自身不带有 Python 解释器，因此要正确运行 Python 程序，需要选择一个已经安装的 python.exe 作为解释器。

4. PyCharm 开发界面

PyCharm 开发界面主要包括菜单栏、工具栏、项目管理窗口、代码编辑窗口和结果输出窗口（显示运行结果）等，如图 1.11 所示。

图 1.10　PyCharm 安装完成

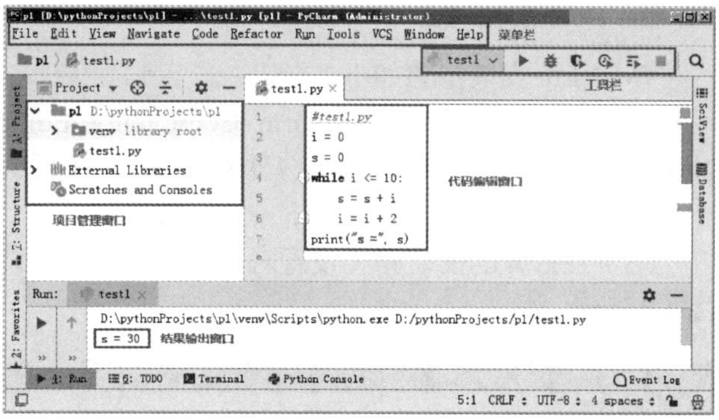

图 1.11　PyCharm 开发界面

1.2.5　第三方库安装

Python 能够在很短的时间内快速发展和广泛使用的原因之一是 Python 支持和拥有类型众多、功能强大的第三方库，如 NumPy、SciPy、Pandas、Matplotlib 等。下面以 NumPy 为例介绍第三方库的下载和安装方法。

1. 使用 pip 命令安装 NumPy

Python 中的 pip 命令常用于第三方库的安装、卸载、升级等，如表 1.1 所示。

表 1.1　常用 pip 命令

编　号	命　令	功　能
1	pip install package_name	安装名为 package_name 的第三方库
2	pip install --upgrade package_name	升级已安装的第三方库到最新版本
3	pip uninstall package_name	卸载已安装的第三方库
4	pip list	列出所有已安装的第三方库及其版本
5	pip show package_name	显示指定第三方库的信息，包括版本、安装位置、依赖项等
6	pip install package_name==version	安装特定版本的第三方库
7	pip install -r requirements.txt	一次性安装所有依赖项，以确保项目在不同环境中的一致性

1）使用 pip 命令在线安装 NumPy

打开命令行界面，输入“pip install numpy”并按回车键，安装 NumPy，如图 1.12 所示。

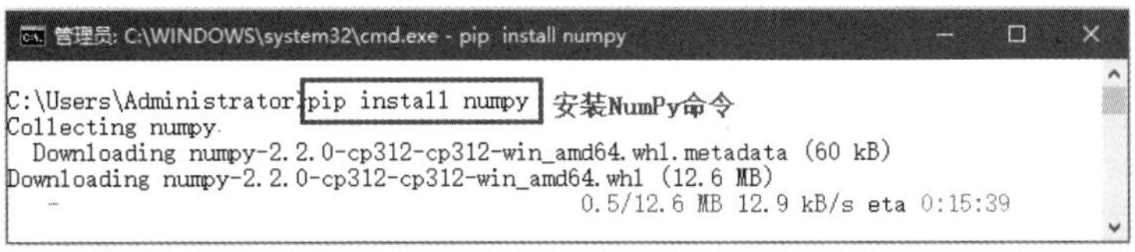

图 1.12　安装 NumPy

这种安装方式比较简单，但安装时间较长，且 NumPy 的服务器在国外，容易失败。

为了提高第三方库安装的速度和成功率，可以使用一些国内的镜像网站，如清华镜像源。使用清华镜像源安装 NumPy 的命令如下。

```
pip install -i https://pypi.**①.edu.cn/simple numpy
```

2）使用 pip 命令离线安装 NumPy

登录 PyPI（Python Package Index，Python 官方软件包存储库）官网，选择与操作系统和 Python 版本匹配的 NumPy 库文件进行下载。本书下载的是与 64 位 Windows 10、Python 3.12 匹配的安装文件 numpy-2.2.0-cp312-cp312-win_amd64.whl。

打开命令行界面，进入 NumPy 安装文件所在路径，运行如下命令，安装 NumPy。

```
pip install numpy-2.2.0-cp312-cp312-win_amd64.whl
```

在提示安装成功后，即可在 Python 程序中通过 import 命令导入后使用。

2. 在 PyCharm 中下载和安装 NumPy

在 PyCharm 中下载和安装 NumPy 相对简单，具体步骤如下。

（1）在 PyCharm 界面中选择“File”→“Settings”菜单项，如图 1.13 所示。

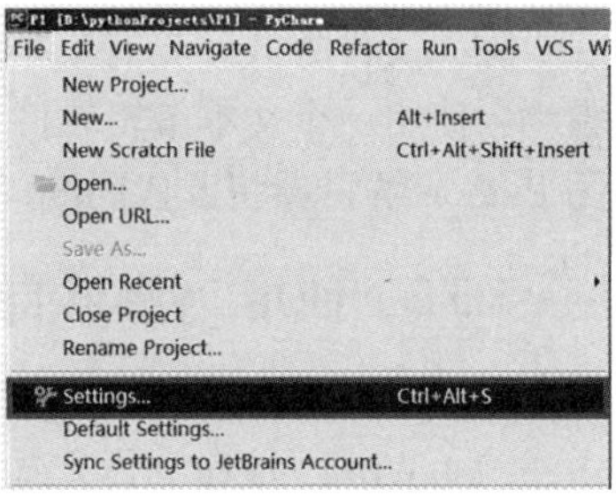

图 1.13　选择“Settings”菜单项

（2）在打开的“Settings”对话框中选择“Project:p1”→“Project Interpreter”选项，打开项目解释器窗口，单击“+”按钮，打开安装包对话框，如图 1.14 所示。

（3）在安装包对话框左上角的搜索栏中输入“numpy”后搜索，在下方选择“numpy”选项，单击底部的“Install Package”按钮，安装 NumPy，如图 1.15 所示。

① 网址链接处添加星号“*”以隐藏实际网址，完整运行代码可通过本书配套资源获取。

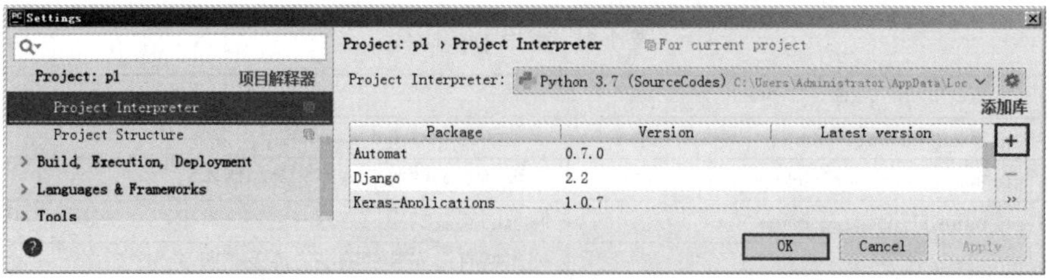

图 1.14　打开安装包对话框

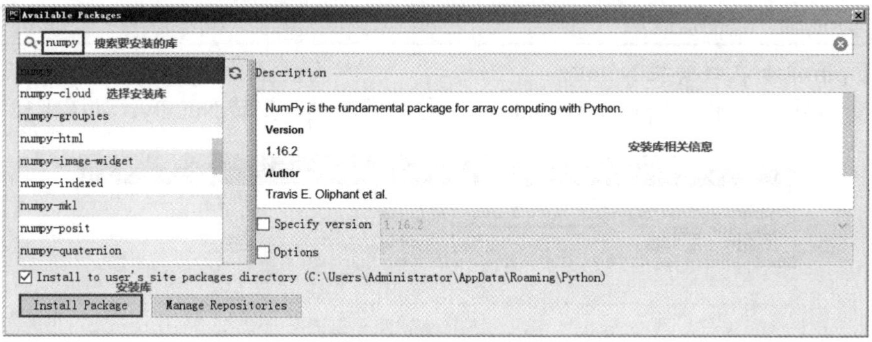

图 1.15　安装 NumPy

如果在对话框的底部出现“Package ‘numpy’ installed successfully”提示信息，则表示 NumPy 安装成功。

1.3　程序开发

1.3.1　程序运行方式

Python 程序的运行方式包括交互方式和文件方式。

（1）交互方式。在程序功能简单、代码较少的情况下，可以采用交互方式运行 Python 程序，具体步骤为：在 Windows 命令行界面中输入 Python 命令并按回车键，即可得到运行结果。

（2）文件方式。具有复杂功能的 Python 程序的代码量较大，一般采用文件方式运行，具体步骤为：使用一个文本编辑软件（如记事本）编写 Python 源代码，保存成扩展名为.py 的源文件；使用 Python 解释器将源代码编译为字节码；由 Python 解释器运行字节码。

1.3.2　使用 Python 自带工具开发 Python 程序

在 Python 安装完成后，可以使用 Python 自带工具开发 Python 程序，有如下两种方式。

（1）Windows 命令行方式。

（2）IDLE 方式。

1. Windows 命令行方式

在 Windows 命令行中，可以进行交互方式编程和文件方式编程，从而开发 Python 程序。

1）交互方式编程

在进行交互方式编程时，只需要在 Python 环境下输入 Python 语句并按回车键，即可得到运行结果。

【例 1.1】 在 Windows 命令行中进行交互方式编程。

具体步骤如下。

（1）打开“开始”菜单，选择“运行”菜单项并打开“运行”窗口，输入“cmd”并按回车键，进入 Windows 命令行界面。

（2）在该界面中输入“python”并按回车键，进入 Python 运行环境。

（3）输入 Python 语句“print('Hello, world!')”并按回车键，得到运行结果，如图 1.16 所示。

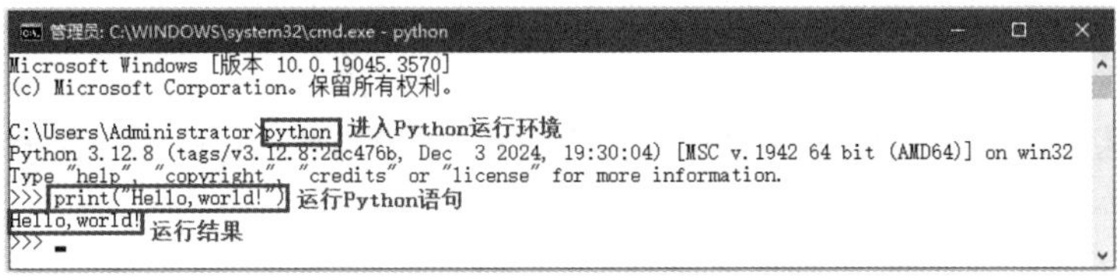

图 1.16　Python 语句的运行结果

2）文件方式编程

在进行文件方式编程时，需要先编写 Python 源文件，再在 Windows 命令行中使用 Python 解释器运行。

【例 1.2】 在 Windows 命令行中进行文件方式编程。

具体步骤如下。

（1）使用记事本编写 Python 源文件。

```
# file: hello.py
print('Hello,World!')                                # 输出 Hello World!
```

（2）保存程序代码，设置文件名为 hello.py。

（3）使用 python.exe 运行指定路径下的 Python 源文件 hello.py，其运行结果如图 1.17 所示。

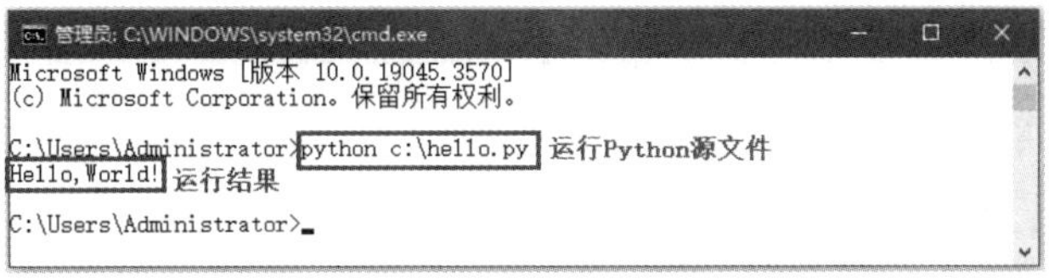

图 1.17　Python 源文件的运行结果

2. IDLE 方式

IDLE 是 Python 内置的集成开发环境，由 Python 安装包提供，是 Python 自带的文本编辑器。打开“开始”菜单，选择“所有程序”→“Python 3.12”→“IDLE(Python 3.12 64-bit)”菜单项，运行 IDLE，如图 1.18 所示。启动后的 IDLE 工作界面如图 1.19 所示。

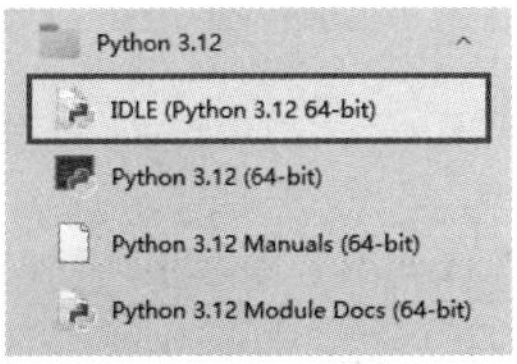

图 1.18　运行 IDLE

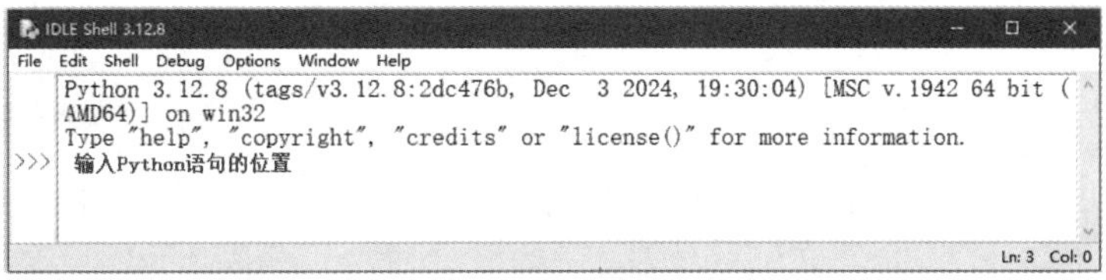

图 1.19　IDLE 工作界面

与 Windows 命令行一样，在 Python 自带的 IDLE 中，也可以进行交互方式编程和文件方式编程，从而开发 Python 程序。

1）交互方式编程

在 IDLE 中进行交互方式编程的方法和 Windows 命令行中的类似。

【例 1.3】 在 IDLE 中进行交互方式编程。

具体步骤如下。

（1）打开“开始”菜单，选择“所有程序”→“Python 3.12”→“IDLE (Python 3.12 64-bit)”菜单项，进入 IDLE Shell 3.12.8 开发环境。

（2）输入 Python 语句“print("Hello, Python welcome you!")”并按回车键，得到运行结果，如图 1.20 所示。

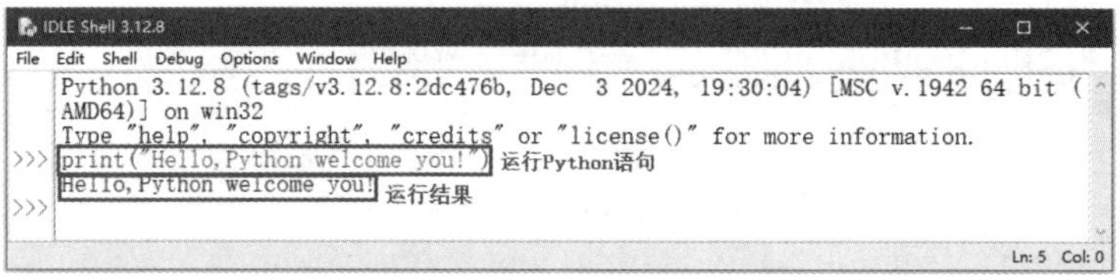

图 1.20 Python 语句的运行结果

2）文件方式编程

IDLE 为开发人员提供了很多有用的功能，如自动缩进、语法高亮显示、单词自动补全及命令历史记录等。在这些功能的帮助下，用户能够有效地提高开发效率。

【例 1.4】 在 IDLE 中进行文件方式编程。

在 IDLE 中进行文件方式编程的具体步骤如下。

（1）打开“开始”菜单，选择“所有程序”→“Python 3.12”→“IDLE (Python 3.12 64-bit)”菜单项，进入 IDLE Shell 3.12.8 开发环境。

（2）选择“File”→“New File”菜单项（见图 1.21），打开一个空白的源代码编辑窗口。

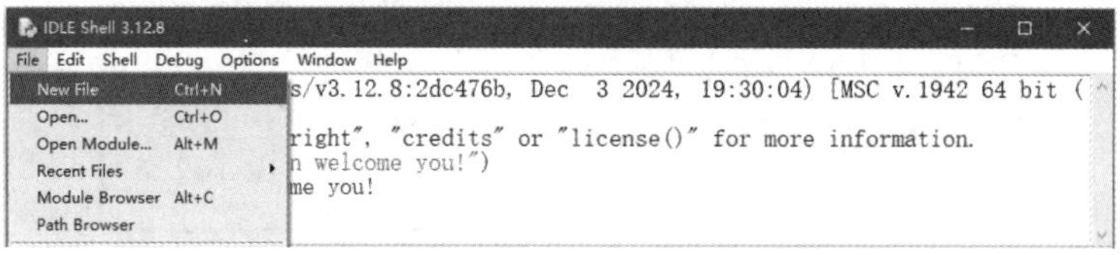

图 1.21 选择“New File”菜单项

（3）在源代码编辑窗口中编辑程序代码，如图 1.22 所示。

（4）选择“File”→“Save As”菜单项（见图 1.23），打开源文件保存对话框。

图 1.22 编辑程序代码

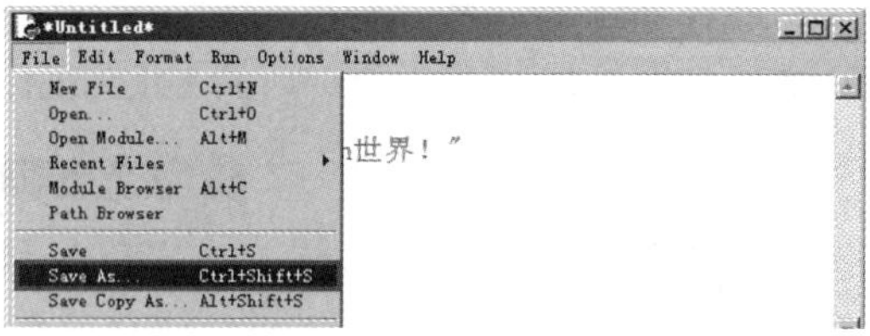

图 1.23 选择“Save As”菜单项

（5）选择保存源文件的路径，输入源文件名称“welcome.py”，单击“保存”按钮，保存源文件，如图 1.24 所示。

（6）选择“Run”→“Run Module”菜单项，运行源文件，如图 1.25 所示。

此时可以在 IDLE Shell 3.12.8 开发环境中看到程序运行结果，如图 1.26 所示。

图 1.24　保存源文件

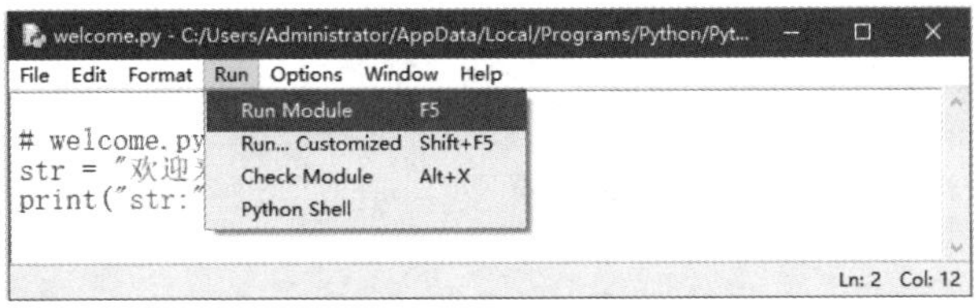

图 1.25　运行源文件

图 1.26　程序运行结果

1.3.3　使用 PyCharm 开发 Python 程序

【例 1.5】 在 PyCharm 中开发 Python 程序。

在 PyCharm 中开发 Python 程序的具体步骤如下。

（1）打开 PyCharm，在 PyCharm 初始界面中选择“New Project”选项，如图 1.27 所示，打开创建新项目对话框。

（2）在创建新项目对话框（见图 1.28）中选择“Pure Python”选项，设置项目的存储路径，输入项目名称“p1”，单击“Create”按钮，创建新项目。

图 1.27　选择项目类型

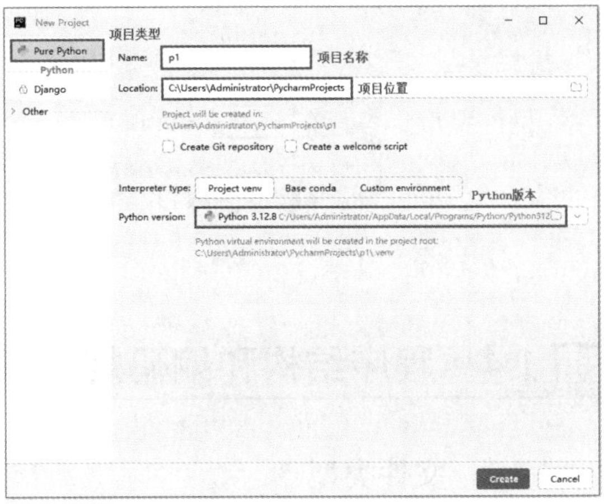

图 1.28　创建新项目对话框

（3）在打开的 PyCharm 开发界面中，右击项目“p1”，在弹出的快捷菜单中选择“New”→“Python File”菜单项（见图 1.29），打开创建新的源文件对话框。

（4）在该对话框（见图 1.30）中输入要创建的源文件名称“test1”，单击“OK”按钮。

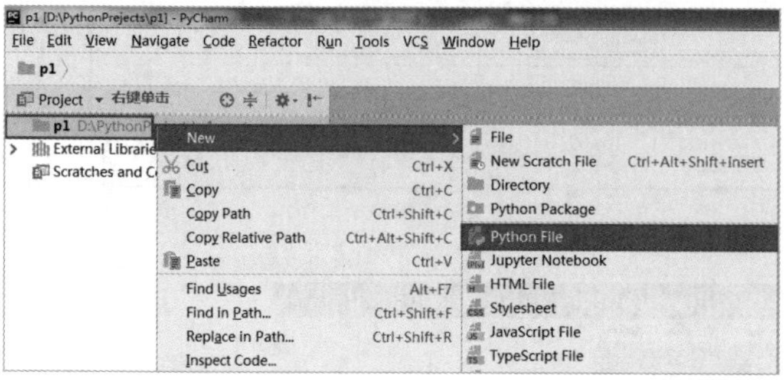

图 1.29　选择“Python File”菜单项

图 1.30　创建新的源文件对话框

（5）在打开的代码编辑窗口中编写要运行的 Python 程序代码，如图 1.31 所示，之后选择“File”→“Save”菜单项，保存源文件。

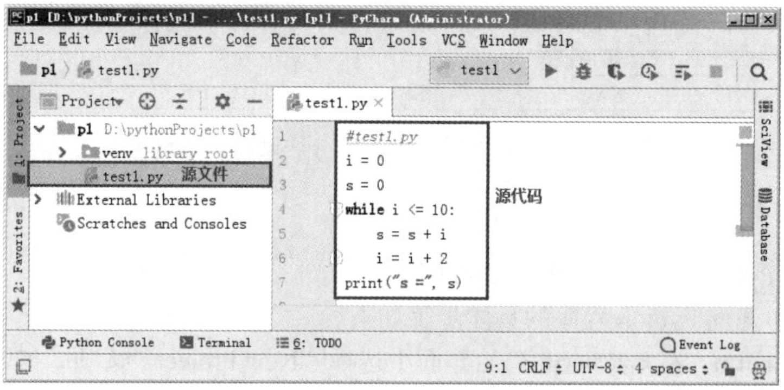

图 1.31　编写 Python 程序代码

（6）右击源文件“test1.py”，在弹出的快捷菜单中选择“Run ‘test1’”菜单项。

运行结果如图 1.32 所示。

图 1.32　运行结果

1.4　程序结构和编码规范

1.4.1　文件类型

在 Python 中，常用的文件类型有 3 种：源代码文件、字节码文件和优化代码文件。

1. 源代码文件

源代码文件（即源文件）扩展名为.py，可以使用文本编辑器进行编辑，如使用记事本、EditPlus 或一些集成开发环境自带的文本编辑器进行编辑。

2. 字节码文件

字节码文件扩展名为.pyc，是由源文件编译而成的二进制文件，并由 Python 加速运行，其运行速度快，能够隐藏源代码。可以通过 python.exe 或脚本将源文件编译成字节码文件。

1）通过 python.exe 编译

将【例 1.2】中的源文件 hello.py 复制到 C 盘根目录下。在 Windows 命令行界面中运行命令 python -m py_compile C:\hello.py，即可将源文件 hello.py 编译成相应的字节码文件 hello.cpython-312.pyc，并将其存放在 C:\Users\Administrator__pycache__（若__pycache__文件夹不存在，则会自动创建）中。可以使用 python.exe 运行生成的字节码文件，结果如图 1.33 所示。

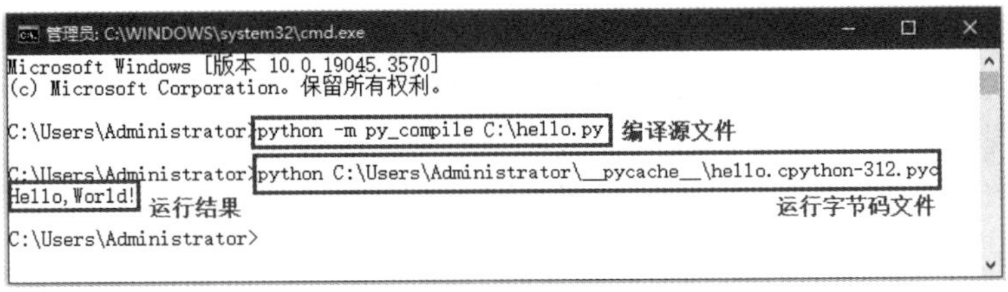

图 1.33　字节码文件的运行结果

2）通过脚本编译

创建一个 Python 脚本文件，输入如下程序代码。

```
import py_compile
py_compile.compile('hello.py')
```

运行该脚本文件，即可生成字节码文件 hello.cpython-312.pyc。

3. 优化代码文件

优化代码文件是优化编译后的文件，无法使用文本编辑器进行编辑，一般用于嵌入式系统。

可以在 Windows 命令行界面中运行命令 python -O -m py_compile C:\hello.py，将源文件 hello.py 编译成优化代码文件 hello.cpython-312.opt-1.pyc，并将其存放在 C:\Users\Administrator__pycache__ 中。同样地，可以使用 python.exe 运行生成的优化代码文件，结果如图 1.34 所示。

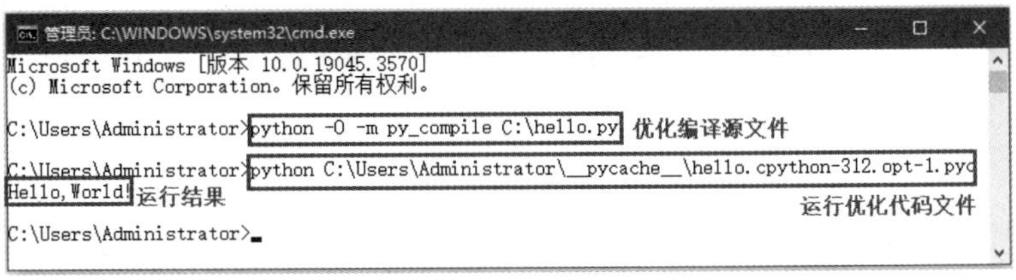

图 1.34　优化代码文件的运行结果

1.4.2　代码结构

简单的 Python 程序只需要很少的代码。但是，一个具有复杂功能的 Python 程序的代码量可能非常大，需要具有良好的代码结构。

【例 1.6】 求两个数平方和的平方根。

程序代码：

```
1.   import math                                  # 导入模块
2.   # 定义函数
3.   def func(x,y):
4.     z = math.sqrt(x ** 2 + y ** 2 )
5.     return z
6.   if __name__ == "__main__":
7.     a = int(input("请输入一个整数: "))          # 定义变量 a
8.     b = int(input("请输入一个整数: "))          # 定义变量 b
9.     c = func(a,b)                              # 调用 func()函数，将结果赋给变量 c
10.    print("c =",c)                             # 输出
```

运行结果：

```
请输入一个整数: 3
请输入一个整数: 4
c = 5.0
```

从【例 1.6】可以看出，一个完整的 Python 程序一般包括如下部分。

（1）导入模块：程序代码第 1 行，用于导入 Python 内置的或来自外部的模块或对象，在代码中进行调用，实现特定的功能。

（2）定义函数：程序代码第 2～5 行，能够实现一定功能的、被外部调用的独立程序块。

（3）定义变量或常量：程序代码第 7～9 行。常量或变量用来存储数据对象，必须遵循一定的命名规则。

（4）输入：程序代码第 7 行和第 8 行，用于动态接收通过键盘输入的内容，并赋给相应的变量。

（5）处理：程序代码第 9 行，通过调用函数对数据进行相应的运算、处理。

（6）输出：程序代码第 10 行，对程序处理的结果进行输出，以观察是否和预期结果一致。

（7）注释：程序代码第 2 行和程序代码中其他以#开头的部分。注释的作用是对程序的功能和关键算法等进行描述，以增强可读性。

（8）__name__：程序代码第 6 行，用于设置 Python 程序文件是作为模块导入的还是单独运行的。如果希望程序中的脚本部分作为程序直接运行，则将__name__设置为字符串"__main__"；如果希望程序中的脚本部分作为模块导入，则__name__会被自动设置为模块名。因此，if __name__ == "__main__"中的语句块也常用于对开发的模块进行测试。

1.4.3 程序编码规范

像大多数编程语言一样，Python 也有约定俗成的编码规范。Python 非常重视代码的可读性，对代码布局和排版有更加严格的要求。这里重点介绍关于代码编写的一些共同的要求和规范。对于初学者来说，最好在刚开始学习编码时就遵循这些要求和规范，养成一个良好的习惯。

1. 标识符

在 Python 中，标识符用于给类、对象、方法、变量、接口和自定义数据类型等命名。

标识符的命名需要遵循如下规则。

（1）标识符由数字、英文字母、汉字和下画线_组成。

（2）标识符不能以数字开头，即必须以英文字母、汉字或下画线开头。在 Python 中，以下画线开头或结尾的标识符常常有特殊的含义，因此在使用以下画线开头和结尾的标识符时要特别注意。

（3）标识符中不能包含空格或标点符号。例如，标识符中不能包含括号、引号、逗号等。

（4）不能使用 Python 关键字作为标识符。例如，if、while 等关键字不能作为标识符。

（5）不建议使用模块名、类型名或函数名等作为标识符，以免影响程序的正常运行。

（6）标识符对英文字母大小写敏感。例如，Age 和 age 是两个不同的标识符。

标识符原则上是可以由程序开发人员任意命名的。但是，为了增强程序的可读性，标识符最好是有意义和容易辨识的。例如，使用 age 作为年龄标识符肯定比使用 a 更容易辨识。

下面的标识符是合法的（myName 和 MyName 是两个不同的标识符）：

```
myName,MyName,身高,Student_1,a1
```

下面的标识符是不合法的（思考一下，下面的标识符不合法的原因是什么？）：

```
#myName,1a,class,if
```

2. 关键字

关键字即保留字，是用于编译器的特殊单词，一般具有特定的用途和语法规则。

Python 的标准库提供了一个 keyword 模块，可以输出当前版本中的所有保留字。

【例 1.7】 查看 Python 中的保留字。

程序代码：

```
import keyword
print("Python 中的保留字：",keyword.kwlist)
```

运行结果：

```
Python 中的保留字：['False', 'None', 'True', 'and', 'as', 'assert', 'break', 'class',
'continue', 'def', 'del', 'elif', 'else', 'except', 'finally', 'for', 'from', 'global', 'if',
'import', 'in', 'is', 'lambda', 'nonlocal', 'not', 'or', 'pass', 'raise', 'return', 'try',
'while', 'with', 'yield']。
```

3. 注释

随着程序越来越大、越来越复杂，对程序中的关键代码和重要业务进行必要的注释，可以很好地增强程序的可读性，并为以后的程序修改提供帮助。统计数据表明，可读性好的程序常常包含30%以上的注释。

Python 中的注释有单行注释和多行注释。

（1）单行注释：将要注释的一行代码以#开头。

（2）多行注释：将要注释的多行代码以#开头，或者将要注释的多行代码放在成对的'''（3 个单引号）和"""（3 个双引号）之间。

多行注释的快捷方法如下。

① 在 IDLE 中，选中要注释的代码并按 Alt+3 组合键，可以添加多行注释；选中已注释的代码并按 Alt+4 组合键，可以删除多行注释。

② 在 PyCharm 中，选中要添加注释或删除注释的代码并按 Ctrl+“/”组合键，可以在添加多行注释和删除多行注释之间切换。

【例 1.8】 使用注释。

程序代码：

```
# exam.py
"""
创建人：Tom
创建时间：2018-07-28
功能：使用输出语句
"""
print("Python 现在是一个非常受欢迎的编程语言！")
```

运行结果：

```
Python 现在是一个非常受欢迎的编程语言！
```

在【例 1.8】中，程序代码第 1 行为单行注释，程序代码第 2 ~ 6 行为多行注释。

4. 代码缩进

Python 使用严格的缩进方式来体现代码的从属关系，而不使用花括号“{}”。缩进空格数是可变的，但同一个语句块的语句必须采用相同的缩进空格数；否则，要么出现语法错误，要么出现逻辑错误，导致在检查错误方面花费大量的时间。

在 Python 的 IDLE 中可以使用 Ctrl+“]”组合键为选择的代码添加缩进，使用 Ctrl+“[”组合键为选择的代码去除缩进。

【例 1.9】 代码缩进。

程序代码：

```
1.  score = 88
2.  if score >= 60:
3.  print("合格！")
4.  else:
5.    print("不合格！")
```

运行结果：

```
File "C:/p1/test1.py", line 3
    print("合格！")
        ^
IndentationError: expected an indented block
```

程序运行出错的原因是程序代码第 3 行没有添加必要的缩进。

5. 多行书写一条语句

Python 通常采用一行书写一条语句的格式。但是，如果语句很长，也可以采用多行书写一条语句的格式，这可以使用反斜杠“\”来实现。

【例 1.10】 多行书写一条语句。

程序代码：

```
a = 5
b = 6
# 两行书写一条语句
c = a + \
    b
print("c =",c)
```

运行结果：

```
c = 11
```

在[]、{}或()中的多行语句可以不使用反斜杠。

【例 1.11】 多行书写[]中的一条语句。

程序代码：

```
list1 = [1, 2,
         3, 4, 5]
print("list1:",list1)
```

运行结果：

```
list1: [1, 2, 3, 4, 5]
```

6. 一行书写多条语句

Python 还可以采用一行书写多条语句的格式，语句之间用分号“;”隔开。

【例 1.12】 一行书写多条语句。

程序代码及运行结果：

```
>>> a = 1.2; b = 2.3; c = a + b                    # 一行书写 3 条语句
>>> print("c =",c)
c = 3.5
```

7. 空行

空行也是程序代码的一部分。例如，函数之间或类的方法之间用空行隔开，表示一段新代码的开始；类和函数入口之间也用空行隔开，表示函数入口的开始。

空行与代码缩进不同，空行并不是 Python 语法的一部分。在书写时不插入空行，Python 解释器的运行也不会出错。空行的作用是分隔两段不同功能或含义的代码，便于日后代码的维护或重构。

【例 1.13】 空行的使用。

程序代码：

```
1.   import math
2.                                                   # 空行
3.   a = 2
4.   b = 3
5.   print("幂运算结果:",math.pow(2,3))
```

运行结果：

```
幂运算结果: 8.0
```

在【例 1.13】中，程序代码第 2 行为空行，以区分导入的包和下面的代码。

8. 语句块

缩进相同的一组语句构成一个语句块，又称语句组。

像 if、while、def 和 class 这样的复合语句，首行以关键字开头，以冒号“:”结尾，该行之后的一行或多行代码构成语句块。

同一个语句块中的语句缩进必须相同。

【例 1.14】 Python 语句块。

程序代码：

```
1.   if True:
2.     print("Hi!")
3.     print("Jack, Mary, ...")
4.     print("welcome!")
```

运行结果：

```
Hi!
Jack, Mary, ...
welcome!
```

在【例 1.14】中，程序代码第 2 ~ 4 行为同一个语句块。

9. 模块及模块中的对象导入

Python 默认仅包含 Python 中的一些基本模块，如 os、sys、math、datetime 等。

在需要使用标准库或第三方库中的对象时，可以显式导入，这样可以减轻程序运行的压力，具有很强的扩展性，也有利于提高系统的安全性。

在 Python 中使用 import 导入模块或模块中的对象，有如下几种方式。

（1）导入整个模块。格式为：import 模块名 [as 别名]。

（2）导入模块中的单个对象。格式为：from 模块名 import 对象 [as 别名]。

（3）导入模块中的多个对象。格式为：from 模块名 import 对象 1,对象 2, …。

（4）导入模块中的全部对象。格式为：from 模块名 import *。

【例 1.15】 模块的导入及使用。

程序代码及运行结果：

```
>>> import math                                    # 导入模块
>>> math.log2(8)
3.0
>>> import math as m                               # 导入模块 math，设置别名为 m
>>> m.pow(2,4)
16.0
>>> from math import fabs,sqrt                     # 导入模块中的函数
>>> fabs(-100)
100.0
>>> sqrt(9)
3.0
```

10. 字符编码及转换

在计算机中常见的几种字符编码格式如下。

（1）ASCII：占 1 字节 8 位，采用二进制格式对大小写英文字母、数字、标点符号和控制符等进行编码。例如，'A'的 ASCII 编码为 65，'0'的 ASCII 编码为 48。

（2）Unicode：又称万国码或统一码，占 2 字节 16 位，包含世界上大多数国家的字符编码。例如，汉字“严”的 Unicode 编码是十六进制数 4E25。

（3）UTF-8：一种变长的编码格式，使用 1 ~ 4 字节表示一个符号，根据不同的符号改变字节长度。例如，汉字“严”的 UTF-8 编码是十六进制数 E4B8A5。

（4）GBK：专门用于解决中文编码问题，是在国家标准 GB2312 的基础上扩容后兼容 GB2312 的标准，中英文都是双字节的。

Python 2.X 默认的字符编码格式为 ASCII。如果要处理中文字符，则需要在源文件的开头添加"#-coding=UTF-8-"。Python 3.X 默认的字符编码格式是 Unicode，支持世界上大多数国家的语言。因此，Python 3.X 程序可以直接使用包括汉字的各种字符。

如果需要对字符进行不同编码格式的转换，则可以使用 encode()函数和 decode()函数。

encode()函数用于将 Unicode 编码格式的字符串转换为其他编码格式（如 UTF-8、GBK 等），返回一个字节串，其一般格式为：

```
str.encode(encoding='编码格式'[,errors='strict'])
```

其中，str 为字符串；encoding 为编码格式，如 UTF-8、GBK 等；errors 为错误处理方案，是可选项。

decode()函数用于指定编码格式的解码字符串，默认编码格式为 Unicode，其一般格式为：

```
bstr.decode(encoding='编码格式'[,errors='strict'])
```

其中，bstr 为其他编码格式（如 UTF-8、GBK 等）的字节串。其他参数与 encode()函数中的相同。

【例 1.16】 不同编码格式的字符串转换。

程序代码：

```
str_unicode = "工业"                          # Unicode 编码格式
print("str_unicode:",type(str_unicode),",",str_unicode)
str_utf8 = str_unicode.encode("utf8")         # Unicode 编码格式转换为 UTF-8 编码格式
print("str_utf8:",type(str_utf8),",",str_utf8)
str_unicode = str_utf8.decode("utf8")         # UTF-8 编码格式转换为 Unicode 编码格式
print("str_unicode:",type(str_unicode),",",str_unicode)
str_gbk = str_unicode.encode("gbk")           # Unicode 编码格式转换为 GBK 编码格式
print("str_gbk:",type(str_gbk),",",str_gbk)
```

```
str_unicode = str_gbk.decode("gbk")        # GBK 编码格式转换为 Unicode 编码格式
print("str_unicode:",type(str_unicode),",",str_unicode)
```

运行结果：

```
str_unicode: <class 'str'> , 工业
str_utf8: <class 'bytes'> , b'\xe5\xb7\xa5\xe4\xb8\x9a'
str_unicode: <class 'str'> , 工业
str_gbk: <class 'bytes'> , b'\xb9\xa4\xd2\xb5'
str_unicode: <class 'str'> , 工业
```

1.5 输入、输出函数

1.5.1 input()函数

Python 提供了 input()函数，用于通过标准输入读入一行文本，默认标准输入是键盘，其一般格式为：

```
变量 = input(['提示字符串'])
```

其中，提示字符串可以省略，但建议使用合适的提示字符串，以增强程序的可读性。用户按回车键完成输入，将之前输入的所有内容作为输入字符串赋给变量。

【例 1.17】 使用 input()函数接收通过键盘输入的字符串。

程序代码及运行结果：

```
>>> 姓名 = input("请输入您的姓名：")                        # 通过键盘输入一个字符串
请输入您的姓名：成凤
>>> 性别,职业 = input("请输入您的性别和职业：").split()   # 通过键盘输入多个字符串
请输入您的性别和职业：女 程序员
>>> print("您的姓名：%s，性别：%s，职业：%s."%( 姓名,性别,职业))
您的姓名：成凤，性别：女，职业：程序员.
```

如果希望得到其他类型的数据，如 Int 或 Float 数据，则需要先输入字符串，然后使用 int()函数或 float()函数将其转换为 Int 或 Float 数据。

【例 1.18】 通过键盘输入两个数字并求和。

程序代码及运行结果：

```
>>> op1 = int(input("请输入一个数："))
请输入一个数：2
>>> op2 = int(input("请输入一个数："))
请输入一个数：3
>>> print("%d + %d = %d."%(op1,op2,op1 + op2))
2 + 3 = 5.
```

1.5.2 print()函数

在 Python 中，print()函数是最常用的输出函数，可以直接输出数字、字符串、列表等常量、变量或表达式，也可以对它们进行格式化输出。

1. 使用 print()函数直接输出

使用 print()函数直接输出的一般格式为：

```
print([obj1,obj2,...][,sep=' '][,end='\n'][,file=sys.stdout])
```

其中，obj1,obj2,…为输出对象；sep 为分隔符，即输出对象 obj1,obj2,...之间的分隔符，默认值为' '；end 为终止符，默认值为'\n'；file 为输出位置，即输出到文件中还是命令行中，默认值为 sys.stdout，即输出到命令行（终端）中。

【例 1.19】 使用 print()函数输出数据。

程序代码及运行结果：

```
>>> print(23)                                  # 输出整数
23
>>> print("Hi")                                # 输出字符串
Hi
>>> print([1,2,3])                             # 输出列表
[1, 2, 3]
>>> print("x =", 8)                            # 输出多个对象
x = 8
>>> print(123,'abc',45,'book')
123 abc 45 book
>>> print(123,'abc',45,'book',sep = '-')       # 修改分隔符为'-'
123-abc-45-book
```

2. 使用 print()函数格式化输出

使用 print()函数格式化输出的一般格式为：

```
print("格式化字符串"%(变量、常量或表达式))
```

其中，格式化字符串中包含一个或多个指定格式的参数，与后面括号中的变量、常量或表达式在个数和类型上一一对应。当有多个变量、常量或表达式时，中间用逗号隔开。

print()函数的格式化符号及含义如表 1.2 所示。

表 1.2 print()函数的格式化符号及含义

符　号	含　义	符　号	含　义
%d 或%i	格式化为十进制整数	%c	单字符（接收整数或单字符字符串）
%o	格式化为八进制整数	%f 或%F	格式化浮点数，可指定小数点后的精度，默认为 6 位小数
%x 或%X	格式化为十六进制整数	%e 或%E	用科学记数法格式化浮点数
%s	字符串（采用 str()函数的显示）	%g 或%G	打印浮点数，根据值的大小自动选择%f（定点浮点数格式）或%e（科学浮点数格式）
%r	字符串（采用 repr()函数的显示）		

print()函数的格式化操作符辅助指令及含义如表 1.3 所示。

表 1.3 print()函数的格式化操作符辅助指令及含义

辅助指令	含　义	辅助指令	含　义
*	定义宽度或者小数点精度	#	在八进制数前面显示'0o'，在十六进制数前面显示'0x'或者'0X'
-	左对齐	0	在显示的数字前面填充'0'而不是默认的空格
+	在正数前面显示加号(+)	%	'%%'输出一个单一的'%'
<sp>	在正数前面显示空格	m.n	m 是显示的最小总宽度，n 是小数点后的位数

【例 1.20】 使用 print()函数格式化输出数据。

程序代码及运行结果：

```
>>> print("a = %d (十进制)."%a)      # 输出十进制整数
a = 100 (十进制).
>>> print("a=%8d"%a)                # 定义宽度为 8，不足 8 位时使用空格填充，右对齐
a=     100
>>> print("a=%-8d"%a)               # 定义宽度为 8，不足 8 位时使用空格填充，左对齐
a=100
>>> print("a=%08d"%a)               # 定义宽度为 8，不足 8 位时使用 0 填充，右对齐
a=00000100
>>> print("a = %o (八进制)."%a)      # 输出八进制整数
a = 144 (八进制).
>>> print("a=%#8o"%a)               # 在八进制数前面显示'0o'
```

```
a=   0o144
>>> print("a = %x (十六进制)."%a)  # 输出十六进制整数
a = 64 (十六进制).
>>> print("a=%#8x"%a)             # 在十六进制数前面显示'0x'
a=    0x64
>>> f = 123.4567
>>> print("f = %f"%f)             # 输出定点浮点数，默认为 6 位小数
f = 123.456700
>>> print("f = %8.2f"%f)          # 输出定点浮点数，8 个占位符，2 位小数
f =   123.46
>>> print("f = %e"%f)             # 输出科学浮点数
f = 1.234567e + 02
>>> print("字符串：%s"%"Tiger")    # 输出字符串
字符串：Tiger
>>> print("字符：%c"%"T")          # 输出字符
字符：T
>>> print("她是航天员 %s，飞天年龄 %d 岁."%("刘洋",34))
她是航天员 刘洋，飞天年龄 34 岁.
```

练习题 1

1. 简答题

（1）Python 有什么特点？

（2）Python 的主要应用领域有哪些？

（3）常见的 Python 开发环境有哪些？

（4）Python 程序运行方式有哪几种？

（5）Python 常见文件类型有哪些？其扩展名分别是什么？

（6）简述 Python 程序的开发过程。

2. 选择题

（1）下列选项中不属于 Python 特点的是（　　）。

A．简单、易学　　B．面向对象

C．可移植性好　　D．低级语言

（2）下列选项中不是正确 Python 标识符的是（　　）。

A．stu_info　　B．var_1　　C．1c　　D．myname

（3）下列选项中是 Python 保留字的是（　　）。

A．vb　　B．while　　C．Python　　D．hello

（4）下列选项中不是 Python 开发环境的是（　　）。

A．IDLE　　B．Visual C++　　C．PyCharm　　D．Anaconda3

（5）Python 中常用的输出函数是（　　）。

A．print()　　B．str()　　C．input()　　D．repr()

（6）在 Python 中，应该使用关键字（　　）导入模块或模块中的对象。

A．using　　B．import　　C．class　　D．def

（7）不是 Python 常用文件类型的是（　　）。

A．.java　　B．.py　　C．.pyc　　D．.pyw

（8）能够在 Python 代码中实现注释功能的是（　　）。

A．#　　B．*　　C．%　　D．@

（9）在 print()函数中，终止符 end 的默认值是（　　）。

A．'\f'　　B．'\t'　　C．'\r'　　D．'\n'

（10）在 Python 3.X 中，默认的编码类型是（　　）。

A．ASCII　　B．GB2312　　C．UTF-8　　D．Unicode

（11）Python 语句块的标记是（　　）。

A．分号　　B．逗号　　C．缩进　　D．/

（12）IDLE 环境的退出命令或函数是（　　）。

A．esc()　　B．close()　　C．回车键　　D．exit()

（13）语句 print('%6d'%123) 的运行结果是（　　）。

A．空空空 123　　B．123 空空空　　C．123　　D．'我爱%6d'%123

（14）下列格式化输出中正确的是（　　）。

A．print('我爱%s'%('中国'))　　B．print('我爱%d'%('中国'))

C．print('我爱%s')%('中国')　　D．print('我爱%d')%('中国')

3．填空题

（1）在 Python 中，常用的科学计算和数据分析方面的第三方库有________、________、________等。

（2）Python 目前有两个不同的版本序列，分别是________、________。

（3）Python 程序一般使用两种运行方式，分别是________、________。

（4）Python 标识符由________、________、________、________等组成。

（5）在 Python 代码中，单行注释和多行注释可以分别使用________、________。

（6）能够接收键盘输入的函数是________。

（7）语句 print("%.2f"%12.345)的运行结果是________。

（8）如果要使用一条语句将键盘输入赋值给变量 name 和 sex，则可以使用语句____________。

第 2 章　Python 编程基础

本章内容：

- 数据类型
- 数字类型
- 字符串类型
- 常量和变量
- 运算符和表达式
- 内置函数
- 程序调试
- 典型案例

2.1　数据类型

Python 支持丰富的数据类型，其中基本数据类型有以下 6 种。

（1）数字（Number），如 1、−2、3.0、5+6j、True。

（2）字符串（String），如'Internet'、"长城"。

（3）列表（List），如[1, 2, 3]、["Spring", "Summer", "Autumn", "Winter"]。

（4）元组（Tuple），如(1, 3, 5)、("大学", "中学", "小学")。

（5）字典（Dictionary），如{1: "优秀", 2: "良好", 3: "合格", 4: "不合格"}。

（6）集合（Set），如{"成功", "失败"}。

这些基本数据类型可以分为两类：数字和组合数据。数字类型包括整型、浮点类型、复数类型和布尔类型，组合数据类型包括字符串、列表、元组、字典、集合，如图 2.1 所示。

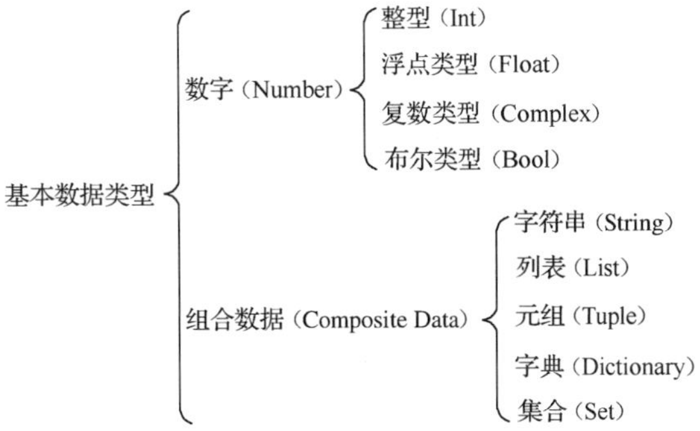

图 2.1　数据类型及分类

其中，数字（Number）、字符串（String）、元组（Tuple）为不可变类型数据（Immutable）。不可变类型数据一旦生成，仅可以使用，不能修改。例如，在创建一个元组后，不能向其中增加元素，也不能删除或修改其中的元素。列表（List）、字典（Dictionary）、集合（Set）为可变类型数据（Mutable）。在创建可变类型数据后，可以向其中增加元素，也可以删除或修改其中的元素。

除上述 6 种基本数据类型外，Python 还支持一种特殊的数据类型，即空类型（NoneType），其值为 None。None 是一个特殊的值，不是 0，也不是空字符串，表示什么也没有，是一个空对象。例如，当一个函数没有特别指明返回值时，默认返回的就是 None。

2.2 数字类型

Python 支持 4 种常见的数字类型：整型、浮点类型、复数类型和布尔类型。此外，Python 标准库中的 fractions 模块还支持分数和高精度实数。

2.2.1 整型

整型（Int）又称整数，包括正整数、负整数和零。在 Python 中，整型不限制大小，没有 Python 2.X 中的长整型（Long）。整数可以是二进制、八进制、十进制和十六进制的。

（1）十进制整数使用 0 ~ 9 共 10 个数字表示，如 3、–4、0 等。

（2）二进制整数只需要使用 2 个数字（0 和 1）表示，以 0B 或 0b 开头，如 0B1011（相当于十进制整数 11）、–0b101（相当于十进制整数–5）。

（3）八进制整数需要使用 8 个数字（0 ~ 7）表示，以 0o 或 0O 开头，如 0o56（相当于十进制整数 46）、–0O145（相当于十进制整数–101）。

（4）十六进制整数需要使用 16 个数字（0 ~ F）表示，以 0x 或 0X 开头，如 0xAF（相当于十进制整数 175）、–0X123（相当于十进制整数–291）。

不同进制的整数可以通过以下 Python 内置函数相互转化。

- bin()函数：将其他进制的整数转换成二进制整数。
- int()函数：将其他进制的整数转换成十进制整数。
- oct()函数：将其他进制的整数转换成八进制整数。
- hex()函数：将其他进制的整数转换成十六进制整数。

【例 2.1】 不同进制的整数相互转化。

程序代码及运行结果：

```
>>> print("十进制整数→二进制整数:",bin(56))
十进制整数→二进制整数: 0b111000
>>> print("十进制整数→八进制整数:",oct(-32))
十进制整数→八进制整数: -0o40
>>> print("十六进制整数→十进制整数:",int(0x48))
十六进制整数→十进制整数: 72
>>> print("十进制整数→十六进制整数:",hex(18))
十进制整数→十六进制整数: 0x12
```

Python 3.6.X 以上版本支持数字中间位置使用单个下画线作为分隔符，以提高数字的可读性。

【例 2.2】 数字中间的下画线。

程序代码及运行结果：

```
>>> 3_4_5_6
3456
>>> 1_2_3.4_5_6
123.456
```

2.2.2 浮点类型

在实际应用中，仅使用整数来描述数字信息是远远不够的，还需要引入浮点数进行补充。

浮点类型（Float）的数（即浮点数）包括整数部分和小数部分，可以写成普通的十进制格式，也可以使用科学记数法表示（带有指数的浮点数）。

- 以十进制格式表示的浮点数，如 0.62、–3.87、0.0 等。
- 以科学记数法表示的浮点数，如 32.6e18（相当于 3.26×10^{19}），–9.268E–3（相当于–0.009268）。

Python 提供大约 17 位的精度，以及范围为–308 ~ 308 的指数，不支持 32 位的单精度浮点数。因此，Python 中只有 Float 类型，没有其他编程语言中的 Double 类型。

【例 2.3】 浮点数的不同格式输出。

程序代码：

```
f = 32.6e18
print("f =",f)
print("f = %e"%f)
print("f = %f"%f)
```

运行结果：

```
f = 3.26e+19
f = 3.260000e+19
f = 32600000000000000000.000000
```

由于精度和数制转换之间的问题，浮点数的运算结果有时和预期结果存在差异。

【例 2.4】 浮点数运算。

程序代码：

```
a = 0.1
b = 0.2
print("a + b =",a + b)
# 比较浮点数大小
if((a + b) == 0.3):
  print("(a + b) == 0.3")
else:
  print("(a + b) != 0.3")
```

运行结果：

```
a + b = 0.30000000000000004
(a + b) != 0.3
```

从【例 2.4】可知，语句 a + b 的运行结果是 0.30000000000000004，和 0.3 并不相等。出现这个结果的原因是：浮点数在计算机中存储和表示时，有效位数是有限的，对尾数进行了一些处理；计算机在进行运算时，会先将十进制数转换为二进制数再进行运算，这可能导致十进制数转换为二进制数后成了循环小数。

在编程中遇到这类问题时，可以采用以下处理方法。

（1）以二者之差的绝对值是否足够小作为两个实数是否相等的依据。

（2）使用 round(f, n)函数限定小数位数为 n 位。

2.2.3 复数类型

复数类型（Complex）的数（即复数）由实数部分和虚数部分构成，可以用 a + bj、a + bJ 或 complex(a, b)表示，如 12.6 + 5j 和–7.4–8.3J。对于复数 z，可以使用 z.real 获得实数部分，使用 z.imag 获得虚数部分。

【例 2.5】 复数及其运算。

程序代码：

```
c1 = 1.2 + 5.3j
c2 = 4.6 + 60.8J
print("c1 + c2 =",c1 + c2)
```

运行结果：

```
c1 + c2 = (5.8+66.1j)
```

2.2.4 布尔类型

布尔类型（Bool）的值（即布尔值）包括 True 和 False，分别表示真和假。

在 Python 中，非 0 数字、非空字符串、非空列表、非空元组、非空字典、非空集合等在进行条件判断时均被视为真（True）；数字 0 或 0.0、空字符串、空列表、空元组、空字典、空集合等在进行条件判断时均被视为假（False）。

【例 2.6】 判断列表是否为空。

程序代码：

```
兴趣 = ["武术","艺术","音乐","体育"]
if 兴趣:
  print("列表'兴趣'不为空！")
else:
  print("列表'兴趣'为空！")
```

运行结果：

```
列表'兴趣'不为空!
```

布尔值如果出现在算术运算中，则 True 被当作 1，False 被当作 0。

【例 2.7】 布尔值参与数值运算。

程序代码及运行结果：

```
>>> print(True + 2)
3
>>> print(False + 2)
2
```

2.2.5 数字类型转换

Python 中的几个内置函数可以用于数字类型转换。

（1）int(x)函数：将 x 转换为一个整数。

（2）float(x)函数：将 x 转换为一个浮点数。

（3）complex(x)或 complex(x, y)函数：complex(x)将 x 转换为一个复数，实数部分为 x，虚数部分为 0；complex(x, y)将 x 和 y 转换为一个复数，实数部分为 x，虚数部分为 y。

（4）bool(x)函数：将非布尔值 x 转换为一个布尔值。

【例 2.8】 数字类型转换。

程序代码及运行结果：

```
>>> print("int(2.56) →",int(2.56))
int(2.56) → 2
>>> print("int(-2.56) →",int(-2.56))
int(-2.56) → -2
>>> print("float(3) →",float(3))
float(3) → 3.0
>>> print("bool(-1) →",bool(-1))
bool(-1) → True
>>> print("bool(0.0) →",bool(0.0))
bool(0.0) → False
>>> print("complex(7,8) →",complex(7,8))
complex(7,8) → (7 + 8j)
```

2.2.6 分数和高精度实数

Python 标准库模块 fractions 中的 Fraction 对象和 Decimal 对象分别支持分数运算和高精度实数运算。

【例 2.9】 分数运算和高精度实数运算。

程序代码及运行结果：

```
>>> from fractions import Fraction
>>> a = Fraction(2,5)                  # 创建分数对象
>>> b = Fraction(1,5)                  # 创建分数对象
>>> a.denominator                      # 查看分母
5
>>> a.numerator                        # 查看分子
2
>>> a + b                              # 分数之间的算术运算
Fraction(3,5)
>>> from fractions import Decimal
>>> 1 / 3                              # 一般精度实数
0.3333333333333333
>>> Decimal(1 / 3)                     # 高精度实数
Decimal('0.333333333333333314829616256247390992939472198486328125')
```

2.2.7 常用数学函数

Python 提供了一些数学函数，帮助用户对数字进行运算和处理。Python 中的数学函数有如下两种使用方式。

（1）Python 中的常用内置数学函数。这类函数的数量不多，可以直接在程序中使用，如表 2.1 所示。

表 2.1　Python 中的常用内置数学函数

函 数 名	功 能 说 明	举 例	结 果
abs(x)	返回 x 的绝对值	abs(-10)	10
pow(x, y)	返回 x ** y 运算后的值	pow(2, 3)	8
round(x [,n])	返回 x 的四舍五入值	round(1.23456, 2)	1.23
max(x1, x2,...)	返回给定参数的最大值	max(1, 2, 3)	3
min(x1, x2,...)	返回给定参数的最小值	min(1, 2, 3)	1

（2）math 模块中的常用数学函数。math 模块为数学运算提供了对底层 C 函数库的访问功能，其中的函数种类多，功能较全，需要导入 math 模块后才能在程序中调用，如表 2.2 所示。

表 2.2　math 模块中的常用数学函数

函 数 名	功 能 说 明	举 例	结 果
math.pow(x, y)	返回 x ** y 运算后的值	math.pow(2, 4)	16.0
math.ceil(x)	返回 x 的上入整数	math.ceil(2.1)	3
math.exp(x)	返回 e 的 x 次幂	math.exp(2)	7.38905609893065
math.fabs(x)	返回 x 的绝对值	math.fabs(-8.0)	8.0
math.floor(x)	返回 x 的下舍整数	math.floor(2.8)	2
math.log(y,x)	返回以 x 为基数的 y 的对数	math.log(8, 2)	3.0
math.log10(y)	返回以 10 为基数的 y 的对数	math.log10(100)	2.0
math.modf(x)	返回 x 的整数部分与小数部分	math.modf(3.6)	(0.6000000000000001, 3.0)
math.sqrt(x)	返回 x 的平方根	math.sqrt(9.0)	3.0
math.sin(x)	求 x（x 为弧度）的正弦值	math.sin(1.57)	0.9999996829318346
math.cos(x)	求 x（x 为弧度）的余弦值	math.cos(1.04)	0.5062202572327784
math.tan(x)	求 x（x 为弧度）的正切值	math.tan(0.785)	0.9992039901050427

另外，math 模块中还有一些常用的数学常量，如 e（自然对数的底）、pi（圆周率π的值）等，

可以在编写计算程序时使用。

【例 2.10】 使用数学函数求样本的标准偏差。

程序代码：

```
import math
x1 = 3.12                               # 样本 1 数据
x2 = 3.36                               # 样本 2 数据
x3 = 3.08                               # 样本 3 数据
x_ = (x1 + x2 + x3) / 3                 # 计算样本平均值
# 计算样本标准偏差
s = math.sqrt((math.pow(x1-x_,2) + math.pow(x2-x_,2) + math.pow(x3-x_,2))/3)
print("x_ =",x_)                        # 输出样本平均值
print("s =",s)                          # 输出样本标准偏差
```

运行结果：

```
x_ = 3.1866666666666667
s = 0.1236482466066093
```

2.3 字符串类型

字符串是 Python 中最常用的数据类型之一，是一个有序的字符集合，用来存储和表现基于文本的信息。

Python 字符串需要使用成对的单引号“'”或双引号“"”括起来，如'Python'、"中国制造"等。在 Python 中，单引号字符串和双引号字符串是等效的。Python 还允许使用三引号“"""”或“'''”创建跨多行的字符串，且这种字符串中可以包含换行符、制表符及其他特殊字符。

提示： Python 不支持字符类型，即使是单个字符也叫字符串。本书中的字符指由单个字符构成的字符串。

Python 为字符串中的每个字符分配一个数字来指代这个元素的位置，即索引。第一个元素的索引是 0，第二个元素的索引是 1，以此类推；同时，字符串还支持反向索引，字符串中最后一个字符的索引是−1，倒数第二个字符的索引是−2，以此类推，如图 2.2 所示。

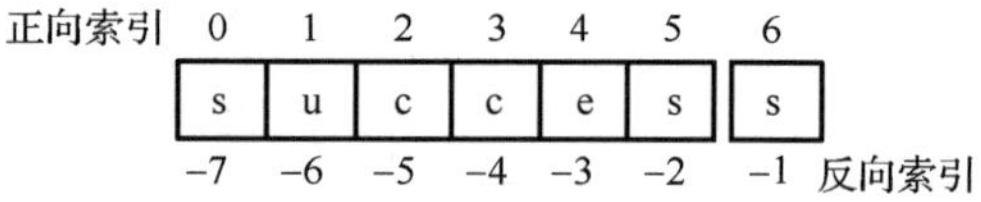

图 2.2 字符串双向索引

Python 支持如下几种类型的字符串。

（1）Unicode 字符串：不以 r/R、b/B 开头的字符串。

（2）非转义字符串的原始字符串：以 r 或 R 开头的字符串。

（3）bytes 字节串：以 b 或 B 开头的字符串。

除可以使用 1.4.3 节中的 encode()函数和 decode()函数在 Unicode 字符串与 bytes 字节串之间转换外，也可以使用 str()函数和 bytes()函数在这二者之间转换。

【例 2.11】 不同类型的字符串及其转换。

程序代码及运行结果：

```
>>> print("Are you happy?")                  # 普通字符串，本质是 Unicode 字符串
Are you happy?
>>> print(u"I am really\u0020pleased.")      # Unicode 字符串
I am really pleased.
>>> print(r"D:\friends.txt")                 # 非转义字符串的原始字符串
D:\friends.txt
>>> print(b"rejoice")                        # bytes 字节串
b'rejoice'
```

```
>>> bytes("中国","GBK")                              # 编码成字节串，采用 GBK 编码格式
b'\xd6\xd0\xb9\xfa'
>>> str(b'\xd6\xd0\xb9\xfa',"GBK")                   # 解码为 Unicode 编码格式
'中国'
>>> bytes("中国","UTF-8")                            # 编码成字节串，采用 UTF-8 编码格式
b'\xe4\xb8\xad\xe5\x9b\xbd'
>>> str(b'\xe4\xb8\xad\xe5\x9b\xbd',"UTF-8")         # 解码为 Unicode 编码格式
'中国'
```

2.3.1 字符串创建

在 Python 中，创建字符串一般有两种方法：赋值运算符“=”，str()函数或 repr()函数。

1. 使用赋值运算符创建字符串

在 Python 中，可以使用赋值运算符创建字符串，其一般格式为：

```
变量 = 字符串
```

【例 2.12】 创建字符串。

程序代码：

```
str1 = "prognosticate"                # 双引号字符串
str2 = 'evaluation'                   # 单引号字符串
# 三引号字符串
str3 = """这是三引号字符串，
可以包含转义字符。
"""
print("str1:",str1)
print("str2:",str2)
print("str3:",str3)
```

运行结果：

```
str1: prognosticate
str2: evaluation
str3: 这是三引号字符串，
可以包含转义字符。
```

2. 使用 str()函数或 repr()函数创建字符串

str()函数或 repr()函数的功能是将一个给定对象转换为字符串，其一般格式为：

```
str(obj) 或 repr(obj)
```

其中，obj 表示要转换为字符串的对象，可以是数字、列表等对象。

repr()函数的用途更广泛，可以将任何 Python 对象转换为字符串对象。

【例 2.13】 使用 str()函数和 repr()函数创建字符串。

程序代码及运行结果：

```
>>> str(8.42)
'8.42'
>>> str(True)
'True'
>>> str([4,9,1,8])
'[4, 9, 1, 8]'
>>> repr((32.5,4000,('Google','Runoob')))
"(32.5, 4000, ('Google', 'Runoob'))"
```

2.3.2 字符串访问

在 Python 中，访问字符串可以使用以下 3 种方式。

（1）字符串名。访问字符串名就是访问整个字符串。

（2）字符串名[index]。访问字符串中索引为 index 的字符。

（3）切片访问。访问指定索引范围的字符序列。

字符串切片访问的一般格式为：

```
str[[start]:[end]:[step]]
```

其中，start 为起始索引，默认从 0 开始；end 为终止索引（不包含）；step 为步长，默认值为 1。3 个参数均为可选参数。当 3 个参数都被省略时，表示访问整个字符串。

【例 2.14】 访问字符串。

程序代码及运行结果：

```
>>> str = "sophiscated"
>>> str                          # 整个字符串
'sophiscated'
>>> str[1]                       # 索引为 1 的字符
'o'
>>> str[2:]                      # 从索引 2 开始的所有字符
'phiscated'
>>> str[:]                       # 整个字符串，也可以写为 str[::]
'sophiscated'
>>> str[:4]                      # 索引 4 之前的所有字符
'soph'
>>> str[-1]                      # 倒数第 1 个字符
'd'
>>> str[-5:-1]                   # 索引为-5 ~ -2 的字符
'cate'
>>> str[::-1]                    # 字符串反向输出
'detacsihpos'
```


2.3.3 字符串运算

在 Python 中，可以对多个字符串进行运算。常用字符串运算符如表 2.3 所示。

表 2.3　常用字符串运算符

运　算　符	描　　述
+	连接字符串
*	重复输出字符串
关系运算符	按两个字符串的索引位置依次比较
in	如果字符串中包含给定的子字符串，则返回 True；否则返回 False
not in	如果字符串中不包含给定的子字符串，则返回 True；否则返回 False

【例 2.15】 字符串运算。

程序代码及运行结果：

```
>>> "大家好，" + "这是航天员王亚平."
'大家好，这是航天员王亚平.'
>>> "您的幸运数字为：" + 6               # 运算符“+”两边必须都是字符串，否则会报错
TypeError: can only concatenate str (not "int") to str
>>> "重要的话." * 3
'重要的话.重要的话.重要的话.'
>>> 'c' in "lucky"
True
>>> "quite" > "quiet"
True
```

在 Python 中，除可以使用关系运算符比较字符串外，也可以使用标准库模块 operator 中的函数比较字符串。下面是 operator 模块中用来比较对象的常用函数。

（1）lt(a, b)：相当于 a < b。

（2）le(a, b)：相当于 a <= b。

（3）eq(a, b)：相当于 a == b。

（4）ne(a, b)：相当于 a != b。

（5）gt(a, b)：相当于 a > b。

（6）ge(a, b)：相当于 a >= b。

其中，a、b 为要比较的两个对象，可以是字符串类型的，也可以是其他对象类型的。

【例 2.16】 使用 operator 模块中的函数比较字符串。

程序代码：

```
import operator
str1 = "superman"
str2 = "monster"
print("'superman' < 'monster':",operator.lt(str1,str2))
print("'superman' <= 'monster':",operator.le(str1,str2))
print("'superman' == 'monster':",operator.eq(str1,str2))
print("'superman' != 'monster':",operator.ne(str1,str2))
print("'superman' > 'monster':",operator.ge(str1,str2))
print("'superman' >= 'monster':",operator.gt(str1,str2))
```

运行结果：

```
'superman' < 'monster': False
'superman' <= 'monster': False
'superman' == 'monster': False
'superman' != 'monster': True
'superman' > 'monster': True
'superman' >= 'monster': True
```

如果只需要比较两个字符串是否相等，也可以使用字符串的内置函数__eq__()，其一般格式为：

```
str1.__eq__(str2)
```

如果字符串 str1 和 str2 相等，则返回 True，否则返回 False。

2.3.4 字符串函数

1. 字符串查找函数

在 Python 中，常用于查找字符串的函数有 str.find()、str.rfind()、str.index()、str.startswith()和 str.endswith()等。

（1）str.find(subStr[, beg[, end]])：查找字符串 str 中是否包含子字符串 subStr，如果包含，则返回子字符串 subStr 在字符串 str 中第一次出现处的索引，否则返回−1。其中，beg 为查找开始位置，end 为查找结束位置。

（2）str.rfind(subStr[, beg[, end]])：功能和用法与 str.find()函数的类似。不同的是，此函数是从右边开始查找的。

（3）str.index(subStr[, beg[, end]])：查找字符串 str 中是否包含子字符串 subStr，如果包含，则返回子字符串 subStr 在字符串 str 中第一次出现处的索引。用法与 str.find()函数的类似。不同的是，在使用此函数时，如果要查找的子字符串 subStr 不在被查找的字符串 str 中，则会报错。

（4）str.startswith(subStr)：检查字符串 str 是否以指定子字符串 subStr 开头。如果是，则返回 True，否则返回 False。

（5）str.endswith(subStr)：检查字符串 str 是否以指定子字符串 subStr 结束。如果是，则返回 True，否则返回 False。

【例 2.17】 字符串查找示例。

程序代码及运行结果：

```
>>> str = "时间是一切财富中最宝贵的财富"
>>> print("子字符串位置：",str.find("财富"))          # 从字符串左边开始查找
子字符串位置： 5
>>> print("子字符串位置：",str.find("财富",6))        # 从左边索引为 6 的字符开始查找
子字符串位置： 12
>>> print("子字符串位置：",str.rfind("财富"))         # 从字符串右边开始查找
子字符串位置： 12
>>> print("子字符串位置：",str.rfind("财富",4,10)) # 从右边索引为 4～10 的字符开始查找
子字符串位置： 5
>>> print("字符串位置：",str.rfind("成功"))           # 从字符串右边开始查找，查找失败
子字符串位置： -1
>>> print(str.startswith("时间"))
True
>>> print(str.endswith("财富"))
True
```

2. 字符串替换函数

str.replace()函数的功能是把字符串中的旧字符串替换成新字符串，其一般格式为：

```
str.replace(oldStr,newStr[,max])
```


其中，oldStr 为被替换的旧字符串，newStr 为新字符串，max 为最大替换次数。

【例 2.18】 使用 str.replace()函数进行字符串替换。

程序代码：

```
str = "贝多芬是世界闻名的航海家."
print(str.replace("贝多芬","哥伦布"))
```

运行结果：

```
哥伦布是世界闻名的航海家.
```

3. 字符串拆分函数

str.split()函数通过指定分隔符对字符串进行拆分，返回一个字符串列表，其一般格式为：

```
str.split(sep="",num)
```

其中，sep 为分隔符，默认值为空字符，包括空格、换行符“\n”、制表符“\t”等；num 为拆分次数。

【例 2.19】 使用 str.split()函数拆分字符串。

程序代码：

```
str = "Every cloud has a silver lining."
print (str.split())                   # 使用默认分隔符拆分字符串
print (str.split(" ",3))              # 使用默认分隔符拆分字符串为 4 个子字符串
```

运行结果：

```
['Every', 'cloud', 'has', 'a', 'silver', 'lining.']
['Every', 'cloud', 'has', 'a silver lining.']
```

4. 字符转换函数

ord()函数和 chr()函数是一对与编码相关但功能相反的函数。

（1）ord(c)：返回单个字符的 Unicode 编码。

（2）chr(u)：返回 Unicode 编码对应的字符。如果所给的 Unicode 字符超出了 Python 定义范围，则会引发一个 TypeError 异常。

两个字符串之间的比较一般遵循如下规则。

（1）如果都是西文字符串，则按照字符串中每个字符的 ASCII 编码逐个进行比较。

（2）如果都是中文字符串，则按照汉字的 Unicode 编码逐个进行比较。

（3）如果分别是汉字字符串和英文字符串，则统一按照它们的 Unicode 编码逐个进行比较，且汉字字符串大于英文字符串。

【例 2.20】 查看字符的 Unicode 编码，并比较它们的大小。

程序代码及运行结果：

```
>>> print("ord(c) =",ord("c"))
ord(c) = 99
>>> print("ord(d) =",ord("d"))
ord(d) = 100
>>> print("'c' > 'd':","c" > "d")
'c' > 'd': False
>>> print("ord('输') = ",ord("输"))
ord('输') = 36755
>>> print("ord('赢') = ",ord("赢"))
ord('赢') = 36194
>>> print("'输' > '赢':","输" > "赢")
'输' > '赢': True
>>> print("ord('中') =",ord("中"))
ord('中') = 20013
>>> print("ord('z') =",ord("z"))
ord('z') = 122
>>> print("'中' > 'z':","中" > "z")
'中' > 'z': True
```

5. 字符串格式化函数

字符串格式化函数 format()增强了格式化字符串的功能，其一般格式为：

```
格式化字符串.format(参数列表)
```

其中，格式化字符串为包括参数序号和格式控制信息的字符串。参数序号和格式控制信息被包含在{}中，格式控制信息可以是数据类型、填充、对齐、宽度和精度等。格式化符号和 print()函数中的类似。参数列表中可以包含多个不同类型的参数，并用逗号隔开。

【例 2.21】 字符串格式化示例。

程序代码及运行结果：

```
>>> # 根据位置格式化
>>> print('{0}, {1}.'.format('Hello','world'))
Hello, world.
>>> print('{}, I am {}.'.format('Hello','Python'))
Hello, I am Python.
>>> print('{0} {1}, {1} is a new prgramming language.'.format('Hello','Python'))
Hello Python, Python is a new prgramming language.
>>> # 根据 key 格式化
>>> print("网站名: {name}, 地址: {url}".format(name="清华大学", url="https:
          //www.**.edu.cn/"))
网站名: 清华大学, 地址: https://www.**.edu.cn/
>>> # 根据字典格式化
>>> site = {"name": "清华大学", "url": "https://www.**.edu.cn/"}
>>> print("网站名: {name}, 地址: {url}".format(**site))
网站名: 清华大学, 地址: https://www.**.edu.cn/
>>> # 根据列表格式化
>>> list = ['world','python']
>>> print('hello {names[0]}, I am {names[1]}.'.format(names=list))
hello world, I am python.
>>> print('hello {0[0]}, I am {0[1]}.'.format(list))
hello world, I am python.
>>> # 数字格式化
```

```
>>> print("{:.2f}".format(3.1415926))          # 2 位小数
3.14
>>> print("{:+.2f}".format(3.1415926))         # 带符号
+3.14
>>> print("{:.0f}".format(3.1415926))          # 无小数位
3
>>> print("{:0>2d}".format(6))                 # 填充 0
06
```

6. 其他常用字符串函数

除前面例子中的字符串函数外，Python 中还有其他常用字符串函数，如表 2.4 所示。

表 2.4 常用字符串函数

函　数	描　述	实　例	返回结果
capitalize()	将字符串的第一个字符转换为大写形式	"python".capitalize()	Python
count(str,beg=0, end=len(str))	返回子字符串在字符串 str 中出现的次数	"This is an apple.". count("is")	2
len(string)	返回字符串长度	len("Python") len("中国制造")	6 4
isdecimal()	检查字符串中是否只包含十进制字符：如果是，则返回 True，否则返回 False	"128".isdecimal() "12.8".isdecimal()	True False
isdigit()	如果字符串中只包含数字，则返回 True，否则返回 False	"32".isdigit() "3.2".isdigit()	True False
upper()	将字符串中的小写字符转换为大写形式	"hello".upper()	HELLO
lower()	将字符串中的大写字符转换为小写形式	"HELLO".lower()	hello
swapcase()	将字符串中的大、小写字符互换大小写形式	"Hello".swapcase()	hELLO
strip()	删除字符串两端的空格	" python ".strip()	python
rstrip()	删除字符串末尾的空格	" python ".rstrip()	python
lstrip()	删除字符串左边的空格	" python ".strip()	python
title()	返回"标题化"字符串，即首字母大写	"python".title()	Python
islower()	如果所有字符都是小写形式，则返回 True，否则返回 False	"Scientist".islower() "科学家".islower()	False False
isupper()	如果所有字符都是大写形式，则返回 True，否则返回 False	" Artist".isupper() "艺术家".isupper()	False False
"sep".join(str)	返回以分隔符 sep 连接各个字符后生成的字符串	"-".isdigit(" hello")	h-e-l-l-o

【例 2.22】 判断输入的电话号码是否正确。

程序代码：

```
phone = input("请输入电话号码：")
while True:
  if phone.isdecimal() and len(phone) == 11:          # 电话号码为 11 位数字
    print("您的电话号码是:",phone)
    break
  else:
    phone = input("您输入的电话号码不正确!\n 请重新输入:")
```

运行结果：

```
请输入电话号码：18900a00000
您输入的电话号码不正确!
请重新输入:18900000000
您的电话号码是：18900000000
```

2.3.5 转义字符

在需要使用特殊字符时，Python 使用反斜杠转义字符。

常用转义字符如表 2.5 所示。

表 2.5　常用转义字符

转义字符	描　述	转义字符	描　述
\	续行符（在行尾时）	\n	换行
\\	反斜杠符号	\v	纵向制表符
\'	单引号	\t	横向制表符
\"	双引号	\r	回车
\a	响铃	\f	换页
\	退格	\oyy	八进制数，yy 代表的字符
\e	转义	\xyy	十六进制数，yy 代表的字符
\000	空	\other	其他字符以普通格式输出

【例 2.23】 使用转义字符访问字符串。

程序代码：

```
print("很多观众喜欢\"汉武大帝\"这部电视剧.")
print("a = \t108")
print("D:\\b.py")
```

运行结果：

```
很多观众喜欢"汉武大帝"这部电视剧.
a =  108
D:\b.py
```

在【例 2.23】中，也可以使用语句 print('很多观众喜欢"汉武大帝"这部电视剧.')实现相同的功能。

2.4　常量和变量

2.4.1　常量

常量一般指不需要改变也不能改变的常数，如一个数字 3、一个字符串"火星"、一个元组(1, 3, 5)等。

Python 中没有专门定义常量的方式，通常使用大写变量名表示常量，但是，这仅仅是一种提示和约定俗成的用法，其本质还是变量。

【例 2.24】 常量的定义和使用。

程序代码：

```
PI = 3.14                                  # 定义一个常量
r = float(input("请输入圆的半径: "))
area = PI * r * r                          # 计算圆的面积
print("area =",area)
```

运行结果：

```
请输入圆的半径: 3.4
area = 36.2984
```

在【例 2.24】中，也可以导入 math 模块，使用 math.pi 获取圆周率的值。

2.4.2　变量

1. 变量概述

与常量相反，变量的值是可以改变的。在 Python 中，不仅变量的值可以改变，其类型也可以改变。

Python 是一种强类型语言，也是一种动态类型语言。Python 解释器会根据赋值或运算来推断变量类型，这是因为变量的类型是随着其值的改变而改变的。

在使用变量时，不需要提前声明，只需要给这个变量赋值即可。当给一个变量赋值时，就创建了对应类型的变量。因此，当使用变量时，必须给这个变量赋值。如果只声明了一个变量而没有给它赋值，则 Python 会认为这个变量没有被定义。

【例 2.25】 变量的赋值和类型。

程序代码：

```
m = 120
print("m的数据类型:",type(m))
m = "大数据"
print("m的数据类型:",type(m))
```

运行结果：

```
m的数据类型: <class 'int'>
m的数据类型: <class 'str'>
```

【例 2.26】 变量的使用。

程序代码：

```
x = 50
print("x =",x)
print("x + y =",x + y)
```


运行结果：

```
x = 50
   print("x + y = ",x + y)
NameError: name 'y' is not defined
```

在【例 2.26】中，出错的原因是没有给变量 y 赋值就使用该变量。

2. 变量命名

在 Python 中，变量的命名遵循标识符的规定，可以使用大小写英文字母、汉字、下画线、数字。而且，变量名必须以英文字母、汉字或下画线开头，不能包含空格或标点符号（如括号、引号、逗号等）。

例如，下面的变量名是合法的：

```
a,A,b1,c_4,_s1_,身高
```

下面的变量名是不合法的：

```
1a,d 3
```

3. 变量赋值

在使用 Python 中的变量前，必须给变量赋值，因为变量只有被赋值后才能在内存中被创建。Python 使用赋值运算符“=”给变量赋值，其一般格式为：

```
变量1,变量2,变量3,...  = 表达式1,表达式2,表达式3,...
```

表达式可以是常量、已被赋值的变量或表达式，也可以是一个序列对象。

如果多个变量的值相同，也可以使用如下格式。

```
变量1 = 变量2 = ... = 变量n = 表达式
```

【例 2.27】 变量赋值。

程序代码及运行结果：

```
>>> counter = 68                                   # 给变量赋整数值
>>> print("counter:",counter)
counter: 68
```

```
>>> miles = 26.91                                     # 给变量赋浮点数值
>>> print("miles:",miles)
miles: 26.91
>>> name = "John"                                     # 给变量赋字符串值
>>> print("name:",name)
name: John
>>> 四大名著 = ["三国演义","红楼梦","西游记","水浒传"]     # 给变量赋列表值
>>> print("四大名著:",四大名著)
四大名著: ['三国演义', '红楼梦', '西游记', '水浒传']
>>> data1,data2,data3 = 10,95.12,"人工智能"            # 给多变量赋值
>>> print("data1 = %d,data2 = %f,data3 = %s."%(data1,data2,data3))
data1 = 10,data2 = 95.120000,data3 = 人工智能.
>>> 古代军事家 = ["孙武","白起","李靖","王翦"]           # 给多变量赋列表值
>>> zsj1,zsj2,zsj3,zsj4 = 古代军事家
>>> print("zsj1 = %s,zsj2= %s,zsj3 = %s,zsj4 = %s."%(zsj1,zsj2,zsj3,zsj4))
zsj1 = 孙武,zsj2 = 白起,zsj3 = 李靖,zsj4 = 王翦.
>>> x = y = z = 268
>>> print("x = %s, y = %s, z = %s."%(x,y,z))
x = 268, y = 268, z = 268
```

【例 2.28】 交换两个变量的值。

程序代码：

```
a = 50; b = 60
print("交换前: a = %d,b = %d "%(a,b))
a,b = b,a                                             # 交换两个变量的值
print("交换后: a = %d,b = %d "%(a,b))
```

运行结果：

```
交换前: a = 50,b = 60
交换后: a = 60,b = 50
```

4. Python 内存和变量管理

Python 采用的是基于值的内存管理方式，每个值在内存中只有一份存储。如果给多个变量赋相同的值（如整数、字符串），则多个变量存储的都是指向这个值的内存地址，即 id。也就是说，Python 中的变量并没有存储变量的值，而是存储了指向这个值的地址或引用。

【例 2.29】 给不同变量赋相同的值。

程序代码：

```
a = 16.8
b = 16.8
print("a 的 id 为:",id(a))                        # 输出变量 a 的引用
print("b 的 id 为:",id(b))                        # 输出变量 b 的引用
```

运行结果（1 次运行结果）：

```
a 的 id 为: 1443854448
b 的 id 为: 1443854448
```

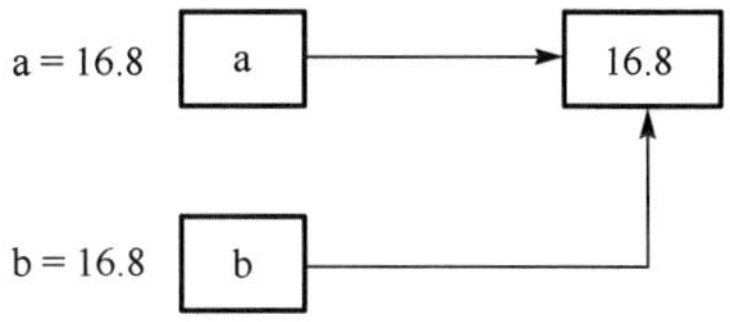

图 2.3　本例在内存中运行的流程

本例在内存中运行的流程如图 2.3 所示。

（1）在内存中找一个存储位置存储值“16.8”。

（2）创建变量 a，在变量 a 中存储指向 16.8 的存储地址。

（3）创建变量 b，在变量 b 中存储指向 16.8 的存储地址。

对组合数据（如列表、字典和集合等）而言，在每次创建一个组合数据对象时，都会为其重新分配内存地址。因此，给具有相同内容的组合数据变量分配的内存地址不同。

【例 2.30】 给不同变量赋相同的列表值。

程序代码：

```
x = ["王羲之","顾恺之","阎立本","颜真卿"]
```

```
y = ["王羲之","顾恺之","阎立本","颜真卿"]
print("id(x) =",id(x))                # 输出变量 x 的引用
print("id(y) =",id(y))                # 输出变量 y 的引用
```

运行结果（1 次运行结果）：

```
id(x) = 38512136
id(y) = 37701704
```

在 Python 中，给变量赋值实际上是实现对象的引用。当创建一个对象，并把它赋给另一个变量时，Python 并没有复制这个对象，只是复制了这个对象的引用。这对于所有数据类型的对象都是一样的。

【例 2.31】 变量复制。

程序代码：

```
a = 100
b = a                          # 本质上是变量 a 把指向值“100”的地址复制给变量 b
print("a 的 id 为:",id(a))      # 输出变量 a 的引用
print("b 的 id 为:",id(b))      # 输出变量 b 的引用
```

运行结果：

```
a 的 id 为: 1443854448
b 的 id 为: 1443854448
```


在【例 2.31】中，变量 a 中存储的是指向 100 的地址，在运行语句 b=a 时，复制给变量 b 的其实是变量 a 的引用。因此，变量 a 和变量 b 具有相同的指向 100 的地址，如图 2.4 所示。

同时，Python 具有自动内存管理功能，它会跟踪所有的值，并自动删除不再有变量指向的值。因此，Python 程序开发人员一般不需要考虑内存管理的问题。

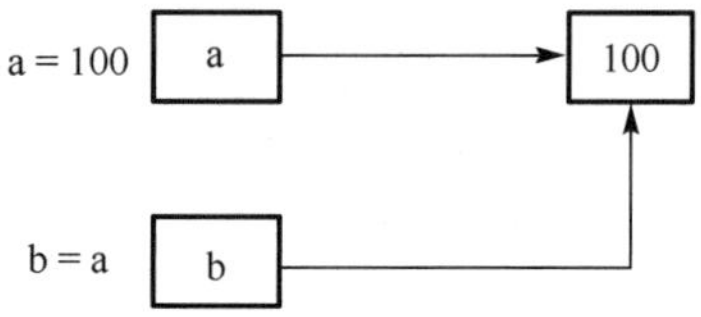

图 2.4 变量复制

2.5 运算符和表达式

运算符是代表一定运算功能的符号，可以对常量、变量等进行处理。Python 支持的运算符有算术运算符、关系运算符、赋值运算符、逻辑运算符、位运算符、成员运算符和身份运算符。由各种运算符和运算对象组成的式子称为表达式。

2.5.1 常用运算符和表达式

1. 算术运算符和算术运算表达式

算术运算符用于对算术运算对象进行算术运算。由算术运算符与算术运算对象组成的式子称为算术运算表达式。常用算术运算符如表 2.6 所示。

表 2.6 常用算术运算符

运 算 符	名 称	实 例	表达式结果（设 a = 3，b = 4）
+	加	a + b	7
–	减	a – b	–1
*	乘	a * b	12
/	除	a / b	0.75
%	取模	a % b	3
**	幂	a ** b	81
//	整除	a // b	0

算术运算符两边的算术运算对象一般为整数或浮点数，特殊情况下也可以是布尔值或复数。当参与算术运算的两个算术运算对象是整数或浮点数时，其运算结果也是整数或浮点数。

【例 2.32】 求自然数 268 的逆序数并输出。

程序代码：

```
x = 268
a = x // 100                    # 计算百位数字
b = x // 10 % 10                # 计算十位数字
c = x % 10                      # 计算个位数字
y = c * 100 + b * 10 + a        # 计算逆序自然数
print("原自然数: x =",x)
print("逆序自然数: y =",y)
```

运行结果：

```
原自然数: x = 268
逆序自然数: y = 862
```

2. 关系运算符和关系运算表达式

关系运算符用于比较两个对象之间的关系，对象可以是数或字符串等常量、变量或表达式。由关系运算符与比较对象组成的式子称为关系运算表达式。常用关系运算符如表 2.7 所示。若关系表达式的结果为 True，则返回 True，否则返回 False。

表 2.7 常用关系运算符

运 算 符	名 称	实 例	表达式结果（设 a = 20，b = 30）
==	等于	a == b	False
!=	不等于	a != b	True
>	大于	a > b	False
<	小于	a < b	True
>=	大于或等于	a >= b	False
<=	小于或等于	a <= b	True

【例 2.33】 关系运算符的使用。

程序代码及运行结果：

```
>>> 3 >= 2
True
>>> 3 > 1 > 2                   # 等价于 3 > 1 and 1 > 2
False
>>> 3 != 2
True
```

3. 赋值运算符和赋值运算表达式

赋值运算符用于将表达式的结果赋给变量。由赋值运算符与赋值运算对象组成的式子称为赋值运算表达式。常用赋值运算符如表 2.8 所示。

表 2.8 常用赋值运算符

运 算 符	名 称	实 例	表达式结果（设 a = 4，b = 3，c = 2）
=	简单赋值运算符	c = a + b	c = 7
+=	加法赋值运算符	c += a 等价于 c = c + a	c = 6
−=	减法赋值运算符	c −= a 等价于 c = c − a	c = −2
*=	乘法赋值运算符	c *= a 等价于 c = c * a	c = 8
/=	除法赋值运算符	c /= a 等价于 c = c / a	c = 0.5

续表

运 算 符	名 称	实 例	表达式结果（设 a = 4，b = 3，c = 2）
%=	取模赋值运算符	c %= a 等价于 c = c % a	c = 2
**=	幂赋值运算符	c **= a 等价于 c = c ** a	c = 16
//=	取整除赋值运算符	c //= a 等价于 c = c // a	c = 0

【例 2.34】 赋值运算符和赋值运算表达式的使用。

程序代码：

```
a = b = c = 100
s = 0
s += a
s += b
s += c
print("s =",s)
```

运行结果：

```
s = 300
```

4. 逻辑运算符和逻辑运算表达式

逻辑运算符用于判断逻辑运算对象之间的关系。由逻辑运算符与逻辑运算对象组成的式子称为逻辑运算表达式。常用逻辑运算符如表 2.9 所示。

表 2.9 常用逻辑运算符

运 算 符	名 称	实 例	描 述
and	逻辑与	x and y	若 x 为 True 或非 0，则返回 y，否则返回 x
or	逻辑或	x or y	若 x 为 True 或非 0，则返回 x，否则返回 y
not	逻辑非	not x	若 x 为 True 或非 0，则返回 False，否则返回 True

【例 2.35】 逻辑运算符的使用。

程序代码及运行结果：

```
>>> True and True
True
>>> True and 3
3
>>> 0 and True
0
>>> 0 and 3
0
>>> False or True
True
>>> False or 4
4
>>> 3 or True
3
>>> 3 or 4
3
>>> not True
False
>>> not 3
False
```

5. 位运算符和位运算表达式

位运算符用于将两个位运算对象按照二进制格式进行位运算。由位运算符与位运算对象组成的式子称为位运算表达式。常用位运算符如表 2.10 所示。

表 2.10　常用位运算符

运　算　符	名　　称	实　　例	表达式结果（a = 60, b = 13）
&	按位与	a & b	12(0000 1100)
|	按位或	a | b	61(0011 1101)
^	按位异或	a ^ b	49(0011 0001)
~	按位取反	~a	−61(1100 0011)
<<	左移位	a << 2	240(1111 0000)
>>	右移位	a >> 2	15(0000 1111)

【例 2.36】 使用运算符“^”对字符加密和解密。

程序代码：

```
key = input("请输入加密密钥：")
enc = input("请输入要加密的字符：")
dec = ord(key) ^ ord(enc)                    # 对字符加密
print("加密结果:",chr(dec))
enc = ord(key) ^ dec                         # 对字符解密
print("解密结果:",chr(enc))
```

运行结果：

```
请输入加密密钥：6
请输入要加密的字符：a
加密结果：W
解密结果：a
```

6. 成员运算符和成员运算表达式

成员运算符用于判断两个成员运算对象之间的关系。由成员运算符与成员运算对象组成的式子称为成员运算表达式。常用成员运算符如表 2.11 所示。

表 2.11　常用成员运算符

运　算　符	描　　述	实　　例	结　　果
in	判断对象是否在序列中	obj in sequence	若 obj 在 sequence 中，则返回 True，否则返回 False
not in	判断对象是否不在序列中	obj not in sequence	若 obj 不在 sequence 中，则返回 True，否则返回 False

【例 2.37】 成员运算符的使用。

程序代码：

```
元曲四大家 = ["关汉卿"," 白朴"," 郑光祖","马致远"]
if "汤显祖" in 元曲四大家:
  print("'汤显祖'是元曲四大家之一.")
else:
  print("'汤显祖'不是元曲四大家之一.")
```

运行结果：

```
'汤显祖'不是元曲四大家之一.
```

7. 身份运算符和身份运算表达式

身份运算符用于比较两个身份运算对象之间的存储单元。由身份运算符与身份运算对象组成的式子称为身份运算表达式。常用身份运算符如表 2.12 所示。

表 2.12　常用身份运算符

运　算　符	描　　述	实　　例	结　　果
is	判断两个标识符是不是引用相同对象	x is y	若引用相同对象，则返回 True，否则返回 False
is not	判断两个标识符是不是引用不同对象	x is not y	若引用不同对象，则返回 True，否则返回 False

在学习 Python 的过程中，有时很容易将运算符“is”、运算符“==”和 operator 模块中的 eq() 函数混淆。

（1）a == b：比较对象 a 和对象 b 的值是否相等。若相等，则返回 True，否则返回 False。

（2）a is b：比较对象 a 和对象 b 是否有相同的引用，即 id 是否相等。若相同，则返回 True，否则返回 False。

（3）operator.eq(a, b)函数：和运算符“==”类似，用于比较对象 a 和对象 b 的值是否相等。若相等，则返回 True，否则返回 False。

【例 2.38】 比较两个整型变量。

程序代码：

```
import operator
a = 20
b = 20
print("a is b ?",a is b)
print("a == b ?",a == b)
print("operator.eq(a,b) ?",operator.eq(a,b))
```

运行结果：

```
a is b ? True
a == b ? True
operator.eq(a,b) ? True
```


【例 2.39】 比较两个列表对象。

程序代码：

```
import operator
x = [1,4,8]
y = [1,4,8]
print("x is y ?",x is y)
print("x == y ?",x == y)
print("operator.eq(x,y)?",operator.eq(x,y))
```

运行结果：

```
x is y ? False
x == y ? True
operator.eq(x,y)? True
```

2.5.2 运算符优先级

当多种运算符出现在同一个表达式中时，运算符的优先级可以决定运算次序，优先级高的运算符对应的运算将先得到处理。运算符优先级如表 2.13 所示（优先级由高到低，等级 1 的优先级最高）。

表 2.13 运算符优先级

等 级	运 算 符	名 称
1	()、[]、{}	括号
2	**	幂
3	~、+、-	按位取反，一元正号和负号
4	*、/、%、//	乘、除、取模和取整除
5	+、-	加、减
6	>>、<<	右移位、左移位
7	&	按位与
8	^、|	按位异或、按位或
9	<、<=、>、>=	比较运算符
10	==、!=	等于、不等于

续表

等　级	运　算　符	名　　称
11	=、%=、/=、//=、-=、+=、*=、**=	赋值运算符
12	is、is not	身份运算符
13	in、not in	成员运算符
14	not、and、or	逻辑运算符

【例 2.40】 计算表达式。

程序代码：

```
1.   a = 10; b = 20; c = 30; d = 40
2.   e = a + b * c / d
3.   print("e =",e)
4.   f = (a + b) * c / d
5.   print("f =",f)
```

运行结果：

```
e = 25.0
f = 22.5
```

在【例 2.40】中，计算顺序如下。

（1）在程序代码第 2 行计算表达式 e = a + b * c / d 时，按照运算符优先级，先计算乘法 b * c，然后计算除法 b * c / d，最后计算加法 a + b * c / d，得到结果 e = 25.0。

（2）在程序代码第 4 行计算表达式 f = (a + b) * c / d 时，由于有括号()，因此先计算括号内的加法 a + b，然后计算乘法(a + b) * c，最后计算除法(a + b) * c / d，得到结果 f = 22.5。

2.5.3 补充说明

需要说明的是：

（1）Python 中的一些运算符不仅可以用于对数字等进行运算，还可以用于对字符串、列表和元组等组合对象进行运算，这将在后面的内容中介绍。

（2）Python 支持运算符“++i”“--i”，但这些运算符的含义和其他语言中的不同。

（3）Python 不支持运算符“i++”“i--”。

【例 2.41】 ++和--的使用。

程序代码及运行结果：

```
>>> i = 2
>>> ++i                          # 等价于+(+i)
2
>>> --i                          # 等价于-(-i)
2
>>> 2--3                         # 等价于 2-(-3)
5
>>> i++
SyntaxError: invalid syntax
>>> i--
SyntaxError: invalid syntax
```

2.6 内置函数

2.6.1 内置函数简介

内置函数（Built-In Functions，BIF）是 Python 的内置对象类型之一，被封装在标准库模块

__builtins__中，可以直接在程序中使用，包括 input()函数、print()函数、abs()函数等。Python 中的内置函数使用 C 语言进行了大量优化，运行速度快，推荐优先使用。

【例 2.42】 使用 help()函数查看内置函数的用法。

程序代码及运行结果：

```
>>> help("pow")
Help on built-in function pow in module builtins:
pow(x,y,z=None,/)
    Equivalent to x**y (with two arguments) or x**y % z (with three arguments)
    Some types, such as ints, are able to use a more efficient algorithm when
            invoked using the three argument form.
```

Python 中的内置函数数量众多，功能强大。下面介绍几个特殊内置函数的用法，关于其他常见内置函数的用法将在后面章节中介绍。

2.6.2 特殊内置函数

1. range()函数

range()函数返回一个整数序列的迭代对象，其一般格式为：

```
range([start,]stop[,step])
```


其中，start 为计数初始值，默认从 0 开始；stop 为计数终止值，但不包括 stop；step 为步长，默认值为 1。当 start 比 stop 大时，step 为负整数。

【例 2.43】 使用 range()函数。

程序代码及运行结果：

```
>>> list(range(10))                    # 不包括 10
[0, 1, 2, 3, 4, 5, 6, 7, 8, 9]
>>> list(range(2,10))                  # 包括 2，但不包括 10
[2, 3, 4, 5, 6, 7, 8, 9]
>>> list(range(1,10,2))                # 10 以内的奇数，步长为 2
[1, 3, 5, 7, 9]
>>> list(range(5,1,-1))                # 步长为负整数
[5, 4, 3, 2]
```

2. type()函数和 isinstance()函数

在进行 Python 编程时，可以使用 type()函数或 isinstance()函数判断一个对象的类型。

（1）type(object)：接收一个对象 object 作为参数，返回这个对象的类型。

（2）isinstance(object, class)：判断接收的对象 object 是否为给定类型 class 的对象。如果是，则返回 True，否则返回 False。

【例 2.44】 使用 type()函数和 isinstance()函数判断对象类型。

程序代码及运行结果：

```
>>> print("'innovate'的类型是:",type("innovate"))
'innovate'的类型是: <class 'str'>
>>> print("6 是整数吗? ",isinstance(6,int))
6 是整数吗?  True
```

在判断一个对象的类型时，type()函数和 isinstance()函数有如下区别。

（1）type()函数不会认为子类对象是一种父类类型，不考虑继承关系。

（2）isinstance()函数会认为子类对象是一种父类类型，考虑继承关系。

3. eval()函数

eval()函数用于执行一个字符串表达式，并返回表达式的结果，其一般格式为：

```
eval(expression[,globals[,locals]])
```

其中，expression 为表达式；globals 为变量作用域，可选，必须是一个字典对象；locals 为变量作用域，可选，可以是任何映射对象。

【例 2.45】 使用 eval()函数。

程序代码及运行结果：

```
>>> eval('2 + 3')                                          # 返回求和结果
5
>>> eval("['伦敦','纽约','巴黎','孟买','柏林','新德里']")     # 将字符串转换为列表
['伦敦', '纽约', '巴黎', '孟买', '柏林', '新德里']
>>> a,b = eval(input("请输入两个数(用','隔开): "))           # 接收通过键盘输入的多个数
请输入两个数(用','隔开):5, 8
>>> print("a = %d, b = %d."%(a,b))
a = 5, b = 8.
```

4. map()函数

map()函数用于将函数依次映射到序列或迭代器对象的每个元素上，并返回一个可迭代的 map 对象作为结果，其一般格式为：

```
map(function,iterable,...)
```

其中，function 为被调用函数；iterable 为一个或多个序列。

【例 2.46】 使用 map()函数。

程序代码及运行结果：

```
>>> def cube(x):
        return x ** 3
>>> list(map(cube,[1,2,3,4,5]))                              # 计算列表中各个元素的立方
[1, 8, 27, 64, 125]
>>> def add(x,y):
        return x + y
>>> list(map(add,[1,3,5,7,9],[2,4,6,8,10]))                  # 两个列表相同位置的元素相加
[3, 7, 11, 15, 19]
>>> a,b = map(int,input("请输入两个数(用空格隔开): ").split())  # 接收通过键盘输入的两个数
请输入两个数(用空格隔开): 1 2
>>> print("a = %d, b = %d."%(a,b))
a = 1, b = 2.
```

5. filter()函数

filter()函数用于过滤掉不符合条件的元素，返回一个迭代器对象，其一般格式为：

```
filter(function,iterable)
```

其中，function 为判断函数，iterable 为可迭代对象。

【例 2.47】 使用 filter()函数。

程序代码及运行结果：

```
>>> def IsEvenFunc(n):
        return n % 2 == 0
>>> list(filter(IsEvenFunc,[1,2,3,4,5,6,7,8,9,10]))
[2, 4, 6, 8, 10]
```

6. zip()函数

zip()函数用于接收任意多个可迭代对象作为参数，将对象中对应的元素打包成一个元组，并返回一个可迭代的 zip 对象，其一般格式为：

```
zip([iterable,...])
```

其中，iterable 为一个或多个迭代器。

【例 2.48】 使用 zip()函数对序列进行打包和解包。

程序代码及运行结果：

```
>>> list(zip(["泰山","黄山","庐山","华山"],["山东","安徽","江西","陕西"]))   # 打包
[('泰山', '山东'), ('黄山', '安徽'), ('庐山', '江西'), ('华山', '陕西')]
>>> z = zip([1,2,3],[4,5,6])                                              # 打包
>>> list(zip(*z))                                                         # 解包
[(1, 2, 3), (4, 5, 6)]
```

7. len()函数

len()函数用于返回对象（如字符串、列表、元组、字典等）的长度或项数。该函数仅接收一个参数对象，并返回该对象的长度（以整数形式表示），其一般格式为：

```
len(object)
```

其中，object 为一个字符串、列表、元组或字典等。

【例 2.49】 使用 len()函数。

程序代码及运行结果：

```
>>> str1 = "Albert Einstein"
>>> len(str1)
15
>>> list1 = [1,2,3,4,5,6]
>>> len(list1)
6
```


2.7 程序调试

在开发 Python 程序的过程中，随着程序复杂度的提高，程序中的错误也随之而来。程序规模越大，程序越复杂，程序中出现错误的位置就越多，出现错误的可能性也越大。错误（Bug）和程序调试（Debug）是每个编程人员都会遇到的。如何快速地定位并修改程序中出现的错误，是每个 Python 程序开发人员都应该掌握的技巧。

可以在两种环境中对 Python 程序进行调试。

（1）使用 Python 自带的 Shell 进行程序调试。

（2）在 PyCharm 中进行程序调试。

2.7.1 错误类型

程序开发中的错误类型通常可以分为 3 类：语法错误、运行时错误和逻辑错误。

1. 语法错误

语法错误是在 Python 程序开发中最常见的错误，如关键字输入错误、变量未赋值、函数未定义等。在一些 Python 集成开发环境（如 PyCharm）中，输入程序代码时会自动检测语法错误，并在错误位置以红色波浪线标出。因此，这类错误比较容易被发现和改正。

2. 运行时错误

运行时错误是指 Python 代码编译通过，在运行时发生的错误。这类错误往往是由指令代码执行非法操作引起的，如列表下标越界、除数为 0、试图打开一个不存在的文件、连接数据库错误等。当程序中出现这类错误时，程序会自动中断，并给出有关的错误信息提示。

3. **逻辑错误**

当程序运行结果和预期结果不一致时，说明程序中存在逻辑错误，如运算符使用不正确，语句顺序错误，循环语句的初始值、终止值或步长设置错误等。

逻辑错误通常不会产生错误提示，编程人员只能根据运行结果得知程序中出现了错误。因此，这类错误较难被排除，需要编程人员仔细阅读代码，使用调试和排错技巧，在可疑代码处添加断点并逐句跟踪，检查相关变量的值等，分析错误位置和原因。

2.7.2 在 PyCharm 中调试程序

在 PyCharm 中调试程序的步骤如下。

（1）打开要调试的源程序 test.py。

（2）单击指定行的头部，添加断点，如图 2.5 所示。

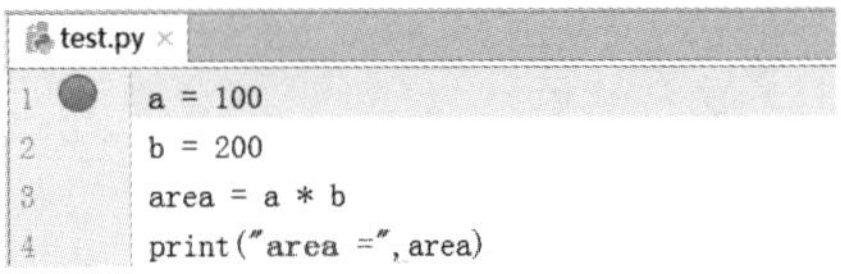

图 2.5 添加断点

（3）单击调试面板中的“debug”（调试）按钮，进入调试模式，如图 2.6 所示。

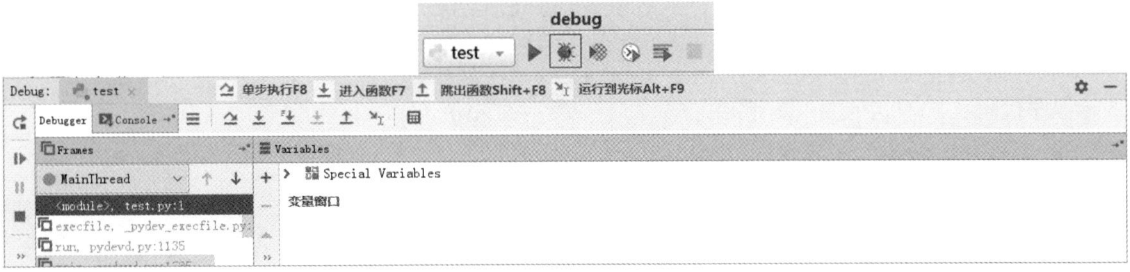

图 2.6 进入调试模式

（4）调试程序。单击“单步执行”按钮（或按 F8 键），执行下一行代码；单击“进入函数”按钮（或按 F7 键），进入被调用函数内部；在调试程序时，在“Variables”（变量）窗口中可以看到变量值的变化情况，如图 2.7 所示。

（5）调试结束。当调试运行完程序的最后一行代码时，表示调试结束。调试结束后，在“Console”（控制台）窗口中可以看到调试运行结果，如图 2.8 所示。

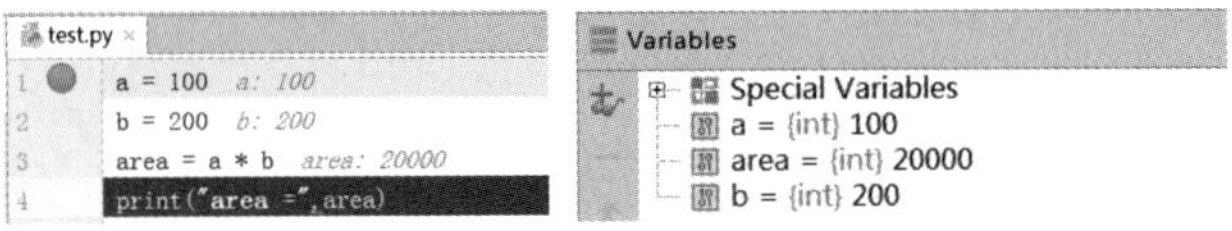

图 2.7 调试程序

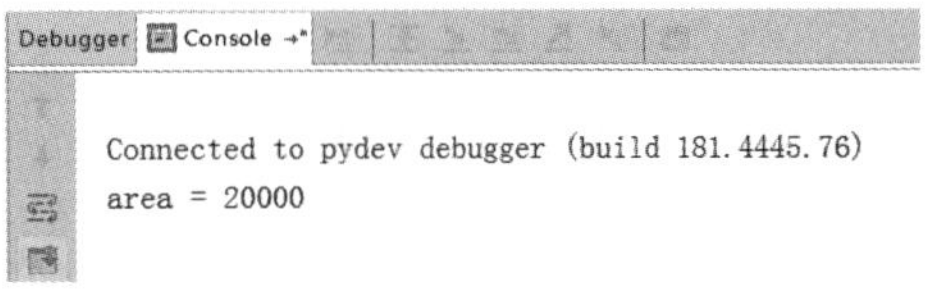

图 2.8 调试运行结果

2.8 典型案例

2.8.1 计算复杂算术运算表达式的值

【例 2.50】 计算复杂算术运算表达式 $\sin 45^\circ+\dfrac{e^2+\lg 80}{\sqrt{18}}$ 的值。

分析：复杂算术运算表达式值的计算一般需要综合使用算术运算符和数学模块 math 中的内置

数学函数才能完成。需要注意的是，math 模块中三角函数的参数是弧度而不是角度。

程序代码：

```
import math

a = math.sin(45 * 3.1415926 / 180)          # 计算 sin45°
b = math.exp(2)                             # 计算 e²
c= math.log10(80)                           # 计算 log₁₀(80)
d = math.sqrt(18)                           # 计算 √18
sum = a + (b + c) / d                       # 计算整个表达式的值
print("sum = %8.6f"%sum)
```

运行结果：

```
sum = 2.897287
```

2.8.2 求几何面、几何体的（表）面积或体积

【例 2.51】 计算圆锥体的表面积和体积。

分析：圆锥体的表面积和体积计算公式分别为

$$V = \frac{1}{3}\pi r^2 h$$

$$S = \pi r^2 + \pi r\sqrt{r^2 + h^2}$$

程序代码：

```
import math

PI = math.pi                                        # 定义圆周率常量
r = float(input("请输入圆锥体的半径: "))
h = float(input("请输入圆锥体的高: "))
s1 = PI * r ** 2                                    # 计算圆锥体的底面积
s2 = PI * r * math.sqrt(r ** 2 + h ** 2)            # 计算圆锥体的侧面积
s = s1 + s2                                         # 计算圆锥体的表面积
v = 1/3 * PI * r ** 2 * h                           # 计算圆锥体的体积
print("圆锥体的表面积为: %6.2f"%s)
print("圆锥体的体积为: %6.2f"%v)
```

运行结果：

```
请输入圆锥体的半径: 3.0
请输入圆锥体的高: 4.0
圆锥体的表面积为: 75.36
圆锥体的体积为: 37.70
```

2.8.3 解一元二次方程

【例 2.52】 求一元二次方程 $2x^2+3x+1=0$ 的根。

分析：一元二次方程在二次项系数不为 0 的情况下，其两个根分别为

$$x_1 = \frac{-b+\sqrt{b^2-4ac}}{2a}, x_2 = \frac{-b-\sqrt{b^2-4ac}}{2a}$$

程序代码：

```
import math

a = 2.0                                             # 二次项系数
b = 3.0                                             # 一次项系数
c = 1.0                                             # 常数项
pbs = b ** 2 - 4 * a * c                            # 计算判别式的大小
x1 = (-b + math.sqrt(pbs)) / (2 * a)                # 计算第 1 个根
x2 = (-b - math.sqrt(pbs)) / (2 * a)                # 计算第 2 个根
```

```
print("x1 =",x1)
print("x2 =",x2)
```

运行结果：

```
x1 = -0.5
x2 = -1.0
```

2.8.4 验证码验证

【例 2.53】 编程实现验证码验证。

分析：验证码验证的原理是，先从给定字符集中随机选择一个若干位（本例为 4 位）的验证码，然后由用户在验证框中输入验证码，并与给定的验证码进行比较。如果相同，则验证成功，否则验证失败。

程序代码：

```
import random

# 字符集合
str = "0123456789abcdefghijklmnopqrstuvwxyzABCDEFGHIJKLMNOPQRSTUVWXYZ"
len = str.__len__()                              # 字符串 str 中字符的个数
yzm = ""
for i in range(4):
  yzm = yzm + str[random.randint(0,len-1)]       # 生成验证码
print("当前验证码：",yzm)
yzmInput = input("请输入验证码：")
if yzm == yzmInput:                              # 验证码验证
  print("验证通过！")
else:
  print("验证失败！")
```

运行结果：

```
当前验证码：aiFh
请输入验证码：aiFh
验证通过!
```

练习题 2

1. 简答题

（1）Python 中的基本数据类型有哪些？哪些是可变类型？哪些是不可变类型？

（2）Python 中支持哪几种数字类型？

（3）如何对字符串进行切片访问？

（4）在 Python 中，变量中保存的是什么？

（5）Python 中的常用运算符有哪几种？

（6）简述在 Python IDLE 中调试程序的步骤。

2. 选择题

（1）Python 不支持的数据类型是（　　）。

A. Double　　B. Int　　C. List　　D. Tuple

（2）语句 x = "10"; y = 20; print(x + y)的运行结果是（　　）。

A. 10　　B. 20

C. 30　　D. 运行出错

（3）下列关于字符串的说法中错误的是（　　）。

A．字符应该被视为长度为 1 的字符串

B．字符串 0 以“\0”标志字符串的结束

C．既可以使用单引号，也可以使用双引号创建字符串

D．在三引号字符串中可以包含换行符、回车符等特殊字符

（4）下列哪条语句在 Python 中是非法的？（　　）。

A．x = y = 2　　B．x = y + 2　　C．x = y = "a"　　D．x = y = True

（5）下列选项中比较结果为 True 的是（　　）。

A．3 > 2 > 2　　B．"e" > "g"　　C．"国" > "z"　　D．"abc" > "abd"

（6）下列选项中不是合法变量的是（　　）。

A．stu_info　　B．a&1　　C．身高　　D．a1

（7）能将其他进制数转换成十六进制数的函数是（　　）。

A．hex()　　B．bin()　　C．oct()　　D．int()

（8）能将其他类型值转换成布尔类型值的函数是（　　）。

A．int()　　B．float()　　C．bool()　　D．complex()

（9）下列哪个选项的描述是正确的？（　　）。

A．条件 18 <= 29 < 33 是合法的，且输出为 False

B．条件 29 <= 18 < 33 是合法的，且输出为 False

C．条件 33 <= 29 < 18 是不合法的

D．条件 29 <= 33 < 18 是合法的，且输出为 True

（10）若 str = "\ta\tbc"，则 len(str)的值是（　　）。

A．3　　B．4　　C．5　　D．6

（11）range(1,20,4)中包含整数的个数为（　　）。

A．4　　B．5　　C．6　　D．11

（12）语句 eval("5 * 6")的运行结果为（　　）。

A．5 * 6　　B．56　　C．30　　D．运行出错

（13）下面代码的输出结果是（　　）。

```
x=3.1415926
print(round(x,2) ,round(x))
```

A．3 3.14　　B．2 2　　C．6.28 3　　D．3.14 3

（14）若 s="Happy New Year"，则 s[3:8]的结果为（　　）。

A．'ppy Ne'　　B．'py Ne'　　C．'ppy N'　　D．'py New'

（15）在运行语句 x = 4; x * = x + 5 后，x 的值是（　　）。

A．36　　B．9　　C．18　　D．12

（16）"ab"+"c"*2 的结果是（　　）。

A．"abc2"　　B．"abcabc"　　C．"abcc"　　D．"ababcc"

（17）整型变量 x 中存放了一个两位数，要将这个两位数的个位数字和十位数字交换位置，如将 13 变成 31，正确的 Python 表达式是（　　）。

A．(x%10)*10+x//10　　B．(x%10)//1)+x//10

C．(x/10)%10+x//10　　D．（x%10)*10+x%10）

（18）与关系表达式 x!=0 等价的表达式是（　　）。

A．x=0　　B．not x　　C．x　　D．x!=1

3. 填空题

（1）表达式 2 and 3 的值是________。

（2）表达式 3 or 5 的值是________。

（3）表达式 2 ** 3 的值是________。

（4）表达式 3 < 5 > 2 的值是________。

（5）表达式 3 | 6 的值是________。

（6）is not 属于________运算符。

（7）表达式 4 in [2, 5, 4]的返回结果是________。

（8）语句 print("C:\\test.py")的运行结果是________。

（9）表达式 1 / 2 的值是________，表达式 1 // 2 的值是________。

（10）与 2^6-3 对应的表达式是________。

第 3 章　程序设计结构

本章内容：

- 程序设计方法
- 顺序结构
- 选择结构
- 循环结构
- 典型案例

3.1　程序设计方法

按照程序设计方法，计算机程序设计可分为如下两种。

（1）面向过程程序设计（Procedure-Oriented Programming）。

（2）面向对象程序设计（Object-Oriented Programming）。

本章只介绍面向过程程序设计。

3.1.1　面向过程程序设计

面向过程程序设计也称为结构化程序设计，是软件发展的一个重要里程碑，最早由 E.W.Dijkstra 在 1965 年提出。

面向过程程序设计的基本思想是采用“自顶向下，逐步求精”的程序设计方法，按照“模块化”的设计思路，使用 3 种基本控制结构（顺序结构、循环结构、分支结构）构建程序。

简单来说，面向过程程序设计将程序要解决的总目标先分解为若干子目标，再进一步分解为具体的小目标（每个小目标称为一个模块），然后分析出解决问题的若干步骤，用模块（通常由函数实现）将这些步骤一一实现，并在使用时依次调用，从而完成程序的构建。

模块分解的基本原则是：高聚合、低耦合，保证每个模块的相对独立性。其中，高聚合指的是模块内部的联系越紧密越好，即内聚性越强越好。简单来说就是模块的功能要相对独立和单一，让模块各司其职，每个模块只专心负责一件事情。低耦合指的是模块之间的联系越松散越好，模块之间仅交换那些为完成系统功能必须交换的信息，这意味着模块对外的接口越简单越好。这样一来，模块与外界打交道的变量和交换的数据就越少，从而降低模块之间相互影响的程度。

逐步求精技术就是按照先全局后局部、先整体后细节、先抽象后具体的过程，从最能反映问题的体系结构的概念出发，逐步精细化、具体化，逐步补充细节，直到设计出可以在机器上运行的程序，这是一种自顶向下（Top-Down）的程序设计方法。而自底向上（Down-Top）的程序设计方法则要求先编写出基础程序段，再对其进行扩大、补充和升级。在具体实践中，有时按某种方案求精后，在以后的步骤中会发现原来那种求精方案并不好，甚至是错误的。此时，必须采用自底向上的方式对已决定的某些步骤进行修改。因此，逐步求精技术其实是一种由不断的自底向上修正来补充的自顶向下的程序设计方法。

面向过程程序设计强调数据和操作的分离，即数据结构用于存储数据，所有的数据都是公用的；算法用于操作这些数据，且面向过程程序设计以算法为主体。在面向过程程序设计中，通常使用如下公式来表述程序。

算法+数据结构＝程序

面向过程程序设计具有如下优点。

（1）高效：由于不需要实例化对象，面向过程程序设计通常具有较高的运行效率，特别是在对性能要求较高的场景中表现优异。

（2）简单：对于小型项目或简单任务，面向过程程序设计更容易理解和实现。

20 世纪 90 年代之前的几乎所有计算机设计语言（如 BASIC、Fortran、Pascal、C 等）都是过程化的编程语言。现在，面向过程程序设计依然是学习程序设计的第一步，是程序设计人员需要掌握的基本功，也是学习面向对象程序设计的基础。

在实际应用中，面向过程程序设计适用于对性能要求较高且功能相对简单的场景，如嵌入式系统开发、单片机编程等。

Python 既可以用于实现面向过程程序设计，又可以用于实现面向对象程序设计。

3.1.2 多文件 Python 程序

前面章节中的 Python 程序都是用一个源文件实现的，但现实中几乎没有只用一个源文件实现的 Python 程序。实际的大型软件通常都是由一个团队合作开发的，一个开发任务会被分解成若干模块，每个模块分别由不同的程序设计人员开发并存放在不同的源文件中，多个源文件构成一个项目（Project）。模块之间通过相互调用函数和共享全局变量联系起来。

图 3.1 显示了一个典型的 Python 程序结构，一个 Python 程序可以由一个或多个源文件组成，一个源文件又可以由一个或多个模块组成。

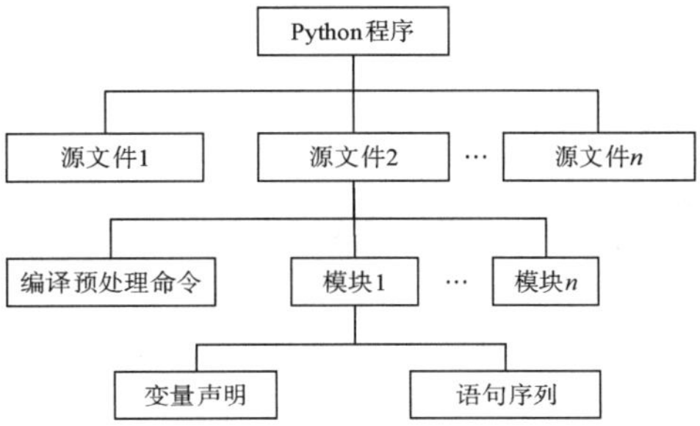

图 3.1 典型的 Python 程序结构

3.1.3 算法

在面向过程程序设计中，程序设计人员不仅要考虑程序“做什么”，还要告诉程序“怎么做”，并设计出计算机运行的详细步骤，这就是算法。

具体来说，算法是处理问题的一系列步骤。算法必须具体地指出程序在运行时的每个步骤应该怎样做。广义来说，为解决一个问题而采取的方法和步骤都可以被看作算法。例如，制作蛋糕的方法或过程就可以被看作一个算法。

计算机算法可以分为两类：数值算法和非数值算法。数值算法一般用于求数值解，如求一个三角形的面积。非数值算法的应用范围比较广泛，如图书检索、人事管理等。

常用的表示一个算法的方法有以下 4 种。

1. 自然语言

自然语言（Natural Language）使用中文或英文等语言描述算法。这种方法通俗易懂，但容易产生歧义，因此使用较少。

2. 流程图

流程图（Flow Chart）包括传统的流程图和结构化流程图。使用流程图描述的算法形象、直观，便于理解，因此使用较多。传统流程图常用的符号如图 3.2 所示。

图 3.2　传统流程图常用的符号

3. 伪代码

伪代码（Pseudocode）使用介于自然语言和计算机语言之间的文字和符号描述算法。伪代码与计算机语言比较接近，易于转换为计算机程序，其书写无格式和规范，非常灵活。例如，一个简单的两个整数相加的伪代码如下。

1. x ← 3
2. y ← 4
3. z ← x+y
4. print z

4. 计算机语言

使用计算机语言（Computer Program）描述算法，就是计算机程序。

在实际应用中，可以结合使用多种方法来描述算法，即结合使用自然语言、流程图和伪代码等方法对算法进行描述，之后根据该描述使用计算机程序进行实现和验证。

3.2　顺序结构

顺序结构程序会依次运行程序代码中的各条语句。顺序结构程序的运行流程如图 3.3 所示。

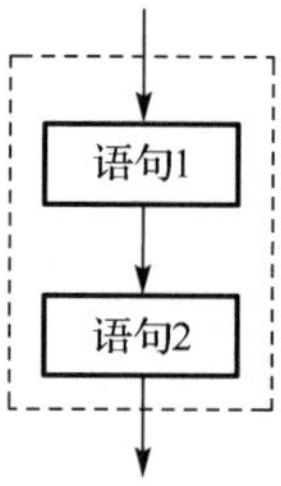

图 3.3　顺序结构程序的运行流程

【例 3.1】 依次运行顺序结构程序中包含的 4 条语句。

程序代码：

```
a = 5
b = 6
c = a + b
print("c =",c)
```

运行结果：

```
c = 11
```

3.3　选择结构

选择结构程序根据某个条件决定运行不同部分的语句或语句块。在 Python 程序中，选择结构用 if 语句实现。按照选择项的数量，选择结构可以分为单分支结构、二分支结构和多分支结构。

3.3.1　单分支结构

单分支结构用 if 单分支语句实现，其一般格式为：

```
if 表达式:
    语句块
```

如果表达式的结果为 True，则运行语句中的语句块，否则直接运行 if 语句的后续语句。

if 单分支语句的运行流程如图 3.4 所示。

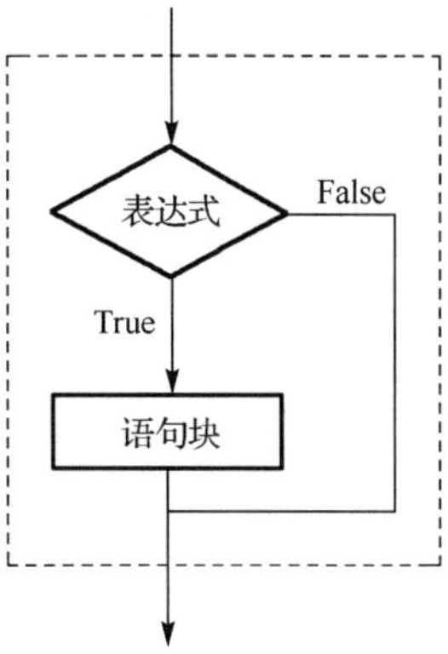

图 3.4　if 单分支语句的运行流程

提示：

（1）if 语句中的语句块可以包含一条语句，也可以包含多条语句。

（2）如果语句块中只有一条语句，也可以将整个 if 语句写在同一行中。

【例 3.2】 判断通过键盘输入的整数的奇偶性并输出结果。

程序代码：

```
n = int(input("请输入一个整数: "))
flag = str(n) + " 是偶数!"
if n % 2 != 0:
  flag = str(n) + " 是奇数!"
print(flag)
```

运行结果：

```
请输入一个整数: 3
3 是奇数!
```

【例 3.3】 通过键盘输入两个整数，并按照从大到小的顺序输出这两个整数。

程序代码：

```
x = int(input("请输入一个整数: "))
y = int(input("请输入一个整数: "))
if x < y:
  x,y = y,x
print("%d, %d"%(x,y))
```

运行结果：

```
请输入一个整数: 382
请输入一个整数: 401
401, 382
```


3.3.2　二分支结构

二分支结构用 if 二分支语句实现，其一般格式为：

```
if 表达式:
     语句块 1
else:
     语句块 2
```

如果表达式的结果为 True，则运行语句块 1，否则运行语句块 2。

if 二分支语句的运行流程如图 3.5 所示。

【例 3.4】 求两个数中较大的数并输出。

程序代码：

```
a = 5
b = 6
if a > b:
   max = a
else:
   max = b
print("max =",max)
```

运行结果：

```
max = 6
```

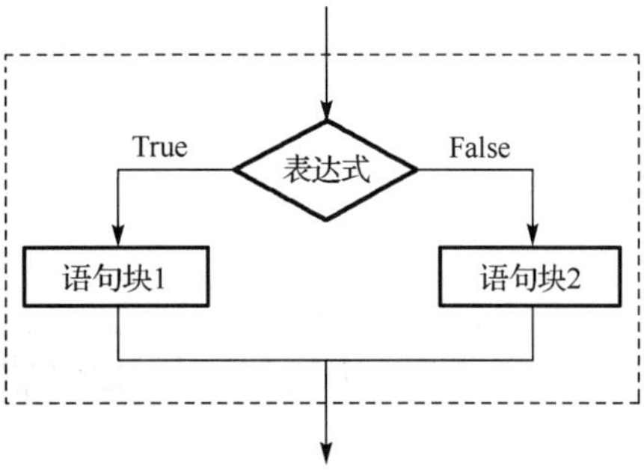

图 3.5　if 二分支语句的运行流程

【例 3.5】 根据输入的 x，输出分段函数 y 的值。

$$y=\begin{cases} 2e^{x-1}, & x<2 \\ \log_3(x^2-1), & x\geqslant 2 \end{cases}$$

程序代码：

```
from math import exp,log
x = float(input("请输入 x 的值: "))
if x < 2.0:
  y = 2 * exp(x-1)
else:
  y = log(x ** 2 - 1,3)
print("y =%9.6f."%y)
```

运行结果 1：

```
请输入 x 的值: 1.5
y = 3.297443.
```

运行结果 2：

```
请输入 x 的值: 3.0
y = 1.892789.
```

3.3.3 多分支结构

二分支结构只能根据条件为 True 或 False 决定处理两个分支中的哪一个。当实际处理的问题有多个条件时，就要用到多分支结构。

多分支结构用 if 多分支语句实现，其一般格式为：

```
if 表达式 1:
     语句块 1
elif 表达式 2:
     语句块 2
     ...
[else:
     语句块 n+1]
```

if 多分支语句根据不同的表达式结果决定运行哪个语句块，测试条件的顺序为表达式 1、表达式 2、…、表达式 n。一旦遇到表达式的结果为 True，就运行该条件下的语句块，之后运行 if 语句的后续语句。

if 多分支语句的运行流程如图 3.6 所示。

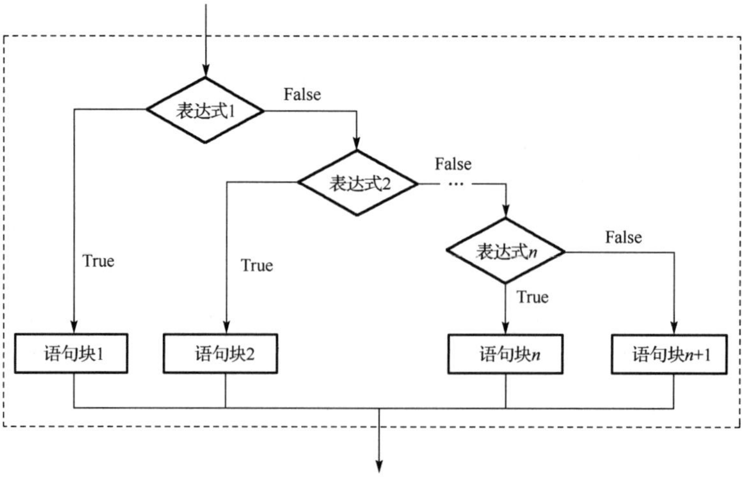

图 3.6 if 多分支语句的运行流程

【例 3.6】 使用 if 多分支语句判断通过键盘输入的成绩的等级并输出。

程序代码：

```
score = int(input("请输入成绩: "))
if score >= 90:
  print("成绩等级: 优秀! ")
elif score >= 80:
  print("成绩等级: 良好! ")
elif score >= 60:
  print("成绩等级: 合格! ")
else:
  print("成绩等级: 不合格! ")
```

运行结果：

```
请输入成绩: 88
成绩等级: 良好!
```

【例 3.7】 使用 if 多分支语句实现简单的算术运算。

程序代码：

```
x,op,y = input("请输入运算对象和运算符: ").split()      # 输入时各部分之间用空格隔开
if op == "+":                                          # 加法运算
  z = float(x) + float(y)
  print("运行结果:",x,op,y,"=",z)
elif op == "-":                                        # 减法运算
  z = float(x) - float(y)
  print("运行结果:",x,op,y,"=",z)
elif op == "*":                                        # 乘法运算
  z = float(x) * float(y)
  print("运行结果:",x,op,y,"=",z)
elif op == "/":                                        # 除法运算
  z = float(x) / float(y)
  print("运行结果:",x,op,y,"=",z)
else:
  print("您输入的运算符不支持!请重新输入! ")
```

运行结果：

```
请输入运算对象和运算符: 38.0 + 107.0
38.0 + 107.0 = 145.0
```

3.3.4 条件运算

条件运算的功能相当于一个二分支结构语句的功能，包含 3 个表达式，其一般格式为：

```
表达式 1 if 表达式 else 表达式 2
```

如果 if 后面的表达式结果为 True，则以表达式 1 的结果为条件运算的结果，否则以表达式 2 的结果为条件运算的结果。

可以将整个条件运算作为一个表达式，用在其他表达式中。

【例 3.8】 判断通过键盘输入的学生成绩是否合格。

程序代码：

```
score = int(input("请输入学生成绩: "))
flag = "合格" if score >= 60 else "未合格"
print("成绩结果:",flag)
```

运行结果 1：

```
请输入学生成绩: 96
成绩结果: 合格
```

运行结果 2：

```
请输入学生成绩: 38
成绩结果: 未合格
```

3.3.5 选择结构嵌套

当在一个选择结构中需要进行进一步的条件选择时，可以在 if 语句中嵌套使用 if 语句，形成选择结构嵌套以实现相应功能。

【例 3.9】 求 3 个数中最大的数并输出。

程序代码：

```
a = 3; b = 2; c = 4
if a > b:                    # 条件为 True，只需要比较 a 和 c
  if a > c:                  # 即 a > b 且 a > c
    print("最大的数是：",a)
  else:                      # 即 a > b 且 a <= c
    print("最大的数是：",c)
else:                        # 条件为 False，只需要比较 b 和 c
  if b > c:                  # 即 b >= a 且 b > c
    print("最大的数是：",b)
  else:                      # 即 b >= a 且 b < c
    print("最大的数是：",c)
```

运行结果：

```
最大的数是： 4
```


3.4 循环结构

循环结构根据某个条件反复运行某段程序，即语句块。该语句块被运行的次数称为循环次数。在 Python 中，循环结构可以通过两种循环语句实现：while 语句和 for 语句。

3.4.1 while 语句

1. while 语句的基本用法

while 语句用于循环运行一段程序，即在满足某个条件的情况下循环运行某段程序，以处理需要重复处理的相同任务。while 语句的一般格式为：

```
while 表达式:
    语句块
[else:
    else 子句语句块]
```

如果表达式的结果为 True，则运行 while 后面的语句块，否则运行 else 子句语句块，结束循环。其中，else 子句是可选的。

while 语句的运行流程如图 3.7 所示。

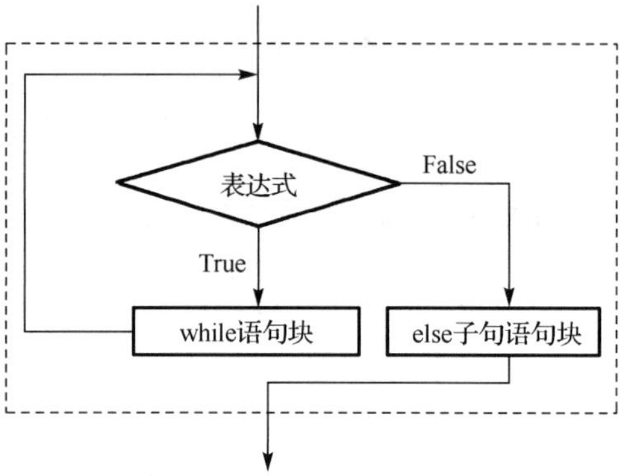

图 3.7　while 语句的运行流程

和 if 语句一样，如果 while 语句中的语句块只包含一条语句，则可以将整个 while 语句写在一行中。

【例 3.10】 使用 while 语句计算 1 ~ 100 的和。

程序代码：

```
n = 100                              # 终止值
sum = 0                              # 保存结果
i = 1                                # 循环变量
while i <= n:
  sum = sum + i
  i += 1
print("1 到 %d 之和为: %d." % (n,sum))
```

运行结果：

```
1 到 100 之和为：5050.
```

【例 3.11】 使用 while-else 语句求 $\sum_{i=1}^{10} i!$。

程序代码：

```
mul = 1; i = 1; sum = 0
while i <= 10:
  mul = mul * i                        # 计算阶乘
  sum = sum + mul                      # 计算和
  i = i + 1
else:
  print("循环结束！")                   # 提示循环结束
print("sum =",sum)
```

运行结果：

```
循环结束!
sum = 4037913
```

2. while 语句中的 input()函数

while 语句常常与 input()函数结合使用，用于给变量循环输入数据，并进行相应的处理。

【例 3.12】 通过键盘动态录入学生的英语成绩，输入“−1”可以结束录入，并计算录入的学生英语成绩份数、学生英语成绩总分和学生英语成绩平均分。

程序代码：

```
total = 0; ave = 0; count = 0
while True:
    score = int(input("请输入学生英语成绩："))
    if score == -1:                    # 输入“-1”，结束录入
        break
    total = total + score              # 计算学生英语成绩总分
    count = count + 1                  # 计算录入的学生英语成绩份数
ave = total / count                    # 计算学生英语成绩平均分
print("录入学生英语成绩 %d 份，学生英语成绩总分 %d，学生英语成绩平均分 %4.2f."%(count,total,ave))
```

运行结果（1 次运行结果）：

```
请输入学生英语成绩：98
请输入学生英语成绩：85
请输入学生英语成绩：86
请输入学生英语成绩：-1
录入学生英语成绩 3 份，学生英语成绩总分 269，学生英语成绩平均分 89.67.
```

3.4.2 for 语句

1. for 语句的基本用法

在 Python 中，for 语句更适合循环访问序列或迭代对象（如字符串、列表、元组、字典等）中的元素，其一般格式为：

```
for 变量 in 序列或迭代对象:
      语句块
[else:
      else 子句语句块]
```

如果序列或迭代对象中的元素没有遍历完毕，则运行 for 后面的语句块，否则运行 else 子句语句块，结束循环。其中，else 子句是可选的。

for 语句的运行流程如图 3.8 所示。

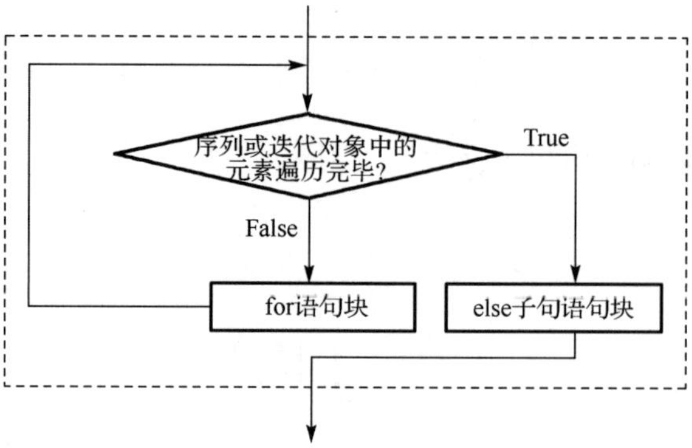

图 3.8　for 语句的运行流程

【例 3.13】 使用 for 语句遍历字符串和列表中的元素。

程序代码：

```
for letter in 'Python':
  print(letter, end=' ')
print()
chemists = ['道尔顿', '门捷列夫', '拉瓦锡', '诺贝尔']    # 世界著名化学家
print("化学家:",end=' ')
for hxj in chemists:
  print(hxj, end=' ')
```

运行结果：

```
P y t h o n
化学家: 道尔顿 门捷列夫 拉瓦锡 诺贝尔
```

【例 3.14】 使用 for-else 语句遍历元组中的元素并在结束后给出提示信息。

程序代码：

```
mathematicians = ('阿基米德','牛顿','高斯','庞加莱')        # 世界著名数学家
print("数学家:",end=' ')
for sxj in mathematicians:
  print(sxj, end=' ')
else:
  print("\n 提示: 元组遍历完毕! ")
```

运行结果：

```
数学家: 阿基米德 牛顿 高斯 庞加莱
提示: 元组遍历完毕!
```

2. for 语句中的 range()函数

range()函数经常在 for 循环中用于控制循环次数。

【例 3.15】 在 for 语句中使用 range()函数控制循环次数。

程序代码：

```
# 世界著名大学
universities = ["麻省理工学院","帝国理工学院","斯坦福大学","牛津大学","哈佛大学","剑桥大学", \
  "苏黎世联邦理工学院" ," 新加坡国立大学","伦敦大学学院","加州理工学院"]
print("2026 年 QS 世界大学排名前 3 的大学是:")
for i in range(3):
    print(str(i+1)+".",universities[i])
```

运行结果：

```
2026 年 QS 世界大学排名前 3 的大学是:
1. 麻省理工学院
2. 帝国理工学院
3. 斯坦福大学
```

【例 3.16】 求 1～20 范围内能被 3 整除的所有数的和。

方法一：通过设置 range()函数的步长为 3 实现。

程序代码：

```
sum = 0
for i in range(1,21,3):                # 范围为 1～20，不包括 21，步长为 3
  sum = sum + i                        # 计算和
print('sum =',sum)                     # 输出结果
```

运行结果：

```
sum = 63
```

方法二：通过判断该数除以 3 的余数是否为 0 实现。

程序代码：

```
sum = 0
for i in range(1,21):                  # 范围为 1～20，不包括 21，步长为 1
  if i % 3 == 0:                       # 能被 3 整除，则余数为 0
    sum = sum + i                      # 计算和
print('sum =',sum)                     # 输出结果
```

运行结果：

```
sum = 63
```


3.4.3 break、continue 和 pass 语句

在 Python 中，break 语句用于跳出循环；continue 语句用于跳过该次循环；pass 语句是空语句（不做任何处理）。通过上述 3 种语句，可以控制循环的执行和保持程序结构的完整性。

【例 3.17】 输出斐波那契数列前 10 项。

程序代码：

```
n1 = 1                                 # 第 1 项
n2 = 1                                 # 第 2 项
count = 2
print("斐波那契数列前 10 项为:",end=" ")
print(n1,n2,end=" ")                   # 输出前 2 项
while True:
  if count >= 10:                      # 已经输出前 10 项，跳出循环
    break
  nth = n1 + n2                        # 计算下一项
  print(nth,end=" ")                   # 输出第 count+1 项
  n1 = n2
  n2 = nth
  count += 1
```

运行结果：

```
斐波那契数列前 10 项为:1 1 2 3 5 8 13 21 34 55
```

【例 3.18】 求 1～10 范围内所有偶数的和。

程序代码：

```
i = 1; n = 10; sum = 0
while i <= n:
  if i % 2 == 1:                       # i 为奇数，跳过
    i = i + 1
    continue                           # 使用 continue 语句跳过本次循环
  sum = sum + i
  i = i + 1
print("sum =",sum)
```

运行结果：

```
sum = 30
```

【例 3.19】 验证客户的股票抽签号是否中签。中签的股票抽签号以 88 开头且为 8 位。

程序代码：

```
stockNum = input("请输入您的股票抽签号：")
if stockNum.startswith("88") and stockNum.__len__() == 8: # 中签的股票抽签号以 88 开头且为 8 位
  print("恭喜您，中签了！")
else:
  pass                                          # pass 空语句，不做任何处理
```

运行结果（1 次运行结果）：

```
请输入您的股票抽签号：88613042
恭喜您，中签了！
```

3.4.4 循环结构的嵌套

在一个循环结构的循环体内嵌入另一个循环结构，称为循环结构的嵌套。

【例 3.20】 输出元素为*、5 行 5 列的左下角直角三角形。

程序代码：

```
for i in range(1,6):                          # 外循环次数：5
  for j in range(i):                          # 内循环次数：5
    print("*",end='  ')                       # 输出*
  print()                                     # 换行
```

运行结果：

```
*
*  *
*  *  *
*  *  *  *
*  *  *  *  *
```

【例 3.21】 输出对角线元素为 1 的 4 行 4 列矩阵。

程序代码：

```
for i in range(1,5):                          # 行数为 4
  for j in range(1,5):                        # 列数为 4
    if i == j or i + j == 5:
      print("1",end='  ')                     # 输出 1
    else:
      print("0",end='  ')                     # 输出 0
  print()                                     # 换行
```

运行结果：

```
1  0  0  1
0  1  1  0
0  1  1  0
1  0  0  1
```

3.5 典型案例

3.5.1 计算部分级数和

【例 3.22】 编程计算 $1+\frac{1}{1!}+\frac{1}{2!}+\frac{1}{3!}+\cdots+\frac{1}{n!}+\cdots=1+\sum_{1}^{\infty}\frac{1}{i!}$，要求最后一项的精度为 0.00001。

分析：本例涉及程序中两个重要的运算，即累加 $\sum_{i=1}^{n}\frac{1}{i!}$ 和累乘 $i!$。

本例可分别通过 while 语句和 for 语句实现。

方法一：通过 while 语句实现。

程序代码：

```
i = 1
sum = 1
n = 1
while 1 / n >= 0.00001:
  sum = sum + 1 / n                                  # 计算阶乘的和
  i = i + 1
  n = n * i                                          # 计算阶乘
print("sum =", sum)
```

运行结果：

```
sum = 2.71827876984127
```

方法二：通过 for 语句实现。

程序代码：

```
sum = 1
n = 1
for i in range(1,10000):
  n = n * i                                          # 计算阶乘
  if 1 / n >= 0.00001:
    sum = sum + 1 / n                                # 计算阶乘的和
  else:
    break
print("sum =",sum)
```

运行结果：

```
sum = 2.71827876984127
```

3.5.2 使用选择结构计算员工工资

【例 3.23】 某公司员工的工资计算方法如下。

（1）月工时数在 120 ~ 180 范围内，每小时按 80 元计算。

（2）月工时数超过 180，超过部分加发 20%。

（3）月工时数低于 120，扣发 10%。

分析：工资发放分为 3 种情况，即月工时数>180、120≤月工时数≤180、月工时数<120。根据这 3 种情况，使用 if 多分支语句实现工资的计算。

程序代码：

```
ygss = float(input("请输入月工时数: "))
if ygss > 180:
  ygz = 80 * ygss + (ygss - 180) * 80 * 0.2
elif ygss >= 120:
  ygz = 80 * ygss
else:
  ygz = 80 * ygss * (1-0.1)
print("您这个月的工资为: %.2f 元."%ygz)
```

运行结果 1：

```
请输入月工时数: 200
您这个月的工资为: 16320.00 元.
```

运行结果 2：

```
请输入月工时数: 150
您这个月的工资为: 12000.00 元.
```

运行结果 3：

```
请输入月工时数: 96
您这个月的工资为: 6912.00 元.
```

3.5.3 使用递推法求解实际问题

递推法又称迭代法，其基本思想是把一个复杂问题的计算过程转化为多次重复的简单计算过程。每次都在旧值的基础上推出新值，并由新值代替旧值。

【例 3.24】 猴子吃桃问题。一只猴子摘了若干个桃子，第 1 天，猴子吃了这些桃子的一半多 1 个；第 2 天，猴子吃了剩余桃子的一半多 1 个；以后，猴子每天都吃剩余桃子的一半多 1 个；第 5 天，猴子要吃桃子时发现只剩下 1 个了。问：猴子最初摘了多少个桃子？

分析：这是一个迭代问题。先由最后一天剩下的桃子数推出倒数第 2 天的桃子数，再由倒数第 2 天的桃子数推出倒数第 3 天的桃子数……

设第 n 天的桃子数为 x_n，那么它是前一天的桃子数 x_{n-1} 的 1/2 减去 1，即

$$x_n = \frac{1}{2}x_{n-1} - 1$$

也就是

$$x_{n-1} = (x_n + 1) \times 2$$

程序代码：

```
x = 1                                        # 最后一天的桃子数
print("第 5 天的桃子数: %d."%x)
for i in range(5,1,-1):                      # 循环次数为 4
  x = (x + 1) * 2                            # 计算前一天的桃子数
  print("第 %d 天的桃子数: %d."%(i-1,x))     # 输出每天的桃子数
```

运行结果：

```
第 5 天的桃子数: 1.
第 4 天的桃子数: 4.
第 3 天的桃子数: 10.
第 2 天的桃子数: 22.
第 1 天的桃子数: 46.
```

3.5.4 使用试凑法解方程

试凑法又称穷举法或枚举法，即利用计算机的高速运算特点将可能出现的各种情况一一罗列，判断是否满足条件，通常使用循环结构和选择结构来实现。

【例 3.25】 古代数学中的百元百鸡问题。假设公鸡 2 元/只，母鸡 3 元/只，小鸡 0.5 元/只。现有 100 元，要求买 100 只鸡，并编程列出所有可能的购鸡方案。

分析：根据题意，设公鸡、母鸡和小鸡各有 x 只、y 只和 z 只，列出方程组为

$$\begin{cases} x + y + z = 100 \\ 2x + 3y + 0.5z = 100 \end{cases}$$

本方程组有 3 个未知数，但只有 2 个方程，因此是一个不定方程组，可以使用试凑法解决此类问题。

程序代码：

```
for x in range(51):                          # x 为公鸡数，100 元最多买 50 只
  for y in range(34):                        # y 为母鸡数，100 元最多买 33 只
    z = 100 - x - y                          # z 为小鸡数
    if 2 * x + 3 * y + 0.5 * z == 100:
      print("公鸡 %d 只，母鸡 %d 只，小鸡 %d 只."%(x,y,z))
```

运行结果：

```
公鸡 0 只，母鸡 20 只，小鸡 80 只.
公鸡 5 只，母鸡 17 只，小鸡 78 只.
公鸡 10 只，母鸡 14 只，小鸡 76 只.
```

```
公鸡 15 只，母鸡 11 只，小鸡 74 只.
公鸡 20 只，母鸡 8 只，小鸡 72 只.
公鸡 25 只，母鸡 5 只，小鸡 70 只.
公鸡 30 只，母鸡 2 只，小鸡 68 只.
```

3.5.5 计算机猜数字

【例 3.26】 利用计算机程序做猜数字游戏：计算机程序产生一个 1 ~ 100 范围内的随机整数 key；用户输入猜的数字 x。计算机程序根据下列 3 种猜数字的情况给出提示。

（1）x > key：猜大了。

（2）x < key：猜小了。

（3）x == key：猜对了。

在程序运行时，如果用户第 5 次还没有猜中，就结束游戏，并公布正确答案。

分析：计算机猜数字是计算机二分查找算法的一种应用，基本方法是折半处理，即将要查找的范围每次缩小一半。

程序代码：

```
import random

key = random.randint(1,100)                # 生成一个 1 ~ 100 范围内的随机整数
print('------猜数字游戏开始！-----')
count = 0                                   # 用户猜数字的次数
x = int(input('请输入数字：'))              # 用户猜的数字
while True:
  count = count + 1
  if x > key:
    print('您猜的数字大了！')
  elif x < key:
    print('您猜的数字小了！')
  else:
    print('恭喜您，猜对了！')
    break
  if count >= 5:
    print('很遗憾，您没猜中！生成的数字是：%d.'%key)
    break
  x = int(input('请输入数字：'))
print('----游戏结束，再见！^_^----')
```

运行结果 1：

```
------猜数字游戏开始！-----
请输入数字：50
您猜的数字大了！
请输入数字：24
您猜的数字大了！
请输入数字：12
您猜的数字小了！
请输入数字：17
您猜的数字大了！
请输入数字：14
您猜的数字小了！
很遗憾，您没猜中！生成的数字是：16.
----游戏结束，再见！^_^----
```

运行结果 2：

```
------猜数字游戏开始！-----
请输入数字：50
您猜的数字大了！
请输入数字：24
```

```
您猜的数字大了!
请输入数字: 12
您猜的数字小了!
请输入数字: 17
您猜的数字小了!
请输入数字: 18
恭喜您, 猜对了!
----游戏结束, 再见! ^_^----
```

3.5.6 模拟自动饮料机

【例 3.27】 编程实现模拟自动饮料机的功能。

（1）当输入数字 0 时，模拟自动饮料机停止运行。

（2）当输入数字 1～5 时，模拟自动饮料机给出对应的饮料。

（3）当输入其他数字时，模拟自动饮料机给出非法操作信息，并提示用户重新输入。

分析：在正常情况下，模拟自动饮料机一直运行，输入不同的数字，对应不同的饮料，只有在出现故障或需要添加饮料时才停止运行。因此，可以采用在 while 语句中嵌套 if-elif-else 多分支语句的方式来实现程序功能。

程序代码：

```
import sys

投币 = int(input("请投币: "))          # 通过键盘输入一个 0～5 范围内的整数
while True:
  if 投币 == 0:                        # 退出程序
    print("叮咚: 设备停止工作! ")
    break;                             # 或使用 sys.exit()语句退出程序
  elif 投币 == 1:                      # 输入数字 1, 对应冰露纯净水
    叮咚 = "冰露纯净水"
  elif 投币 == 2:                      # 输入数字 2, 对应农夫山泉矿泉水
    叮咚 = "农夫山泉矿泉水"
  elif 投币 == 3:                      # 输入数字 3, 对应冰红茶
    叮咚 = "冰红茶"
  elif 投币 == 4:                      # 输入数字 4, 对应脉动
    叮咚 = "脉动"
  elif 投币==5:                        # 输入数字 5, 对应红牛
    叮咚 = "红牛"
  else:                                # 输入错误, 提示重新输入
    叮咚 = "投币错误! 请重新投币..."
  print("叮咚:",叮咚)
  投币 = int(input("请投币: "))
```

运行结果（1 次运行结果）：

```
请投币: 1
叮咚: 冰露纯净水
请投币: 2
叮咚: 农夫山泉矿泉水
请投币: 3
叮咚: 冰红茶
请投币: 4
叮咚: 脉动
请投币: 5
叮咚: 红牛
请投币: 6
叮咚: 投币错误! 请重新投币...
请投币: 0
叮咚: 设备停止工作!
```

练习题 3

1. 简答题

（1）常见的程序设计结构有哪几种？分别用在什么情况下？

（2）Python 中的 for 语句和 while 语句分别在什么情况下使用？

2. 选择题

（1）下列有关 break 语句与 continue 语句的说法中不正确的是（　　）。

A. 当多个循环语句彼此嵌套时，break 语句只适用于最里层的语句

B. continue 语句运行后，继续运行循环语句的后续语句

C. continue 语句类似于 break 语句，必须在 for、while 循环中使用

D. break 语句结束循环，继续运行循环语句的后续语句

（2）下面哪个选项是实现多路分支的最佳控制结构？（　　）。

A. if　　B. try　　C. if-elif-else　　D. if-else

（3）关于程序的控制结构，下面哪个选项的描述是正确的？（　　）。

A. 流程图无法用于描述程序结构

B. 顺序结构可以没有入口

C. 控制结构可以用于更改程序的运行顺序

D. 循环结构可以没有出口

（4）下面哪个选项能够实现 Python 循环结构？（　　）。

A. loop　　B. do-while　　C. if　　D. while

（5）下列语句的运行结果是（　　）。

```
if -1: print("成功! ")
else: print("失败! ")
```

A. 成功！　　B. 失败！　　C. 没有输出　　D. 运行错误

（6）Python 中没有的语句是（　　）。

A. if 语句　　B. switch 语句　　C. while 语句　　D. for 语句

（7）在运行语句 x = 3; x * = x + 1 后，x 的值是（　　）。

A. 9　　B. 10　　C. 11　　D. 12

（8）与 if 语句中的表达式 x == 0 等价的表达式是（　　）。

A. not x　　B. x　　C. x = 0　　D. x != 0

（9）下列语句在运行完成后，n 的值为（　　）。

```
n = 0
for i in range(1,100,3):
  n = n + 1
```

A. 31　　B. 32　　C. 33　　D. 34

（10）下列选项中不能用于判断一个整数 n 为偶数的是（　　）。

A. n % 2 ==0　　B. n % 2 != 1　　C. n / 2 == n // 2　　D. n / 2 != n // 2

3. 填空题

（1）在________中，程序判断某个条件是否成立，以决定是否重复运行某部分代码。

（2）在 Python 中，适合循环访问序列或迭代对象中的元素的语句是________。

（3）在 Python 中，用于跳出循环的语句是________。

（4）在 Python 中，用于结束本次循环但不跳出循环的语句是________。

（5）在运行循环语句 for i in range(1,10,2): pass 后，变量 i 的值是________。

（6）已知 x = 5, y = 6，在运行语句 z = x if x > y else y 后，变量 z 的值是________。

（7）循环语句 for i in range(-1, 11, 2): pass 的循环次数为________。

第4章　组合数据

本章内容：

- 概述
- 列表
- 元组
- 字典
- 集合
- 嵌套组合数据
- 典型案例

4.1　概述

Python 中的组合数据类似于其他编程语言中的数组等，但类型更多、功能更强大。在 Python 中，除字符串外，组合数据主要包括列表、元组、字典和集合，如表 4.1 所示。

表 4.1　组合数据

数 据 类 型	数 据 实 例	
列表	[0, 2, 4, 8, 12, 18, 24, 32, 40, 50]	# 大衍数列
元组	("天皇", "地皇", "泰皇", "黄帝", "颛顼", "帝喾", "尧", "舜"")	# 三皇五帝
字典	{"name":"John von Neumann", "sex":"Male", "nationality":"America" }	# 冯·诺依曼
集合	{"苹果", "谷歌", "微软", "亚马逊", "伯克希尔哈撒韦", "强生", "阿里巴巴"}	# 全球顶尖公司

按照元素是否有序（每个元素有固定位置），组合数据可分为有序组合数据和无序组合数据。其中，字符串、列表和元组中的元素是有序的，字典和集合中的元素是无序的。

按照元素是否可以修改，组合数据可分为可变组合数据和不可变组合数据。其中，列表、字典和集合属于可变组合数据，字符串和元组属于不可变组合数据。

4.2　列表

列表（List）是放置在方括号“[]”之间、用逗号“,”隔开的元素集合，是 Python 中使用最频繁、灵活性最高的数据类型，可以实现大多数集合类的数据结构。

列表中的元素可以是零个或多个。只有零个元素的列表称为空列表，即[]。

列表中的元素可以重复，也可以不重复。例如，列表["C/C++", "Python", "Java"]中的元素各不相同，列表[1, 1, 2, 3, 5]中则有重复的元素。

列表中元素的数据类型可以相同，如列表[2, 4, 6, 8]；也可以不同，如列表["Rose", "Female", 18]；还可以是复杂的数据类型，如列表[(1, 0), (0, 1)]。

与字符串类似，列表支持元素的双向索引，正向第 1 个元素的索引是 0，第 2 个元素的索引是 1，以此类推；反向最后 1 个元素的索引是−1，倒数第 2 个元素的索引是−2，以此类推。

4.2.1 列表创建

在 Python 中，通常使用[]运算符或 list()函数创建列表。

1. 使用[]运算符创建列表

使用[]运算符创建列表的一般格式为：

```
列表名 = [元素 1,元素 2,元素 3,...]
```

其中，列表中的元素可以是相同数据类型的或不同数据类型的，可以是简单数据或组合数据。

【例 4.1】 使用[]运算符创建列表。

程序代码：

```
list1 = []                                  # 空列表
list2 = [1.25,21.06,0.3,4.7,58.1]           # 元素为实数
list3 = ["石油","汽车","建筑","IT"]          # 元素为字符串
list4 = ['Alice',18,'Beth',19]              # 元素为数字和字符串的混合
```

2. 使用 list()函数创建列表

使用 list()函数创建列表的一般格式为：

```
列表名 = list(sequence)
```


其中，sequence 可以是字符串、元组、集合或 range()函数的返回值等迭代对象。

【例 4.2】 使用 list()函数创建列表。

程序代码及运行结果：

```
>>> list1 = list()                          # 空列表
>>> list(("李白","杜甫","白居易"))            # list()函数的参数为元组
['李白', '杜甫', '白居易']
>>> list("素质重于能力重于学历")              # list()函数的参数为字符串
['素', '质', '重', '于', '能', '力', '重', '于', '学', '历']
>>> list(range(5))                          # list()函数的参数为 range()函数的返回值
[0, 1, 2, 3, 4]
```

4.2.2 列表访问

1. 访问列表

1）访问列表及列表元素

可以使用列表名访问整个列表，也可以通过 list[index]访问索引为 index 的列表元素。

【例 4.3】 访问列表及指定列表元素。

程序代码及运行结果：

```
>>> carList = ["奔驰","大众","福特","宝马","奥迪","雪佛兰"]   # 汽车品牌
>>> print("carList:",carList)
carList: ['奔驰', '大众', '福特', '宝马', '奥迪', '雪佛兰']
>>> print("carList[2]:",carList[2])
carList[2]: 福特
>>> print("carList[-1]:",carList[-1])
carList[-1]: 雪佛兰
```

2）切片访问

Python 支持使用切片访问列表指定范围内的元素，语法格式与字符串切片访问的语法格式相同。

【例 4.4】 列表切片访问。

程序代码及运行结果：

```
>>> carList = ["奔驰","大众","福特","宝马","奥迪","雪佛兰"]
>>> print("carList[2:5]:",carList[2:5])
```

```
carList[2:5]: ['福特', '宝马', '奥迪']
>>> print("carList[2:5:2]:",carList[2:5:2])
carList[2:5:2]: ['福特', '奥迪']
>>> print("carList[:]:",carList[:])
carList[:]: ['奔驰', '大众', '福特', '宝马', '奥迪', '雪佛兰']
>>> print("carList[:5]:",carList[:5])
carList[:5]: ['奔驰', '大众', '福特', '宝马', '奥迪']
>>> print("carList[3:]:",carList[3:])
carList[3:]: ['宝马', '奥迪', '雪佛兰']
>>> print("carList[2:-1]:",carList[2:-1])
carList[2:-1]: ['福特', '宝马', '奥迪']
```

3）遍历列表

可以使用 for 语句遍历列表中的元素，即逐个访问列表中的元素。

【例 4.5】 遍历列表中的元素。

程序代码：

```
carList = ["奔驰","大众","福特","宝马","奥迪","雪佛兰"]
print("世界汽车品牌:",end = ' ')
for car in carList:
  print(car,end=' ')
```

运行结果：

```
世界汽车品牌: 奔驰 大众 福特 宝马 奥迪 雪佛兰
```


2. 添加列表元素

在创建列表后，可以使用列表函数或切片为列表添加新元素。

（1）list.append(newItem)：在列表末尾添加新元素 newItem。

（2）list.insert(index, newItem)：在索引为 index 的位置处插入新元素 newItem。

（3）list.extend(seq)：在列表末尾添加迭代对象 seq 中的所有元素作为列表的新元素。

（4）list[len(list):] = newList：使用切片在列表 list 末尾添加新元素（newList 中的元素）。

【例 4.6】 为列表添加新元素。

程序代码及运行结果：

```
>>> # 中国一线城市和新一线城市
>>> firsttier_city_list = ["北京","上海","广州","深圳"]
>>> firsttier_city_list
['北京','上海','广州','深圳']
>>> firsttier_city_list.append("成都")
>>> firsttier_city_list
['北京', '上海', '广州', '深圳', '成都']
>>> firsttier_city_list.insert(2,"杭州")
>>> firsttier_city_list
['北京', '上海', '杭州', '广州', '深圳', '成都']
>>> firsttier_city_list.extend(["重庆","武汉"])
>>> firsttier_city_list
['北京', '上海', '杭州', '广州', '深圳', '成都', '重庆', '武汉']
>>> firsttier_city_list[8:] = ["天津","郑州"]
>>> firsttier_city_list
['北京', '上海', '杭州', '广州', '深圳', '成都', '重庆', '武汉', '天津', "郑州"]
```

3. 修改列表元素

在创建列表后，可以对列表中的单个元素或指定范围内的元素（切片）进行修改，方法如下。

（1）list[index]=newValue：对指定索引 index 处的列表元素进行修改。

（2）list[::] = newList：对指定范围内的列表元素进行修改。

【例 4.7】 修改列表指定元素。

程序代码及运行结果：

```
>>> fruitList = ["苹果","梨子","桃子","火龙果"]
>>> fruitList[0] = "西瓜"
>>> fruitList
['西瓜', '梨子', '桃子', '火龙果']
>>> fruitList[1:3] = ["杧果","木瓜"]
>>> fruitList
['西瓜', '杧果', '木瓜', '火龙果']
```

4. 删除列表元素

在创建列表后，可以根据需要使用 del 语句、列表函数或切片删除指定元素或所有元素。

（1）del list[index]：删除索引为 index 的元素。

（2）list.pop()：删除列表末尾的元素。

（3）list.pop(index)：删除索引为 index 的元素。

（4）list.remove(item)：删除列表元素 item。

（5）list.clear()：删除列表中的所有元素。

（6）list[::] = []：删除指定范围内的列表元素。

【例 4.8】 删除列表中的元素。

程序代码及运行结果：

```
>>> # 中国部分城市
>>> cityList = ["珠海","威海","信阳","惠州","厦门","金华","柳州","曲靖","九江","绵
    阳"]
>>> del cityList[8]                        # 删除 index 为 8 的元素
>>> cityList
['珠海', '威海', '信阳', '惠州', '厦门', '金华', '柳州', '曲靖', '绵阳']
>>> cityList.pop()                         # 删除列表末尾的元素
'绵阳'
>>> cityList.pop(6)                        # 删除 index 为 6 的元素
'柳州'
>>> cityList.remove("厦门")                # 删除元素"厦门"
>>> cityList
['珠海', '威海', '信阳', '惠州', '金华', '曲靖']
>>> cityList[4:] = []                      # 切片删除索引从 4 开始的列表元素
>>> cityList
['珠海', '威海', '信阳', '惠州']
>>> cityList.clear()                       # 清空列表中的元素
>>> cityList
[]
```

4.2.3 列表复制和删除

1. 列表复制

在 Python 中，常见列表复制方法有两种。

（1）list_copy = list.copy()：列表浅复制。当列表 list 改变时，list_copy 中的元素不会随之变化。

（2）list_copy = list：列表引用复制。当列表 list 改变时，list_copy 中的元素也会随之变化。

【例 4.9】 列表复制。

程序代码：

```
# 太阳系八大行星
planetList = ["水星","金星","地球","火星","木星","土星","天王星","海王星"]
planetList_copy1 = planetList.copy()             # 列表浅复制
```

```
planetList_copy2 = planetList                    # 列表引用复制
planetList.pop()
print("planetList:",planetList)
print("planetList_copy1:",planetList_copy1)
print("planetList_copy2:",planetList_copy2)
```

运行结果：

```
planetList: ['水星', '金星', '地球', '火星', '木星', '土星', '天王星']
planetList_copy1: ['水星', '金星', '地球', '火星', '木星', '土星', '天王星', '海王星']
planetList_copy2: ['水星', '金星', '地球', '火星', '木星', '土星', '天王星']
```

2. 列表删除

当不再需要使用列表时，可以使用 del 语句将其删除，其一般格式为：

```
del 列表名
```

【例 4.10】 使用 del 语句删除列表。

程序代码：

```
capitalList = ["华盛顿","伦敦","巴黎","北京"]
print("部分国家首都:",capitalList)
del capitalList                                  # 删除列表
print("部分国家首都:",capitalList)
```

运行结果：

```
部分国家首都: ['华盛顿', '伦敦', '巴黎', '北京']
  File "D:/pythonProjects/test.py", line 4, in <module>
    print("部分国家首都:", capitalList)
NameError: name 'capitalList' is not defined
```

从【例 4.10】可知，在使用 del 语句删除列表后，如果在程序中继续调用该列表，则会出错。

4.2.4 列表运算

列表中常用的运算符如下。

（1）+：将多个列表组合成一个新列表，且新列表中的元素是多个列表元素的有序组合。

（2）*：将整数 *n* 和列表相乘可以得到一个将原列表元素重复 *n* 次的新列表。

（3）in：用于判断给定对象是否在列表中，如果在，则返回 True，否则返回 False。

（4）not in：用于判断给定对象是否不在列表中，如果不在，则返回 True，否则返回 False。

（5）关系运算符：两个列表可以使用<、>等关系运算符进行比较，其规则是从两个列表的第 1 个元素开始比较，如果可以得到比较结果，则结束比较操作，否则继续比较两个列表后面对应位置处的元素。

【例 4.11】 列表运算。

程序代码：

```
tang_list = ["韩愈","柳宗元"]
song_list = ["欧阳修","苏轼","苏洵","苏辙","王安石","曾巩"]
tang_song_list = tang_list + song_list
print("唐宋八大家:",tang_song_list)
print("杜甫是唐宋八大家吗?","杜甫" in tang_song_list)
print("李白出现 3 次的列表:",["李白"] * 3)
print("tang_list < tang_song_list:",tang_list < tang_song_list)
```

运行结果：

```
唐宋八大家: ['韩愈', '柳宗元', '欧阳修', '苏轼', '苏洵', '苏辙', '王安石', '曾巩']
杜甫是唐宋八大家吗? False
李白出现 3 次的列表: ['李白', '李白', '李白']
tang_list < tang_song_list: True
```

4.2.5 列表统计

在 Python 中，用于列表统计的常用函数如下。

（1）len(list)：返回列表 list 中的元素个数。

（2）max(list)：返回列表 list 中元素的最大值。

（3）min(list)：返回列表 list 中元素的最小值。

（4）sum(list)：返回列表 list 中所有元素的和。

（5）list.count(key)：返回关键字 key 在列表中出现的次数。

【例 4.12】 对列表中的卡特兰数进行统计。

程序代码：

```
ktlsl_list = [1,1,2,5,14,42,132,429,1430,4862]       # 卡特兰数
print("列表中的元素个数:",len(ktlsl_list))
print("列表中元素的最大值:",max(ktlsl_list))
print("列表中元素的最小值:",min(ktlsl_list))
print("列表中所有元素的和:",sum(ktlsl_list))
print("元素 %d 在列表中出现的次数: %d."%(14,ktlsl_list.count(14)))
```

运行结果：

```
列表中的元素个数: 10
列表中元素的最大值: 4862
列表中元素的最小值: 1
列表中所有元素的和: 6918
元素 14 在列表中出现的次数: 1.
```


4.2.6 列表元素查找和排序

1. 列表元素查找

list.index()函数用于查找并返回关键字在列表中第 1 次出现的位置，其一般格式为：

```
list.index(key)
```

其中，key 为要在列表中查找的元素。

【例 4.13】 使用 list.index()函数查找关键字在列表中第 1 次出现的位置。

程序代码：

```
animalList = ["elephant","tiger","lion","leopard","monkey"]
key = "tiger"
print("%s 在列表中第 1 次出现的位置: %d. "%(key,animalList.index(key)))
```

运行结果：

```
tiger 在列表中第 1 次出现的位置: 1.
```

2. 列表元素排序

在创建列表后，可以使用以下函数根据关键字对列表中的元素进行排序、反转或临时排序。

（1）list.sort(key=None, reverse=False)：对列表 list 中的元素按照一定的规则排序。key 用于指定一个函数，并根据该函数的返回值对列表进行排序，其默认值为 None，表示使用列表元素自身的值进行排序。reverse 用于控制排序方式，其默认值为 False，表示升序；若设置为 True，则表示降序。

（2）list.reverse()：对列表 list 中的元素进行反转并返回 None。

（3）sorted(list)：对列表 list 中的元素进行临时排序，并返回副本，但原列表中的元素次序不变。

【例 4.14】 使用列表函数对列表中的元素进行排序、反转或临时排序。

程序代码及运行结果：

```
>>> # 世界著名建筑
>>> buildingList = ["金字塔","长城","埃菲尔铁塔","比萨斜塔","雅典卫城","古罗马竞技场
"]
>>> buildingList
['金字塔', '长城', '埃菲尔铁塔', '比萨斜塔', '雅典卫城', '古罗马竞技场']
>>> buildingList.sort()          # 对列表 buildingList 中的元素按照默认规则排序
>>> buildingList
['古罗马竞技场', '埃菲尔铁塔', '比萨斜塔', '金字塔', '长城', '雅典卫城']
>>> buildingList.reverse()       # 对列表 buildingList 中的元素进行反转
>>> buildingList
['雅典卫城', '长城', '金字塔', '比萨斜塔', '埃菲尔铁塔', '古罗马竞技场']
>>> sorted(buildingList)         # 对列表 buildingList 中的元素进行临时排序，并返回副本
['古罗马竞技场', '埃菲尔铁塔', '比萨斜塔', '金字塔', '长城', '雅典卫城']
>>> buildingList
['雅典卫城', '长城', '金字塔', '比萨斜塔', '埃菲尔铁塔', '古罗马竞技场']
```

4.3 元组

元组（Tuple）是放置在圆括号“()”之间、用逗号“,”隔开的元素集合。

与列表不同，在创建元组后，不能对其中的元素进行修改，即不能向创建好的元组中添加新元素、删除或修改其中的元素，也不能对元组进行排序等操作。

与列表类似，元组中元素的数据类型可以相同或不同，且其中的元素可以重复或不重复，可以是简单数据或组合数据。例如，元组(1, 1, 2, 3, 5)中的元素均为简单数字类型，有重复元素；元组((" 语文", 122), ("数学", 146), ("英语", 138))中的元素为元组类型，元素值各不相同。

与列表类似，元组的正向下标默认从 0 开始，支持双向索引。

4.3.1 元组创建

在 Python 中，可以使用()运算符或 tuple()函数创建元组。

1. 使用()运算符创建元组

使用()运算符创建元组的一般格式为：

```
元组名 = (元素 1,元素 2,元素 3,...)
```

其中，元组中的元素可以是相同数据类型的或不同数据类型的，可以是简单数据或组合数据。

【例 4.15】 使用()运算符创建元组。

程序代码：

```
tuple1 = ()                                  # 空元组
tuple2 = (1,8,27,64,125)                     # 元素为数字
tuple3 = ("计算机科学","生物信息","电子工程")   # 元素为字符串
tuple4 = ("华为",701,"中兴",606)              # 元素为数字和字符串的混合
```

2. 使用 tuple()函数创建元组

使用 tuple()函数创建元组的一般格式为：

```
元组名 = tuple(sequence)
```

其中，sequence 可以是字符串、元组、列表或 range()函数的返回值等迭代对象。

【例 4.16】 使用 tuple()函数创建元组。

程序代码及运行结果：

```
>>> tuple1 = tuple()                                          # 空元组
>>> tuple(["莎士比亚","托尔斯泰","但丁","雨果","歌德"])     # 参数为列表
('莎士比亚', '托尔斯泰', '但丁', '雨果', '歌德')
>>> tuple("理想是人生的太阳")                                # 参数为字符串
('理', '想', '是', '人', '生', '的', '太', '阳')
>>> tuple(range(1,6))                                         # 参数为 range()函数的返回值
(1, 2, 3, 4, 5)
```

4.3.2 元组访问

1. 访问元组及元组元素

可以使用元组名访问整个元组，也可以通过 tuple[index]访问索引为 index 的元组元素。

【例 4.17】 访问元组及指定元组元素。

程序代码及运行结果：

```
>>> # 全球部分中小城市
>>> cityTuple = ("维也纳","苏黎世","奥克兰","慕尼黑","温哥华","杜塞尔多夫")
>>> cityTuple
('维也纳', '苏黎世', '奥克兰', '慕尼黑', '温哥华', '杜塞尔多夫')
>>> cityTuple[3]
'慕尼黑'
>>> cityTuple[-2]
'温哥华'
```


2. 切片访问

同样地，Python 支持使用切片访问元组。

【例 4.18】 元组切片访问。

程序代码及运行结果：

```
>>> cityTuple = ("维也纳","苏黎世","奥克兰","慕尼黑","温哥华","杜塞尔多夫")
>>> cityTuple[1:4]
('苏黎世', '奥克兰', '慕尼黑')
>>> cityTuple[1:4:2]
cityTuple[1:4:2]: ('苏黎世', '慕尼黑')
>>> cityTuple[:]
('维也纳', '苏黎世', '奥克兰', '慕尼黑', '温哥华', '杜塞尔多夫')
>>> cityTuple[:4]
('维也纳', '苏黎世', '奥克兰', '慕尼黑')
>>> cityTuple[2:]
('奥克兰', '慕尼黑', '温哥华', '杜塞尔多夫')
>>> cityTuple[2:-2]
('奥克兰', '慕尼黑')
```

3. 遍历元组

可以使用 for 语句遍历元组中的元素，即逐个访问元组中的元素。

【例 4.19】 遍历元组中的元素。

程序代码：

```
cityTuple = ("维也纳","苏黎世","奥克兰","慕尼黑","温哥华","杜塞尔多夫")
print("全球部分中小城市:",end = ' ')
for city in cityTuple:
  print(city,end=' ')
```

运行结果：

```
全球部分中小城市: 维也纳 苏黎世 奥克兰 慕尼黑 温哥华 杜塞尔多夫
```

4.3.3 元组复制和删除

与列表类似，元组也可以复制。与列表不同的是，元组没有 tuple.copy()函数，不能使用 tuple_copy = tuple.copy()复制元组。

当不再需要使用元组时，可以使用 del 语句将其删除。

【例 4.20】 元组复制和删除。

程序代码及运行结果：

```
>>> bat_tuple = ("百度","阿里巴巴","腾讯")
>>> bat_tuple_copy = bat_tuple                          # 复制元组
>>> bat_tuple
('百度', '阿里巴巴', '腾讯')
>>> bat_tuple_copy
('百度', '阿里巴巴', '腾讯')
>>> del bat_tuple                                       # 删除元组
>>> bat_tuple
NameError: name 'bat_tuple' is not defined
```

4.3.4 元组运算

元组中常用的运算符包括+、in/not in 及关系运算符等，使用方法和列表中的类似。

【例 4.21】 元组运算。

程序代码：

```
wanyue_tuple = ("柳永","晏殊","欧阳修","秦观","李清照")     # 宋朝婉约派词人
haofang_tuple  = ("陆游","苏轼","辛弃疾")                   # 宋朝豪放派词人
ci_author_tuple = wanyue_tuple + haofang_tuple
print("宋朝词人:",ci_author_tuple)
print("李清照是宋朝词人吗?" ,"李清照" in ci_author_tuple)
print("'岳飞'出现 3 次的元组:",("岳飞") * 3)
print("wanyue_tuple < ci_author_tuple ?",wanyue_tuple < ci_author_tuple)
```

运行结果：

```
宋朝词人: ('柳永', '晏殊', '欧阳修', '秦观', '李清照', '陆游', '苏轼', '辛弃疾')
李清照是宋朝词人吗? True
'岳飞'出现 3 次的元组: 岳飞岳飞岳飞
wanyue_tuple < ci_author_tuple ? True
```

4.3.5 元组统计

在 Python 中，用于元组统计的常用函数有 len(tuple)、max(tuple)、min(tuple)、sum(tuple)、tuple.count(key)等，使用方法和列表中的类似。

【例 4.22】 对元组中的佩尔数列进行统计。

程序代码：

```
pellTuple = (0,1,2,5,12,29,70,169,408,985)              # 佩尔数列
print("元组中元素的最大值:",max(pellTuple))
print("元组中元素的最小值:",min(pellTuple))
print("元组中所有元素的和:",sum(pellTuple))
print("元素 %d 在元组中出现的次数: %d 次."%(5,pellTuple.count(5)))
print("元组中的元素个数: %d 个."%(len(pellTuple)))
```

运行结果：

```
元组中元素的最大值: 985
元组中元素的最小值: 0
元组中所有元素的和: 1681
元素 5 在元组中出现的次数: 1 次.
元组中的元素个数: 10 个.
```

同样地，可以使用 index()函数查找关键字在元组中第 1 次出现的位置，其用法与列表中的类似，这里不再赘述。

4.4 字典

字典（Dictionary）是一种映射类型，用{}标识，是一个无序的“键（key）:值（value）”对集合。键必须使用不可变类型，如字符串、数字和元组等；值可以是简单数据或组合数据。在同一个字典中，键必须是唯一的，值可以是不唯一的。

与列表中的元素通过索引来访问和操作不同，字典中的元素是通过键来访问和操作的。

4.4.1 字典创建

在 Python 中，可以使用{}运算符或 dict()函数创建字典。

1. 使用{}运算符创建字典

使用{}运算符创建字典的一般格式为：

```
字典名 = {key1:value1,key2:value2,key3:value3,...}
```


【例 4.23】 使用{}运算符创建字典。

程序代码：

```
dict1 = {}                                                          #空字典
dict2 = {"氮气":0.78,"氧气":0.21,"稀有气体":0.00939,"二氧化碳":0.00031,"其他":0.0003}
```

2. 使用 dict()函数创建字典

使用 dict()函数创建字典有如下 3 种方式。

（1）dict(**kwarg)：以关键字的方式创建字典。**kwarg 为关键字。

（2）dict(mapping, **kwarg)：以映射函数的方式创建字典。mapping 为元素的容器。

（3）dict(iterable, **kwarg)：以可迭代对象的方式创建字典。iterable 为可迭代对象。

【例 4.24】 使用 dict()函数创建字典。

程序代码及运行结果：

```
>>> dict1 = dict()                                              # 空字典
>>> dict(name="Mary",height=165,weight=51)                      # 以关键字的方式创建字典
{'name': 'Mary', 'height': 165, 'weight': 51}
>>> dict(zip(["name","height","weight"],["Jack",178,72]))       # 以映射函数的方式创建字典
{'name': 'Jack', 'height': 178, 'weight': 72}
>>> dict([("name","Linda"),("height",166),("weight",53)])       # 以可迭代对象的方式创建字典
{'name': 'Linda', 'height': 166, 'weight': 53}
```

4.4.2 字典操作

1. 访问字典及字典元素

可以通过字典名访问整个字典，也可以通过 dict[key]或 dict.get(key)访问指定的字典元素，或者遍历字典中的元素。在通过 dict[key]访问字典中的元素时，如果键不存在，则会触发 KeyError 异常。

【例 4.25】 访问字典及字典元素。

程序代码：

```
LSZ_dict = {"姓名":"李时珍","出生时间":1518,"籍贯":"湖北","职业":"医生"}
print("LSZ_dict:",LSZ_dict)
```

```
print("LSZ_dict 中的元素个数:",len(LSZ_dict))
print("姓名:",LSZ_dict["姓名"])
print("籍贯:",LSZ_dict.get("籍贯"))
print("职业:",LSZ_dict.get("职业"))
```

运行结果：

```
LSZ_dict: {'姓名': '李时珍', '出生时间': 1518, '籍贯': '湖北', '职业': '医生'}
LSZ_dict 中的元素个数: 4
姓名: 李时珍
籍贯: 湖北
职业: 医生
```

在遍历字典中的元素时，一般会用到如下 3 个函数。

（1）dict.items()：以列表形式返回字典中所有的键/值对，每个键/值对以元组形式存在。

（2）dict.keys()：以列表形式返回字典中所有的键。

（3）dict.values()：以列表形式返回字典中所有的值。

【例 4.26】 遍历字典中的元素。

程序代码：

```
LSZ_dict = {"姓名":"李时珍","出生时间":1518,"籍贯":"湖北","职业":"医生"}
print("字典中所有的键/值对:",end = '')
for key,value in LSZ_dict.items():
  print(key,'/',value,end = ', ')
print()
print("字典中所有的键:",end = '')
for key in LSZ_dict.keys():
  print(key,end = ', ')
print()
print("字典中所有的值:",end = '')
for value in LSZ_dict.values():
  print(value,end = ', ')
```

运行结果：

```
字典中所有的键/值对:姓名 / 李时珍, 出生时间 / 1518, 籍贯 / 湖北, 职业 / 医生,
字典中所有的键:姓名, 出生时间, 籍贯, 职业,
字典中所有的值:李时珍, 1518, 湖北, 医生,
```


2. 添加字典元素

向字典中添加新元素的方法是增加新的键/值对。

【例 4.27】 向字典中添加新元素。

程序代码：

```
Libing_dict = {"姓名":"李冰","性别":"男","职业":"水利工程师"}
Libing_dict["时期"] = "战国"                # 添加字典元素
print("Libing_dict:",Libing_dict)
```

运行结果：

```
Libing_dict: {'姓名':'李冰','性别':'男','职业':'水利工程师','时期':'战国'}
```

3. 修改字典元素

修改字典元素的方法是给字典元素赋予新的值，其一般格式为：

```
dict[key] = value
```

【例 4.28】 修改字典中的指定元素。

程序代码：

```
dict1 = {"name":"Alice","sex":"female","age":21}
dict1["age"] = 22                          # 修改字典元素
print("age:",dict1["age"])
```

运行结果：

```
age: 22
```

4. 删除字典元素

在创建字典后，可以根据需要使用 del 语句或字典函数删除指定元素或所有元素。

（1）del dict[key]：删除键为 key 的元素。如果尝试删除不存在的键，则会触发 KeyError 异常。

（2）dict.pop(key,'N/A')：删除键为 key 的元素，并返回对应的值。如果 key 不存在，则返回默认值'N/A'。

（3）dict.popitem()：随机删除字典中的元素，并将删除的元素以元组形式返回。

（4）dict.clear()：删除字典中的所有元素。

【例 4.29】 使用字典函数删除字典中的元素。

程序代码及运行结果：

```
>>> # 部分世界上最具影响力的人物
>>> influential_people_dict = {"牛顿":"物理学家","孔子":"教育家","亚里士多德":"哲学
    家","达尔文":"生物学家","欧几里得":"数学家","伽利略":"天文学家"}
>>> del influential_people_dict ["牛顿"]
>>> influential_people_dict
{'孔子': '教育家', '亚里士多德': '哲学家', '达尔文': '生物学家', '欧几里得': '数学家',
 '伽利略': '天文学家'}
>>> influential_people_dict.pop("亚里士多德")
'哲学家'
>>> influential_people_dict
{'孔子': '教育家', '达尔文': '生物学家', '欧几里得': '数学家', '伽利略': '天文学家'}
>>> influential_people_dict.popitem()
('伽利略', '天文学家')
>>> influential_people_dict
{'孔子': '教育家', '达尔文': '生物学家', '欧几里得': '数学家'}
>>> influential_people_dict.clear()
>>> influential_people_dict
{}
```


5. 检查键在字典中是否存在

可以使用关键字 in 检查某个键在字典中是否存在：若该键在字典中存在，则返回 True，否则返回 False。关键字 not in 与 in 的作用相反：若该键在字典中不存在，则返回 True，否则返回 False。

【例 4.30】 检查键在字典中是否存在。

程序代码及运行结果：

```
>>> dict1 = {"姓名":"王勃","性别":"男","职业":"诗人","籍贯":"山西"}
>>> "职业" in dict1 # "职业"在字典中存在
True
>>> "爱好" in dict1 # "爱好"在字典中不存在
False
```

4.4.3 字典复制和删除

与列表类似，也可以对字典进行浅复制（使用 dict.copy()函数）和引用复制（使用=运算符）。当不再需要使用字典时，可以使用 del 语句将其删除。

【例 4.31】 字典复制和删除。

程序代码及运行结果：

```
>>> # 中国古代部分杰出人物
>>> chinese_figure_dict = {"张衡":"地质学家","张仲景":"医学家","祖冲之":"数学家"}
>>> chinese_figure_dict_copy1 = chinese_figure_dict.copy()    # 字典浅复制
>>> chinese_figure_dict_copy2 = chinese_figure_dict           # 字典引用复制
```

```
>>> chinese_figure_dict["沈括"] = "科学家"
>>> chinese_figure_dict
{'张衡': '地质学家', '张仲景': '医学家', '祖冲之': '数学家', '沈括': '科学家'}
>>> chinese_figure_dict_copy1
{'张衡': '地质学家', '张仲景': '医学家', '祖冲之': '数学家'}
>>> chinese_figure_dict_copy2
{'张衡': '地质学家', '张仲景': '医学家', '祖冲之': '数学家', '沈括': '科学家'}
>>> del chinese_figure_dict                                    # 删除字典
>>> chinese_figure_dict
NameError: name 'chinese_figure_dict' is not defined
```

4.5 集合

集合（Set）是放置在花括号“{}”之间、用逗号“,”隔开、无序且不重复的元素集合。不可以为集合创建索引或对集合执行切片操作，也没有键可以用来获取集合中元素的值。

4.5.1 集合创建

在 Python 中，可以使用{}运算符或 set()函数创建集合。

1. 使用{}运算符创建集合

使用{}运算符创建集合的一般格式为：

```
集合名 = {元素 1,元素 2,元素 3,...}
```

其中，集合中的元素可以是相同数据类型的或不同数据类型的，可以是简单数据或组合数据。

【例 4.32】 使用{}运算符创建集合。

程序代码：

```
set1 = {1,4,9,16,25}                          # 元素为数字
set2 = {"锂","铷","铯","钫","铍"}              # 元素为字符串
```

2. 使用 set()函数创建集合

在 Python 中，使用 set()函数创建集合的一般格式为：

```
集合名 = set(sequence)
```

其中，sequence 可以是字符串、列表、元组或 range()函数的返回值等迭代对象。

【例 4.33】 使用 set()函数创建集合。

程序代码及运行结果：

```
>>> set1 = set()                                  # 空集合
>>> set(["氮","氧","氦","氖","氩","氪"])          # 将列表转换为集合
{'氮', '氧', '氩', '氪', '氦', '氖'}
>>> set(range(1,20,3))                            # 使用 range()函数创建集合
{1, 4, 7, 10, 13, 16, 19}
```

4.5.2 集合访问

1. 访问集合元素

在 Python 中，集合中的元素是无序的，因此不能通过索引访问集合中的指定元素，但可以通过集合名访问整个集合，还可以遍历集合中的元素。

【例 4.34】 访问和遍历集合中的元素。

程序代码：

```
# 世界著名旅游景点
tourismSet = {"大峡谷","大堡礁","棕榈海滩","南岛","好望角","拉斯维加斯","悉尼港"}
```

```
print("世界著名旅游景点:",tourismSet)
print("遍历'世界著名旅游景点'集合: ",end = '')
# 遍历集合
for item in tourismSet:
  print(item,end = ' ')
```

运行结果：

```
世界著名旅游景点: {'南岛', '拉斯维加斯', '悉尼港', '大堡礁', '棕榈海滩', '好望角', '大峡谷'}
遍历'世界著名旅游景点'集合: 南岛 拉斯维加斯 悉尼港 大堡礁 棕榈海滩 好望角 大峡谷
```

2. 添加和修改集合元素

在创建集合后，可以使用集合函数在集合中添加或修改元素。

（1）set.add(item)：在集合中添加新元素 item。

（2）set.update(sequence)：在集合中添加或修改元素。sequence 可以是列表、元组和集合等。

【例 4.35】 添加和修改集合元素。

程序代码：

```
phoneSet = {"华为","苹果"}
print("手机品牌:",phoneSet)
phoneSet.add("小米")                                    # 添加新元素
print("使用 set.add()函数添加元素后:",phoneSet)
phoneSet.update(["华为","OPPO","vivo"])                  # 添加集合元素
print("使用 set.update()函数添加元素后:",phoneSet)
```


运行结果：

```
手机品牌: {'华为', '苹果'}
使用 set.add()函数添加元素后: {'小米', '华为', '苹果'}
使用 set.update()函数添加元素后: {'vivo', 'OPPO', '苹果', '小米', '华为'}
```

3. 删除集合元素

当不再需要集合中的元素时，可以使用集合函数删除集合中的指定元素或所有元素。

（1）set.remove(item)：删除指定元素 item。

（2）set.discard(item)：删除指定元素 item。

（3）set.pop()：随机删除集合中的元素。

（4）set.clear()：删除集合中的所有元素。

【例 4.36】 使用集合函数删除集合中的元素。

程序代码：

```
world_tournament_set = {"世界排球锦标赛","世界乒乓球锦标赛","篮球世界杯",
"国际足联世界杯"}                                          # 世界球类大赛
print("世界大赛:",world_tournament_set)
world_tournament_set.remove("国际足联世界杯")               # 删除指定集合元素
print("使用 set.remove()函数删除元素后:",world_tournament_set)
world_tournament_set.discard("世界排球锦标赛")              # 删除指定集合元素
print("使用 set.discard()函数删除元素后:",world_tournament_set)
world_tournament_set.pop()                                # 随机删除集合元素
print("使用 set.pop()函数删除元素后:",world_tournament_set)
world_tournament_set.clear()                              # 清空集合元素
print("使用 set.clear()函数清空元素后:",world_tournament_set)
```

运行结果：

```
世界大赛: {'国际足联世界杯', '世界乒乓球锦标赛', '世界排球锦标赛', '篮球世界杯'}
使用 set.remove()函数删除元素后: {'世界乒乓球锦标赛', '世界排球锦标赛', '篮球世界杯'}
使用 set.discard()函数删除元素后: {'世界乒乓球锦标赛', '篮球世界杯'}
使用 set.pop()函数删除元素后: {'篮球世界杯'}
使用 set.clear()函数清空元素后: set()
```

4.5.3 集合复制和删除

与列表类似，也可以对集合进行浅复制（使用 set.copy()函数）和引用复制（使用=运算符）。当不再需要使用集合时，可以使用 del 语句将其删除。

【例 4.37】 集合复制和删除。

程序代码及运行结果：

```
>>> # 部分全球 GDP 排名靠前的国家
>>> world_GDP_set = {"美国","中国","日本","德国","英国"}
>>> world_GDP_set_copy1 = world_GDP_set.copy()      # 集合浅复制
>>> world_GDP_set_copy2 = world_GDP_set             # 集合引用复制
>>> world_GDP_set.add("法国")
>>> print("world_GDP_set:",world_GDP_set)
world_GDP_set: {'英国', '日本', '中国', '美国', '德国', '法国'}
>>> print("world_GDP_set_copy1:",world_GDP_set_copy1)
world_GDP_set_copy1: {'美国', '英国', '德国', '日本', '中国'}
>>> print("world_GDP_set_copy2:",world_GDP_set_copy2)
world_GDP_set_copy2: {'英国', '日本', '中国', '美国', '德国', '法国'}
>>> del world_GDP_set
>>> world_GDP_set
NameError: name 'world_GDP_set' is not defined
```


4.5.4 集合运算

在 Python 中，常用集合运算如下。

（1）set1.union(set2)或 set1|set2：并集运算，结果为集合 set1 和 set2 中的所有元素。

（2）set1.intersection(set2)或 set1&set2：交集运算，结果为同时在集合 set1 和 set2 中的所有元素。

（3）set1. difference(set2)或 set1−set2：差集运算，结果为在集合 set1 中但不在集合 set2 中的所有元素。

（4）set1. issubset(set2)或 set1<set2：子集运算，如果集合 set1 是集合 set2 的子集，则返回 True，否则返回 False。

（5）item in set 或 item not in set：成员运算，判断 item 是否为集合 set 中的成员。

【例 4.38】 集合运算。

程序代码及运行结果：

```
# 世界十大经典美食
>>> delicacySet1 = {"中国冰糖葫芦","墨西哥卷饼","英国炸鱼","美国热狗","土耳其烤肉",
     "新加坡炒粿粉"}
>>> delicacySet2 = { "新加坡炒粿粉","日本章鱼烧","韩国炸鸡","越南虾饼","曼谷香脆煎饼"}
>>> delicacySet1 | delicacySet2
{'墨西哥卷饼', '韩国炸鸡', '美国热狗', '曼谷香脆煎饼', '日本章鱼烧', '中国冰糖葫芦',
'英国炸鱼', '越南虾饼', '新加坡炒粿粉', '土耳其烤肉'}
>>> delicacySet1 & delicacySet2
{'新加坡炒粿粉'}
>>> delicacySet1 - delicacySet2
{'墨西哥卷饼', '美国热狗', '中国冰糖葫芦', '英国炸鱼', '土耳其烤肉'}
>>> delicacySet1 < delicacySet2
False
>>> "墨西哥巧克力" in delicacySet1 | delicacySet2
False
```

4.5.5 集合统计

在进行集合统计时，常用函数有 len(set)、max(set)、min(set)、sum(set)等，使用方法和列表中的类似。

【例 4.39】 对集合中的三角形数进行统计。

程序代码：

```
triangleSet = {1,3,6,10,15,21,28,36,45,55}        # 三角形数
print("集合中元素的最大值:",max(triangleSet))
print("集合中元素的最小值:",min(triangleSet))
print("集合中所有元素的和:",sum(triangleSet))
print("集合中的元素个数: %d 个."%(len(triangleSet)))
```

运行结果：

```
集合中元素的最大值: 55
集合中元素的最小值: 1
集合中所有元素的和: 220
集合中的元素个数: 10 个.
```

4.6 嵌套组合数据

当组合数据中的元素为组合数据时，称为嵌套组合数据，如嵌套列表中的元素是列表、元组、字典和集合等，嵌套字典中的元素是列表、字典、元组和集合等。

【例 4.40】 创建和访问嵌套列表。

程序代码及运行结果：

```
>>> list = [[1,0,0],[0,1,0],[0,0,1]]         # 单位嵌套列表
>>> print("list:",list)
list: [[1, 0, 0], [0, 1, 0], [0, 0, 1]]
>>> list1 = [1,2,3]
>>> list2 = [4,5,6]
>>> list3 = [7,8,9]
>>> list = [list1,list2,list3]               # 多个列表组成嵌套列表
>>> print("list:",list)
list: [[1, 2, 3], [4, 5, 6], [7, 8, 9]]
>>> print("list[1]:",list[1])
list[1]: [4, 5, 6]
>>> print("list[1][1]:",list[1][1])
list[1][1]: 5
```

【例 4.41】 创建和遍历嵌套字典。

程序代码：

```
# 获得诺贝尔奖的部分科学家
nobel_prize_dict = {"物理学家":["伦琴","爱因斯坦","波尔"],"化学家":["欧内斯特·卢瑟福",
"范特霍夫","玛丽·居里"],"医学家":["埃米尔·阿道夫·冯·贝林","罗伯特·科赫","屠呦呦"]}
# 遍历嵌套字典
for key,value in nobel_prize_dict.items():
  print("获得诺贝尔奖的" + str(key) + ":",end = ' ')
  for item in value:
    print(item,end = ', ')
  print()
```

运行结果：

```
获得诺贝尔奖的物理学家: 伦琴, 爱因斯坦, 波尔,
获得诺贝尔奖的化学家: 欧内斯特·卢瑟福, 范特霍夫, 玛丽·居里,
获得诺贝尔奖的医学家: 埃米尔·阿道夫·冯·贝林, 罗伯特·科赫, 屠呦呦,
```

4.7 典型案例

4.7.1 查找

查找是指在指定的信息中寻找一个特定的元素。在 Python 中，可以使用以下 2 种方法对组合

数据中的元素进行查找。

（1）查找算法：如顺序查找算法、二分查找算法等。

（2）组合数据函数：如列表的 list.index()函数等。

本节以列表为例介绍如何查找列表中的元素。同时，由于 4.2.6 节中已经介绍过 list.index()函数，因此这里只介绍列表的顺序查找算法和二分查找算法。

1. 顺序查找算法

顺序查找算法会将列表中的元素逐个与给定关键字进行比较，如果有一个元素与给定关键字相等，则查找成功，否则查找失败。

顺序查找算法不要求列表中的元素是有序的。

如果列表中有 n 个元素，则顺序查找的最好情况是 1，最坏情况是 n，时间复杂度是 $O(n)$。

【例 4.42】 使用顺序查找算法查找给定关键字 key 在列表中是否存在。

分析：在列表中顺序查找元素的方法是遍历列表中的元素，并与要查找的关键字比较。如果有一个元素与给定关键字相等，则查找成功并输出该元素的索引，否则查找失败。

程序代码：

```
list1 = [3,6,1,9,5,8,7,4]
key = int(input("请输入要查找的关键字: "))      # 通过键盘输入要查找的关键字
num = -1
for i in range(len(list1)):
  if list1[i] == key:                        # 若关键字查找成功，则修改标志，跳出循环
    num = i
    break
if num != -1:
  print("要查找的关键字 %d 索引为 %d."%(key,num))
else:
  print("关键字 %d 查找失败! "%key)
```

运行结果 1：

```
请输入要查找的关键字: 9
要查找的关键字 9 索引为 3.
```

运行结果 2：

```
请输入要查找的关键字: 11
关键字 11 查找失败!
```

2. 二分查找算法

二分查找算法又称折半查找算法，属于有序查找算法，即要求列表中的元素是升序或降序排列的。

二分查找算法的基本思想（假设列表中的元素是升序排列的）如下。

（1）将列表中间位置处的元素与给定关键字 key 比较，如果两者相等，则查找成功，否则利用中间位置处的元素将列表分成前、后两个子列表。

（2）如果中间位置处的元素大于 key，则进一步查找前一个子列表，否则进一步查找后一个子列表。

（3）重复以上过程，直到找到满足条件的元素，此时查找成功；或者直到子列表不存在，此时查找不成功。

如果列表中有 n 个元素，则二分查找的最好情况是 1，最坏情况是$[\log_2(n)]+1$，时间复杂度是 $O(\log_2(n))$。其中，$[\log_2(n)]$指对 $\log_2(n)$的结果取整。

【例 4.43】 使用二分查找算法查找给定关键字 key 在列表中是否存在。

分析：二分查找过程如图 4.1 所示。

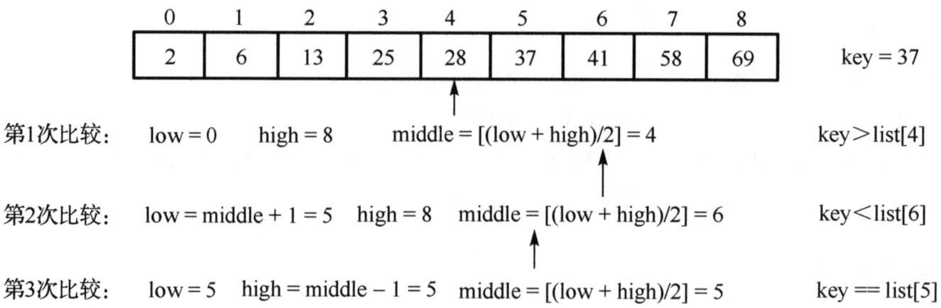

图 4.1　二分查找过程

程序代码：

```
# 定义排序函数
def binary_search(key,list):
  low = 0
  high = len(list) - 1
  while (low <= high):
    middle = int((low + high) / 2)
    if list[middle] > key:              # 在列表的前半部分
      high = middle - 1
    elif list[middle] < key:            # 在列表的后半部分
      low = middle + 1
    else:
      return middle                     # 关键字对应元素的位置
  return -1                             # 查找失败

if __name__ == '__main__':
  list = [2,6,13,25,28,37,41,58,69]
  key = int(input("请输入要查找的关键字："))
  location = binary_search(key,list)
  if location != -1:
    print("要查找的关键字 %d 索引为 %d." %(key,location))
  else:
    print("关键字 %d 查找失败！"%key)
```

运行结果 1：

```
请输入要查找的关键字：28
要查找的关键字 28 索引为 4.
```

运行结果 2：

```
请输入要查找的关键字：120
关键字 120 查找失败!
```

4.7.2　排序

排序是使一系列元素按照某个或某些关键字递增或递减排列的操作。在 Python 中，可以使用以下 2 种方法对组合数据中的元素进行排序。

（1）排序算法：如冒泡排序算法、选择排序算法等。

（2）组合数据函数：如列表的 list.sort()函数等。

本节仍以列表为例介绍如何排序列表中的元素。同时，由于 4.2.6 节中已经介绍过 list.index()函数，因此这里只介绍列表的冒泡排序算法和选择排序算法。

1. 冒泡排序算法

冒泡排序算法是一种极其简单的排序算法。它重复地访问要排序的元素，依次比较相邻两个元素，如果不符合指定的顺序要求，就将这两个元素交换位置，直到没有元素需要交换位置，表示排序完成。这个算法是因为越小（或越大）的元素会经由交换慢慢"浮"到列表的顶端而得名的。

冒泡排序算法的操作步骤如下（默认元素按从小到大的顺序排列）。

（1）比较相邻的元素，如果前一个元素比后一个元素大，就将这两个元素交换位置。

（2）对每对相邻的元素进行同样的操作，从开始的第一对到结尾的最后一对。待这步完成后，最后的元素会是最大的数。

（3）针对除最后一个元素外的所有元素重复以上步骤。

（4）每次都对越来越少的元素重复上面的步骤，直到没有任何一对相邻元素需要比较。

为了说明冒泡排序算法的原理，用一个包含 5 个元素的列表 list = [8, 3, 1, 5, 2]说明冒泡排序的具体过程，如图 4.2 所示。

	list[0]	list[1]	list[2]	list[3]	list[4]
初始顺序：	8	3	1	5	2
第1轮比较、交换结果：	3	1	5	2	⑧
第2轮比较、交换结果：	1	3	2	⑤	⑧
第3轮比较、交换结果：	1	2	③	⑤	⑧
第4轮比较、交换结果：	1	②	③	⑤	⑧

图 4.2　冒泡排序的具体过程

由冒泡排序的比较、交换过程可知，如果列表中有 n 个元素，则需要进行 $n-1$ 轮列表扫描，且每轮扫描都会找到当前的最大值并将其放在最后；在进行第 i 轮列表扫描时，需要比较 $n-i$ 次才能得到最大值。

【例 4.44】 使用冒泡排序算法对列表 list1 = [8, 3, 1, 5, 2]中的元素进行排序。

分析：如图 4.2 所示，在每次排序时，都会比较两个相邻元素的大小，如果不符合指定的顺序要求，则将这两个元素交换位置。重复此步骤，直到所有元素有序。

程序代码：

```
list1 = [8,3,1,5,2]
N=list1.__len__()
print('排序之前:',end = ' ')
for i in range(N):
  print(list1[i],end = ' ')
print()
# 排序
for i in range(N - 1):
  for j in range(N - i - 1):
    if list1[j] > list1[j + 1]:
      list1[j + 1],list1[j] = list1[j],list1[j + 1]
print('排序之后:',end = ' ')
for i in range(N):
  print(list1[i],end = ' ')
```

运行结果：

```
排序之前：8 3 1 5 2
排序之后：1 2 3 5 8
```

2. 选择排序算法

选择排序算法的原理是：首先在序列中找到最小（大）元素，并将其放到序列的起始位置作为已排序序列；然后从剩余未排序元素中继续寻找最小（大）元素，并将其放到已排序序列的末尾。以此类推，直到所有元素均排序完毕。

选择排序与冒泡排序的区别：冒泡排序通过依次交换相邻两个顺序不合适的元素的位置，将当前最小（大）元素放到合适的位置；选择排序在每轮遍历时都记住当前最小（大）元素的位置，最后仅需要进行一次交换操作即可将其放到合适的位置。

选择排序的具体过程如图 4.3 所示。

	list[0]	list[1]	list[2]	list[3]	list[4]
初始顺序：	8	3	1	5	2
第1轮比较、交换结果：	1	3	8	5	2
第2轮比较、交换结果：	1	2	8	5	3
第3轮比较、交换结果：	1	2	3	5	8
第4轮比较、交换结果：	1	2	3	5	8

图 4.3　选择排序的具体过程

【例 4.45】 使用选择排序算法对列表 list1 = [8, 3, 1, 5, 2]中的元素进行排序。

分析：如图 4.3 所示，在每次排序时，都会找到列表中未排序元素值最小的元素，将其与列表中未排序元素的第 1 个元素交换位置。重复执行此步骤，直到所有元素有序。

程序代码：

```
list1 = [8,3,1,5,2]                              # 创建列表
N = list1.__len__()                              # 列表中的元素个数
print('排序之前:',end = ' ')
for i in range(N):
  print(list1[i],end = ' ')
print()
# 排序
for i in range(N - 1):
  min = i
  for j in range(i + 1,N):
    if list1[min] > list1[j]: min = j
  list1[i],list1[min] = list1[min],list1[i]
print('排序之后:',end = ' ')
for i in range(N):
  print(list1[i],end = ' ')
```

运行结果：

```
排序之前: 8 3 1 5 2
排序之后: 1 2 3 5 8
```

4.7.3　推导式

推导式提供了创建组合数据的简单途径。推导式一般在 for 之前有一个表达式，在 for 之后有零到多个 if 子句，返回结果是一个根据 for 和 if 条件生成的组合数据。使用推导式可以快速创建列表、元组、字典和集合等。

列表推导式的一般格式为：

```
[表达式 for 变量 in 可迭代对象 [if 条件]]
```

其中，if 条件用于对列表中的元素进行过滤，是可选的。

元组、字典、集合等推导式的创建与列表推导式的创建类似，只需要将外层的[]替换成相应的{}或()。

【例 4.46】 使用推导式创建列表。

分析：本例实现了如下功能。

（1）遍历列表中的元素并进行计算，用得到的结果生成新的列表。

（2）同时遍历多个列表，并将对应的元素连接，将得到的结果作为新列表的元素。

程序代码及运行结果：

```
>>> [x ** 2 for x in range(6)]
[0, 1, 4, 9, 16, 25]
>>> [[x,pow(10,x)] for x in range(4)]
[[0, 1], [1, 10], [2, 100], [3, 1000]]
>>> [abs(x) for x in [1,-2,3,-4,5,-6] if x < 0]
[2, 4, 6]
>>> list1 = [1,2,3]
>>> list2 = [4,5,6]
>>> [(x,y) for x in list1 for y in list2]
[(1, 4), (1, 5), (1, 6), (2, 4), (2, 5), (2, 6), (3, 4), (3, 5), (3, 6)]
>>> list3 = ["指南针","火药","活字印刷术"]
>>> list4 = ["中国劳动人民","唐朝炼丹家","毕昇"]
>>> [list3[i] + "由" + list4[i] + "发明" for i in range(len(list3))]
['指南针由中国劳动人民发明', '火药由唐朝炼丹家发明', '活字印刷术由毕昇发明']
```


【例 4.47】 使用推导式创建集合。

分析：本例实现了如下功能。

（1）通过遍历列表创建一个元素不重复的集合。

（2）遍历原字典中的元素并将首字母大写后生成一个新的集合。

程序代码及运行结果：

```
>>> list = [1,2,3,3,2,4]
>>> {item for item in list}                                    # 返回不重复元素
{1, 2, 3, 4}
>>> {str.title() for str in {"chinese","america","england"}}   # 首字母大写
{'America', 'Chinese', 'England'}
```

【例 4.48】 使用推导式创建字典。

分析：本例实现了如下功能。

（1）使用推导式创建一个字典，判断 1 ~ 10 范围内哪些数能被 3 整除。

（2）通过同时遍历两个列表创建一个中英文单词对照的字典。

程序代码及运行结果：

```
>>> {i: i % 3 == 0 for i in range(1,11)}
{1: False, 2: False, 3: True, 4: False, 5: False, 6: True, 7: False, 8: False,
         9: True, 10: False}
>>> chineseList = ["运动","饮食","营养"]
>>> englishList = ["motion","diet","nutrition"]
>>> {chineseList[i]: englishList[i] for i in range(len(chineseList))}
{'运动': 'motion', '饮食': 'diet', '营养': 'nutrition'}
```

【例 4.49】 使用推导式创建元组。

分析：本例使用 zip()函数将两个列表中的元素打包成元组，并作为新创建元组的元素。

程序代码及运行结果：

```
>>> questionList = ['name','profession','favorites']
>>> answerList = ['Linda','programming','music']
>>> tuple(zip(questionList,answerList))
(('name', 'Linda'), ('profession', 'programming'), ('favorites', 'music'))
```

4.7.4 将列表作为堆栈和队列使用

1. 将列表作为堆栈使用

【例 4.50】 在将列表作为堆栈使用时，添加和删除元素。

分析：列表可以很方便地作为一个堆栈使用，且后进来的元素先出堆栈，最先进入的元素最后一个被释放，即“后进先出”。使用 append()函数可以把一个元素添加到堆栈顶。使用不指定索引的 pop()函数可以把一个元素从堆栈顶释放出来。

程序代码：

```
list1 = []
list1.append("three")                              # 元素"three"进栈
list1.append("two")                                # 元素"two"进栈
list1.append("one")                                # 元素"one"进栈
print(list1.pop())                                 # 元素"one"出栈
print(list1.pop())                                 # 元素"two"出栈
print(list1.pop())                                 # 元素"three"出栈
```

运行结果：

```
one
two
three
```


2. 将列表作为队列使用

【例 4.51】 在将列表作为队列使用时，添加和删除元素。

分析：列表也可以作为队列使用，先加入的元素先出队列，后加入的元素后出队列。在 Python 中，要将列表作为队列使用，需要先导入 collections 模块中的 deque 类；然后创建 deque 类的对象，并将列表作为参数。

程序代码：

```
from collections import deque
q = deque(["李白","杜甫","王维"])                  # 创建一个队列
q.append("韩愈")                                   # 元素入队列
q.append("白居易")                                 # 元素入队列
print("出队列元素：",q.popleft())                  # 元素出队列
print("出队列元素：",q.popleft())                  # 元素出队列
print("队列剩余元素：",q)                          # 队列剩余元素
```

运行结果：

```
出队列元素：李白
出队列元素：杜甫
队列剩余元素：deque(['王维', '韩愈', '白居易'])
```

4.7.5 基于组合数据的游戏角色管理

【例 4.52】 使用嵌套列表实现基于组合数据的游戏角色管理。

分析：本例使用嵌套列表实现基于组合数据的游戏角色管理。列表的元素为字典，每个字典存储一个游戏角色，之后通过对列表中元素（字典）的查询、添加、修改和删除等操作实现对游戏角色的管理。

程序代码：

```
import sys

print('*' * 40)
print('--------------游戏角色管理--------------')
```

```
print('1:查询角色')
print('2:添加角色')
print('3:修改角色')
print('4:删除角色')
print('5:显示所有角色')
print('-1:退出程序')
print('*' * 40)

# 角色列表
roleList = [{"姓名": "刘备","单位": "蜀国","职务": "董事长兼总经理","武力": 6}]
while True:
  SN = int(input('===请输入操作序号: '))              # 输入操作序号
  if SN in [1,2,3,4,5,-1]:
    if SN == 1:                                      # 查询角色
      姓名 = input("请输入要查询的角色的姓名: ")
      searchFlag = False                             # 查询标志
      for role in roleList:
        if 姓名 == role['姓名']:
          print("姓名: %s, 单位: %s, 职务: %s, 武力: %3.1f." % (role['姓名'],role['
           单位'],role['职务'],role['武力']))
          searchFlag = True                          # 表示找到
          break
      # 判断是否找到
      if searchFlag == False:
        print('对不起。没有您要查询的角色!')
    elif SN == 2:                                    # 添加角色
      姓名 = input('请输入姓名: ')
      searchFlag = False
      for role in roleList:
        if 姓名 == role['姓名']:
          print("您要添加的角色已存在! ")
          searchFlag = True                          # 表示找到
          break
      if searchFlag == False:
        单位 = input('请输入单位: ')
        职务 = input('请输入职务: ')
        武力 = float(input('请输入武力: '))
        newRole = {}
        newRole["姓名"] = 姓名
        newRole["单位"] = 单位
        newRole["职务"] = 职务
        newRole["武力"] = 武力
        roleList.append(newRole)
    elif SN == 3:                                    # 修改角色
      姓名 = input('请输入要修改的角色的姓名: ')
      modifyFlag = False
      for role in roleList:
        if role['姓名'] == 姓名:
          role['单位'] = input('请输入新的单位: ')
          role['职务'] = input('请输入新的职务: ')
          role['武力'] = float(input('请输入新的武力: '))
          modifyFlag = True
          break
      if modifyFlag:
        print("修改角色成功! ")
      else:
        print('您要修改的角色不存在! ')
    elif SN == 4:                                    # 删除角色
      姓名 = input("请输入要删除的角色的姓名: ")
      delFlag = False
      for role in roleList:
        if role['姓名'] == 姓名:
```

```
                delFlag = True
                roleList.remove(role)
                break
            if delFlag:
              print("删除角色成功！")
            else:
              print("您要删除的角色不存在！")
          elif SN == 5:                                    # 显示所有角色
            for role in roleList:
              print("姓名：%s，单位：%s，职务：%s，武力：%3.1f." %(role['姓名'],role['
               单位'],role['职务'],role['武力']))
          else:                                            # 退出程序
            print('退出程序！')
            sys.exit(0)
        else:
          print("输入错误！请重新输入'-1,1-5'范围内的操作序号！")
```

运行结果：

```
****************************************
--------------游戏角色管理--------------
1:查询角色
2:添加角色
3:修改角色
4:删除角色
5:显示所有角色
-1:退出程序
****************************************
===请输入操作序号：1
请输入要查询的角色的姓名：刘备
姓名：刘备,单位：蜀国,职务：董事长兼总经理,武力：6.0.
===请输入操作序号：2
请输入姓名：关羽
请输入单位：蜀国
请输入职务：区域经理
请输入武力：9
===请输入操作序号：3
请输入要修改的角色的姓名：关羽
请输入新的单位：蜀国
请输入新的职务：区域经理
请输入新的武力：9.5
修改角色成功！
===请输入操作序号：4
请输入要删除的角色的姓名：关羽
删除角色成功！
===请输入操作序号：5
姓名：刘备,单位：蜀国,职务：董事长兼总经理,武力：6.0.
===请输入操作序号：6
输入错误！请重新输入'-1,1-5'范围内的操作序号！
===请输入操作序号：-1
退出程序！
```


练习题 4

1. 简答题

（1）常用组合数据有哪几种？分别有什么特点？

（2）如何对列表中的元素使用切片进行修改？

（3）如何创建空列表、空元组、空字典、空集合？

（4）如何创建和访问嵌套列表？

2. 选择题

（1）{"飞机", "火车", "轮船"}是哪种类型的数据？（　　）。

A．列表　B．元组　C．字典　D．集合

（2）在创建后不可以修改其中元素的是（　　）。

A．列表　B．元组　C．字典　D．集合

（3）要删除字典中的所有元素，应该使用的函数是（　　）。

A．insert()　B．append()　C．extend()　D．clear()

（4）表达式{1, 2, 3} | {2 , 3, 4}的值为（　　）。

A．{1,2, 3, 3, 2, 4}　B．{1,2, 3}

C．{1, 2,3, 4}　D．{1,2, 4}

（5）字典中元素的值可以是哪种类型的数据？（　　）。

A．数字类型　B．字符串　C．列表　D．前面三项都可以

（6）下列哪种数据类型中的元素是无序的？（　　）。

A．字典　B．字符串　C．列表　D．元组

（7）语句 list1 = ["北京", "上海", "广州", "深圳"]; print(list1[2])的运行结果是（　　）。

A．北京　B．上海　C．广州　D．深圳

（8）语句 list1 = [1, 2, 2, 3, 4]; print(sum(list1))的运行结果是（　　）。

A．12　B．11　C．10　D．9

（9）下列选项中不能取代 seq 位置的是（　　）。

```
for item in seq:
  print(item)
```

A．{1; 2; 3; 4; 5}　B．range(0, 10)　C．"Hello"　D．(1, 2, 3)

（10）语句 list1 = [[1, 2], [3, 4]]; print(list1[1][0])的运行结果是（　　）。

A．1　B．2　C．3　D．4

（11）语句 print([x**2 for x in [1,3,6,8,12] if x%2==1])的运行结果是（　　）。

A．[36,64,144]　B．[1,9]　C．[1,9,36,64,144]　D．[1,6,12,16,24]

（12）若 str =["abc", "def", "ccd", "qwite"]，则 len(str)的值是（　　）。

A．3　B．4　C．5　D．6

3. 填空题

（1）列表支持（单向/双向）________索引。

（2）列表最后一个元素的索引为________。

（3）要删除一个已经创建的字典 dict，应该使用语句________。

（4）创建空集合使用的函数是________。

（5）集合中的元素是（有序/无序）________的。

（6）两个集合的并集操作使用的函数和运算符分别是________。

（7）可以用于创建一个元组的函数是________。

（8）元组 tuple1 第 2 ~ 5 个元素（包括第 5 个元素）的表示方法是________。

（9）已知 x = {1,2,3,4}，在运行语句 x.add(3)之后，x 的值为________。

（10）语句 print([x ** 3 for x in [1,3,6,8,12] if x % 2 == 1])的运行结果是________。

第5章　函　　数

本章内容：

- 概述
- 函数定义和调用
- 函数参数
- 特殊函数
- 装饰器
- 变量作用域
- 典型案例

5.1　概述

5.1.1　函数作用

在面向过程的程序中，函数是程序的重要组成部分，也是组成程序的基本单元。程序的运行过程就是调用和执行一系列函数的过程，一个函数就代表一个功能。

Python 支持面向过程程序设计，即支持模块化编程。在模块化编程中，函数是模块化程序设计的最小单位，既可以将每个函数都看作一个模块，也可以将若干相关的函数合并成一个模块。如果将程序设计比作制造机器，那么函数就好比机器的零部件，可以先将这些零部件单独设计、调试好，然后在需要使用时拿出来装配，并进行总体调试。这些零部件既可以是自己设计的，也可以是其他人设计的，或者是现成的标准产品。

在实际的程序开发过程中，一个较大的程序不可能完全由一个人从头到尾地完成，更不可能把所有的内容都放在一个函数中。为了便于规划、组织、编程和调试，一般会将一个大程序划分为若干程序模块（即程序文件），每个模块实现一部分功能。不同的程序模块可以由不同的人来完成。在进行程序编译时，以程序文件为编译单位，分别对每个编译单位进行编译。如果发现错误，则可以在本程序模块范围内查找错误并改正。在分别通过编译后，把各模块对应的程序文件及系统文件链接在一起形成可执行文件。

程序中的各项操作基本上都是由函数实现的，程序开发人员应根据需要编写若干函数，使每个函数实现某一特定功能。为了控制程序的运行顺序，可以定义一个主函数（在 Python 中，主函数可以是名为 main 的函数，也可以是其他名称的函数）。程序是从主函数开始运行的。在实际应用程序中，主函数被写得很简单，它的作用就是调用各个函数，而程序各部分的功能是由各个函数实现的。主函数相当于总调度，用于依次调用各个函数来实现各项功能，而其他函数可以互相调用，如图 5.1 所示。

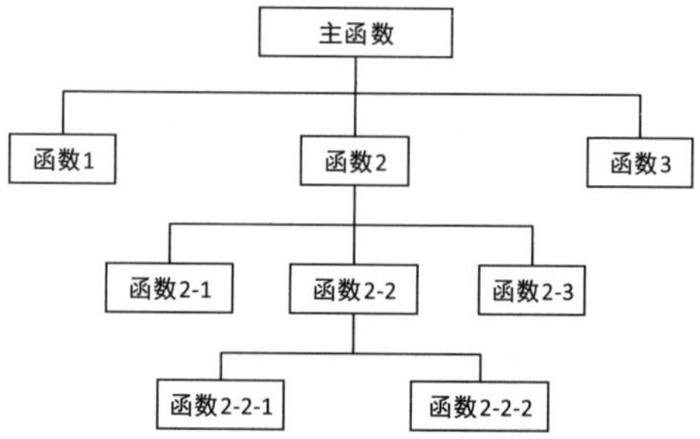

图 5.1　函数及函数间的调用

开发商和程序开发人员可以将一些常用的功能模块编写成函数，并放在公共函数库中。程序开发人员要善于利用公共函数库，以减少程序开发的工作量，避免重复“造轮子”。

5.1.2 函数分类

从函数形式来看，函数可以分为以下 2 类。

（1）无参函数：在调用函数时，不必给出参数。在调用无参函数时，主调函数并不会将数据传递给被调用函数。

（2）有参函数：在调用函数时，需要给出参数。在主调函数和被调用函数之间有数据传递，主调函数会将数据传递给被调用函数使用。被调用函数可以带回函数值供主调函数使用，也可以不带回函数值。

从用户使用角度来看，函数可以分为以下 4 类。

（1）内置函数：Python 解释器内置的函数，可以直接通过函数名调用，如 sum()、len()等。

（2）标准库函数：标准库模块（如 math、os 等）中的函数，需要使用 import 语句导入。

（3）第三方库函数：这些函数需要单独下载并导入，如 NumPy 库中的函数。

（4）自定义函数：用户根据特定需求在程序中编写的函数。

另外，还有一些具有特殊功能和用法的函数。

（1）匿名函数：匿名函数是一种没有名称的函数。

（2）高阶函数：高阶函数可以接收一个或多个函数作为参数，或者返回一个函数。高阶函数常用于实现复杂的功能，如 map()、filter()、reduce()等。

（3）闭包函数：闭包函数通常在函数内部定义另一个函数，并返回该内部函数。内部函数可以访问外部函数的变量。闭包函数常用于实现装饰器、工厂函数等功能。

（4）递归函数：递归函数是调用自身的函数，通常用于解决递归问题。

这些不同类型的函数在 Python 编程中各有用途和特点，选用合适的函数类型可以提高代码的可读性和编写效率。

5.2 函数定义和调用

5.2.1 函数定义

函数是组织好的、可重复使用的、用于实现单一或相关联功能的代码段。在程序中，使用函数能提高应用的模块性，以及代码的重用率和可读性。

Python 提供了许多内置函数，如 input()、print()等，可以直接在程序中使用。当 Python 提供的内置函数不能满足要求时，就需要用户自定义函数。

用户自定义函数的一般格式为：

```
def 函数名([参数 1,参数 2,...]):
    """函数说明"""
    函数体
```

其中，各部分的含义如下。

（1）def：在 Python 中，函数的定义以关键字 def 开头，后接函数名和圆括号“()”。

（2）函数名：遵循标识符命名规则。函数名最好是有意义的名称，以增强可读性。

（3）参数：必须放在圆括号“()”中间，称为形式参数，简称形参。形参是可选的，可以没有，也可以有多个。当有多个形参时，各形参之间用逗号“,”隔开。

（4）函数说明：函数第 1 行语句可以选择性地使用文档字符串对函数的功能等进行说明。

（5）函数体：包含能够完成特定功能的一条或多条 Python 语句。

（6）返回值：使用 “return [表达式]” 结束函数，并返回一个值给调用方。如果没有 “return [表达式]”，则函数会默认返回 None。当函数返回多个值时，其本质是把这些值作为一个元组返回，如语句 return 2,6,8 实际上返回的是元组(2, 6, 8)。

（7）函数体：当函数体为 pass 语句时，表示什么操作也不做，如抽象类中的抽象函数。

【例 5.1】 定义一个名为 myHello 的函数。

程序代码：

```
# 定义函数
def myHello():
  return "Hello, everyone!"
```

myHello()函数的返回结果为"Hello, everyone!"。

在 Python 中，函数可以有自己的成员，用户可以为函数动态添加和删除成员。

【例 5.2】 函数成员的使用。

程序代码及运行结果：

```
>>> def myFunc():
        myFunc.a = 100
        print("myFunc.a = %d, myFunc.b = %d."%(myFunc.a,myFunc.b))
>>> myFunc()
AttributeError: 'function' object has no attribute 'b'
>>> myFunc.b = 200
>>> myFunc()
myFunc.a = 100, myFunc.b = 200.
>>> del myFunc.b
>>> myFunc.b
AttributeError: 'function' object has no attribute 'b'
>>> myFunc()
AttributeError: 'function' object has no attribute 'b'
```

需要注意的是，在函数外面删除函数内部定义的成员是无效的，如【例 5.2】在函数外面使用语句 del myFunc.a 删除成员 myFunc.a 是无效的。

5.2.2 函数调用

函数在定义完成后，就可以在程序中调用了。在进行函数调用时，需要指出函数名称，并传入相应的参数。此时传入的参数称为实际参数，简称实参。在默认情况下，调用函数时传入的实参个数、顺序等必须和定义函数时的形参个数、顺序一致。

进行函数调用时的执行顺序如下。

（1）执行函数调用前的语句。

（2）执行函数调用，执行被调用函数内的语句，并返回相应结果。

（3）执行函数调用后的语句。

【例 5.3】 定义一个求梯形面积的函数并调用。

程序代码：

```
# 定义函数
def echelonArea(top,bottom,height):          # 3 个形参:top(上底),bottom(下底),height(高)
    area = 1 / 2 * (top + bottom) * height   # 计算梯形面积
    return area
if __name__ == "__main__":
    t = 3.6; b = 6.2; h = 4.5
    area1 = echelonArea(t,b,h)               # 方法一：调用函数，传入实参
    print("area1 =",area1)
```

```
area2 = echelonArea                      # 方法二：把函数对象赋给变量 area2
print("area2 =",area2(t,b,h))
```

运行结果：

```
area1 = 22.05
area2 = 22.05
```

5.3 函数参数

5.3.1 参数传递

Python 中的对象可分为不可变对象（数字、字符串、元组等）和可变对象（列表、字典、集合等）。相应地，Python 函数的参数传递有以下两种情况。

（1）实参为不可变对象。当实参为不可变对象时，函数调用会将实参的值复制给形参。在函数调用中修改形参时，不会影响函数外面的实参。

（2）实参为可变对象。当实参为可变对象时，函数调用会将实参的引用复制给形参。在函数调用中修改形参时，函数外面的实参也会随之变化。

【例 5.4】 定义一个函数 changeVar(x,y)，实参为数字类型。在 changeVar(x,y)函数调用中修改两个形参的值，并观察函数外面的实参变化情况。

程序代码：

```
# 定义函数
def changeVar(x,y):                           # 两个形参:x、y
    print("修改前: x = %d, y = %d"%(x,y))
    x = 50; y = 60                            # 修改两个形参 x、y 的值
    print("修改后: x = %d, y = %d"%(x,y))
a = 5; b = 6                                  # 定义变量 a、b
print("调用前: a = %d, b = %d."%(a,b))
changeVar(a,b)                                # 调用 changeVar()函数
print("调用后: a = %d, b =%d."%(a,b))
```

运行结果：

```
调用前: a = 5, b = 6.
修改前: x = 5, y = 6
修改后: x = 50, y = 60
调用后: a = 5, b = 6.
```

由【例 5.4】可知，在函数调用中，形参 x 和 y 的值在运行语句 x = 50; y = 60 后发生了变化，但实参 a 和 b 的值在函数调用前后并没有发生变化。

【例 5.5】 定义一个函数 changeList(myList)，实参为列表。在 changeList(myList)函数调用中给列表 myList 添加一个新元素，并观察函数外面的实参变化情况。

程序代码：

```
# 定义函数
def changeList(myList):
    myList.append(4)                          # 在列表 myList 末尾添加一个新元素
list1 = [1,2,3]                               # 定义列表 list1
print("调用前 list1:",list1)
changeList(list1)                             # 调用函数 changeList()
print("调用后 list1:",list1)
```

运行结果：

```
调用前 list1: [1, 2, 3]
调用后 list1: [1, 2, 3, 4]
```

由【例 5.5】可知，列表 list1 在初始时有 3 个元素。在调用 changeList(myList)函数时，向形参 myList 中添加了一个元素，有 4 个元素。相应地，实参 list1 中也添加了一个元素，有 4 个元素。

5.3.2 参数类型

在调用函数时，可使用的参数类型包括必需参数、关键字参数、默认参数和不定长参数。

1. 必需参数

必需参数要求调用函数时传入的实参个数、顺序和定义函数时的形参个数、顺序完全一致。

【例 5.6】 定义一个加法函数 myAdd()，使用必需参数传递参数。

程序代码：

```
# 定义函数
def myAdd(x,y,z):
  return x + y + z
a = 3; b = 4; c = 5                                    # 定义变量 a、b、c
print("调用结果:",myAdd(a,b,c))                         # 调用函数，使用必需参数
```

运行结果：

```
调用结果: 12
```


如果调用 myAdd()函数时传入的实参个数、顺序和定义该函数时的形参个数、顺序不一致，则运行时可能会得不到预期结果。

2. 关键字参数

关键字参数要求调用函数时使用形参作为关键字来确定传入的参数值，允许调用函数时传入的实参顺序与定义函数时的形参顺序不一致。

【例 5.7】 定义一个函数 stuInfo()，使用关键字参数传递参数。

程序代码：

```
# 定义函数
def stuInfo(sno,sname):
  return "学号: " + sno + "\n" + "姓名: " + sname
print(stuInfo(sname = "Rose",sno = "x1001"))            # 调用函数，使用关键字参数
```

运行结果：

```
学号: x1001
姓名: Rose
```

由【例 5.7】可知，在调用 stuInfo(sno, sname)函数时传入的实参顺序和定义该函数时的形参顺序并不一致。

3. 默认参数

在调用函数时，如果没有传递实参，则会使用定义函数时赋予参数的默认值。

【例 5.8】 定义一个函数 stuInfo()，使用默认参数传递参数。

程序代码：

```
# 定义函数
def stuInfo(sno,sname,age = 18):
  return "学号: " + sno + "," + "姓名: " + sname + "," + "年龄: " + str(age)
print(stuInfo(sname = "Rose",sno = "x1001"))            # age 使用默认参数值 18
print(stuInfo(sname = "Mike",sno = "x1002",age = 20))   # age 使用传入参数值 20
```

运行结果：

```
学号: x1001, 姓名: Rose, 年龄: 18
学号: x1002, 姓名: Mike, 年龄: 20
```

4. **不定长参数**

在实际应用中，可能需要某函数处理比当初声明时更多的参数，这种参数称为不定长参数。不定长参数有如下两种形式。

（1）*args：将接收的多个参数放在一个元组中。

（2）**args：将显式赋值的多个参数放入字典中。

【例 5.9】 使用不定长参数传递参数。

程序代码及运行结果：

```
>>> def addFunc(x,y,*args):
      res = x + y
      for k in args:
        res += k
      return res
>>> print("调用结果:",addFunc(1,2,3,4,5)) #调用 addFunc()函数，使用不定长参数
调用结果: 15
>>> def func(**args):
       for key,value in args.items():
          print("%s:%s"%(key,value))
>>> func(发明 1="高铁",发明 2="扫码支付",发明 3="共享单车",发明 4="网购")
发明 1:高铁
发明 2:扫码支付
发明 3:共享单车
发明 4:网购
```


5.3.3 参数传递的序列解包

参数传递的序列解包针对的是实参，有*和**两种形式。在实参前添加*或**后，会将列表、元组、字典等迭代对象中的元素分别传递给形参中的多个变量。

【例 5.10】 参数传递的序列解包。

程序代码及运行结果：

```
>>> def func(x,y,z):
     return x * 100 + y * 10 + z
>>> func(*[1,2,3])
123
>>> func(**{'x':1,'y':2,'z':3})
123
>>> func(**{'z':1,'y':2,'x':3})
321
```

由【例 5.10】可知，当实参是字典时，可以使用**对其进行序列解包，但字典中的键和形参在名称、个数上必须对应。

5.4 特殊函数

5.4.1 匿名函数

匿名函数是指没有函数名的简单函数。该函数只可以包含一个表达式，不允许包含其他复杂语句，表达式的结果就是函数的返回值。在 Python 中，使用关键字 lambda 创建匿名函数。

创建匿名函数的一般格式为：

```
lambda [arg1[,arg2,...,argn]]: expression
```

其中，arg1、arg2、…、argn 为形参，可以没有，也可以有一个或多个；expression 表示表达式。

【例 5.11】 匿名函数的创建和使用。

程序代码及运行结果：

```
>>> sum = lambda x,y: x + y                        # 必需参数
>>> sum(3,4)
7
>>> func = lambda a,b=3,c=2: b ** 2-4 * a * c      # 默认参数
>>> func(1)                                        # 将实参 1 传递给形参 a
1
>>> func(1,4)                                      # 将实参 1、4 分别传递给形参 a、b
8
>>> list1 = [1,2,3]
>>> list2 = [4,5,6]
>>> sum = lambda x,y: x + y
>>> sum(list1,list2)                               # 对两个列表进行加法运算
[1, 2, 3, 4, 5, 6]
>>> list(map(lambda x,y: x + y,list1,list2))       # 将两个列表中对应位置处的元素分别相加
[5, 7, 9]
```

5.4.2 递归函数

如果一个函数在函数体中直接或间接调用自身，则这个函数称为递归函数。也就是说，递归函数在执行过程中可能会被返回，以便再次调用该函数。

Python 允许使用递归函数。如果在函数 a 中调用函数 a 自身，则称为直接递归。如果在函数 a 中调用函数 b，在函数 b 中又调用函数 a，则称为间接递归。在程序设计中，比较常见的是直接递归。

下面，通过求 $1+2+\cdots+n$ 的和来分析递归函数的原理和使用方法。

如果用 $\mathrm{fac}(n)$表示 $1+2+\cdots+n$ 的和，则

$$\mathrm{fac}(n)= 1+2+\cdots+n$$
$$\mathrm{fac}(n-1)= 1+2+\cdots+(n-1)$$
$$\cdots\cdots$$
$$\mathrm{fac}(2)= 1 + 2$$
$$\mathrm{fac}(1)= 1$$

$\mathrm{fac}(n)$也可以写为

$$\mathrm{fac}(n)= \mathrm{fac}(n-1)+n$$
$$\mathrm{fac}(n-1)= \mathrm{fac}(n-2)+(n-1)$$
$$\cdots\cdots$$
$$\mathrm{fac}(2)= \mathrm{fac}(1)+ 2$$
$$\mathrm{fac}(1)= 1$$

因此，$\mathrm{fac}(n)$可以用数学公式表示为

$$\mathrm{fac}(n)=\begin{cases} n+\mathrm{fac}(n-1), & n>1 \\ 1, & n=1 \end{cases}$$

根据 $\mathrm{fac}(n)$的数学公式，可以定义如下求和函数 fac(n)。

```
def fac(n):
  if n == 1:
    return 1
  else:
   return fac(n-1)+n
```

如果调用求和函数 fac(n)，并且传入的参数 n=3，则其计算过程如下。

（1）当 n = 3 时，fac(3)= fac(2)+ 3，用 fac(3)调用函数 fac(2)。

（2）当 n = 2 时，fac(2)= fac(1)+ 2，用 fac(2)调用函数 fac(1)。
（3）当 n = 1 时，fac(1)返回结果 1。
（4）返回到发出调用的 fac(1)处，继续计算，得到 fac(2)= fac(1)+ 2 = 3 的结果并返回。
（5）返回到发出调用的 fac(2)处，继续计算，得到 fac(3)= fac(2)+ 3 = 3 + 3 = 6 的结果并返回。
这样，就得到了 fac(3)的计算结果。
从上面的分析可以看出，在使用递归函数时，需要注意以下两点。
（1）递归函数就是在函数中调用函数自身。
（2）递归函数必须有一个明确的递归结束条件，称为递归出口。否则，会导致程序陷入死循环。
【例 5.12】 使用递归函数求斐波那契数列前 20 项之和。
程序代码：

```
# 定义求斐波那契数列第 n 项的函数
def fib(n):
  if n == 1 or n == 2:
   return 1
  else:
   return fib(n - 1) + fib(n - 2)
# 求斐波那契数列前 20 项之和
sum = 0
for i in range(1,21):
  sum = sum + fib(i)
print("前 20 项之和为:",sum)
```

运行结果：

```
前 20 项之和为: 17710
```

与普通函数相比，递归函数具有以下非递归函数难以比拟的优点。
（1）递归函数使代码看起来更加整洁、优雅。
（2）可以使用递归将复杂任务分解成更简单的子问题。
（3）使用递归比使用嵌套迭代更容易。
但是，过多地使用递归也会导致程序存在以下缺点。
（1）递归的逻辑很难调试、跟进。
（2）递归调用的代价高昂（效率低），占用了大量的内存和时间。
因此，当递归的层数太多时，并不太适合使用递归函数来实现程序。

5.4.3 嵌套函数

嵌套函数是指在一个函数（称为外函数）中定义另一个函数（称为内函数）。嵌套函数中的内函数只能在外函数中调用，不能在外函数的外面调用。

例如，下面的代码定义了一个嵌套函数。

```
# 定义外函数
def outerFunc():
# 定义内函数
 def innerFunc():
    print('innerFunc')          # 内函数中的语句
  print('outerFunc')            # 外函数中的语句
  innerFunc()                   # 调用内函数
outerFunc()                     # 调用外函数
innerFunc()                     # 在外函数的外面调用内函数，将出现语法错误
```

【例 5.13】 嵌套函数的定义和使用。
程序代码：

```
# 定义外函数
```

```
def outerFunc(x):
  # 定义内函数
  def innerFunc(y):
    return x * y
  return innerFunc                              # 调用内函数
print("方法一调用结果:",outerFunc(3)(4)) # 在调用时传递外函数参数和内函数参数
a = outerFunc(3)                               # 调用外函数，传递外函数参数
print("方法二调用结果:",a(4))                   # 间接调用内函数，传递内函数参数
```

运行结果：

```
方法一调用结果：12
方法二调用结果：12
```

5.5 装饰器

5.5.1 装饰器定义和调用

装饰器（Decorator）是 Python 函数中一个比较特殊的功能函数，是用来包装函数的函数。装饰器可以使程序代码更简洁。

装饰器常用于下列情况。

（1）将多个函数中的重复代码整理成一个装饰器，之后对每个函数使用装饰器，从而实现代码的重用。

（2）对多个函数的共同功能进行处理。例如，先单独写一个检查函数参数合法性的装饰器，然后在每个需要检查函数参数合法性的函数中调用即可。

定义装饰器的一般格式为：

```
def decorator(func):
  pass
@decorator
def func():
  pass
```

其中，decorator(func)为装饰器；@decorator 为函数的装饰器修饰符；func 为装饰器的函数对象参数。

装饰器可以返回一个值，也可以返回一个函数，还可以返回一个装饰器或其他对象。

【例 5.14】 装饰器的定义和调用。

程序代码：

```
# 定义装饰器
def deco(func):
  print("I am in deco.")
  func()                                    # 调用函数 func()
  return "deco return value."
# 使用装饰器修饰符修饰函数
@deco
def func():
  print("I am in func.")
print(func)
```

运行结果：

```
I am in deco.
I am in func.
deco return value.
```

本例的执行原理如下。

（1）装饰器 deco()的参数为一个函数对象 func。

（2）在函数前使用@deco 修饰，相当于将函数对象 func 作为参数来调用装饰器 deco(func)。

（3）func 的值为调用装饰器 deco(func)的返回结果。

【例 5.15】 使用装饰器修改网页文本格式。

程序代码：

```
# 定义装饰器
def deco(func):
  # 定义内函数
  def modify_text(str):
    return "<strong>" + func(str) + "</strong>"
  return modify_text
# 使用装饰器修饰符修饰函数
@deco
def textFunc(str):
  return str
print(textFunc("text"))
```

运行结果：

```
<strong>text</strong>
```


5.5.2 带参数的装饰器

在调用装饰器时，除默认的参数（装饰器括号中的函数对象参数）外，还可以定义带参数的装饰器，为装饰器的定义和调用提供更多的灵活性。

【例 5.16】 使用带参数的装饰器进行位运算。

程序代码：

```
# 定义带参数的装饰器
def DECO(args):
  # 定义内部装饰器
  def deco(func):
    # 定义内函数
    def call_func(x,y):
      print("%d %s %d = "%(x,args,y),end='')
      return func(x,y)
    return call_func
  return deco
# 传递装饰器参数
@DECO('&')
def andFunc(x,y):                                # 按位与运算
  return x & y
# 传递装饰器参数
@DECO('|')
def orFunc(x,y):                                 # 按位或运算
  return x | y
if __name__ == "__main__":
  print(andFunc(5,6))
  print(orFunc(5,6))
```

运行结果：

```
5 & 6 = 4
5 | 6 = 7
```

如果一个函数前有多个装饰器，则称为多重装饰器。多重装饰器的执行顺序是：先执行后面的装饰器，再执行前面的装饰器。读者可以自行设计相关案例进行测试。

5.6 变量作用域

1. 变量类型

在 Python 中，在不同位置处定义的变量决定了这个变量的访问权限和作用域。Python 中的变量可分为如下 4 种。

（1）局部变量和局部作用域 L（Local）：在语句块或函数内定义的变量。局部变量的作用域为从函数内定义它的位置到函数结束的位置。

（2）全局变量和全局作用域 G（Global）：在所有函数外定义的变量。全局变量的作用域仅限于单个模块文件内。

（3）闭包变量和闭包作用域 E（Enclosing）：在嵌套函数的外函数内、内函数外定义的变量。闭包变量的作用域为从嵌套函数内定义它的位置开始的整个函数内。

（4）内建变量和内建作用域 B（Built-in）：在系统内固定模块中定义的变量，一般为预定义在内建模块中的变量。

下面的代码说明了这 4 种变量的创建位置。

```
int(b_x)                          # 内建变量，位于内建函数内
g_x = 5.1                         # 全局变量，位于所有函数外
def outer():
  e_x = 4.8                       # 闭包变量，位于外函数内、内函数外
  def inner():
    l_x = 6.3                     # 局部变量，位于内函数内
```

在 Python 中，当程序在执行过程中要使用一个语句中的变量时，就会以 L→E→G→B 的顺序在程序中查找这个变量的定义，即在局部作用域内找不到时，就在局部作用域外的局部作用域（如闭包作用域）内查找；若再找不到，则在全局作用域内查找；若仍然找不到，则在内建作用域内查找。

对于这 4 种变量，在程序中使用最多的是局部变量和全局变量，使用最少的是内建变量。因此，本节重点讲解局部变量、全局变量及闭包变量的使用方法。

2. 局部变量和全局变量

对于局部变量，只能在其声明的函数内访问；而对于全局变量，可以在整个模块内访问。

【例 5.17】 局部变量和全局变量的使用。

程序代码：

```
x = 100                           # 定义全局变量 x
def f(x):
  print("x =",x)                  # 形参 x 的值来自实参
  y = 200                         # 创建局部变量 y=200
  print("y =",y)
f(x)                              # 调用函数.实参为全局变量 x=100
```

运行结果：

```
x = 100
y = 200
```

由【例 5.17】可以得出以下结论。

（1）全局变量的作用域是整个模块内。

（2）局部变量的作用域是从函数内定义它的位置到这个函数结束的位置。

3. 关键字 global 和 nonlocal

如果想修改变量的作用域，则需要使用关键字 global 或 nonlocal。

【例 5.18】 使用关键字 global 修改变量的作用域。

程序代码：

```
x = 100                        # 定义全局变量 x
def myFunc():
  global x                     # 使用关键字 global 修改全局变量 x 的作用域
  print("全局变量：x =",x)
  x = 200                      # 修改全局变量的值
  print("修改后的全局变量：x =",x)
myFunc()                       # 调用函数
```

运行结果：

```
全局变量：x = 100
修改后的全局变量：x = 200
```

在【例 5.18】中，如果去掉语句 global x，则在运行语句 print("全局变量: x =", x)时会提示变量 x 没有被定义。

【例 5.19】 使用关键字 nonlocal 修改变量的作用域。

程序代码：

```
def outerFunc():
  x = 100                      # 定义闭包变量 x
  def innerFunc():
    nonlocal x                 # 使用关键字 nonlocal 修改闭包变量 x 的作用域
    print("闭包变量：x =",x)
    x = 200                    # 修改闭包变量的值
    print("修改后的闭包变量：x =",x)
  innerFunc()
outerFunc()                    # 调用外函数
```

运行结果：

```
闭包变量：x = 100
修改后的闭包变量：x = 200
```

在【例 5.19】中，如果去掉语句 nonlocal x，则在运行语句 print("闭包变量: x =", x)时会提示变量 x 没有被定义。

5.7 典型案例

5.7.1 加密和解密

加密是保证信息安全的重要措施之一。对信息进行加密有各种方法，最简单的加密方法之一是：对一个字符（明文）加一个数字 key（密钥），使其成为另一个字符（密文）。例如，加数字 3 后，'A'→'D'，'b'→'e'……在解密时，对加密后的字符（密文）减数字 3（密钥），即可使其还原成原来的字符（明文）。

【例 5.20】 先编写一个程序，将输入的字符串的所有字符加密，密钥 key 为 3；然后使用同样的密钥 key 对加密后的字符串进行解密。

分析：本例的实现方法如下。

（1）定义一个加密函数，用于对传入的明文进行加密，并返回加密后的密文。

（2）定义一个解密函数，用于对传入的密文进行解密，并返回解密后的明文。

程序代码：

```
# 加密函数
def encryFunc(encryString):
  decryString = ''
  for i in encryString:
    decryString = decryString + chr(ord(i) + 3)
  return decryString

# 解密函数
def decryFunc(decryString):
  encryString = ''
  for i in decryString:
    encryString = encryString + chr(ord(i) - 3)
  return encryString

if __name__ == '__main__':
  encryStr = input("请输入要加密的字符串：")
  decryStr = encryFunc(encryStr)                    # 调用字符串加密函数，返回密文
  print("加密后的字符串:",decryStr)
  encryStr = decryFunc(decryStr)                    # 调用字符串解密函数，返回明文
  print("解密后的字符串:",encryStr)
```

运行结果：


```
请输入要加密的字符串：a3b5e8
加密后的字符串：d6e8h;
解密后的字符串：a3b5e8
```

5.7.2 求最大公约数

最大公约数，也称最大公因子，是指两个或多个整数的公有约数中最大的一个数。在 Python 中，可以使用非递归函数、递归函数或 math 模块中的 gcd()函数求两个或多个整数的最大公约数。

【例 5.21】 求两个正整数的最大公约数。

方法一：使用非递归函数求最大公约数。

分析：非递归函数使用穷举法实现，具体方法如下。

（1）将两个数 *m* 和 *n* 做比较，取较小的数作为 smaller。

（2）让 smaller 分别与两个数 *m* 和 *n* 进行求余数运算。

（3）每进行一次求余数运算，smaller 值都会减小 1，直到 *m* 和 *n* 对 smaller 求余数的结果都为 0，则 smaller 为这两个数的最大公约数。

程序代码：

```
# 定义非递归函数
def gys(m,n):
  if m > n:
    smaller = n
  else:
    smaller = m
  for i in range(smaller,1,-1):
    if ((m % i == 0) and (n % i == 0)):
      gys = i
      break
  return gys

if __name__ == '__main__':
  num1 = int(input("请输入第一个整数："))
  num2 = int(input("请输入第二个整数："))
  print(num1,"和",num2,"的最大公约数为",gys(num1,num2))
```

运行结果：

```
请输入第一个整数：6
请输入第二个整数：10
6 和 10 的最大公约数为 2
```

方法二：使用递归函数求最大公约数。

分析：递归函数采用辗转相除法实现。

（1）取两个数中较大的数作为被除数，较小的数作为除数。

（2）用较大的数除以较小的数：如果余数为 0，则较小的数为这两个数的最大公约数；如果余数不为 0，则用较小的数除以上一步计算出的余数。

（3）重复上述步骤，直到余数为 0，此时这两个数的最大公约数为上一步的余数。

程序代码：

```
# 定义递归函数
def gys(a,b):
  if a > b:
    a,b = b,a
  if b % a == 0:
    return a
  else:
    return gys(a,b % a)

if __name__ == '__main__':
  num1 = int(input("请输入第一个整数："))
  num2 = int(input("请输入第二个整数："))
  print(num1,"和",num2,"的最大公约数为",gys(num1,num2))
```

运行结果：

```
请输入第一个整数：20
请输入第二个整数：10
20 和 10 的最大公约数为 10
```

方法三：使用 math 模块中的函数求最大公约数。

分析：调用 math 模块中的 gcd()函数，传入相应的参数，其返回值为要求的最大公约数。

程序代码：

```
import math

num1 = int(input("请输入第一个整数："))
num2 = int(input("请输入第二个整数："))
print(num1,"和",num2,"的最大公约数为",(math.gcd(num1,num2)))
```

运行结果：

```
请输入第一个整数：12
请输入第二个整数：8
12 和 8 的最大公约数为 4
```

5.7.3 使用装饰器检查函数参数合法性

【例 5.22】 使用装饰器检查函数参数合法性。

分析：在函数前添加装饰器，可以对多个具有参数合法性检查要求的函数实现相同的功能，体现出代码的重用性和简洁性。

程序代码：

```
# 定义装饰器
def deco(func):
  # 检查 func(x,y)中的参数
  def check_call_func(x,y):
    if x >= 0 and y >= 0:
```

```
      return func(x,y)
    else:
      return "提示：函数参数 " + str(x)+" 和 "+str(y)+" 必须为非负数!"
  return check_call_func

@deco
def rec_area(x,y):                                  # 计算长方形的面积
  return x * y

@deco
def rec_perimeter(x,y):                             # 计算长方形的周长
  return 2 * (x + y)

if __name__ == "__main__":
  print(rec_area(-3,4))
  print(rec_perimeter(-3,4))
  print(rec_area(3,4))
  print(rec_perimeter(3,4))
```

运行结果：

```
提示：函数参数 -3 和 4 必须为非负数!
提示：函数参数 -3 和 4 必须为非负数!
12
14
```


5.7.4 模拟轮盘抽奖游戏

轮盘抽奖是比较常见的一种游戏。只要用力转动轮盘，就可以根据轮盘指针所指数字确定中奖类型。

【例 5.23】 编写程序，模拟轮盘抽奖游戏。

分析：本例中的抽奖数字范围为 1 ~ 100，游戏规则如下。

（1）抽中的数字在 1 ~ 3 范围内，为特等奖，奖金为 10000 元。

（2）抽中的数字在 4 ~ 10 范围内，为一等奖，奖金为 5000 元。

（3）抽中的数字在 11 ~ 30 范围内，为二等奖，奖金为 1000 元。

（4）抽中的数字在 31 ~ 100 范围内，为三等奖，奖金为 300 元。

程序代码：

```
import random

# 定义抽奖函数
def cjhs(jxfb):
  zpds = random.randint(1,100)                      # 随机生成 1~100 范围内的整数
  # 根据 zpds 所在范围返回中奖类型
  for jxjg,kdfw in jxfb.items():
    if kdfw[0] <= zpds and  zpds <= kdfw[1]:
      return jxjg

if __name__ == '__main__':
  # 各奖项类型
  jxfb = {'特等奖':(1,3),'一等奖':(4,10),'二等奖':(11,30),'三等奖':(31,100)}
  # 各奖项奖金
  jxjj = {'特等奖':10000 元,'一等奖':5000 元,'二等奖':1000 元,'三等奖':300 元}
  zjqk = dict()                                     # 中奖情况
  # 一轮抽奖的次数
  for i in range(30):
    bczk = cjhs(jxfb)
    zjqk[bczk] = zjqk.get(bczk,0) + 1
  zjj = 0                                           # 总奖金
```

```
# 根据奖项类型和奖项奖金计算所得奖金情况
for key,value in zjqk.items():
  if key == "特等奖": zjj = zjj + value * jxjj[key]
  if key == "一等奖": zjj = zjj + value * jxjj[key]
  if key == "二等奖": zjj = zjj + value * jxjj[key]
  if key == "三等奖": zjj = zjj + value * jxjj[key]
print("本轮游戏中奖情况:",zjqk)
print("本轮游戏获得总奖金 =",zjj)
```

运行结果（1 次运行结果）：

```
本轮游戏中奖情况: {'二等奖': 7, '三等奖': 18, '特等奖': 2, '一等奖': 3}
本轮游戏获得总奖金 = 47400 元
```

练习题 5

1. 简答题

（1）在 Python 中，如何定义一个函数？

（2）在 Python 中，实参有哪些类型？如何使用？

（3）匿名函数有什么特点？如何定义？

（4）与非递归函数相比，递归函数有什么优点和缺点？

（5）在 Python 中，变量有哪些类型？它们的作用域是什么样的？

（6）什么是装饰器？装饰器有什么作用？

2. 选择题

（1）要求调用函数时传入的实参个数、顺序和定义函数时的形参个数、顺序完全一致，这种参数是（　　）。

A．必需参数　　B．关键字参数
C．默认参数　　D．不定长参数

（2）在 Python 中定义一个新函数时，必须以哪个关键字开头？（　　）。

A．class　　B．def
C．import　　D．global

（3）当被调用函数中的形参发生变化时，实参没有发生变化。此时实参可以是下列哪种数据类型？（　　）。

A．列表　　B．字典
C．集合　　D．元组

（4）可以在函数体中调用自身的函数是（　　）。

A．匿名函数　　B．嵌套函数
C．递归函数　　D．所有函数

（5）在模块内、所有函数外定义的变量是（　　）。

A．全局变量　　B．内建变量
C．闭包变量　　D．局部变量

（6）下列程序代码的输出结果是（　　）。

```
def func() :
    pass
print(func())
```

A．None　　B．pass　　C．空字符串　　D．什么都不输出

（7）已知 f = lambda x, y: x + y，则 f([1, 2], [3, 4])的值是（　　）。

A．[4, 6]　　B．[1, 2, 3, 4]

C．[3, 4, 1, 2]　　D．10

（8）装饰器的返回结果可以是（　　）。

A．数字　　B．字符串

C．函数　　D．A、B、C 都可以

3．填空题

（1）当修改形参时，会影响函数外面的实参，这种参数是（可变参数/不可变参数）__________。

（2）在 Python 中，使用关键字__________创建匿名函数。

（3）在 Python 中，（允许/不允许）__________在一个函数内定义另一个函数。

（4）函数的返回语句为 return 1, [2], 3，则函数的返回结果为__________。

（5）已知 f = lambda x, y: x ** y，则 f(**{"x": 3, "y":4})的值为__________。

第 6 章　面向对象程序设计

本章内容：

- 概述
- 类和对象
- 类的成员
- 类的方法
- 类的继承和多态
- 抽象类和抽象方法
- 典型案例

6.1　概述

面向过程程序设计具有可维护性差和复用性差等缺点。对于规模较小的程序，程序开发人员可以直接编写一个面向过程的程序，详细地描述程序中的数据结构及对数据的操作过程，但是当程序规模较大时，再这样做就显得力不从心了。面向对象的机制就是为了解决编写规模较大的程序时遇到的困难而产生的。

6.1.1　面向对象程序设计思路

面向对象程序设计思路和人们在日常生活中处理问题的思路是相似的。

在自然世界和社会生活中，一个复杂的事物总是由许多部分组成的。例如，一辆汽车是由发动机、底盘、车身和轮子等部件组成的；一套住房是由客厅、卧室等组成的。

在生产汽车时，并不是先后设计发动机、底盘、车身和轮子等部件，而是分别设计它们，并在制造出所有的部件后，将它们组装在一起，形成一辆汽车。在组装时，各部分之间会有一定的联系，以便协调工作。驾驶员在驾驶汽车时的每个动作都可能触发不同的部件，这些部件又可能触发其他部件，从而达到驾驶的目的。同时，当一个部件损坏时，可以用另一个属性相同的部件替换，而无须整车大修。

1. 对象和类

在客观世界中，任何一个事物都可以被看作一个对象（Object）。

对象是具体存在的，可以是自然物体（如汽车、房屋），也可以是社会生活中的一种逻辑结构（如班级、军队），甚至是一篇文章、一个图形等。对象可大可小，例如，一个学校是一个对象，一个班级也是一个对象，一个学生也是一个对象。

任何一个对象都应当具有两个要素，即属性（Attribute）和行为（Behavior），如图 6.1 所示。对象是由一组属性和一组行为构成的，能根据外界给的信息进行相应的操作。例如，一个录像机是一个对象，录像机的型号、生产厂家、重量、体积、颜色、价格等都是它的属性；而录像机的功能就是它的行为，它可以根据外界给的信息进行录像、放像、快进、倒退、暂停、停止等操作。

类（Class）是将对象的共性归纳、集中的过程，表示同一类事物的本质。例如，将有轮子、能滚动前进的物体统称为车子，将用马拉的车子抽象为马车，将所有不带小数的数抽象为整数。对对象特性的定义，即对象的共性。

类是对象的抽象，而对象则是类的特例，即类的具体表现形式。一个类中的对象具有相同的属性和行为；不同对象的属性一般不同，对象行为的具体表现形式一般也不同。

2. 消息

在一个系统中的多个对象之间通过一定的渠道相互联系，要使某个对象实现某种行为（即操作），应当向它传递相应的消息（Message）。也就是说，消息是一个对象要求另一个对象实施某项操作的请求。一个系统由若干个对象组成，各个对象之间通过消息相互联系、相互作用，如图 6.2 所示。

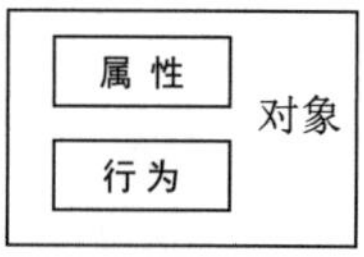

图 6.1　一个对象

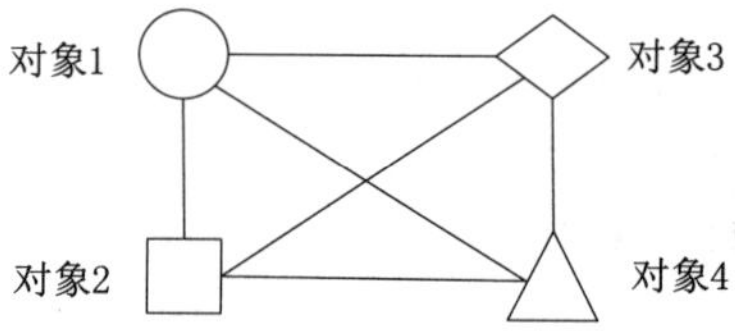

图 6.2　一个系统

3. 封装与信息隐蔽

面向对象程序设计的一个重要特点就是封装（Encapsulation），它包括两方面的含义：一是将有关的数据和操作代码封装在一个对象中，形成一个基本单位，各个对象之间相对独立、互不干扰；二是将对象中某些部分对外隐蔽，只留下少量接口，以便与外界联系，接收外界的消息，称为信息隐蔽（Information Hiding）。信息隐蔽还有利于数据安全，防止类外无关代码修改数据。类对象中的函数名就是对象的对外接口，外界可以通过函数名调用这些类来实现某些行为（功能）。

例如，录像机中有电路板和机械控制部件，而这些从外面是看不到的。从外面看，录像机只是一个“黑箱子”，其表面有几个按键，这就是录像机与外界的接口。人们不必了解录像机内部的结构和工作原理，只需要知道按下某个按键，能使录像机执行相应的操作即可。

4. 继承与重用

汽车制造厂想生产一款新型汽车，一般不会从“零”开始设计，而是会选择某一型号的汽车作为基础，再增加一些新的功能，以研制成新型号的汽车。这是提高生产效率的常用方法。

如果在软件开发过程中已经创建了一个名为 A 的类，又想另外创建一个名为 B 的类，而后者与前者的内容基本相同，只是需要在前者的基础上增加一些属性和行为，则显然没有必要从“零”设计一个新类，只需要在 A 类的基础上增加一些新内容即可。这就是面向对象序设计中的继承机制。

继承机制可以使用户很方便地利用一个已有的类创建一个新的类，重用已有软件中的一部分甚至大部分，从而大大减少编程工作量，这就是人们常说的“软件重用”（Software Reusability）的思想。

5. 多态

如果有几个相似但不完全相同的对象，在向它们传递同一个消息时，它们的反应各不相同，分别执行不同的操作，这种情况就是多态现象。例如，一个学校的教师和学生听到相同的铃声，会完成不同的动作：不同的教师听到铃声走进不同的教室上课；不同的学生听到铃声走进不同的教室听课。

多态（Polymorphism）是指由继承产生的不同派生类的对象会对同一消息做出不同的响应。多态是面向对象程序设计的一个重要特征，能增强程序的灵活性。

6.1.2 面向对象程序组成

与面向过程的程序不同，基于对象的程序是以类和对象为基础的，程序的操作是围绕对象进行的。如果在此基础上利用继承机制和多态特征，就是面向对象程序设计。

面向对象程序设计所面对的是对象。在面向对象程序设计中，每组数据都是有特定用途的，是为执行某种操作而准备的，也就是说，一组数据是与一组操作相对应的。因此，人们把相关的数据和操作放在一起，形成一个整体，与外界相对隔离。这就是面向对象程序设计中的对象。

基于对象程序设计和面向对象程序设计就是把一个算法和一组数据结构封装在一个对象中，形成新的观念，即

算法+数据结构=对象

(对象+对象+对象…)+消息=程序

消息的作用就是对对象进行控制。程序设计的关键是设计好每个对象，以及确定向这些对象发出的命令，使各对象完成相应的操作。

6.1.3 面向对象程序设计任务

在面向对象的程序中，程序的基本构成单位是对象，程序面对的是一个个的类和对象，它将计算机程序视为一组对象的集合，每个对象都可以接收其他对象发送的消息，并处理这些消息。计算机程序的运行本质上就是一系列消息在各个对象之间传递。

面向对象程序设计任务涉及两方面：一是设计所需的各种类和对象，即决定将哪些数据和操作封装在一起；二是考虑如何向有关对象发送消息，以完成所需的任务。程序在运行时会不断地向各个对象发送命令，让这些对象活动起来，完成自己工作范围内的操作。待各个对象的操作完成后，整体任务也就完成了。显然，对一个大型任务来说，面向对象程序设计能大大降低程序设计人员的工作难度，减少出错机会。

与其他编程语言相比，Python 不仅支持面向过程程序设计，还是一种面向对象、高级的动态编程语言，完全支持面向对象程序设计的各项功能，如封装、继承、多态及对类方法的覆盖或重写等。在 Python 中，对象的概念很广泛，一切内容都可以被看作对象，如数字、字符串、列表、元组、字典、集合等都是对象，函数、类也是对象。

6.2 类和对象

6.2.1 类定义

类是一种类型，对象是该类型的一个变量。类是抽象的，一般不占用内存空间；对象是具体的，在创建一个对象时需要为其分配相应的内存空间。

在 Python 中，使用关键字 class 定义一个新类。定义类的一般格式为：

```
class 类名:
 """类说明"""
 类体
```

其中，需要说明的内容如下。

（1）组成：类定义主要由类头和类体两部分组成。

（2）类头：由关键字 class 开头，后面是类名。类名需要遵循标识符的规定，首字母一般为大写形式，并且容易识别，在整个程序的设计和实现中保持风格一致。类名后面是冒号。

（3）类体：类体中包含类的实现细节，向右缩进对齐。类体中一般包含以下两部分内容。

① 数据成员：用于存储特征的值（体现对象的特征），简称成员。

② 成员方法：用于对成员进行操作（体现对象的行为），简称方法。

（4）类说明：类中也可以选择性地添加类的文档字符串，对类的功能等进行说明。

例如，下面的代码定义了一个 Student 类。

```
# 定义类
class Student:
  name = "Tim"                              # 定义一个成员
  def getName(self):                        # 定义一个方法
    return self.name
```

当定义一个类后，可以使用如下两种方式访问类中的成员和方法。

（1）引用：通过类名访问类中的成员和方法，格式为“类名.成员”“类名.方法()”。

（2）实例化：先创建一个类的实例，即对象；再通过对象访问其中的成员和方法。

6.2.2 对象创建和使用

要使用类中定义的成员和方法，必须将类实例化，即创建类的对象。在 Python 中，使用赋值的方式创建类的对象，其一般格式为：


```
对象名 = 类名([参数列表])
```

在创建对象后，可以使用“对象.成员”“对象.方法()”调用该类的成员和方法。

【例 6.1】 创建一个类的对象，调用类中的方法。

程序代码：

```
# 定义类
class Car:
  # 定义构造方法
  def __init__(self,name):
    self.name = name
  # 定义方法
  def getName(self):
    return self.name
# 创建对象
c1 = Car("奔驰")
print("这辆汽车的品牌:",c1.getName())
```

运行结果：

```
这辆汽车的品牌：奔驰
```

这里，self 代表类的对象，而非类本身。

6.3 类的成员

6.3.1 成员类型

按照能否在类的外面直接访问，可以将类的成员分为如下两种。

（1）公有成员：不以下画线开头，在类的内部可以访问，在类的外面也可以访问。

（2）私有成员：以单下画线或双下画线开头，在类的外面不能直接访问，只能在类的内部访问或者在类的外面通过对象的公有方法访问。

在形式上，以单下画线或双下画线开头的是私有成员。

（1）_xxx：以一个下画线开头的成员。类和派生类可以访问这些成员，在类的外面不能直接访问。

（2）__xxx：以两个或更多个下画线开头但不能以两个或更多个下画线结尾的成员。对于该成员，只有类自己可以访问，派生类不可以访问。

按照归属类还是对象，可以将类的成员①分为如下两类。

（1）类成员：在类体中且在所有方法外定义的成员为类成员。类成员属于类本身，一般通过类名调用，不建议使用对象名调用。

（2）实例成员：在类的方法中定义的成员为实例成员。实例成员只能被对象调用，且一般在构造方法__init__()中创建，也可以在其他方法中创建。

对类的成员进行访问可以总结如下。

（1）公有的类成员②：在类的方法中通过“类名.类成员”或“self.类成员”访问，在类的外面通过“类名.类成员”或“对象名.类成员”访问。

（2）公有的实例成员：在类的方法中通过“self.实例成员”访问，在类的外面通过“对象名.实例成员”访问。

（3）私有的类成员：在类的方法中通过“类名.类成员”或“self.类成员”访问，在类的外面不能直接访问。

（4）私有的实例成员：在类的方法中通过“self.实例成员”访问，在类的外面不能直接访问。

当使用类名或对象名调用类的成员时，还需要注意以下几点。

（1）当使用对象名调用类成员时，“对象.类成员”只是“类.类成员”的一份拷贝。当修改“对象.类成员”时，“类.类成员”的值不变。

（2）当类成员和实例成员同名时，在类的方法中和类的外面，“类名.类成员”调用的是同名的类成员，“self.实例成员”（在类的方法中）或“对象名.实例成员”（在类的外面）调用的是同名的实例成员。

（3）在类的方法中定义的且不以 self 为前缀的变量是该方法的局部变量，不能在方法的外面使用，也不能在类的外面调用。

【例 6.2】 创建及使用类的公有成员和私有成员。

程序代码：

```
# 定义类
class Woman:
  def __init__(self,name,sex,age):
    self.name = name                    # 定义公有成员
    self._sex = sex                     # 定义以单下画线开头的私有成员
    self.__age = age                    # 定义以双下画线开头的私有成员
  def getAge(self):
    return self.__age
# 创建对象
w = Woman("小芳","Female",18)
print("姓名：%s，性别：%s，年龄：%d."%(w.name,w._sex,w.getAge()))
```

运行结果：

```
姓名：小芳，性别：Female，年龄：18.
```

【例 6.3】 创建及使用类成员和实例成员。

程序代码：

```
# 定义类
class Student:
  chinese = 142                         # 定义类成员
```

① “类的成员”与“类成员”的含义不同。“类的成员”包括“类成员”与“实例成员”。

② “公有的类成员”与“公有成员”的含义不同。

```
    maths = 1                               # 定义类成员
    english = 141                           # 定义类成员
    # 定义构造方法
    def __init__(self,name):
      self.name = name                      #定义实例成员 self.name，name 为局部变量
  # 创建对象
  s1 = Student("马允")
  print(s1.name + "的语文成绩：" + str(Student.chinese))
  print(s1.name + "的数学成绩：" + str(Student.maths))
  print(s1.name + "的英语成绩：" + str(Student.english))
```

运行结果：

```
马允的语文成绩：142
马允的数学成绩：1
马允的英语成绩：141
```

除在定义类时创建类的成员外，还可以在类的外面为类（或对象）动态添加或删除类成员（或实例成员）。

【例 6.4】 动态添加和删除类的成员。

程序代码：

```
# 定义类
class Book:
  def __init__(self,n,p):
    self.name = n
    self.price = p
# 创建对象
book1 = Book("堂吉诃德",32)
print("书名:",book1.name,"价格:",book1.price)
book1.author = '塞万提斯'                  # 添加对象的实例成员
print("书名:",book1.name,"作者:",book1.author,"价格:",book1.price)
```


运行结果：

```
书名：堂吉诃德 价格：32
书名：堂吉诃德 作者：塞万提斯 价格：32
```

在【例 6.4】中，如果使用语句 del 删除了对象的实例成员 book1.author，则再次调用时将提示对象 book1 中没有该成员。

6.3.2 内置成员

所有类（无论是系统内置的类还是自定义类）都有一组特殊的成员，其前后各有两个下画线，是类的内置成员。类的常用内置成员如下。

（1）__name__：类的名称，用字符串表示。

（2）__doc__：类的文档字符串。

（3）__bases__：由所有父类组成的元组。

（4）__dict__：由类的成员组成的字典。

（5）__module__：类所属的模块。

【例 6.5】 查看异常类 Exception 的内置成员。

程序代码：

```
print("类的名称:",Exception.__name__)
print("类的父类:",Exception.__bases__)
print("类的文档:",Exception.__doc__)
print("类的成员:",Exception.__dict__)
print("类所属的模块:",Exception.__module__)
```

运行结果：

```
类的名称: Exception
类的父类: (<class 'BaseException'>,)
类的文档: Common base class for all non-exit exceptions.
类的成员: {'__init__': <slot wrapper '__init__' of 'Exception' objects>, '__new__':
         <built-in method __new__ of type object at 0x000000001D585CF0>, '__doc__':
         'Common base class for all non-exit exceptions.'}
类所属的模块: builtins
```

6.4 类的方法

6.4.1 方法类型

在 Python 中，类的方法[①]大致可分为如下几种类型。

（1）公有方法。公有方法的名称不以下画线开头，可以在类的外面通过类名或对象名调用。

（2）私有方法。私有方法以两个或更多个下画线开头，可以在类的方法中通过 self 调用，不能在类的外面直接调用。

（3）静态方法和类方法。静态方法和类方法不属于任何对象，可以通过类名和对象名调用。但是静态方法和类方法不能直接访问属于对象的成员，只能访问属于类的成员。与类方法相比，静态方法的开销更小。类方法一般以 cls 作为第一个参数表示该类自身，在调用类方法时不需要为该参数传递值。静态方法使用@staticmethod 修饰，类方法使用@classmethod 修饰。

（4）抽象方法。抽象方法一般在抽象类中定义并要求派生类对抽象方法进行实现（在 6.6 节中介绍）。

【例 6.6】 使用类的方法。

程序代码：

```
# 定义类
class A(object):
  def function_p(self):                              # 定义公有方法
    print("在公有方法中调用:",self.__function())     # 调用私有方法
    return "公有方法 'function_p'"
  def __function(self):                              # 定义私有方法
    return "私有方法 '__function'"
  @classmethod
  def function_c(cls):                               # 定义类方法
    return "类方法 'function_c'"
  @staticmethod
  def function_s():                                  # 定义静态方法
    return "静态方法 'function_s'"
# 创建对象
a1 = A()
print("对象调用: " + a1.function_p())
print("对象调用: " + a1.function_c())
print("对象调用: " + a1.function_s())
print("类名调用: " + A.function_p(a1))               # 传递对象 a1，作为参数
print("类名调用: " + A.function_c())
print("类名调用: " + A.function_s())
```

运行结果：

```
在公有方法中调用: 私有方法 '__function'
对象调用: 公有方法 'function_p'
```

① “类的方法”与“类方法”的含义不同。

```
对象调用：类方法 'function_c'
对象调用：静态方法 'function_s'
在公有方法中调用：私有方法 '__function'
类名调用：公有方法 'function_p'
类名调用：类方法 'function_c'
类名调用：静态方法 'function_s'
```

6.4.2 属性

由于可以在类的外面访问和修改类的公有成员，因此很难保证用户为公有成员提供的数据的合法性，也不符合类的封装要求。解决这一问题的常用方法是定义类的私有成员，并设计类的公有方法以对私有成员进行访问。

属性是一种特殊形式的方法，结合了成员和方法各自的优点，既可以通过属性访问类中的成员，又可以在访问前对用户为成员提供的数据的合法性进行检测，还可以设置成员的访问机制。

属性通常包含 get()方法和 set()方法，前者用于获取成员的值，后者用于设置成员的值。除此之外，属性也可以包含其他方法，如删除方法 del()等。

【例 6.7】 使用属性访问并检查私有成员值的合法性。

程序代码：


```
# 定义类
class Circle:
  def set(self,radius):
    if radius >=  0:
      self.__radius  =  radius
      print("圆的面积为: {0}.".format(3.14 * self.__radius ** 2))
    else:
      print("半径 %f 不在规定范围内(>=0)，请重新设置!"% radius)
  def get(self):
    return self.__radius            # 私有实例成员
# 创建对象
c = Circle()
c.set(2.5)
c.set(-2.5)
```

运行结果：

```
圆的面积为: 19.625.
半径 -2.500000 不在规定范围内(>=0)，请重新设置!
```

在【例 6.7】中，通过 set()方法对传入的实参进行了检测。

Python 内置的装饰器 property 既可以对类的私有成员进行检查，又方便调用。

【例 6.8】 使用装饰器 property 设置类的属性访问方式。

程序代码：

```
# 定义类
class Woman():
  def __init__(self, birth):
    self.__birth = birth
  @property                          # 设置属性为可读
  def salary(self):
    return self.__salary
  @salary.setter                     # 设置属性为可写
  def salary(self, salary):
    self.__salary = salary
  @property                          # 设置属性为只读
  def birth(self):
    return self.__birth
# 创建对象
w1 = Woman("1992.06.06")
```

```
w1.salary = 10800.00
print("您的出生日期: %s, 薪水: %.2f 元." % (w1.birth, w1.salary))
```

运行结果：

```
您的出生日期: 1992.06.06, 薪水: 10800.00 元.
```

Python 中的内置函数 property()可以将类中的成员转换为属性，并对属性进行更多的设置。

【例 6.9】 使用属性访问私有成员。

程序代码：

```
# 定义类
class Test():
  def __get(self):                              # 读成员方法
    return self.__value
  def __set(self,value):                        # 写成员方法
    self.__value = value
  def __del(self):                              # 删除成员方法
    del self.__value
  value = property(__get,__set,__del)           # 设置属性为可读、可写和可删除
# 创建 Test 类的对象
t = Test()
t.value = 100                                   # 写成员
print("value = %d."%t.value)                    # 读成员
del t.value                                     # 删除成员。若再次访问该成员，则会出错
print("value = %d."%t.value)
```

运行结果：

```
value = 100.
AttributeError: 'Test' object has no attribute '_Test__value'
```

6.4.3 特殊方法

在 Python 中，类有大量的特殊方法，其中比较常见的是构造方法__init__()和析构方法__del__()。构造方法__init__()用于为类中的成员设置初始值或者进行必要的初始化工作，在类实例化时被自动调用和执行。如果用户没有显式地定义构造方法__init__()，则 Python 会提供一个默认的构造方法。析构方法__del__()一般用于释放对象占用的资源，在删除对象和回收对象空间时被自动调用和执行。如果用户没有编写析构方法__del__()，则 Python 会提供一个默认的析构方法来进行必要的清理工作。

【例 6.10】 使用构造方法和析构方法。

程序代码：

```
# 定义类
class Rectangle(object):
  # 定义构造方法
  def __init__(self,w,h):
    self.w = w
    self.h = h
    print('执行构造方法...')
  # 定义求面积方法
  def getArea(self):
    return self.w * self.h
  # 定义析构方法
  def __del__(self):
    print('执行析构方法...')
if __name__ == '__main__':
  rect = Rectangle(3,4)                         # 创建对象，调用构造方法__init__()
  print("面积为:",rect.getArea())
  del rect                                      # 删除对象，调用析构方法__del__()
```

运行结果：

```
执行构造方法...
面积为: 12
执行析构方法...
```

除构造方法__init__()和析构方法__del__()外，如果需要了解类的其他特殊方法的详细功能和使用方法，则可以登录 Python 官网查询。

6.5 类的继承和多态

6.5.1 类的继承

继承类称为派生类或子类，被继承类称为父类或基类。在 Python 中，派生类可以继承一个父类（单继承）或多个父类（多继承）。当派生类继承多个父类时，多个父类之间用逗号“,”隔开。

创建派生类的一般格式为：

```
class 派生类(父类1,父类2,...):
    类体
```


派生类可以继承父类的成员和方法，也可以定义自己的成员和方法。如果父类的方法不能满足要求，则派生类也可以重写父类的方法。

【例 6.11】 类的单继承。

程序代码：

```
# 定义People类
class People:
  # 定义构造方法
  def __init__(self,n,a):
    self.name = n
    self.age = a
  # 定义公有方法
  def speak(self):
    print("我是%s，今年%d岁." % (self.name,self.age))
# 定义Student类，继承People类
class Student(People):
  def __init__(self,n,a,g):
    People.__init__(self,n,a)                    # 调用父类的构造方法
    self.grade = g
  # 重写父类的方法
  def speak(self):
    print("我是%s，今年%d岁，读%d年级." % (self.name,self.age,self.grade))
if __name__ == '__main__':
  # 创建Student类的对象
  s = Student('孔融',10,4)
  s.speak()                                      # 调用Student类的speak()方法
  super(Student,s).speak()                       # 调用People类的speak()方法
```

运行结果：

```
我是孔融，今年10岁，读4年级.
我是孔融，今年10岁.
```

当派生类继承多个父类时，若这些父类中有相同的方法名，但在派生类中使用时未明确指定，则按继承顺序从左到右查找这些父类中是否包含该方法，并调用最先找到的父类方法。

【例 6.12】 类的多继承。

程序代码：

```
# 定义 People 类
class People:
  # 定义构造方法
  def __init__(self,n,a):
    self.name = n
  # 定义公有方法
  def speak(self):
    print("%s 说: 我今年%d 岁." % (self.name,self.age))
# 定义 Speaker 类
class Speaker():
  # 定义构造方法
  def __init__(self,n,t):
    self.name = n
    self.topic = t
  # 定义公有方法
  def speak(self):
    print("我叫%s，是一名科学家，今天演讲的主题是%s." % (self.name,self.topic))
# 定义 Scientist 类，同时继承 People 类和 Speaker 类
class Scientist(Speaker,People):
  # 定义构造方法
  def __init__(self,n,a,t):
    # 调用两个父类的构造方法
    People.__init__(self,n,a)
    Speaker.__init__(self,n,t)
if __name__ == '__main__':
  # 创建 Scientist 类的对象，传入参数
  Hawkin = Scientist("霍金",50,"《时间简史》")
  Hawkin.speak()                # 调用继承时排在前面的 Speaker 类的 speak()方法
```

运行结果：

```
我叫霍金，是一名科学家，今天演讲的主题是《时间简史》.
```

6.5.2 类的多态

多态一般是指父类的一个方法在不同派生类的对象中具有不同的表现和行为。

派生类在继承父类的行为和属性之后，还可能会增加某些特定的行为和属性，也可能会对继承的父类行为进行一定的改变，这些都是多态的表现形式。

【例 6.13】 类的多态实现。

程序代码：

```
# 定义 Animal 类
class Animal():
  # 定义方法
  def getInfo(self):
    return "I am an animal."
# 定义 Lion 类，继承 Animal 类
class Lion(Animal):
  # 重写父类 Animal 的 getInfo()方法
  def getInfo(self):
    return "I am a lion."
# 定义 Tiger 类，继承 Animal 类
class Tiger(Animal):
  # 重写父类 Animal 的 getInfo()方法
  def getInfo(self):
    return "I am a tiger."
# 定义 Leopard 类，继承 Animal 类
class Leopard(Animal):
```

```
    # 重写父类 Animal 的 getInfo()方法
    def getInfo(self):
        return "I am a leopard."
if __name__ == '__main__':
    # 创建各类的对象列表 objectList
    objectList = [item() for item in (Animal,Lion,Tiger,Leopard)]
    # 不同对象调用同一方法 getInfo()
    for object in objectList:
        print(object.getInfo())
```

运行结果：

```
I am an animal.
I am a lion.
I am a tiger.
I am a leopard.
```

在本例中，在创建一个父类 Animal 后，又创建了父类 Animal 的 3 个派生类，即 Lion 类、Tiger 类和 Leopard 类。在这 3 个派生类中，重写了父类 Animal 的 getInfo()方法，之后分别创建了这 4 个类的对象。这些对象在分别调用 getInfo()方法时显示了不同的结果。

6.6 抽象类和抽象方法

抽象类往往用于表征对问题领域进行分析、设计所得出的抽象概念，是对一系列看上去不同但本质上相同的概念的抽象。抽象类与普通类的不同之处在于：抽象类中通常包含抽象方法（没有实现功能），该类不能被实例化，只能被继承，且其派生类必须实现抽象类中的抽象方法。

在 Python 中，一般使用抽象基类（Abstract Base Class，ABC）来实现抽象类。ABC 主要定义了基本类和最基本的抽象方法，可以为派生类定义公有的 API，但不需要具体实现，相当于 Java 中的接口或抽象类。要使用抽象基类，需要先导入 abc 模块。

【例 6.14】 使用抽象类和抽象方法。

程序代码：

```
import abc
# 定义抽象类
class People(metaclass=abc.ABCMeta):
    # 定义抽象方法
    @abc.abstractmethod
    def working(self):
        pass
# 定义抽象类 People 的派生类
class Chinese(People):
    # 实现抽象类的抽象方法 working()
    def working(self):
        print("大家都在勤奋地工作……")
# 创建 Chinese 类的对象
c1 = Chinese()
c1.working()
```

运行结果：

```
大家都在勤奋地工作……
```

6.7 典型案例

【例 6.15】 定义一个 Person 类，该类包含如下成员和成员函数。

（1）私有实例成员 energy，其初始值为 20（通过构造方法赋予初始值）。

（2）公有成员函数 eat()。该函数的形参 food 用于接收用餐类型，并根据类型判断增加能量（energy）的数值。其中，吃早餐（breakfast）增加 80，吃中餐（lunch）增加 100，吃晚餐（dinner）增加 60。

（3）公有成员函数 motion()。该函数的形参 sport 用于接收运动类型，并根据类型判断消耗能量的数值。其中，跑步（run）消耗 40，打球（playball）消耗 30，散步（walk）消耗 30。

（4）公有成员函数 work()。该函数的形参 worktype 用于接收工作类型，并根据类型判断消耗能量的数值。其中，上午（morning）工作消耗 40，下午（afternoon）工作消耗 40，晚上（night）工作消耗 30。

（5）公有成员函数 sleep()，消耗 30 的能量。

该类的一个对象在一天中的活动如下。

（1）上午：吃早餐，工作。

（2）下午：吃中餐，工作，运动。

（3）晚上：吃晚餐，运动，工作，睡觉。

编程设计该类，并创建一个对象 zhang_xuanlin，调用其成员函数，输出对象 zhang_xuanlin 经历一天的用餐、工作、运动和睡觉后剩余的能量。

分析：

这个案例的要求非常明确，先设计 Person 类，并在该类中定义数据成员和成员函数；然后创建对象，并调用对象中的成员方法完成一天的活动；最后输出对象剩余的能量。

程序代码：

```
# 定义类
class Person:
    # 构造方法
    def __init__(self,energy):
        self.energy=energy
    # 用餐方法
    def eat(self,food):
        if food=="breakfast":
            self.energy+=80
        elif food=="lunch":
            self.energy+=100
        elif food=="dinner":
            self.energy+=60
    # 运动方法
    def motion(self,sport):
        if sport=="run":
            self.energy-=40
        elif sport=="playball":
            self.energy-=60
        elif sport == "walk":
            self.energy -= 30
    # 工作方法
    def work(self,workType):
        if workType == "morning":
            self.energy -= 40
        elif workType == "afternoon":
            self.energy -= 40
        elif workType == "night":
            self.energy -= 30
    # 睡觉方法
    def sleep(self):
        self.energy-=20
```

```
zhang_xuanlin = Person(20)                                  # 创建对象
zhang_xuanlin.eat("breakfast")                              # 吃早餐
zhang_xuanlin.work("morning")                               # 上午工作
zhang_xuanlin.eat("lunch")                                  # 吃中餐
zhang_xuanlin.work("afternoon")                             # 下午工作
zhang_xuanlin.motion("playball")                            # 下午运动
zhang_xuanlin.eat("dinner")                                 # 吃晚餐
zhang_xuanlin.motion("walk")                                # 晚上运动
zhang_xuanlin.work("night")                                 # 晚上工作
zhang_xuanlin.sleep()                                       # 晚上睡觉
print("经历一天的用餐、工作、运动和睡觉后，zhang_xuanlin 的剩余能量为",zhang_xuanlin.energy)# 输出
```

运行结果：

```
经历一天的用餐、工作、运动和睡觉后，zhang_xuanlin 的剩余能量为 40
```

【例 6.16】 使用本章介绍的知识设计一个书籍出租管理系统，该系统包括以下功能。

（1）菜单项“1”：显示书籍（包括书籍名称、书籍价格和借出状态）。

（2）菜单项“2”：增加书籍（包括书籍名称和书籍价格）。

（3）菜单项“3”：借出书籍（包括借出书籍名称和借出天数）。

（4）菜单项“4”：归还书籍（包括归还书籍名称和应付的租书费用）。

（5）菜单项“5”：统计书籍（包括借出书籍册数、未借出书籍册数和总书籍册数）。

（6）菜单项“–1”：退出系统。

分析：本例的实现方法如下。

（1）定义书籍类 Book，包括书籍名称、书籍价格和书籍状态。

（2）定义书籍管理类 BookManager，包括构造方法__init__()、菜单方法 Menu()、显示书籍方法 show_all_books()、添加书籍方法 add_books()、借出书籍方法 lend_books()、归还书籍方法 return_books()、统计书籍方法 count_books()和检查书籍是否存在方法 check_books()，分别完成初始化书籍、创建菜单、显示书籍、添加书籍、借出书籍、归还书籍、统计书籍和检查书籍等功能。

（3）书籍信息存储在书籍管理类 BookManager 的书籍列表 books 中。

程序代码：

```
# 定义书籍类 Book
class Book:
  # 构造方法
  def __init__(self,Name,Price,State):
    self.Name = Name                              # 书籍名称
    self.Price = Price                            # 书籍价格
    self.State = State                            # 书籍状态
  def __str__(self):
    State = '已借出'
    if self.State == 1:
      State = '未借出'
    return '名称:《%s》, 单价: %.2f 元,  状态: %s' % (self.Name,self.Price,State)

# 定义书籍管理类 BookManager
class BookManager:
  # 书籍列表 books，每个元素都是一个书籍对象
  books = []
  # 初始化方法
  def init(self):
    self.books.append(Book('茶花女',32.6,0))
    self.books.append(Book('傲慢与偏见',41.8,1))
    self.books.append(Book('罗密欧与朱丽叶',29.5,1))
  # 菜单
  def Menu(self):
    self.init()
```

```
print('\"书籍出租管理系统\"菜单:')
print('1.显示书籍')
print('2.增加书籍')
print('3.借出书籍')
print('4.归还书籍')
print('5.统计书籍')
print('-1.退出系统')
while (True):
  menu_item = int(input('******请输入菜单编号: '))
  if menu_item == 1:
    self.show_all_books()
  elif menu_item == 2:
    self.add_books()
  elif menu_item == 3:
    self.lend_books()
  elif menu_item == 4:
    self.return_books()
  elif menu_item == 5:
    self.count_books()
  elif menu_item == -1:
    print('谢谢使用!')
    break
# 1. 显示书籍
def show_all_books(self):
  for book in self.books:
    print(str(book))
# 2. 添加书籍
def add_books(self):
  book_name = input('请输入添加书籍的名称: ')
  ret = self.check_books(book_name)
  if ret != None:
    print('书籍已经存在! ')
  else:
    book_price = float(input('请输入书籍价格: '))
    new_book = Book(book_name,book_price,1)
    self.books.append(new_book)
    print('添加书籍成功! ')
# 3. 借出书籍
def lend_books(self):
  book_name = input('请输入借出书籍的名称: ')
  ret = self.check_books(book_name)
  if ret != None:
    if ret.State == 0:
      print('您要借的书籍已经借出去了')
    else:
      ret.State = 0
      print('借书成功!')
  else:
    print('您要借的书籍不存在! ')
# 4. 归还书籍
def return_books(self):
  book_name = input('请输入归还书籍的名称: ')
  ret = self.check_books(book_name)
  if ret == None:
    print('您要归还的书籍不存在! ')
  else:
    if ret.State == 1:
      print('您要归还的书籍未借出! ')
    else:
      lend_days = int(input('请输入借书天数: '))
      fee = round(ret.Price * lend_days * 0.1,2)          # 保留 2 位小数
      print('借出 %d 天, 应付租书费用%.2f 元. ' % (lend_days,fee))
```

```
        while True:
          pay = float(input('请输入支付金额(元)：'))
          if pay < fee:
            print('您所输入的金额不够！')
          else:
            break
        if pay >= fee:
          print('找零：%.2f元.' % (pay - fee))
        ret.State = 1
        print('还书成功！')
  # 5. 统计书籍
  def count_books(self):
    lend_count = 0
    not_lend_count = 0
    for item in self.books:
      if item.State == 0:
        lend_count = lend_count + 1
      else:
        not_lend_count = not_lend_count + 1
    print("已借出书籍：%d 册."%lend_count)
    print("未借出书籍：%d 册." %not_lend_count)
    print("总书籍：%d 册." %len(self.books))
  # 检查书籍是否存在
  def check_books(self,Name):
    for book in self.books:
      if book.Name == Name:
        return book
    else:
      return None

if __name__ == "__main__":
  # 创建BookManager类的对象
  manager = BookManager()
  # 调用Menu()方法
  manager.Menu()
```


运行结果：

```
"书籍出租管理系统"菜单：
1.显示书籍
2.增加书籍
3.借出书籍
4.归还书籍
5.统计书籍
-1.退出系统
******请输入菜单编号：1
名称:《茶花女》，单价：32.60元，  状态：已借出
名称:《傲慢与偏见》，单价：41.80元，  状态：未借出
名称:《罗密欧与朱丽叶》，单价：29.50元，  状态：未借出
******请输入菜单编号：2
请输入添加书籍的名称：围城
请输入书籍价格：35.6
添加书籍成功！
******请输入菜单编号：3
请输入借出书籍的名称：围城
借书成功！
******请输入菜单编号：4
请输入归还书籍的名称：围城
请输入借书天数:2
借出 2 天，应付租书费用7.12元.
请输入支付金额(元)：8
找零：0.88元.
还书成功！
```

```
******请输入菜单编号: 5
已借出书籍: 1 册.
未借出书籍: 3 册.
总书籍: 4 册.
******请输入菜单编号: -1
谢谢使用!
```

练习题 6

1. 简答题

(1) 与面向过程程序设计相比，面向对象程序设计有什么优点？

(2) 在 Python 中，类有哪些类型的常见成员？

(3) 在 Python 中，类有哪些类型的常见方法？

(4) 什么是多态？在 Python 中如何实现多态？

2. 选择题

(1) 不支持面向对象程序开发技术的程序设计语言是（　　）。

A. C　　B. Java　　C. C++　　D. Python

(2) 不属于面向对象程序设计特征的是（　　）。

A. 封装　　B. 可视化　　C. 继承　　D. 多态

(3) 下列选项中表示类的公有成员的是（　　）。

A. _xxx　　B. __xxx　　C. xxx　　D. __xxx__

(4) 下列选项中不能在类的外面通过类名直接调用的是（　　）。

A. 以单下画线开头的成员　　B. 以双下画线开头的成员

C. 实例成员　　D. 前三项都不能

(5) 下列有关类和对象的说法中不正确的是（　　）。

A. 对象是类的一个实例

B. 任何一个对象都只能属于一个具体的类

C. 一个类只能有一个对象

D. 类和对象的关系与数据类型和变量的关系类似

(6) 可以对对象进行初始化的方法是（　　）。

A. 析构方法　　B. 静态方法

C. 抽象方法　　D. 构造方法

(7) 下列方法中只能由对象调用的是（　　）。

A. 类方法　　B. 实例方法　　C. 静态方法　　D. 私有方法

(8) 在方法定义中，访问实例属性 x 的格式为（　　）。

A. x　　B. self.x　　C. self[x]　　D. self.getx()

(9) 下列程序的运行结果是（　　）。

```
class C():
    f=10
class C1(C):
    pass
print(C.f,C1.f)
```

A. 10,10　　B. 10,pass　　C. pass,10　　D. 运行出错

（10）下列程序的运行结果是（　　）。

```
class Point:
    x=10
    y=10
    def __init__(self,x,y):
        self.x=x
        self.y=y
pt=Point(20,20)
print(pt.x,pt.y)
```

A. 10,20　　B. 20,10　　C. 10,10　　D. 20,20

3. 填空题

（1）在 Python 中，类（支持/不支持）________多继承。

（2）在 Python 中，在类的外面通过对象名（能/不能）________调用类方法和静态方法。

（3）在 Python 中，能够对类的成员访问进行设置和控制的一种特殊方法是________。

（4）在 Python 中定义类时，若在一个方法前面使用________修饰符，则该方法属于类方法。

（5）在 Python 中定义类时，若在一个方法前面使用________修饰符，则该方法属于静态方法。

（6）在 Python 中，类的构造方法是________，析构方法是________。

（7）在类的方法中，调用类成员的格式为________，调用实例成员的格式为________。

第7章　模块、包和库

本章内容：

- 概述
- 常用标准库模块
- 常用第三方库
- 自定义模块
- 典型案例

7.1　概述

在 Python 中，一个模块（Module）就是一个以.py 结尾的 Python 文件，包含了 Python 对象和语句。使用模块有很多好处，主要包括以下几点。

（1）方便组织代码。

（2）提高代码的可维护性。

（3）提高代码的重用性。

（4）避免函数名和变量名冲突。

为了对同一类型的模块进行有效的管理，Python 引入包（Package）来组织模块。包是 Python 模块文件所在的目录，并且在该目录下必须有一个名为_init_.py 的文件；否则，Python 就将该目录看作普通目录，而不是一个包。_init_.py 可以是空文件，也可以包含 Python 代码。

例如，在图 7.1 中，一个名为 a.py 的文件就是一个名为 a 的模块，一个名为 b.py 的文件就是一个名为 b 的模块，p1 包中有 a 和 b 两个模块。包中既可以有包，也可以有模块，从而组成多级层次的包–模块结构。

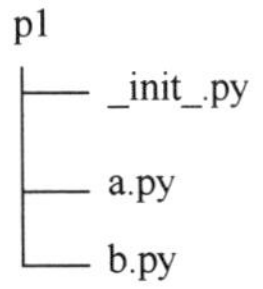

图 7.1　包–模块结构

具有相关功能的包和模块集合则形成了库，如 Python 标准库、NumPy 库等。按照库的来源，Python 中的库可以分为 3 类：标准库（Python 自带）、第三方库（由第三方机构发布、具有特定功能）和自定义库（用户创建）。

7.2　常用标准库模块

标准库是 Python 自带的，不需要另外安装。在程序中调用其中的模块时，使用关键字 import 导入即可。Python 标准库包含 200 个以上的各种功能的模块。常用标准库模块如表 7.1 所示。

表 7.1　常用标准库模块

模　块　名	功 能 描 述
turtle	绘制线、圆及其他形状（包括文本）图形的模块（本章介绍）
random	生成随机数的模块（本章介绍）
time	格式化日期和时间的模块（本章介绍）
datetime	处理日期和时间的模块（本章介绍）
os	提供使用操作系统功能和访问文件系统简便方法的模块（本章介绍）

续表

模 块 名	功 能 描 述
sys	提供对 Python 解释器进行的相关操作的模块（本章介绍）
timeit	度量性能的模块（本章介绍）
zlib	打包和压缩数据的模块（本章介绍）
math	数学函数模块（第 2 章介绍）
re	正则表达式模块（第 8 章介绍）
urllib.request	处理 URLs 数据的模块（第 8 章介绍）
unittest	代码测试模块（第 10 章介绍）

7.2.1 turtle 模块

turtle 是 Python 内嵌的，用于绘制线、圆及其他形状（包括文本）图形的模块。使用 turtle 模块可以创建一个画笔，在一个横轴为 x、纵轴为 y 的坐标系原点位置处开始，由一组函数指令控制，在这个平面坐标系中移动绘制图形。

1. 画布

画布（Canvas）是 turtle 模块中用于绘图的区域，默认有一个原点为画布中心的坐标系。可以使用 turtle.screensize()函数和 turtle.setup()函数设置画布的大小、背景颜色和初始位置等。

（1）turtle.screensize()函数。使用 turtle.screensize()函数设置画布的一般格式为：

```
turtle.screensize(width,height,bg)
```

其中，width 为画布的宽度（单位为像素）；height 为画布的高度（单位为像素）；bg 为画布的背景颜色。

例如，使用 turtle.screensize(600, 400, "black")可以设置画布的宽度为 600、高度为 400、背景颜色为黑色。

（2）turtle.setup()函数。使用 turtle. setup()函数设置画布的一般格式为：

```
turtle.setup(width,height,startx,starty)
```

其中，width 和 height 为画布的宽度和高度；startx 和 starty 为画布左上角顶点在窗口中的坐标位置。

例如，使用 turtle.setup(width=800, height=600, startx=100, starty=100)可以设置画布的宽度和高度分别为 800 和 600，画布左上角顶点在窗口中的坐标位置为(100,100)。

2. 画笔

（1）画笔状态。在使用 turtle 模块绘图时，使用位置方向描述画笔状态。

（2）画笔属性。画笔属性包括画笔的宽度、颜色和移动速度等。

turtle.pensize(width)：设置画笔宽度 width，其数值越大，画笔越宽。

turtle.pencolor(color)：设置画笔颜色 color，其数值可以是字符串，如"red"和"yellow"，也可以是 RGB 格式的。

turtle.speed(speed)：设置画笔移动速度 speed，其数值为[0,10]范围内的整数，且数值越大，画笔移动的速度越快。

（3）绘图命令：使用 turtle 模块绘图涉及许多命令，可以通过相应函数实现。绘图命令通常分为 3 类：画笔运动命令、画笔控制命令和全局控制命令。

① 画笔运动命令。

turtle.penup()：提起画笔，当需要在另一个地方绘制时使用，移动时不绘制图形。

turtle.pendown()：放下画笔，移动时绘制图形，默认为绘制模式。

turtle.forward(dis)：向当前画笔方向移动指定长度 dis。

turtle.backward(dis)：向与当前画笔相反的方向移动指定长度 dis。

turtle.right(degree)：顺时针旋转指定角度 degree。

turtle.left(degree)：逆时针旋转指定角度 degree。

turtle.home()：回到原点，并朝向默认初始位置。

turtle.goto(x,y)：将画笔移动到指定的绝对坐标位置(x,y)处。

setx(x)：将当前 x 轴移动到指定位置 x 处。

sety(y)：将当前 y 轴移动到指定位置 y 处。

turtle.circle(r)：画圆，半径 r 为正（负）值，表示以圆心在画笔的左边（右边）来画圆。

② 画笔控制命令。

turtle.color(color1, color2)：设置画笔颜色为 color1，填充颜色为 color2。

turtle.fillcolor(color)：设置填充颜色为 color。

turtle.begin_fill()：开始填充。

turtle.end_fill()：结束填充。

turtle.hideturtle()：隐藏 turtle 箭头。

turtle.showturtle()：显示 turtle 箭头。

③ 全局控制命令。

turtle.clear()：清除窗口中的所有内容。

turtle.reset()：将状态和位置复位为初始值。

turtle.done()：使绘图容器不自动消失。

turtle.undo()：取消最后一个图形操作。

turtle.write(s[,font=("font-name",font_size,"font_type")])：在画布上写文本，s 为文本内容，font 为字体参数，包括字体名称、大小和类型等，为可选项。

3. 实例

【例 7.1】 使用 turtle 模块绘制一个圆和一个填充的正方形。

程序代码：

```
import turtle                              # 导入模块
turtle.penup()
turtle.goto(-150,0)
turtle.pendown()
turtle.pencolor('blue')                    # 画笔颜色为蓝色
turtle.begin_fill()
turtle.fillcolor('blue')                   # 填充颜色为蓝色
for i in range(4):
  turtle.forward(100)                      # 向当前画笔方向移动 100
  turtle.left(90)                          # 画笔逆时针旋转 90°
turtle.end_fill()
#画圆
turtle.penup()
turtle.goto(100,0)                         # 将画笔移动到指定的绝对坐标位置(100,0)处
turtle.pendown()
turtle.color('red')                        # 画笔颜色为红色
turtle.pensize(3)                          # 画笔宽度为 3
turtle.circle(50)                          # 圆的半径为 50
turtle.done()                              # 使绘图容器不自动消失
```

运行结果如图 7.2 所示。

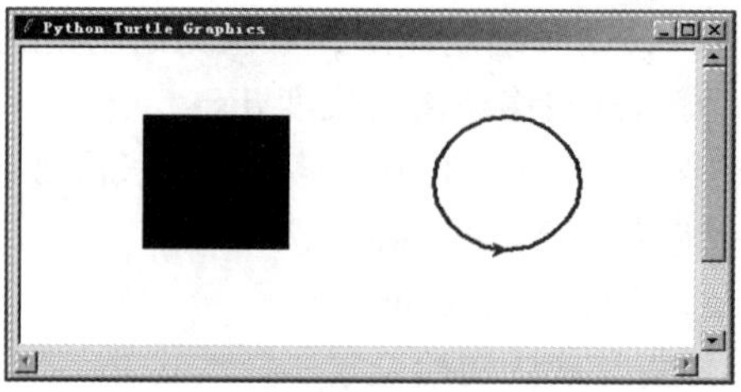

图 7.2　在画布上绘制的一个圆和一个填充的正方形

【例 7.2】 使用 turtle 模块在画布上写文本。

程序代码：

```
import turtle
t = turtle.Turtle()                                    # 创建对象
t.penup()
t.goto(-80,20)
t.write("望庐山瀑布",font=("微软雅黑",14,"normal"))    # 设置字体、大小、加粗形式
t.sety(-10)                                            # 将画笔向下移动到-10 处
t.write("日照香炉生紫烟",font=("微软雅黑",14,"normal"))
t.sety(-40)                                            # 将画笔向下移动到-40 处
t.write("遥看瀑布挂前川",font=("微软雅黑",14,"normal"))
t.sety(-70)                                            # 将画笔向下移动到-70 处
t.write("飞流直下三千尺",font=("微软雅黑",14,"normal"))
t.sety(-100)                                           # 将画笔向下移动到-100 处
t.write("疑是银河落九天",font=("微软雅黑",14,"normal"))
t.hideturtle()
turtle.done()
```


运行结果如图 7.3 所示。

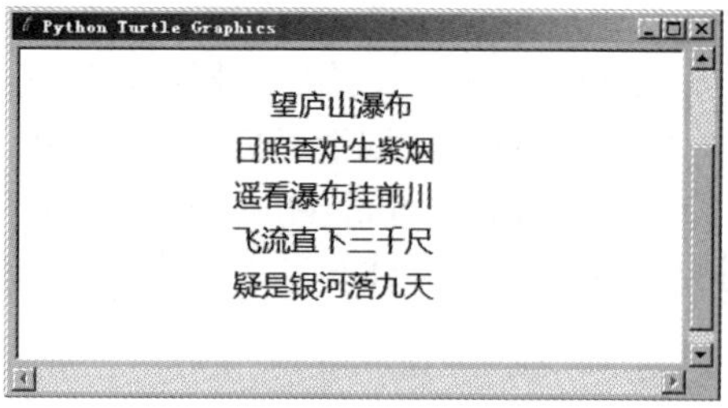

图 7.3　在画布上写的文本

7.2.2　random 模块

random 模块用于生成随机数。下面介绍 random 模块中常用的几个函数。

1. random.random()函数

random.random()函数用于生成一个[0, 1)范围内的随机浮点数，其一般格式为：

```
random.random()
```

【例 7.3】 使用 random.random()函数生成 5 个[0, 1)范围内的随机浮点数。

程序代码：

```
import random
for x in range(1,6):
  print(random.random())                # 输出生成的随机浮点数
```

运行结果：

```
0.43511825592243447
0.7599585286688377
0.511071683639099
0.9829050908694336
0.07342341214429426
```

2. random.uniform()函数

random.uniform()函数用于生成一个指定范围内的随机浮点数，其一般格式为：

```
random.uniform(a,b)
```

其中，a 和 b 中的一个是上限，另一个是下限。如果 a < b，则生成的随机浮点数在[a, b]范围内；如果 a > b，则生成的随机浮点数在[b, a]范围内。

【例 7.4】 使用 random.uniform()函数生成指定范围内的随机浮点数。

程序代码：

```
import random
print(random.uniform(3,6))          # 生成[3, 6]范围内的随机浮点数
print(random.uniform(8,6))          # 生成[6, 8]范围内的随机浮点数
print(random.uniform(-1,1))         # 生成[-1, 1]范围内的随机浮点数
```

运行结果：

```
5.347111921810966
7.469933593788487
-0.9788826926514058
```

3. random.randint()函数

random.randint()函数用于生成一个指定范围内的随机整数，其一般格式为：

```
random.randint(a,b)
```

其中，a 是下限；b 是上限，生成的随机整数在[a, b]范围内。

【例 7.5】 使用 random.randint()函数生成 5 个随机整数，并添加到列表中。

程序代码：

```
import random
list1 = []
for x in range(1,6):
  list1.append(random.randint(1,100))  # 将生成的随机整数添加到列表 list1 中
print(list1)
```

运行结果：

```
[61, 25, 40, 75, 7]
```

4. random.randrange()函数

random.randrange()函数用于生成指定范围内的、指定步长的随机整数，其一般格式为：

```
random.randrange([start],stop[,step])
```

其中，start 为初始值，stop 为终止值（不包括），step 为步长。

【例 7.6】 使用 random.randrange()函数生成 10 个[1,100)范围内的随机奇数，并添加到列表中。

程序代码：

```
import random
list1 = []
for x in range(1,11):
  list1.append(random.randrange(1,100,2))   # 将生成的随机奇数添加到列表 list1 中
print(list1)
```

运行结果：

```
[41, 81, 3, 71, 59, 75, 89, 31, 23, 35]
```

5. random.choice()函数

random.choice()函数用于从序列对象中随机获取一个元素，其一般格式为：

```
random.choice(sequence)
```

其中，sequence 表示一个序列对象。

【例 7.7】 使用 random.choice()函数从列表中随机获取一个元素。

程序代码：

```
import random
```

```
list1 = [1,2,3,4,5,6,7,8]
for x in range(1,4):
  r = random.choice(list1)          # 每次都随机获取列表中的一个元素
  print("r =",r)
```

运行结果：

```
r = 4
r = 8
r = 3
```

6. random.shuffle()函数

random.shuffle()函数用于将一个序列对象中的元素打乱，其一般格式为：

```
random.shuffle(sequence[,random])
```

其中，sequence 表示一个序列对象。

【例 7.8】 使用 random.shuffle()函数将列表中的元素打乱后输出。

程序代码：

```
import random
list1 = [1,2,3,4,5,6,7,8]
for x in range(1,4):
  random.shuffle(list1)             # 将列表中的元素打乱
  print(list1)
```


运行结果：

```
[7, 5, 1, 3, 8, 2, 6, 4]
[6, 3, 5, 7, 1, 4, 2, 8]
[2, 5, 4, 7, 1, 3, 6, 8]
```

7. random.sample()函数

random.sample()函数用于从指定序列对象中随机获取指定长度的片段，其一般格式为：

```
random.sample(sequence,k)
```

其中，sequence 表示一个序列对象；k 为要获取的数据个数。

【例 7.9】 使用 random.sample()函数从列表中随机获取若干元素，形成一个新列表。

程序代码：

```
import random
list1 = [1,2,3,4,5,6,7,8]
slice1 = random.sample(list1,4)  # 从列表中随机获取 4 个元素，形成一个新列表 slice1
print("slice1:",slice1)
```

运行结果：

```
slice1: [4, 3, 5, 1]
```

7.2.3 time 模块和 datetime 模块

1. time 模块

time 模块主要用于时间的访问和格式转换，提供了各种与时间相关的函数。time 模块中的常用函数如表 7.2 所示。

表 7.2 time 模块中的常用函数

函数/属性	描　述
time.time()	返回时间戳（自 1970-1-1 00:00:00 至今所经历的浮点秒数）
time.asctime([t])	将一个 tuple 或 struct_time 格式的时间转换为一个表示当前本地时间的字符串
time.ctime([secs])	将一个以秒数时间戳格式表示的时间转换为一个表示当前本地时间的字符串

续表

函数/属性	描　述
time.localtime([secs])	返回指定时间戳对应的本地时间对象 struct_time
time.strftime(s,t)	将 struct_time 对象转换为字符串格式
time.altzone	返回与 UTC 时间的时间差，以秒为单位（西区该值为正，东区该值为负）

【例 7.10】 time 模块的使用。

程序代码及运行结果：

```
>>> import time
>>> print("时间戳格式时间:",time.time())
时间戳格式时间: 1537320859.5078118
>>> print("struct_time 格式时间:",time.localtime(time.time()))
struct_time 格式时间: time.struct_time(tm_year=2018, tm_mon=9, tm_mday=19,
  tm_hour=9, tm_min=34, tm_sec=19, tm_wday=2, tm_yday=262, tm_isdst=0)
>>> print("字符串格式时间:",time.ctime())
字符串格式时间: Wed Sep 19 09:34:19 2018
>>> print("字符串格式时间:",time.asctime())
字符串格式时间: Wed Sep 19 09:34:19 2018
>>> print(time.strftime('%Y-%m-%d %H:%M',time.localtime()))
2018-09-19 09:34
```

2. datetime 模块

datetime 模块为处理日期和时间同时提供了简单、复杂的方法。datetime 模块中的常用类有日期类 （date 类）、时间类（time 类）、日期时间类（datetime 类）和时间差类（timedelta 类）等。

1）date 类

date 类为日期类。创建一个 date 对象的一般格式为：

```
d = datetime.date(year,month,day)
```

其中，year（年）、month（月）、day（天）都是必需参数。

【例 7.11】 date 类的使用。

程序代码：

```
from datetime import date
d = date.today()
print("当前本地日期:",d)
print("日期: %d 年 %d 月 %d 日."%(d.year,d.month,d.day))
print("今天是周 %d."%d.isoweekday())
```

运行结果：

```
当前本地日期:2019-02-12
日期: 2019 年 2 月 12 日.
今天是周 2.
```

2）time 类

time 类为时间类。创建一个 time 对象的一般格式为：

```
t = time(hour,[minute[,second,[microsecond[,tzinfo]]]])
```

其中，hour（小时）为必需参数，其他为可选参数。

【例 7.12】 time 类的使用。

程序代码：

```
from datetime import time
print("时间最大值:",time.max)
print("时间最小值:",time.min)
t = time(20,30,50,8888)                                  # 创建 time 对象
print("时间: %d时%d分%d秒%d微秒."%(t.hour,t.minute,t.second,t.microsecond))
```

运行结果：

```
时间最大值：23:59:59.999999
时间最小值：00:00:00
时间：20 时 30 分 50 秒 8888 微秒.
```

3）datetime 类

datetime 类为日期时间类。创建一个 datetime 对象的一般格式为：

```
dt = datetime(year,month,day,hour,minute,second,microsecond,tzinfo)
```

其中，year（年）、month（月）、day（天）是必需参数，其他为可选参数。

【例 7.13】 datetime 类的使用。

程序代码：

```
from datetime import datetime
dt = datetime.now()
print("当前日期:",dt.date())
print("当前时间:",dt.time())
print("当前年份: %d,当前月份: %d,当前日期: %d."%(dt.year,dt.month,dt.day))
print("时间:",datetime(2018,9,16,12,20,36))
```

运行结果：

```
当前日期：2019-02-12
当前时间：12:04:59.054000
当前年份：2019，当前月份：2，当前日期：12.
时间：2018-09-16 12:20:36
```


4）timedelta 类

timedelta 类为时间差类，其对象表示两个时间的差值，差值的单位可以是周、天、小时、分钟、秒、微秒、毫秒等。创建一个 timedelta 对象的一般格式为：

```
td = datetime.timedelta(days,seconds,microseconds,milliseconds,minutes,hours,weeks)
```

其中，days（天）、seconds（秒）、microseconds（微秒）、milliseconds（毫秒）、minutes（分钟）、hours（小时）、weeks（周）等为可选参数。参数的值可以是整数或浮点数，正数或负数。

【例 7.14】 timedelta 类的使用。

程序代码：

```
from datetime import datetime,timedelta
print("1 周包含的总秒数: ",timedelta(days=7).total_seconds())
d = datetime.now()
print("当前本地系统时间:",d)
print("1 天后:",d + timedelta(days=1))
print("1 天前:",d + timedelta(days=-1))
```

运行结果：

```
1 周包含的总秒数：604800.0
当前本地系统时间：2019-02-12 11:48:23.400000
1 天后：2019-02-13 11:48:23.400000
1 天前：2019-02-11 11:48:23.400000
```

7.2.4 os 模块

os 模块提供各种 Python 程序与操作系统交互的接口。在使用 os 模块时，一方面可以方便地与操作系统进行交互；另一方面可以极大地增强代码的可移植性。

1. 获取平台信息

使用 os 模块的一些属性和方法可以获取操作系统平台的相关信息，常用的属性和方法如下。

（1）os.sep：操作系统特定的路径分隔符。在 Windows 下为“\\”，在 Linux 下为“/”。

（2）os.linesep：当前操作平台使用的行终止符。在 Windows 下为“\t\n”，在 Linux 下为“\n”。

（3）os.pathsep：用于分隔文件路径的字符串。在 Windows 下为“;”，在 Linux 下为“:”。

（4）os.name：当前操作系统平台。在 Windows 下为“nt”，在 Linux 下为“posix”。

【例 7.15】 使用 os 模块获取平台相关信息。

程序代码：

```
import os
print("路径分隔符:",os.sep)
print("操作系统平台:",os.name)
print("平台使用的行终止符:",os.linesep)
print("分隔文件路径的字符串:",os.pathsep)
```

运行结果：

```
路径分隔符: \
操作系统平台: nt
平台使用的行终止符:

分隔文件路径的字符串: ;
```

2. 目录、文件操作

在 os 模块中，对目录、文件进行操作的常用函数如下。

（1）os.getcwd()：获取当前工作目录。

（2）os.mkdir(newdir)：创建新目录 newdir。

（3）os.rmdir(dir)：删除目录 dir。

（4）os.listdir(path)：列出指定目录 path 下的所有文件。

（5）os.chdir(path)：改变当前脚本的工作目录为指定目录 path。

（6）os.remove(file)：删除一个指定文件 file。

（7）os.rename(oldname,newname)：重命名一个文件。

【例 7.16】 使用 os 模块对目录、文件进行操作。

程序代码：

```
import os
print("当前工作路径:",os.getcwd())
print("当前路径的目录和文件列表:",os.listdir())
os.rename("test1.py","test2.py")
print("重命名文件后，当前路径的目录和文件列表:",os.listdir())
os.mkdir("newDir")
print("创建新目录后，当前路径的目录和文件列表:",os.listdir())
os.chdir("newDir")
print("改变当前工作路径后，当前工作路径:",os.getcwd())
```

运行结果：

```
当前工作路径: D:\pythonProjects\p1
当前路径的目录和文件列表: ['.idea', 'test1.py', 'venv']
重命名文件后，当前路径的目录和文件列表: ['.idea', 'test2.py', 'venv']
创建新目录后，当前路径的目录和文件列表: ['.idea', 'newDir', 'test2.py', 'venv']
改变当前工作路径后，当前工作路径: D:\pythonProjects\p1\newDir
```

在 os.path 模块中，对文件、目录进行操作的常用函数如下。

（1）os.path.abspath(path)：返回 path 规范化的绝对路径。

（2）os.path.split(path)：将 path 分割成包含目录和文件名的元组返回。

（3）os.path.exists(path)：如果 path 存在，则返回 True，否则返回 False。

（4）os.path.isfile(file)：如果 file 是一个存在的文件，则返回 True，否则返回 False。

（5）os.path.isdir(dir)：如果 dir 是一个存在的目录，则返回 True，否则返回 False。

（6）os.path.getsize(file)：返回文件的大小。

（7）os.path.join(path1[,path2[,......]])：返回多个路径组合。

【例 7.17】 使用 os.path 模块获取文件属性。

程序代码：

```
import os
print("(路径,文件):",os.path.split(r"D:\pythonProjects\p1\test1.py"))
print("目录存在?:",os.path.exists(r"D:\pythonProjects\p1"))
print("文件存在?:",os.path.isfile(r"D:\pythonProjects\p1\test1.py"))
print("文件大小:",os.path.getsize(r"D:\pythonProjects\p1\test1.py"))
print("路径:",os.path.join("dir1","dir2","dir3"))
```

运行结果：

```
(路径,文件): ('D:\\pythonProjects\\p1', 'test1.py')
目录存在?: True
文件存在?: True
文件大小: 465
路径: dir1\dir2\dir3
```

3. 调用系统命令

在 os 模块中，调用系统命令的常用函数如下。

（1）os.popen(cmd[, mode[, bufsize]])：用于通过一个命令打开一个管道。其中，cmd 为系统命令；mode 为模式（r 或 w）；bufsize 为文件需要的缓冲大小。

（2）os.system(shell)：运行 shell 命令。

【例 7.18】 使用 os 模块中的函数调用系统命令。

程序代码：

```
import os
os.system("mkdir D:\\newDir")                 # 在 D:\上创建一个名为 newDir 的文件夹
os.popen(r"C:\windows\notepad.exe")           # 打开记事本程序
print("程序运行成功!")
```

运行结果：

```
程序运行成功!
```

7.2.5 sys 模块

sys 模块支持对 Python 解释器进行的相关操作。

【例 7.19】 使用 sys 模块获取系统信息。

程序代码及运行结果：

```
>>> import sys
>>> print("参数:",sys.argv)
参数: ['D:/pythonProjects/test1.py']
>>> print("Python 版本:",sys.version)
Python 版本: 3.12.2 (v3.12.2:f59c0932b4, Mar 28 2018, 17:00:18) [MSC v.1900 64 bit (AMD64)]
>>> print("操作系统:",sys.platform)
操作系统: win32
>>> print("最大 Int 值:",sys.maxsize)
最大 Int 值: 9223372036854775807
>>> sys.exit(0)                               # 退出程序
```

7.2.6 timeit 模块

timeit 模块是一个具有计时功能的模块，常用于测试一段代码的运行时间。timeit 模块中的常用函数有 timeit()和 repeat()。

timeit()函数可以返回运行代码所用的时间，单位为秒，其一般格式为：

```
t = timeit(stmt='code',setup='code',timer=<defaulttimer>,number=n)
```

其中，stmt 为要运行的代码；setup 为运行代码前的准备工作；timer 一般为 time.clock()；number 为运行代码的次数。

repeat()函数比 timeit()函数多了一个参数 repeat，表示重复运行指定代码这个过程多少遍，并返回一个列表，表示每遍的运行时间。其一般格式为：

```
t = repeat(stmt='code',setup='code',timer=<defaulttimer>,repeat=m,number=n)
```

【例 7.20】 测试 myFun()函数中代码的运行时间。

程序代码：

```
import timeit
def myFun():
  sum = 0
  for i in range(1,100):
    for j in range(1,100):
      sum = sum + i * j
t1 = timeit.timeit(stmt=myFun,number=1000)           # 运行代码 1000 次
print("t1:",t1)
t2 = timeit.repeat(stmt=myFun,number=1000,repeat=6) # 运行代码 1000 次，重复 6 遍
print("t2:",t2)
```


运行结果：

```
t1: 0.7215888088653118
t2: [0.7178988304811168, 0.7135752919077603, 0.7194491273444656,
     0.7163640139322833, 0.7111105237821049, 0.718417232233036]
```

7.2.7 zlib 模块

zlib 模块支持通用的数据打包和压缩格式。zlib 模块中的常用函数如下。

（1）zlib.compress(string)：对数据 string 进行压缩。

（2）zlib.decompress(string)：对压缩后的数据 string 进行解压缩。

【例 7.21】 使用 zlib 模块对字符串进行压缩和解压缩。

程序代码：

```
import zlib
str = b'What is your name? What is your name? What is your name?'
print("压缩前: %s,字符个数为%d."%(str,len(str)))
str_com = zlib.compress(str)                          # 压缩字符串
print("压缩后: %s, 字符个数为%d."%(str_com,len(str_com)))
str_dec = zlib.decompress(str_com)                    # 解压缩字符串
print("解压缩后: %s, 字符个数为%d."%(str_dec,len(str_dec)))
```

运行结果：

```
压缩前: b'What is your name?What is your name? What is your name?', 字符个数为 56.
压缩后: b'x\x9c\x0b\xcfH,Q\xc8,V\xa8\xcc/-R\xc8K\xccM\xb5\x0f\xc7\x10Q\xc0\
        x14\x02\x00(\x11\ x13\x9e', 字符个数为 30.
解压缩后: b'What is your name?What is your name? What is your name?', 字符个数为 56.
```

7.3 常用第三方库

第三方库中的模块不能在程序中直接使用，只有在下载和安装相应的库后才能在程序中调用。常用第三方库如表 7.3 所示。

表 7.3 常用第三方库

库 名	功能描述
NumPy	使用 Python 实现的科学计算库（本章介绍）
Pandas	基于 NumPy 的数据分析库（本章介绍）
SciPy	一款方便使用、专为科学和工程设计的工具库（本章介绍）
Matplotlib	功能强大的 2D 绘图库（本章介绍）
Jieba	强大的分词库，完美支持中文分词（本章介绍）
Pyinstaller	将 Python 程序打包成应用程序的库（本章介绍）
wxPython	图形界面（GUI）编程库（第 12 章介绍）
Scrapy	基于 Python 的快速、高层次的数据抓取库，用于抓取 Web 站点并从页面中提取结构化数据（第 14 章介绍）
Django	开源 Web 应用框架，鼓励快速开发，遵循 MVC 设计，开发周期短（第 14 章介绍）
Scikit-learn	基于 Python、简单高效的机器学习库（第 15 章介绍）
TensorFlow	一个深度学习框架，采用数据流图，用于高性能数值计算的开源软件库（第 15 章介绍）
PyGame	基于 Python 的多媒体开发和游戏软件开发库（本书不介绍）

7.3.1 NumPy 库

NumPy 是基于 Python 的一种开源数值计算第三方库，它支持高维数组运算、大型矩阵处理、矢量运算、线性代数运算、随机数生成等功能。本书仅介绍最常用的功能：数组及其操作运算、从文本文件中读取数据（在【例 7.47】中介绍）。

NumPy 库的下载和安装方法参见 1.2.5 节。

1. 数组创建

NumPy 库中的 ndarray 是一个多维数组对象。该对象由两部分组成：实际的数据和描述这些数据的元数据。和 Python 中的列表、元组一样，NumPy 数组的下标也是从 0 开始的。

在 NumPy 库中，创建数组的常用方法是使用 np.array()函数，其一般格式为：

```
np.array(object,dtype=None,copy=True,order=None,subok=False,ndmin=0)
```

其中，object 为数组或嵌套的数列；dtype 为数组元素的数据类型；copy 用于指定对象是否需要复制；order 为创建数组的样式，C 为行方向，F 为列方向，A 为任意方向（默认）；subok 用于指定默认返回一个与基类类型一致的数组；ndmin 为指定生成数组的最小维度。

【例 7.22】 创建数组。

程序代码及运行结果：

```
>>> import numpy as np
>>> np.array([1,2,3,4,5,6])                    # 一维数组
array([1, 2, 3, 4, 5, 6])
>>> np.array([1,2,3,4,5,6]).reshape(2,3)       # 二维数组
array([[1, 2, 3],
       [4, 5, 6]])
>>> np.array([[1,2,3],[4,5,6]])                # 二维数组
array([[1, 2, 3],
       [4, 5, 6]])
>>> np.array([1,3,5],dtype=complex)            # 指定数据类型为复数
array([1.+0.j, 3.+0.j, 5.+0.j])
>>> np.array([2,4,6],ndmin=2)                  # 指定最小维度
array([[2, 4, 6]])
```

除 np.array()函数外，还可以使用下列函数创建特定数组。

① np.arange(start, stop, step, dtype)：创建以 start 为初始值、以 stop 为终止值、以 step 为步长，且类型为 dtype 的数组。

② np.linspace(start, stop, num=50, dtype=None)：创建 50 个等步长、以 start 为初始值、以 stop 为终止值、类型为 dtype 的等差数列（数组）。

③ np.logspace(start, stop, num=50, dtype=None)：创建 50 个等步长、以 start 为初始值、以 stop 为终止值、类型为 dtype 的等比数列（数组）。

④ np.zeros(shape, dtype=Float, order='C')：创建形状为 shape、类型为 dtype、存储方式为'C'（行方式）、元素为 0 的数组。

⑤ np.ones(shape, dtype=Float, order='C')：创建形状为 shape、类型为 dtype、存储方式为'C'（行方式）、元素为 1 的数组。

【例 7.23】 创建特定数组。

程序代码及运行结果：

```
>>> import numpy as np
>>> np.arange(6)
array([0, 1, 2, 3, 4, 5])
>>> np.arange(6, dtype=float)
array([0., 1., 2., 3., 4., 5.])
>>> np.arange(1,10,2)
array([1, 3, 5, 7, 9])
>>> np.linspace(1,10,10)
array([ 1.,  2.,  3.,  4.,  5.,  6.,  7.,  8.,  9., 10.])
>>> np.logspace(0,9,10,base=2)
array([  1.,   2.,   4.,   8.,  16.,  32.,  64., 128., 256., 512.])
>>> np.zeros((2,2))
array([[0., 0.],
       [0., 0.]])
>>> np.ones([2,3])
array([[1., 1., 1.],
       [1., 1., 1.]])
```

2. 数组切片和索引

在 NumPy 库中，可以使用与 Python 中列表类似的方法对 NumPy 数组进行切片和索引。

【例 7.24】 数组切片和索引。

程序代码及运行结果：

```
>>> import numpy as np
>>> a = np.arange(10)
>>> a[5]
5
>>> a[1:6:2]
array([1, 3, 5])
>>> b = np.array([[1,2,3],[4,5,6],[7,8,9]])
>>> b[2,2]
9
>>> b[1:]
array([[4, 5, 6],
       [7, 8, 9]])
```

3. 数组属性

NumPy 数组的常用属性如下。

① ndarray.ndim：秩，即轴的数量或维度的数量。

② ndarray.shape：数组的维度。

③ ndarray.size：数组元素的总个数。

④ ndarray.dtype：数组元素的类型。

⑤ ndarray.itemsize：数组中每个元素的大小，以字节为单位。

【例 7.25】 查看数组属性。

程序代码及运行结果：

```
>>> import numpy as np
>>> a = np.arange(24).reshape(2,3,4)
>>> a.ndim
3
>>> a.shape
(2, 3, 4)
>>> a.size
24
>>> a.dtype
dtype('int32')
>>> a.itemsize
4
```

4. 数组操作

在 NumPy 库中，常用的数组操作函数和属性如下。

① reshape()：在不改变数据的条件下改变形状。

② flat：数组元素迭代器。

③ ravel()：返回展开数组。

④ np.transpose(a)：对换数组的维度。也可以使用数组的属性 ndarray.T。

【例 7.26】 数组操作。

程序代码及运行结果：

```
>>> import numpy as np
>>> a = np.arange(8)
>>> a.reshape(2,4)                          # 数组形状改变
array([[0, 1, 2, 3],
       [4, 5, 6, 7]])
>>> np.transpose(a.reshape(2,4))            # 数组转置
array([[0, 4],
       [1, 5],
       [2, 6],
       [3, 7]])
>>> a.reshape(2,4).ravel()                  # 数组展开
array([0, 1, 2, 3, 4, 5, 6, 7])
>>> for element in a.flat:                  # 数组元素迭代
        print(element, end=" ")
0 1 2 3 4 5 6 7
```

5. 数组运算

常用数组运算如下。

① +/−：两个相同类型和形状的数组进行加法、减法运算。

② *：一个数组和一个数相乘。

③ np.dot(a,b)：对于两个一维数组 a、b，计算的是这两个数组对应下标元素的乘积和（在数学上称为内积）；对于二维数组 a、b，计算的是两个数组的矩阵乘积。

④ np.vdot(a,b)：返回两个数组 a 和 b 的点积。

⑤ np.inner(a,b)：返回一维数组 a、b 的向量内积。

⑥ np.matmul(a,b)：返回两个数组 a 和 b 的矩阵乘积。

⑦ np.linalg.det(a)：计算二维数组 a（相当于矩阵）的行列式。

⑧ np.linalg.inv(a)：计算二维数组 a（相当于矩阵）的逆矩阵。

【例 7.27】 数组运算。

程序代码及运行结果：

```
>>> import numpy as np
>>> a = np.array([[1,2],[3,4]])
>>> a * 2                                    # 数组与数相乘
array([[2, 4],
       [6, 8]])
>>> b = np.array([[5,6],[7,8]])
>>> a + b                                    # 两个数组相加
array([[ 6,  8],
       [10, 12]])
>>> np.dot(a,b)                              # 两个数组的内积
array([[19, 22],
       [43, 50]])
>>> np.matmul(a,b)                           # 两个数组的矩阵乘积
array([[19, 22],
       [43, 50]])
# 上述结果计算方法：1*5+2*7=19, 1*6+2*8=22, 3*5+4*7=43, 3*6+4*8=50
>>> np.vdot(a,b)                             # 两个数组的点积
70
# 上述结果计算方法：1*5+2*6+3*7+4*8=70
>>> np.inner(a,b)                            # 两个数组的向量内积
array([[17, 23],
       [39, 53]])
# 上述结果计算方法：1*5+2*6=17, 1*7+2*8=23, 3*5+4*6=39, 3*7+4*8=53
>>> np.linalg.det(a)                         # 求矩阵的行列式
-2.0000000000000004
>>> np.linalg.inv(a)                         # 求矩阵的逆矩阵
array([[-2. ,  1. ],
       [ 1.5, -0.5]])
```

7.3.2 Pandas 库

Pandas 是一个提供了高效、易用的数据结构和数据分析工具的第三方库，其功能非常强大，主要功能包括 Series（系列）和 DataFrame（数据帧）等数据结构的创建、数据的选取和过滤、数据的操作、数据的合并和连接、数据的汇总和描述性统计、数据的排序和排名、缺失值的处理、层次化索引、数据文件的读取和写入等。

本书仅介绍 Series、DataFrame 的创建和在 Series、DataFrame 基础上的数据选取、过滤及描述性统计，以及从文本文件中读取数据（在【例 7.48】中介绍）等基本功能。

Pandas 库的下载和安装方法参见 1.2.5 节。可以通过 PyPI 官网下载 Pandas 库安装文件。本书案例对应的 Pandas 库安装文件是 pandas-2.2.3-cp312-cp312m-win_amd64.whl。

1. Series

Series 与 NumPy 库中的一维数组类似，能保存字符串、布尔值、数字等不同的数据类型。创建一个 Series 的一般格式为：

```
pd.Series(data,index,dtype,copy)
```

其中，各参数的含义如下。

（1）data：数据，可以是各种类型的，如 ndarray、list、constants 等。

（2）index：索引，必须是唯一的和散列的。

（3）dtype：数据类型。

（4）copy：复制数据，默认值为 False。

【例 7.28】 创建和使用 Series。

程序代码：

```
import pandas as pd
import numpy as np
data = np.array(['需求分析','概要设计','详细设计','编制代码','运行维护'])
s = pd.Series(data)
print(s)
```

运行结果：

```
0    需求分析
1    概要设计
2    详细设计
3    编制代码
4    运行维护
dtype: object
```

【例 7.29】 通过字典创建 Series。

程序代码：

```
import pandas as pd
data = {'A':"优秀",'B':"良好",'C':"合格",'D':"不合格"}
s = pd.Series(data)
print(s)
print("s[0]:",s[0])
```


运行结果：

```
A     优秀
B     良好
C     合格
D    不合格
dtype: object
s[0]: 优秀
```

2. DataFrame

DataFrame 是二维的表格型数据结构，即数据以行和列的表格形式排列。与 Series 相比，DataFrame 使用得更普遍。创建一个 DataFrame 的一般格式为：

```
pd.DataFrame(data,index,columns,dtype,copy)
```

其中，各参数的含义如下。

（1）data：数据，可以是各种类型的，如 ndarray、series、lists、dict、constant 或 dataframe 等。

（2）index、columns：分别为行标签和列标签。

（3）dtype：每列的数据类型。

（4）copy：复制数据，默认值为 False。

【例 7.30】 通过列表创建 DataFrame。

程序代码：

```
import pandas as pd
data = [['Tom',3],['Jerry',1]]
df = pd.DataFrame(data,columns = ['Name','Age'])
print(df)
```

运行结果：

```
    Name   Age
0   Tom     3
1   Jerry   1
```

Pandas 库提供了多种对 DataFrame（简称 df）中的数据进行访问的方法。

（1）df [r, c]：其中，r 为一个或多个行标签或索引，c 为一个或多个列标签或索引。

（2）df.loc(r, c)：基于标签访问数据。其中，r 和 c 分别为行标签和列标签。

（3）df.iloc(r, c)：基于整数访问数据。其中，r 和 c 分别为行标签索引和列标签索引。

【例 7.31】 DataFrame 的创建和访问。

程序代码及运行结果：

```
>>> import numpy as np
>>> import pandas as pd
>>> df = pd.DataFrame(np.arange(9).reshape((3,3)),index=['A','B','C'],
        columns=['one','two','three'])
>>> df                                              # 数据帧
  one  two  three
A   0    1      2
B   3    4      5
C   6    7      8
>>> df[1:2]                                         # 选取行数据
  one  two  three
B   3    4      5
>>> df[['three','one']]                             # 选取列数据
  three  one
A     2    0
B     5    3
C     8    6
>>> df[df['three'] > 5]                             # 数据过滤
  one  two  three
C   6    7      8
>>> df.loc['A','two']                               # 使用.loc[]选取单个数据
1
>>> df.iloc[1,1]                                    # 使用.iloc[]选取单个数据
4
```

7.3.3 SciPy 库

1. SciPy 库简介

SciPy 库是一款方便使用、专为科学和工程设计的工具库，主要功能包括统计、优化、整合、线性代数运算、傅里叶变换、信号和图像处理、常微分方程求解等。

SciPy 库的下载和安装方法参见 1.2.5 节。可以通过 PyPI 官网下载 SciPy 库安装文件。本书案例对应的 SciPy 库安装文件是 scipy-1.2.1-cp312-cp312m-win_amd64.whl。

2. SciPy 库的使用

SciPy 库中的模块很多，不同模块的功能相对独立，如 scipy.constants（数学常量）、scipy.fftpack（快速傅里叶变换）、scipy.integrate（积分）、scipy.optimize（优化算法）、scipy.stats（统计函数）、scipy.special（特殊数学函数）、scipy.linalg（线性代数运算）、scipy.signal（信号处理）、scipy.ndimage（*N* 维图像）模块等。

本书只简单介绍 SciPy 库中几个基本模块的功能。

1）constants 模块

constants 是一个数学常量模块，包含大量用于科学计算的常数。

【例 7.32】 查看 constants 模块中的常用数学常量。

程序代码及运行结果：

```
>>> from scipy import constants as con
>>> con.hour                        # 1 小时对应的秒数
3600.0
```

```
>>> con.c                                # 真空中的光速
299792458.0
>>> con.inch                             # 1 英寸对应的米数
0.0254
>>> con.degree                           # 1° 对应的弧度数
0.017453292519943295
>>> con.golden                           # 黄金比例
1.618033988749895
```

2）special 模块

special 是特殊数学函数模块，包含很多特殊数学函数。

【例 7.33】 使用 special 模块实现特殊数学函数功能。

程序代码及运行结果：

```
>>> from scipy import special as sp
>>> sp.cbrt(27)                          # 求立方根
3.0
>>> sp.sindg(45)                         # 正弦函数，参数为角度
0.7071067811865476
>>> sp.comb(6,3)                         # 6 中选 3 的组合数
20.0
>>> sp.perm(5,3)                         # 5 中选 3 的排列数
60.0
>>> sp.round(5.67)                       # 返回四舍五入后的整数
6.0
```


3）linalg 模块

linalg 是线性代数运算模块，提供标准的线性代数运算功能。

【例 7.34】 计算方阵的行列式和逆矩阵。

程序代码：

```
import numpy as np
from scipy import linalg
mat = np.array([[5,6],[7,8]])
print("方阵:",mat)
print("方阵的行列式:%6.2f."%linalg.det(mat))
print("方阵的逆矩阵:",linalg.inv(mat))
```

运行结果：

```
方阵: [[5 6]
      [7 8]]
方阵的行列式: -2.00.
方阵的逆矩阵: [[-4.   3. ]
             [ 3.5 -2.5]]
```

4）signal 模块

signal 是信号处理模块。

【例 7.35】 一维卷积运算。

程序代码：

```
import numpy as np
import scipy.signal
x = np.array([3,4,5])
h = np.array([6,7,8])
nn = scipy.signal.convolve(x,h)          # 一维卷积运算
print("nn:",nn)
```

运行结果：

```
nn: [18 45 82 67 40]
```

7.3.4 Matplotlib 库

1. Matplotlib 库简介

Matplotlib 是一个基于 Python、跨平台、交互式的 2D 绘图库，以各种硬拷贝格式生成满足出版质量要求的图形。

Matplotlib 库的下载和安装方法参见 1.2.5 节。可以通过 PyPI 官网下载 Matplotlib 库安装文件。本书案例对应的 Matplotlib 库安装文件是 matplotlib-3.0.3-cp312-cp312m-win_amd64.whl。

2. Matplotlib 库的使用

1）绘制一个图形

【例 7.36】 使用 plot()函数绘制一个图形并设置坐标轴。

程序代码：

```
import matplotlib.pyplot as plt
x = [1,2,3,4,5,6,7,8]            # 创建 x 轴数据
y = [3,5,6,9,13,6,32,111]        # 创建 y 轴数据
plt.xlim((0,9))                  # 设置 x 轴刻度范围
plt.ylim((0,120))                # 设置 y 轴刻度范围
plt.xlabel('x 轴',fontproperties='SimHei',fontsize=16)    # 设置 x 轴字体
plt.ylabel('y 轴',fontproperties='SimHei',fontsize=16)    # 设置 y 轴字体
plt.plot(x,y,'r',lw=2)           # (x,y):坐标，'r':红色，lw:线宽
plt.show()                       # 显示图形
```

运行结果如图 7.4 所示。

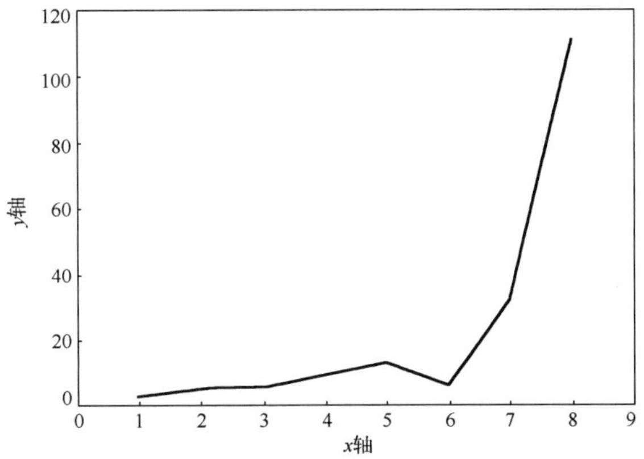

图 7.4 绘制一个图形

2）绘制多个图形

【例 7.37】 使用 figure()函数绘制多个图形。

程序代码：

```
import numpy as np
import matplotlib.pyplot as plt
x = np.linspace(-1,1,50)       # 生成 50 个-1～1 范围内均匀的数
#figure 1
y1 = 3 * x - 1                 # 计算 y1
plt.figure()
plt.plot(x,y1,'r')             # 绘图
#figure 2
y2 = x ** 2                    # 计算 y2
plt.figure()
```

```
plt.plot(x,y2,'b')              # 绘图
plt.show()
```

运行结果如图 7.5 所示。

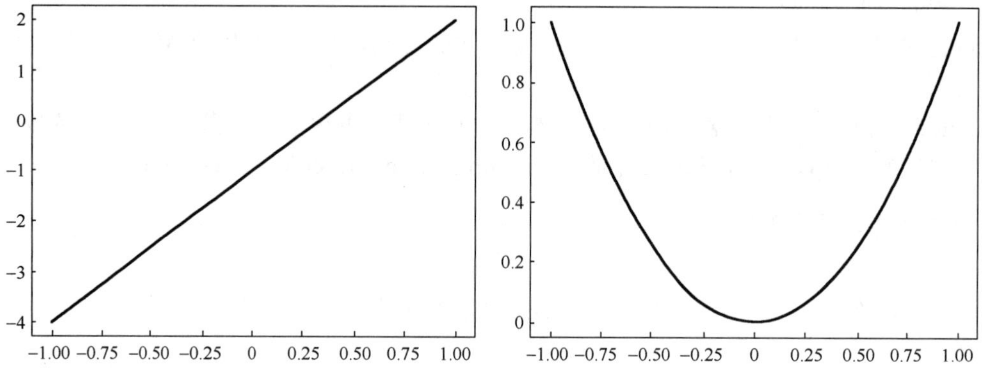

图 7.5　绘制多个图形

3）设置图例

【例 7.38】 使用 plot()函数绘制图形并设置图例。

程序代码：

```
import matplotlib.pyplot as plt
import numpy as np
x = np.arange(1,20,1)
plt.plot(x,x ** 2,'red',lw=2)
plt.plot(x,x * 16,'b',linestyle='dashed',lw=2)
plt.legend(['x**2', '16*x'])                    # 设置图例
plt.show()
```

运行结果如图 7.6 所示。

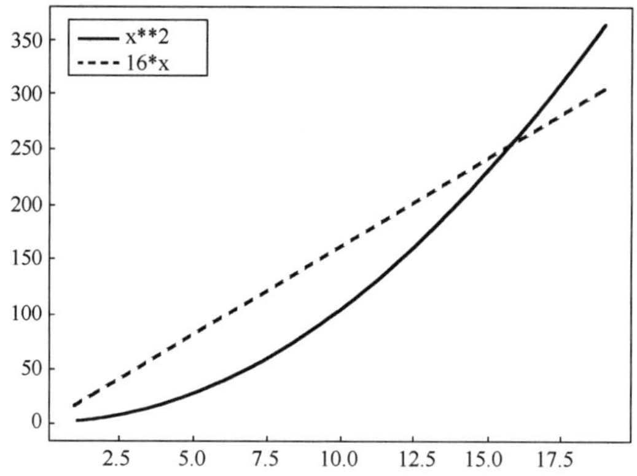

图 7.6　设置图例

4）绘制散点图

【例 7.39】 使用 scatter()函数绘制散点图。

程序代码：

```
import numpy as np, matplotlib.pyplot as plt
n = 512                                         # 数据个数
x = np.random.normal(0,1,n)                     # 均值为 0、方差为 1 的随机数
y = np.random.normal(0,1,n)                     # 均值为 0、方差为 1 的随机数
color = np.arctan2(y,x)                         # 计算颜色值
plt.scatter(x,y,s=75,c=color,alpha=0.6)         # 绘制散点图
```

```
plt.xlim((-2.0,2.0))
plt.ylim((-2.0,2.0))
plt.show()
```

运行结果如图 7.7 所示。

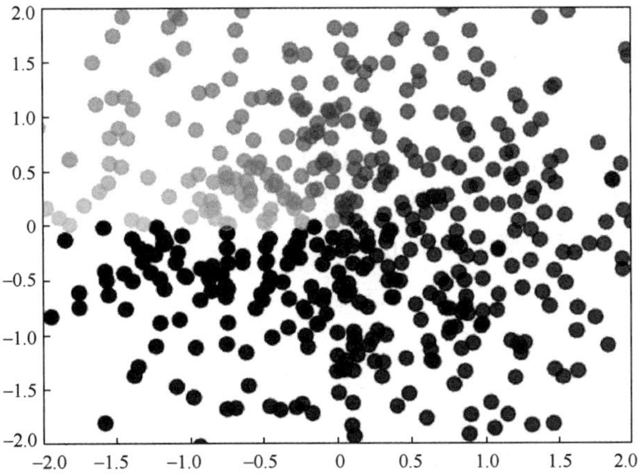

图 7.7　绘制散点图

5）绘制多个子图

【例 7.40】 使用 subplot()函数绘制多个子图。

程序代码：

```
import matplotlib.pyplot as plt
plt.figure()
plt.subplot(2,2,1)                    # 第 1 个子图
plt.plot([0,1,2],[1,2,3],'r')
plt.subplot(2,2,2)                    # 第 2 个子图
plt.plot([0,1,2],[1,1,4],'b')
plt.subplot(2,2,3)                    # 第 3 个子图
plt.plot([0,1,2],[1,2,8],'g')
plt.subplot(2,2,4)                    # 第 4 个子图
plt.plot([0,1,2],[1,3,16],'y')
plt.show()
```

运行结果如图 7.8 所示。

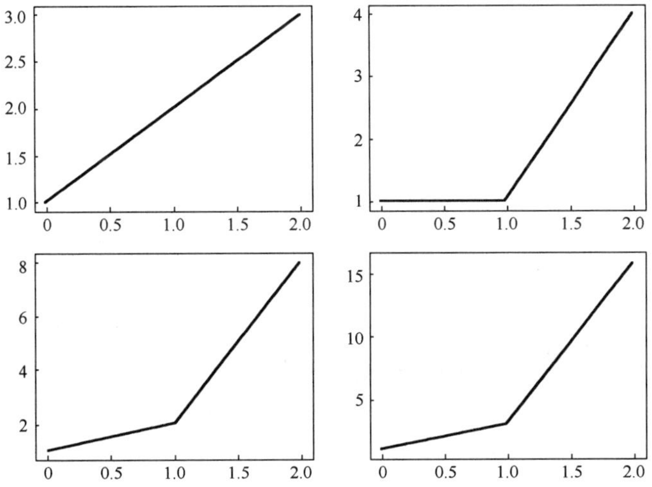

图 7.8　绘制多个子图

7.3.5 Jieba 库

1. Jieba 库简介

中文分词是中文文本处理的一个基础步骤。在进行中文自然语言处理时，通常需要先进行分词。现在非常流行的、开源的中文分词第三方库是 Jieba。

Jieba 分词算法基于前缀词典机制，实现高效的词图扫描，生成包含句子中汉字所有可能成词情况的有向无环图（Directed Acyclic Graph，DAG）；采用动态规划算法，结合词典中的词频统计信息，查找 DAG 中的最大概率路径，从而确定基于统计最优的词语切分组合。对于未收录在词典中的新词，Jieba 库采用了基于汉字成词功能的隐马尔可夫模型（Hidden Markov Model，HMM），并使用维特比（Viterbi）算法。

Jieba 库支持 3 种分词模式。

（1）精确模式：把文本精确地切分开，适合进行文本分析。

（2）全模式：把文本中所有可能的词语都扫描出来，速度快，但不能避免歧义。

（3）搜索引擎模式：在精确模式的基础上，对长词再次切分，提高召回率。

Jieba 库的下载和安装方法参见 1.2.5 节。

2. Jieba 库的使用

1）分词

可以先使用 jieba.cut()方法和 jieba.cut_for_search()方法对中文字符串进行分词，并返回一个可遍历的迭代器，然后使用 for 语句循环获得分词后得到的每个词语。或者使用 jieba.lcut()方法和 jieba.lcut_for_search()方法对中文字符串进行分词，此时返回结果为列表。

jieba.cut()方法和 jieba.lcut()方法接收 3 个参数。

（1）string：需要分词的中文字符串，编码格式为 Unicode、UTF-8 或 GBK。

（2）cut_all：是否使用全模式，默认值为 False。

（3）HMM：是否使用 HMM 模型，默认值为 True。

jieba.cut_for_search()方法和 jieba.lcut_for_search()方法接收 2 个参数。

（1）string：需要分词的中文字符串，编码格式为 Unicode、UTF-8 或 GBK。

（2）HMM：是否使用 HMM 模型，默认值为 True。

【例 7.41】 分词。

程序代码：

```
import jieba
segList1 = jieba.cut("居里夫人 1903 年获诺贝尔奖时作了精彩演讲",cut_all=True)
print("全模式:%s"%"/".join(segList1))
segList2 = jieba.cut("居里夫人 1903 年获诺贝尔奖时作了精彩演讲",cut_all=False)
print("精确模式:%s"%"/".join(segList2))
segList3 = jieba.cut_for_search("居里夫人 1903 年获诺贝尔奖时作了精彩演讲")
print("搜索引擎模式:%s"%".".join(segList3))
```

运行结果：

```
全模式:居里/居里夫人/里夫/夫人/1903/年/获/诺贝/诺贝尔/诺贝尔奖/贝尔/奖/时/作/了/精彩/演讲
精确模式:居里夫人/1903/年/获/诺贝尔奖/时作/了/精彩/演讲
搜索引擎模式:居里.里夫.夫人.居里夫人.1903.年.获.诺贝.贝尔.诺贝尔.诺贝尔奖.时作.了.精彩.演讲
```

2）关键词提取

Jieba 库采用“词频-逆向文件频率”（Term Frequency-Inverse Document Frequency，TF-IDF）

算法进行关键词提取，格式为：

```
jieba.analyse.extract_tags(sentence,topK=20,withWeight=False,allowPOS=())
```

其中，sentence 为待提取的文本；topK 为返回 *K* 个 TF/IDF 权重最大的关键词，默认值为 20；withWeight 为是否返回关键词权重值，默认值为 False；allowPOS 用于指定仅包含指定词性的词，默认值为空，即不筛选。

【例 7.42】 使用 Jieba 库提取中文字符串中的关键词。

程序代码：

```
import jieba
import jieba.analyse
sentence = "艾萨克·牛顿(1643 年 1 月 4 日—1727 年 3 月 31 日)爵士，\
   英国皇家学会会长，英国著名的物理学家，百科全书式的“全才”，\
   著有《自然哲学的数学原理》《光学》。"
# 关键词提取
keywords = jieba.analyse.extract_tags(sentence,topK=20,withWeight=True,
 allowPOS=('n','nr','ns'))
for item in keywords:
  print(item[0],item[1])
```

运行结果：

```
艾萨克 1.5364049674375
数学原理 1.321059142725
爵士 1.13206132069
牛顿 1.03458251822375
会长 0.97365128905875
物理学家 0.97365128905875
光学 0.937137931755
英国 0.62829620167375
```

3）词性标注

Jieba 库支持创建自定义分词器，格式为：

```
jieba.posseg.POSTokenizer(tokenizer=None)
```

其中，tokenizer 用于指定内部使用的 jieba.Tokenizer 分词器。jieba.posseg.dt 为默认词性标注分词器。

【例 7.43】 词性标注。

程序代码：

```
import jieba.posseg as pseg
words = pseg.cut("中国人民是不可战胜的")        # 词性标注
for word,flag in words:
 print('%s %s' % (word,flag))
```

运行结果：

```
中国 ns
人民 n
是 v
不可 v
战胜 n
的 uj
```

7.3.6 Pyinstaller 库

Pyinstaller 库可以用于打包 Python 程序。在打包时，Pyinstaller 库会先扫描 Python 程序的所有文档，分析所有代码并找出代码运行所需的模块，然后将这些模块和代码放在一个文件夹或一个可执行文件中。

1. 下载与安装

在命令行界面中运行命令 pip install pyinstaller，Python 会自动下载和安装 Pyinstaller 库。在 PyCharm 中，下载和安装 Pyinstaller 库的方法参见 1.2.5 节。

2. 打包 Python 程序

【例 7.44】 使用 Pyinstaller 库打包 Python 程序。

具体步骤如下。

（1）创建一个 Python 源文件 test1.py，程序代码如下。

```
import random
list1 = [1,2,3,4,5,6,7,8]
slice1 = random.sample(list1,4)   # 从 list1 中随机抽取 4 个元素，生成一个新列表 slice1
print("list1:",list1)
print("slice1:",slice1)
input()                           # 保持运行结果的显示
```

（2）打开命令行界面，进入源文件 test1.py 所在路径。

（3）在命令行界面中运行命令 pyinstaller -F test1.py，打包源文件，如图 7.9 所示。

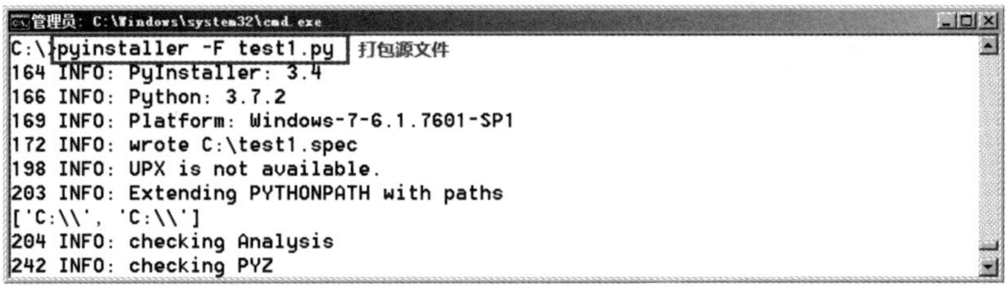

图 7.9　打包源文件

（4）在成功运行命令后，生成的可执行文件 test1.exe 在源文件 test1.py 所在路径的文件夹 dist 中，如图 7.10 所示。进入 dist 文件夹，双击打开 test1.exe 文件，运行结果如图 7.11 所示。

图 7.10　可执行文件所在的文件夹

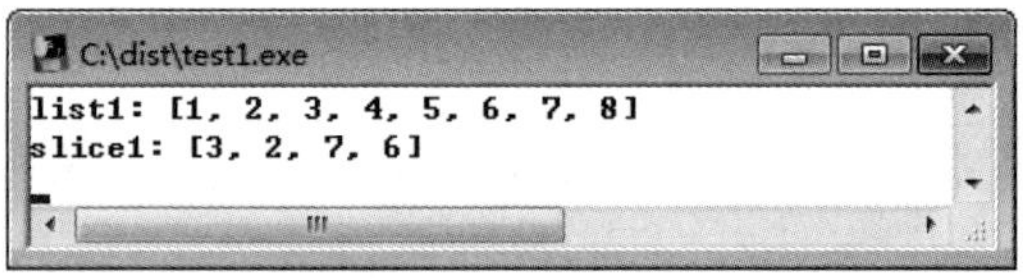

图 7.11　test1.exe 文件的运行结果

7.4　自定义模块

在 Python 中，用户可以编写具有特定功能的模块（称为自定义模块），并保存到扩展名为.py 的文件中。与标准库模块、第三方库中的模块一样，如果要调用自定义模块中的类、函数或属性等，也必须先使用 import 语句导入自定义模块。

下面以一个项目名为 P1 的例子来介绍自定义模块的创建和使用方法。其中，P1 所在路径为 D:\pythonProjects。

【例 7.45】 自定义模块的创建和使用。

[场景 1] 在源文件 A11.py 中调用 pack1 包中的 A12[①]模块。

在本场景中，源文件 A11.py 和 A12 模块在同一路径下，如图 7.12 所示。实现步骤为：在 pack1 包中添加__init__.py 文件；分别编写源文件 A11.py 和 A12 模块中的程序代码。

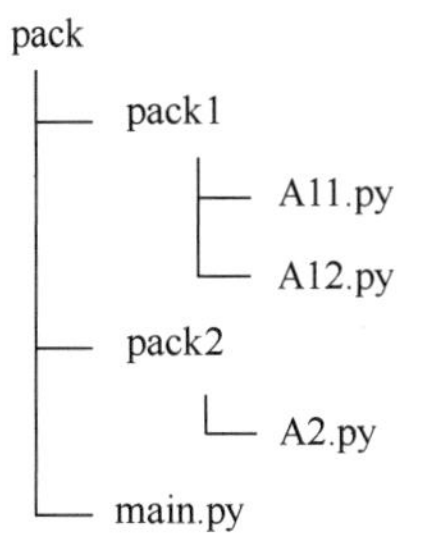

图 7.12 包-模块结构

A12 模块中的程序代码：

```
# 定义函数
def func_A12():
  return 'A12 in Pack1.'
```

1）方法一

源文件 A11.py 中的程序代码：

```
import A12
print(A12.func_A12())                # 调用 A12.func_A12()函数
```

源文件 A11.py 的运行结果：

```
A12 in Pack1.
```

2）方法二

源文件 A11.py 中的程序代码：

```
from A12 import *
print(func_A12())                    # 调用 func_A12()函数
```

源文件 A11.py 的运行结果：

```
A12 in Pack1.
```

3）方法三

源文件 A11.py 中的程序代码：

```
from A12 import func_A12
print(func_A12())                    # 调用 func_A12()函数
```

源文件 A11.py 的运行结果：

```
A12 in Pack1.
```

4）方法四

源文件 A11.py 中的程序代码：

```
import A12 as a                      # 给 A12 模块取别名为 a
print(a.func_A12())                  # 调用 a.func_A12()函数
```

源文件 A11.py 的运行结果：

```
A12 in Pack1.
```

[场景 2] 在源文件 main.py 中调用 pack2 包中的 A2 模块。

在本场景中，源文件 main.py 和 A2 模块所在的 pack2 包在同一路径下（见图 7.12）。实现步骤为：在 pack2 包中添加__init__.py 文件；分别编写 A2 模块和源文件 main.py 中的程序代码。

A2 模块中的程序代码：

```
# 定义函数
def func_A2():
  return 'A2 in Pack2.'
```

1）方法一

源文件 main.py 中的程序代码：

```
from pack2.A2 import *               # 或 from pack2.A2 import func_A2
```

① A12 模块就是名为 A12.py 的源文件。

```
print(func_A2())                  # 调用 func_A2()函数
```

源文件 main.py 的运行结果：

```
A2 in Pack2.
```

2）*方法二*

源文件 main.py 中的程序代码：

```
import pack2.A2                   # 导入 pack2.A2 模块
print(pack2.A2.func_A2())         # 调用 pack2.A2.func_A2()函数
```

源文件 main.py 的运行结果：

```
A2 in Pack2.
```

[场景 3] 在源文件 A11.py 中调用 A2 模块。

在本场景中，源文件 A11.py 和 A2 模块分别在两个不同路径下的 pack1 包和 pack2 包中。实现步骤为：在 pack2 包中添加__init__.py 文件；分别编写源文件 A11.py 和 A2 模块中的程序代码。

A2 模块中的程序代码：

```
# 定义函数
def func_A2():
  return 'A2 in Pack2.'
```

1）*方法一*

源文件 A11.py 中的程序代码：

```
import sys
sys.path.append('D:\\PythonProjects\\p1\\pack\\pack2')    # pack2 包所在路径
import A2                         # 导入 A2 模块
print(A2.func_A2())               # 调用 A2.func_A2()函数
```

源文件 A11.py 的运行结果：

```
A2 in Pack2.
```

2）*方法二*

源文件 A11.py 中的程序代码：

```
import sys
sys.path.append('D:\\PythonProjects\\p1\\pack')           # pack 包所在路径
import pack2.A2                   # 导入 pack2.A2 模块
print(pack2.A2.func_A2())         # 调用 pack2.A2.func_A2()函数
```

源文件 A11.py 的运行结果：

```
A2 in Pack2.
```

7.5 典型案例

7.5.1 使用 turtle 模块绘制表面填充的正方体

【例 7.46】 绘制一个表面填充的正方体。

分析：一般只能看到正方体的 3 个面，即正面、顶面和右侧面。因此，只需要对这 3 个面（分别填充为红色、绿色和蓝色）进行绘制和填充即可。

程序代码：

```
import turtle                     # 导入模块

# 画正方体正面
n = 100                           # 正方体边长
turtle.penup()
turtle.goto(-100,-50)
```

```
turtle.pendown()
turtle.pencolor('red')              # 画笔颜色为红色
turtle.begin_fill()
turtle.fillcolor('red')             # 填充颜色为红色
for i in range(4):
  turtle.forward(n)
  turtle.left(90)
turtle.end_fill()
# 画正方体顶面
turtle.penup()
turtle.goto(-100,n-50)
turtle.pendown()
turtle.pencolor('green')            # 画笔颜色为绿色
turtle.begin_fill()
turtle.fillcolor('green')           # 填充颜色为绿色
turtle.left(45)
turtle.forward(int(n * 0.6))        # 倾斜边长为 60
turtle.right(45)
turtle.forward(n)
turtle.left(360 - 135)
turtle.forward(int(n * 0.6))        # 倾斜边长为 60
turtle.end_fill()
# 画正方体右侧面
turtle.left(45)
turtle.penup()
turtle.goto(n-100,-50)
turtle.pendown()
turtle.pencolor('blue')             # 画笔颜色为蓝色
turtle.begin_fill()
turtle.fillcolor('blue')            # 填充颜色为蓝色
turtle.left(135)
turtle.forward(int(n * 0.6))        # 倾斜边长为 60
turtle.left(45)
turtle.forward(n)
turtle.left(135)
turtle.forward(int(n * 0.6))        # 倾斜边长为 60
turtle.right(90)
turtle.end_fill()
turtle.done()
```

运行结果如图 7.13 所示。

图 7.13　表面填充的正方体

7.5.2　使用 NumPy 库和 Matplotlib 库分析股票

【例 7.47】 使用 NumPy 库和 Matplotlib 库对股票 000001（平安银行）在 2018 年 7 月的交易数据进行分析并显示股票收盘价走势图。

分析：股票 000001 在 2018 年 7 月的交易数据存储在 000001_stock01.csv 文件中（可以从网站资源中下载），数据各列分别是 date（日期）、open（开盘价）、high（最高价）、close（收盘价）、low（最低价）、volume（成交量）。股票 000001 在 2018/7/2—2018/7/6 的交易数据如下。

```
2018/7/2,  9.05,  9.05,  8.61,  8.55,  1315520.12
2018/7/3,  8.69,  8.7,   8.67,  8.45,  1274838.5
2018/7/4,  8.63,  8.75,  8.61,  8.61,  711153.38
2018/7/5,  8.62,  8.73,  8.6,   8.55,  835768.81
2018/7/6,  8.61,  8.78,  8.66,  8.45,  988282.75
```

本例调用 NumPy 库和 Matplotlib 库中的相关函数实现了如下功能。

（1）在使用 NumPy 库对股票文件进行处理前，需要先将股票交易文件 000001_stock01.csv 中的不同列数据分别读取到多个数组中保存。

（2）使用 np.mean()函数计算收盘价和成交量的算术平均值。

（3）使用 np.average()函数计算收盘价的加权平均值。

（4）使用 np.max()函数、np.min()函数分别计算股票最高价、最低价。

（5）使用 np.ptp()函数计算股票最高价波动范围、股票最低价波动范围。

（6）使用 matplotlib.pyplot 模块中的相关函数绘制股票 000001 在 2018 年 7 月的收盘价走势图。

程序代码：


```
import numpy as np,os
import matplotlib.pyplot as plt

# 将 000001_stock01.csv 文件中的第 4 列（收盘价）、第 6 列（成交量）数据读取到数组 close、volume 中
close,volume=np.loadtxt(os.getcwd()+"\\resource\\000001_stock01.csv",
 delimiter=',',usecols=(3,5),unpack=True)
print("收盘价的算术平均值:%6.2f 元."%np.mean(close))
print("成交量的算术平均值:%10.2f 手."%np.mean(volume))
# 计算收盘价的加权平均值（时间越靠近现在，权重越大）
t = np.arange(len(close))
print("收盘价的加权平均值:%6.2f 元."%(np.average(close,weights=t)))
# 将 000001_stock01.csv 文件中的第 3 列（最高价）、第 5 列（最低价）数据读取到数组 high、low 中
high,low = np.loadtxt(os.getcwd()+"\\resource\\000001_stock01.csv",delimiter=
  ',',usecols=(2,4),unpack=True)
print("股票最高价:%6.2f 元."%np.max(high))
print("股票最低价:%6.2f 元."%np.min(low))
print("股票最高价波动范围:%6.2f 元."%np.ptp(high))
print("股票最低价波动范围:%6.2f 元."%np.ptp(low))
"""----------显示股票 000001 在 2018 年 7 月的收盘价走势图--------------"""
# 将 000001_stock01.csv 文件中的第 1 列（日期）数据读取到数组 date 中
date = np.loadtxt(os.getcwd()+"\\resource\\000001_stock01.csv",dtype=str,delimiter
   =',',usecols=(0,),unpack=True)
plt.plot(date,close,'r',lw=2)
plt.rcParams['font.sans-serif']=['SimHei']
plt.xlabel('x 轴-日期',fontsize=14)
plt.ylabel('y 轴-收盘价(元)',fontsize=14)
plt.legend(['收盘价(元)'])
plt.gcf().autofmt_xdate()
plt.show()
```

运行结果（股票收盘价走势图如图 7.14 所示）：

```
收盘价的算术平均值: 8.96 元.
成交量的算术平均值: 928649.01 手.
收盘价的加权平均值: 9.11 元.
股票最高价: 9.59 元.
股票最低价: 8.45 元.
股票最高价波动范围: 0.89 元.
股票最低价波动范围: 0.88 元.
```

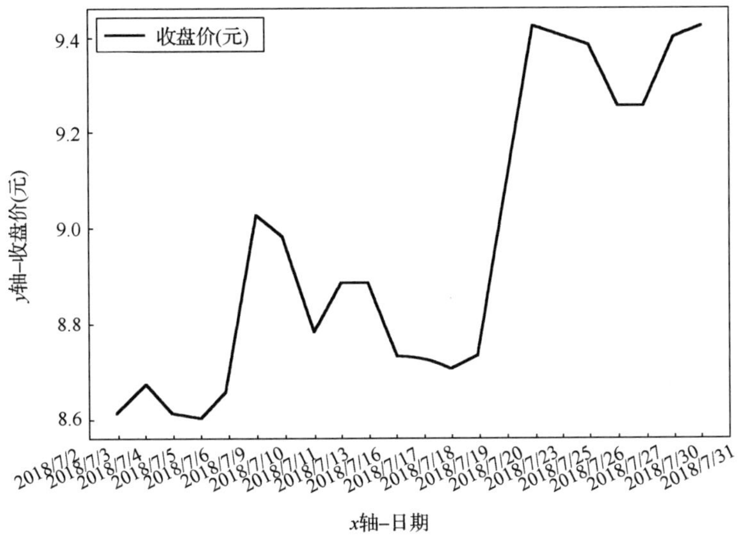

图 7.14　股票收盘价走势图

7.5.3　使用 Pandas 库分析股票交易数据

【例 7.48】 使用 Pandas 库对股票 000001（平安银行）在 2018 年 7 月的交易数据进行统计分析。

分析：本例中的数据与【例 7.47】中的相同，对应文件名为 000001_stock02.csv（可以从网站资源中下载）。

```
date,      open,  high,  low,   close, volume
2018/7/2,  9.05,  9.05,  8.61,  8.55,  1315520.12
2018/7/3,  8.69,  8.7,   8.67,  8.45,  1274838.5
2018/7/4,  8.63,  8.75,  8.61,  8.61,  711153.38
2018/7/5,  8.62,  8.73,  8.6,   8.55,  835768.81
2018/7/6,  8.61,  8.78,  8.66,  8.45,  988282.75
```

相对于 NumPy 库，Pandas 库具有使用更方便、功能更强大的数据统计和分析方法。本例实现方法如下。

（1）使用 Pandas 库中的 pd.loc()函数、pd.count()函数对 000001_stock02.csv 文件中的股票数据进行筛选计数。

（2）使用 NumPy 库中的 np.where()函数，并结合在 Pandas 库中获取的列数据对股票数据进行分组。

（3）调用 Pandas 库中的 pd.describe()函数对股票数据进行描述性统计。

（4）调用 Pandas 库中的 pd.corr()函数对股票数据进行相关性分析。

程序代码：

```
import pandas as pd
import numpy as np
import os

data = pd.read_csv(os.getcwd()+"\\resource\\000001_stock02.csv")
print("1.股票最高价高于 9.00 元的天数:",(data.loc[(data['high']>=9.00),
  ['date']].count()).iloc[0])
print("2.股票收盘价分组:",np.where(data['close']>=9.00,'高','低'))
print("3.股票数据的描述性统计:")
print(data.describe())
```

```
print("4.股票数据的相关性分析:")
print(data.corr())
```

运行结果：

```
1.股票最高价高于 9.00 元的天数: 11
2.股票收盘价分组: ['低' '低' '低' '低' '低' '低' '低' '低' '低' '低' '低' '低' '低'
 '低' '低' '高' '高' '高' '高' '高' '高' '高']
3.股票数据的描述性统计:
            open       high        low      close        volume
count  22.000000  22.000000  22.000000  22.000000  2.200000e+01
mean    8.939545   9.074545   8.963636   8.825455  9.286490e+05
std     0.300531   0.306404   0.308507   0.300630  4.077300e+05
min     8.600000   8.700000   8.600000   8.450000  3.753563e+05
25%     8.700000   8.815000   8.705000   8.610000  6.330535e+05
50%     8.805000   8.995000   8.880000   8.690000  8.345635e+05
75%     9.237500   9.427500   9.250000   9.135000  1.241252e+06
max     9.440000   9.590000   9.420000   9.330000  1.781688e+06
4.股票数据的相关性分析:
            open      high       low     close    volume
open    1.000000  0.893724  0.814231  0.940618 -0.090078
high    0.893724  1.000000  0.954085  0.901292  0.237201
low     0.814231  0.954085  1.000000  0.896178  0.218021
close   0.940618  0.901292  0.896178  1.000000 -0.140180
volume -0.090078  0.237201  0.218021 -0.140180  1.000000
```


在【例 7.48】的描述性统计结果中，count 为统计数，mean 为平均值，std 为标准差，min 为最小值，25%、50%、75%为百分位数，max 为最大值。

7.5.4 使用图像处理库处理和显示图像

【例 7.49】 使用图像处理库处理和显示图像。

分析：本例通过图像处理库 imageio 中的相关函数实现对图像的处理和显示，具体方法如下。

（1）使用 imageio 库（用于在 Python 程序中读取、写入和处理图像的第三方库）中的 imread()函数读取图像文件。

（2）获取图像的数据类型和图像大小。

（3）使用 imageio 库中的 imwrite()函数修改图像亮度、图像大小，裁剪图像。

（4）使用 matplotlib.pyplot 模块和 matplotlib.image 模块中的相关函数绘制原始图像。

程序代码：

```
import imageio,os,numpy as np
import matplotlib.pyplot as plt
import matplotlib.image as mpimg
from PIL import Image

tiger_jpg=imageio.v3.imread(os.getcwd()+"\\resource\\tiger.jpg")   # 读取图像
print("图像的数据类型:", tiger_jpg.dtype)                            # 获取图像的数据类型
img_shape = tiger_jpg.shape                                         # 获取图像大小
print("(图像大小, 通道数):", tiger_jpg.shape)
imageio.imwrite("tiger_mc.jpg", np.minimum(tiger_jpg + 50, 255))    # 修改图像亮度并保存
imageio.imwrite("timg_ms.jpg",np.array(Image.fromarray(tiger_jpg).resize
((120,70))))                                                        # 修改图像大小并保存
imageio.imwrite("timg_mi.jpg", tiger_jpg[50:130, 100:240])          # 裁剪图像并保存
"""-------------------------绘制图像---------------------------"""
plt.figure()
plt.subplot(2, 2, 1)
tiger_jpg1 = mpimg.imread(os.getcwd()+"\\resource\\tiger.jpg")     # 读取图像
plt.imshow(tiger_jpg1)                                              # 显示图像
plt.axis('off')
plt.subplot(2, 2, 2)
```

```
tiger_jpg2 = mpimg.imread("tiger_mc.jpg")                    # 读取图像
plt.imshow(tiger_jpg2)                                       # 显示图像
plt.axis('off')
plt.subplot(2, 2, 3)
tiger_jpg3 = mpimg.imread("timg_ms.jpg")                     # 读取图像
plt.imshow(tiger_jpg3)                                       # 显示图像
plt.axis('off')
plt.subplot(2, 2, 4)
tiger_jpg4 = mpimg.imread("timg_mi.jpg")                     # 读取图像
plt.imshow(tiger_jpg4)                                       # 显示图像
plt.axis('off')
plt.show()
```

运行结果（原始图像及处理后的图像如图 7.15 所示）：

```
图像的数据类型：uint8
(图像大小，通道数)：(220, 352, 3)
```

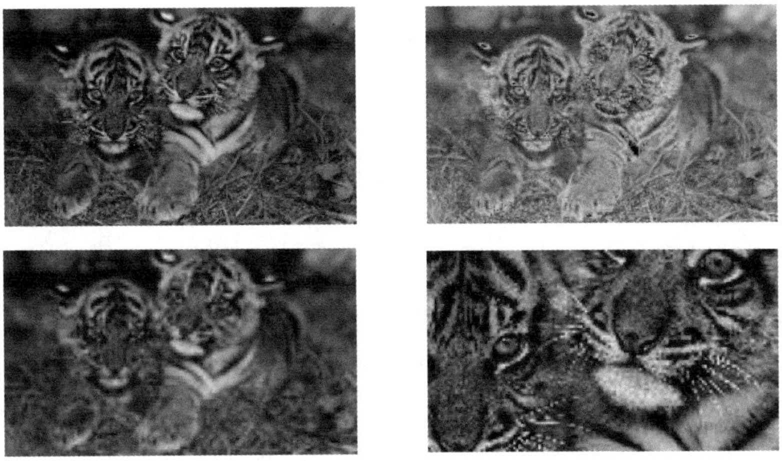

图 7.15　原始图像及处理后的图像

在图 7.15 中，第 1 个子图（左上）显示的是原始图像；第 2 个子图（右上）显示的是修改亮度之后的图像；第 3 个子图（左下）显示的是修改分辨率之后的图像，由于分辨率减小，因此图像变得模糊了；第 4 个子图（右下）显示的是经过裁剪后的图像，由于周围的环境被裁剪，因此只能看见两只小老虎的头部。

练习题 7

1. 简答题

（1）在开发 Python 程序时，使用模块有什么好处？

（2）列出 3 个以上的常用标准库模块，并说明它们各有什么功能。

（3）列出 3 个以上的常用第三方库，并说明它们各有什么功能。

2. 选择题

（1）用于绘制线、圆等图形的标准库模块是（　　）。

A. math　　B. time　　C. sys　　D. turtle

（2）在 random 模块中，可以生成[0，1)范围内随机浮点数的函数是（　　）。

A. random()　　B. choice()　　C. randint()　　D. sample()

（3）常用于数据分析的第三方库是（　　）。

A．NumPy　　B．Pandas　　C．SciPy　　D．Matplotlib

（4）某类的对象表示两个时间的差值，这个类是（　　）。

A．date　　B．time　　C．timedelta　　D．datetime

（5）在 os 模块中，能够调用计算机应用程序的函数是（　　）。

A．getcwd()　　B．popen()　　C．rename()　　D．listdir()

（6）在 NumPy 库中，用于改变数组形状的函数是（　　）。

A．array()　　B．reshape()　　C．mat()　　D．zeros()

（7）具有强大绘图功能的第三方库是（　　）。

A．os　　B．SciPy　　C．Matplotlib　　D．Jieba

（8）目前非常流行的中文分词库是（　　）。

A．sys　　B．time　　C．SciPy　　D．Jieba

（9）已知 x=numpy.array([[1,2],[3,4]]); y=numpy.array([[1,2],[3,4]])，假设已导入 NumPy 库，则语句 numpy.vdot(x,y)的运行结果是（　　）。

A．20　　B．30　　C．40　　D．50

（10）语句 from scipy import special as sp; print(sp.comb(6, 3))的运行结果是（　　）。

A．20　　B．18　　C．9　　D．60

3. 填空题

（1）在 Python 中，一个.py 文件可以被称为一个________。

（2）常用于时间访问和日期置换的标准库模块是________。

（3）在 Python 中，常用于测试一段代码运行时间的标准库模块是________。

（4）可以完美支持中文分词的第三方库是________。

（5）可以使用 zlib 模块中的________函数压缩字符串，使用________函数解压缩字符串。

（6）语句 import numpy as np; print(np.ones([2,3]))的运行结果是________。

（7）语句 import numpy as np; a = np.arange(60).reshape(3,4,5); print(a.shape)的运行结果是________。

第 8 章　正则表达式

本章内容：

- 概述
- 正则表达式语法
- 使用 re 模块处理字符串
- 典型案例

8.1　概述

正则表达式（Regular Expression）又称规则表达式，是处理字符串的有力工具，是对字符串进行操作的一种逻辑公式。

正则表达式的本质是用事先定义好的一些特定字符组成的规则字符串对字符串进行过滤的一种逻辑。规则字符串可以包含普通字符（如 a ~ z 范围内的英文字母）和特殊字符（又称元字符）。例如，正则表达式“0\d{2,3}-\d{7,8}”包含普通数字和匹配数字的元字符“\d”，可以过滤或提取字符串中包含的固定电话号码，如 010-88888888、0711-6666666 等。

与 Python 提供的字符串处理函数相比，正则表达式提供了更加强大的处理功能，可以快速、准确地完成复杂的查找、替换等处理任务。其灵活性、逻辑性和功能性强，可以用极简单的方式实现字符串的复杂控制。

使用正则表达式处理字符串的过程如图 8.1 所示。

（1）编写正则表达式。

（2）使用正则表达式引擎对正则表达式进行编译，得到正则表达式对象。

（3）通过正则表达式对象对字符串进行匹配（或过滤），得到匹配（或过滤）结果。

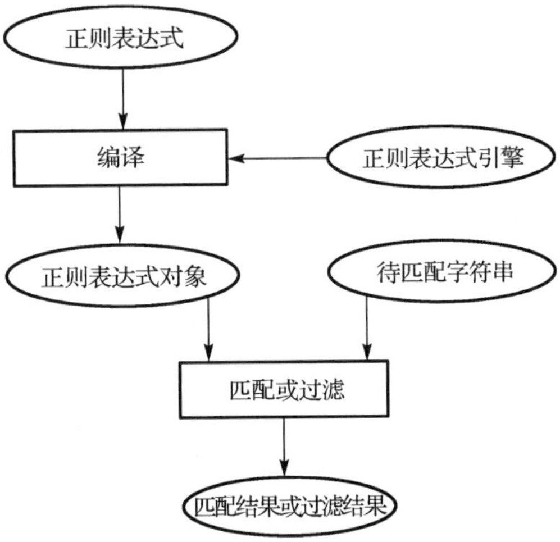

图 8.1　使用正则表达式处理字符串的过程

【例 8.1】 使用正则表达式提取字符串中的日期。

程序代码：

```
import re                                        # 导入模块
str = '今天是 2019-05-01，劳动节！'               # 字符串
reg = '\d{2,4}-\d{1,2}-\d{1,2}'                  # 正则表达式
res = re.findall(reg,str)                        # 匹配字符串
print("日期:",res)
```

运行结果：

```
日期: ['2019-05-01']
```

8.2 正则表达式语法

1. 正则表达式组成

正则表达式的构造方法和数学表达式的构造方法一样，都是将多种元字符与运算符组合在一起，创建一个表达式。组成正则表达式的可以是单个字符、字符集合、字符范围、字符间的选择或者它们之间的任意组合。

1）普通字符

正则表达式中的普通字符包括以下几项。

（1）英文字母：26 个大写英文字母 A ~ Z 和 26 个小写英文字母 a ~ z。

（2）汉字：Unicode 字符集中包括的汉字等。

（3）数字：10 个数字 0 ~ 9。

（4）标点符号：如“:”“、”“,”等标点符号。

（5）其他符号：如\n（换行符）、\t（制表符）等非打印字符。

2）特殊字符

特殊字符指一些有特殊含义的字符。特殊字符一般具有通用性，如\w 可以表示 1 位字母、数字或下画线。

正则表达式中的常用特殊字符包括字符匹配模式、定位符（描述字符串或单词的边界）和限定符（匹配次数）等，分别如表 8.1、表 8.2 和表 8.3 所示。

表 8.1　字符匹配模式

语　法	解　释	正则表达式	字 符 串	匹 配 结 果
.	匹配除\n（换行符）外的任意一个字符	a.c	abca1c	abc, a1c
\	表示位于\之后的为转义字符	a\.c	a.cde	a.c
|	匹配位于|之前或之后的字符	ab|cd	abcd	ab, cd
[]	匹配位于[]之中的任意一个字符	a[bcd]e	abeade	abe, ade
[a-c]或[abc]	匹配指定范围内的任意字符	[a-c]	abcde	a, b, c
[^a-c]或[^abc]	匹配指定范围外的任意字符	[^a-c]	abcde	d, e
()	将()中的内容作为一个整体对待	(abc)d	abcd	abc
\d	匹配 1 位数字	a\dc	a1cabc	a1c
\D	与\d 的含义相反	a\Dc	a1cabc	abc
\w	匹配 1 位字母、数字和下画线	a\wc	abca1c	abc, a1c
\W	与\w 的含义相反	a\Wb	aa bb	a b
\s	匹配 1 位空白字符：<空格>、\t、\n、\r、\f、\v	a\sb	a\nba\tb	'a\nb', 'a\tb'
\S	与\s 的含义相反	ab\Sd	abcd	abcd

表 8.2　定位符

语　法	解　释	正则表达式	字 符 串	匹 配 结 果
^	匹配以^后面的字符或模式开头的字符串	^abc	abccc	abc
$	匹配以$前面的字符或模式结束的字符串	abc$	aaabc	abc
\b	匹配单词头或单词尾	r'\babc\b'	d abc d	abc
\B	与\b 的含义相反	r'\Babc\B'	dabcd	abc

表 8.3 限定符

语　法	解　释	正则表达式	字　符　串	匹配结果
*	匹配其前一个字符出现 0 次或多次的字符串	abc*	ababcabccc	ab, abc, abccc
+	匹配其前一个字符出现 1 次或多次的字符串	abc+	ababcabcc	abc, abcc
?	匹配其前一个字符只能出现 0 次或 1 次的字符串	abc?	ababc	ab, abc
{m}	匹配其前一个字符只能出现 *m* 次的字符串	ab{2}c	abcabbc	abbc
{m,}	匹配其前一个字符出现至少 *m* 次的字符串	ab{1,}c	abcabbc	abc, abbc
{m,n}	匹配其前一个字符至少出现 *m*～*n* 次的字符串	ab{1,2}c	abcabbcde	abc, abbc

2. 扩展语法

除上述语法外，Python 还允许正则表达式进行语法扩展，以实现更加复杂的字符串处理功能。常用扩展语法如表 8.4 所示。

表 8.4 常用扩展语法

语　法	解　释	正则表达式	字　符　串	匹配结果
(?#pattern)	表示注释	excel(?#注释)	excel 电子表格	excel
(?:pattern)	匹配但不捕获该匹配的子模式	win(?:2010)或(?:2010)win	win2010 或 2010win	win2010 或 2010win
(?=pattern)	用于正则表达式之后，如果=后的内容在字符串中出现，则匹配，但不返回=之后的内容	win(?=2010)	win2010	win
(?!pattern)	用于正则表达式之后，如果!后的内容在字符串中没有出现，则匹配，但不返回!之后的内容	win(?!2010)	win1998	win
(?<=pattern)	用于正则表达式之前，如果<=后的内容在字符串中出现，则匹配，但不返回<=之后的内容	(?<=2016)word	2016word	word
(?<!pattern)	用于正则表达式之前，如果<!后的内容在字符串中没有出现，则匹配，但不返回<!之后的内容	(?<!2016)word	2013word	word

3. 匹配的贪婪模式与非贪婪模式

贪婪模式与非贪婪模式影响的是被量词修饰的子表达式的匹配行为。

（1）贪婪模式：在整个表达式匹配成功的前提下，尽可能多地匹配。

（2）非贪婪模式：在整个表达式匹配成功的前提下，尽可能少地匹配。

默认采用贪婪模式。在量词后面直接加上一个问号就是非贪婪模式。

【例 8.2】 字符串的贪婪匹配与非贪婪匹配。

程序代码：

```
import re
str = "<div>监督学习</div><div>非监督学习</div><div>半监督学习</div>"        # 字符串
pat1 = re.compile('<div>.*</div>')              # 生成正则表达式对象
res1 = pat1.findall(str)                        # 匹配字符串
print("贪婪匹配:",res1)
pat2 = re.compile('<div>.*?</div>')             # 生成正则表达式对象
res2 = pat2.findall(str)                        # 匹配字符串
print("非贪婪匹配:",res2)
```

运行结果：

```
贪婪匹配: ['<div>监督学习</div><div>非监督学习</div><div>半监督学习</div>']
非贪婪匹配: ['<div>监督学习</div>', '<div>非监督学习</div>', '<div>半监督学习</div>']
```

8.3 使用 re 模块处理字符串

Python 自 1.5 版本起增加了 re 模块，使 Python 拥有全部的正则表达式功能。

re 模块提供了两种使用正则表达式处理字符串的方法。

（1）直接调用 re 模块中的函数。

（2）先将正则表达式编译成正则表达式对象，再调用正则表达式对象中的函数。

这两种方法的使用形式基本相同，但后者提供了更多、更强大的功能，如可以提高字符串的处理速度等。

8.3.1 re 模块中的常用函数

1. 匹配函数

1）re.match()函数

re.match()函数的功能是尝试从字符串的起始位置匹配一个模式，若匹配成功，则返回一个匹配对象，否则返回 None。re.match()函数的一般格式为：

```
res = re.match(pattern,str,flags=0)
```

其中，pattern 为正则表达式；str 为待匹配的字符串；flags 为可选标志位，用于控制正则表达式的匹配方式，如是否区分大小写、是否允许多行匹配等。正则表达式常用标志位如表 8.5 所示。

表 8.5 正则表达式常用标志位

标 志 位	描 述
re.I	使匹配对大小写不敏感
re.L	进行本地化识别（locale-aware）匹配
re.M	多行匹配，影响^和$
re.S	匹配包括换行符在内的所有字符
re.U	根据 Unicode 字符集解析字符。这个标志位影响 \w、\W、\b、\B
re.X	^匹配字符串和每行的行首，$匹配字符串和每行的行尾

可以使用匹配对象的函数 group(num)、groups()或 groupdict()来获取匹配结果。

（1）group(0)：返回包含整个表达式的字符串。

（2）group(n1, n2,…)：返回一个包含多个组号对应值的元组。

（3）groups()：返回一个包含所有小组字符串的元组。

（4）groupdict()：返回一个字典，其中元素的键为命名组的组名，元素的值为命名组匹配到的文本子串。

【例 8.3】 使用 re.match()函数提取中国国际长途电话号码的各部分。

程序代码：

```
import re
str = "0086-010-88668866"                    # 中国国际长途电话号码
mat = re.match(r"(?P<nation>\d{4,})-(?P<zone>\d{3,4})-(?P<number>\d{7,8})",str,
        re.M | re.I)
if mat:
  print("mat.group(0):",mat.group(0))
  print("mat.group(1):",mat.group(1))
  print("mat.group(2):",mat.group(2))
  print("mat.group(3):",mat.group(3))
  print("mat.group(1,2,3):",mat.group(1,2,3))
  print("mat.groups():",mat.groups())
  print("mat.groupdict():",mat.groupdict())
else:
  print("match 匹配不成功！")
```

运行结果：

```
mat.group(0): 0086-010-88668866
mat.group(1): 0086
mat.group(2): 010
mat.group(3): 88668866
mat.group(1,2,3): ('0086', '010', '88668866')
mat.groups(): ('0086', '010', '88668866')
mat.groupdict(): {'nation': '0086', 'zone': '010', 'number': '88668866'}
```

2）re.search()函数

re.search()函数的功能是扫描整个字符串并返回第一个匹配成功的对象，其一般格式为：

```
res = re.search(pattern,str,flags=0)
```

re.search()函数中的参数使用方法和 re.match()函数中的相同。

【例 8.4】 使用 re.search()函数匹配字符串。

程序代码：

```
import re
str = "David的QQ邮箱:123456@qq.com"
sea = re.search(r"(?P<user>\d+)@(?P<website>\w+)\.(?P<extension>\w+)",str,re.M | re.I)
if sea:
  print("sea.group(0):",sea.group(0))
  print("sea.group(1,2,3):",sea.group(1,2,3))
  print("sea.groups():",sea.groups())
  print("sea.groupdict():",sea.groupdict())
else:
  print("search匹配不成功！")
```

运行结果：

```
sea.group(0): 123456@qq.com
sea.group(1,2,3): ('123456', 'qq', 'com')
sea.groups(): ('123456', 'qq', 'com')
sea.groupdict(): {'user': '123456', 'website': 'qq', 'extension': 'com'}
```

在【例 8.4】中，如果将 re.search()函数替换成 re.match()函数，则返回结果为 None。

2. 查找函数

1）re.findall()函数

re.findall()函数的功能是在字符串中找到正则表达式匹配的所有子字符串，并返回一个列表。如果没有找到，则返回空列表。re.findall()函数的一般格式为：

```
res =re.findall(pattern,str,flags=0)
```

re.findall()函数中的参数含义和 re.match()函数中的相同。

注意：re.match()函数和 re.search()函数会返回一次匹配的结果，而 re.findall()函数则会返回所有匹配的结果。

【例 8.5】 使用 re.findall()函数查找字符串中的所有单词。

程序代码：

```
import re
res = re.findall('\w+','live well,love lots,and laugh often')    # 查找匹配的字符串
print("匹配结果：",res)
```

运行结果：

```
匹配结果：['live', 'well', 'love', 'lots', 'and', 'laugh', 'often']
```

2）re.finditer()函数

re.finditer()函数的功能是在字符串中找到正则表达式匹配的所有子字符串，并作为一个迭代器返回，其一般格式为：

```
res = re.finditer(pattern,str,flags=0)
```

re.finditer()函数中的参数含义和 re.match()函数中的相同。

【例 8.6】 使用 re.finditer()函数查找并查看所有匹配的子字符串。

程序代码：

```
import re
str = "of the people, for the people, by the people."     # 字符串
res = re.finditer("\w+ \w+ (people)", str)                 # 匹配字符串
for match in res:
  print(match.group())
```

运行结果：

```
of the people
for the people
by the people
```

3. 替换函数

re 模块中用于进行替换操作的函数有 re.sub()和 re.subn()。

re.sub()函数的功能是将 pattern 的匹配项用 repl 替换，并返回新字符串，其一般格式为：

```
res = re.sub(pattern,repl,str[,count=0])
```


其中，pattern 为正则表达式；repl 为替换字符串；str 为要被查找替换的原始字符串；count 为模式匹配后替换的最大次数，默认值为 0，表示替换所有的匹配项。

re.subn()函数的功能是将 pattern 的匹配项用 repl 替换，并返回包含新字符串和替换次数的二元组，其一般格式为：

```
res = re.subn(pattern,repl,str[,count=0])
```

re.subn()函数中的参数含义与 re.sub()函数中的相同。

【例 8.7】 使用 re.sub()函数提取电话号码。

程序代码：

```
import re
phoneNumber = "400-669-5566#中国银行信用卡客服专线电话号码"
num1 = re.sub('#.*$',"",phoneNumber)
print("使用 sub()函数替换的结果:",num1)
num2 = re.subn('#.*$',"",phoneNumber)
print("使用 subn()函数替换的结果:",num2)
```

运行结果：

```
使用 sub()函数替换的结果: 400-669-5566
使用 subn()函数替换的结果: ('400-669-5566',1)
```

4. 分隔函数

分隔函数 re.split()的功能是通过指定分隔符对字符串进行分隔，并返回包含分隔结果的列表，其一般格式为：

```
res = re.split(pattern,str[,maxsplit=0,flags=0])
```

其中，pattern 为正则表达式，包含指定的分隔符；str 为待分隔的字符串；maxsplit 为分隔次数，默认值为 0，表示不限制次数；flags 为可选标志位（见表 8.5）。

【例 8.8】 使用 re.split()函数分隔字符串。

程序代码：

```
import re
str = "多少事,从来急;天地转,光阴迫.一万年太久,只争朝夕.—毛泽东"     # 字符串
strList = re.split('\W+',str)                                      # 提取字符串
print("strList =",strList)
```

运行结果：

```
strList = ['多少事','从来急','天地转','光阴迫','一万年太久','只争朝夕','毛泽东']
```

5. 编译函数

编译函数 re.compile()用于编译正则表达式，生成一个正则表达式对象，以供 match()、search()、findall()等函数使用，其一般格式为：

```
re.compile(pattern[,flags])
```

其中，pattern 为正则表达式；flags 为可选标志位（见表 8.5）。

【例 8.9】 使用 pattern.findall()函数提取指定短语。

程序代码：

```
import re
pattern = re.compile('wr\w+ \w+')           # 生成正则表达式对象
# 匹配字符串
res = pattern.findall("Frankly,in the opinion of the Joint Chiefs of Staff,this
        strategy would involve us in the wrong war,at the wrong place,at the
        wrong time,and with the wrong enemy.")
if res:
  print("匹配结果：",res)
else:
  print("匹配无结果！")
```

运行结果：

```
匹配结果：['wrong war', 'wrong place', 'wrong time', 'wrong enemy']
```

8.3.2 常用正则表达式

校验数字的常用正则表达式如表 8.6 所示。

表 8.6 校验数字的常用正则表达式

校 验	正则表达式
数字	^[0-9]*$
n 位数字	^\d{n}$
至少 *n* 位数字	^\d{n,}$
m～*n* 位数字	^\d{m,n}$
带 *m*～*n* 位小数的正数或负数	^(\-)?\d+(\.\d{m,n})?$
带 2 位小数的正实数	^[0-9]+(.[0-9]{2})?$
非零的正整数	^[1-9]\d*$ 或 ^([1-9][0-9]*){1,3}$ 或 ^\+?[1-9][0-9]*$
非零的负整数	^\-[1-9][0-9]*$ 或 ^-[1-9]\d*$
非负整数	^\d+$ 或 ^[1-9]\d*|0$
非正整数	^-[1-9]\d*|0$ 或 ^((-\d+)|(0+))$
非负浮点数	^\d+(\.\d+)?$ 或 ^[1-9]\d*\.\d*|0\.\d*[1-9]\d*|0?\.0+|0$
非正浮点数	^((-\d+(\.\d+)?)|(0+(\.0+)?))$ 或 ^(-([1-9]\d*\.\d*|0\.\d*[1-9]\d*))|0?\.0+|0$
浮点数	^(-?\d+)(\.\d+)?$ 或 ^-?([1-9]\d*\.\d*|0\.\d*[1-9]\d*|0?\.0+|0)$

校验字符的常用正则表达式如表 8.7 所示。

表 8.7 校验字符的常用正则表达式

校 验	正则表达式
汉字	^[\u4e00-\u9fa5]{0,}$
长度为 *m*～*n* 的所有字符	^.{m,n}$
由英文字母组成的字符串	^[A-Za-z]+$

续表

校　验	正则表达式
由大写英文字母组成的字符串	^[A-Z]+$
由小写英文字母组成的字符串	^[a-z]+$
由数字和大小写英文字母组成的字符串	^[A-Za-z0-9]+$ 或 ^[A-Za-z0-9]{m,n}$ m~n 位)
中文、英文、数字和下画线	^[\u4E00-\u9FA5A-Za-z0-9_]+$

校验特殊要求的常用正则表达式如表 8.8 所示。

表 8.8　校验特殊要求的常用正则表达式

校　验	正则表达式
E-mail 地址	^\w+@(\w+\.)+\w+$
域名	[a-zA-Z0-9][-a-zA-Z0-9]{0,62}(/.[a-zA-Z0-9][-a-zA-Z0-9]{0,62})+/.?
网址	[a-zA-z]+://[^\s]*
手机号码	^(13[0-9]|14[579]|15[0-3,5-9]|16[6]|17[0135678]|18[0-9]|19[89])\\d{8}$
国内电话号码	0\d{2,3}-\d{7,8}
身份证号	^\d{15}|\d{18}$
IP 地址	^\d{1,3}\.\d{1,3}\.\d{1,3}\.\d{1,3}$
邮政编码	[1-9]\d{5}(?!\d)$
QQ 号	[1-9][0-9]{4,}
日期格式	^\d{4}-\d{1,2}-\d{1,2}$

【例 8.10】 使用正则表达式校验输入的数字是否为带 2 位小数的正实数。

程序代码：

```
import re
real = input("请输入带 2 位小数的正实数: ")
reg = "^[0-9]+(\.[0-9]{2})$"
pattern = re.compile(reg)
res = pattern.match(real)
if res:
  print("您输入的数字合法！ ")
else:
  print("您输入的数字不合法！ ")
```

运行结果 1：

```
请输入带 2 位小数的正实数: 4.872
您输入的数字不合法！
```

运行结果 2：

```
请输入带 2 位小数的正实数: 1.23
您输入的数字合法！
```

【例 8.11】 使用正则表达式校验输入的字符串是否全为汉字。

程序代码：

```
import re
str = input("请输入汉字: ")
reg = "^[\u4e00-\u9fa5]{0,}$"
pattern = re.compile(reg)
res = pattern.match(str)
if res:
  print("您输入的字符串全为汉字！ ")
else:
  print("您输入的字符串不全为汉字！ ")
```

运行结果 1：

```
请输入汉字：山外青山楼外楼
```

```
您输入的字符串全为汉字!
```

运行结果 2:

```
请输入汉字:这是一个 miracle.
您输入的字符串不全为汉字!
```

【例 8.12】 使用正则表达式校验 IP 地址的格式是否正确。

程序代码:

```
import re
ipAdd = "202.114.144.191"
reg = "^\d{1,3}\.\d{1,3}\.\d{1,3}\.\d{1,3}$"
pattern = re.compile(reg)
res = pattern.match(ipAdd)
if res:
  print("IP 地址格式正确! ")
else:
  print("IP 地址格式不正确! ")
```

运行结果:

```
IP 地址格式正确!
```

8.4 典型案例

8.4.1 提取并汇总字符串中包含的费用

【例 8.13】 使用正则表达式查找字符串中包含的所有费用并计算其总和。

分析:本例的实现步骤如下。

(1)按题目要求编写从字符串中提取实数的正则表达式,即[0-9]\d*\.?\d*。

(2)使用 pattern.findall()函数从指定字符串中提取所有费用。

(3)使用 for 语句进行遍历求和。

程序代码:

```
import re

pattern = re.compile('[1-9]\d*\.?\d*')                    # 生成正则表达式对象
str = "本月消费:公积金 1028.90 元,失业保险费 21.60 元,房租 1250.00 元,生活费 1868.20 元,
电话费 194.36 元,交通费 113.52 元,其他费用 201.30 元"          # 待匹配字符串
res = pattern.findall(str)
sum = 0.0
for fee in res:
  sum = sum  + float(fee)
print("您本月的总消费为:%8.2f 元."%sum)
```

运行结果:

```
您本月的总消费为: 4677.88 元.
```

8.4.2 校验字符串合法性

【例 8.14】 使用正则表达式校验用户输入的标识符是否只包含 1 位以上的汉字、英文字母、数字或下画线,且不以数字开头。

分析:对程序中使用的标识符进行校验是开发程序时要完成的一个基本工作,否则会出现语法错误。可以通过正则表达式[^\d][\u4E00-\u9FA5a-zA-Z0-9_]{0,}$对输入的标识符进行校验。

程序代码:

```
import re
```

```
iden = input("请输入标识符：")
reg = "[^\d][\u4E00-\u9FA5a-zA-Z0-9_]{0,}$"          # 正则表达式
pattern = re.compile(reg)
res = pattern.match(iden)
if res:
  print("您输入的标识符合法！")
else:
  print("标识符包含指定范围外的字符，或者没有以汉字、英文字母或下画线开头。请重新输入！")
```

运行结果 1：

```
请输入标识符：1a
标识符中包含指定范围外的字符，或者没有以汉字、英文字母或下画线开头。请重新输入!
```

运行结果 2：

```
请输入标识符：__标识符 1__
您输入的标识符合法!
```

【例 8.15】 使用正则表达式校验用户输入的密码是否只包含 6～20 位数字、英文字母或下画线，且不全为数字。

分析：密码的位数和复杂度是决定用户密码是否安全的重要因素。本例可以通过正则表达式^(?!\d+$)[\dA-Za-z_]{6,20}$对输入的密码进行校验。

程序代码：

```
import re

while True:
  password = input("请输入密码：")                    # 输入密码
  password_again = input("请再次输入密码：")          # 再次输入密码
  if password == password_again:
    break
  else:
    print("两次输入的密码不相同。请重新输入！")
reg = "^(?!\d+$)[\dA-Za-z_]{6,20}$"                 # 正则表达式
pattern = re.compile(reg)
res = pattern.match(password)
if res:
  print("您输入的密码合法！")
else:
  print("密码包含指定范围外的字符，或者全为数字，或者字符个数超出范围。请重新输入！")
```

运行结果 1：

```
请输入密码:cy13 wx
请再次输入密码:cy13 wx
密码包含指定范围外的字符，或者全为数字，或者字符个数超出范围。请重新输入!
```

运行结果 2：

```
请输入密码：W1ik28a6
请再次输入密码：W1ik28a6
您输入的密码合法!
```

【例 8.16】 使用正则表达式校验 QQ 号是否存在。

分析：QQ 号从 10000 开始，因此本例可以通过正则表达式[1-9][0-9]{4,}对指定的 QQ 号进行校验。

程序代码：

```
import re

qq = '1234,88888888,2346901246,10000,666666,3,24682468'
res = re.findall('[1-9][0-9]{4,}',qq)
print("合法的 QQ 号:",res)
```

运行结果：

```
合法的 QQ 号: ['88888888', '2346901246', '10000', '666666', '24682468']
```

8.4.3 解析网页内容

在 Python 2.X 中，Urllib 库和 Urllib2 库可以用于发送请求和获取响应。在 Python 3.X 中，Urllib2 库已经不存在，而是统一为 Urllib 库。Urllib 库包括以下 4 个模块。

（1）urllib.request：打开和读取 URLs 的内容。

（2）urllib.error：包含使用 urllib.request 模块时可能产生的错误和异常。

（3）urllib.parse：解析和处理 URLs。

（4）urllib.robotparse：解析 robots.txt 文件。

其中，发送请求和获取响应使用的模块主要是 urllib.request。

【例 8.17】 使用正则表达式模块 re 和网页抓取模块 urllib.request 解析网页内容。

分析：本例的实现步骤如下。

（1）在浏览器中打开酷狗音乐网站。

（2）右击网页空白处，在弹出的快捷菜单中选择“查看网页源代码”菜单项，分析酷狗音乐网站的源代码。

（3）编写相应的正则表达式。

（4）使用正则表达式对网站内容进行提取。

程序代码：

```
import urllib.request,re

with urllib.request.urlopen('https://www.**.com/') as file:
  # 网页状态
  print("网页状态:",file.status,file.reason)
  # 网页内容
  data = file.read().decode('utf-8')        # 将 UTF-8 字符串解码为 Unicode 字符串
  # 标题
  reg = '<title>(.*?)</title>'
  title = re.findall(reg,data,re.S|re.M)
  print("标题:",title)
  # 关键字
  reg = '<meta name="keywords" content=.*?>'
  keywords = re.findall(reg,data,re.S|re.M)
  keywordsList = []
  for item in keywords:
    keywordsList = re.findall('content="(.*?)" />',item)
  print("关键字:",keywords)
  # 客户端程序下载类型
  reg = '<div class="download">(.*?)</div>'
  download = re.findall(reg,data,re.S|re.M)
  downloadList = []
  for item in download:
    downloadList = re.findall("<a .*?>(.*?)</a>",item)
  print("客户端程序下载类型:",downloadList)
  # 顶级导航
  reg = '<div class="topNav fr">(.*?)</ul>'
  top_nav = re.findall(reg,data,re.S|re.M)
  top_nav_list = []
  for item in top_nav:
    top_nav_list = re.findall("<a .*?>(.*?)</a>",item)
  print("顶级导航:",top_nav_list)
  # 主页导航
  reg = '<ul class="homeNav">(.*?)</ul>'
```

```
    home_nav = re.findall(reg,data,re.S|re.M)
    home_nav_list = []
    for item in home_nav:
      home_nav_list = re.findall("<a .*?>(.*?)</a>",item)
    print("主页导航:",home_nav_list)
    # 首页模块
    reg = '<h3><b>(.*?)</h3>'
    secound_content = re.findall(reg,data,re.S|re.M)
    secound_content_list = []
    for item in secound_content:
      str = re.sub("<.*?>","",item)
      secound_content_list.append(str)
    print("首页模块:",secound_content_list)
```

运行结果：

```
网页状态：200 OK
标题：['酷狗音乐 - 就是歌多']
关键字：['<meta name="keywords" content="酷狗音乐旗下最新最全的在线正版音乐网站，本站
        为您免费提供最全的在线音乐试听下载服务，以及全球海量电台和 MV 播放服务、最新音乐播放器
        下载服务。酷狗音乐 和音乐在一起。" />']
客户端程序下载类型：['下载 PC 版', '下载 iPhone 版', '下载 Android 版']
顶级导航：['客服中心', '招贤纳士', '会员中心 ']
主页导航：['首页', '榜单', '下载客户端', '更多']
首页模块：['精选歌单', '热门榜单', '新歌首发', '推荐 MV', '热门电台', '热门歌手', '合
        作伙伴', '友情链接']
```


在程序运行时，如果待解析的网站地址不正确或网络不连通，则会出现“urllib.error.URLError: <urlopen error [Errno 11004] getaddrinfo failed>”错误信息。如果网站出现较大的变化，则需要重新对网站的源代码进行分析并编写对应的正则表达式，否则可能得不到正确的结果。另外，有些网站对网络爬虫程序进行了限制，这也可能导致程序运行失败。

练习题 8

1. 简答题

（1）什么是正则表达式？与字符串函数相比，使用正则表达式处理字符串有什么优点？

（2）使用正则表达式处理字符串的过程是什么样的？

（3）在 Python 中，用于处理正则表达式的模块是哪什么？该模块提供了哪些常用字符串处理函数？

2. 选择题

（1）用于匹配 1 位数字的元字符是（　　）。

A．\d　　B．\W　　C．\s　　D．\D

（2）在 re 模块中，用于根据正则表达式分隔字符串的函数是（　　）。

A．match()　　B．search()　　C．sub()　　D．split()

（3）不能匹配由小写英文字母组成的字符串的正则表达式是（　　）。

A．^[A-Za-z]+$　　B．^[A-Z]+$　　C．^[a-z]+$　　D．^[A-Za-z0-9]+$

（4）能够匹配 $m \sim n$ 位数字的正则表达式是（　　）。

A．^[0-9]*$　　B．^\d{m,n}$　　C．^\d{n}$　　D．^\d{n,}$

（5）能够匹配 15 位或 18 位身份证号的正则表达式是（　　）。

A．^\w+@(\w+\.)+\w+$　　B．[a-zA-Z]+://[^\s]*

C．^\d{15}|\d{18}$　　D．^\d{1,3}\.\d{1,3}\.\d{1,3}\.\d{1,3}$

（6）正则表达式^[\u4e00-\u9fa5]{0,}$用于匹配（　　）。

A．英文字母　　B．汉字　　C．数字　　D．前 3 种都可以

3．填空题

（1）正则表达式是________的有力工具，是对字符串进行操作的一种逻辑公式。

（2）匹配 1 位空白字符的元字符是________。

（3）匹配 1 位数字、字母或下画线的元字符是________。

（4）匹配其前一个字符出现 1 次或多次的字符串的元字符是________。

（5）正则表达式为(?<=2016)word，字符串为 2016word，使用 re.findall()函数匹配的结果为________。

（6）正则表达式为\d*\.\d*，字符串为“月工资：底薪 3080.00 元，提成 2868.80 元”，使用 re.findall()函数匹配的结果为________。

第9章　文件访问

本章内容：

- 概述
- 文本文件访问
- 二进制文件访问
- 典型案例

9.1　概述

计算机文件是存储在外部存储器上的数据集合。计算机处理的大量数据通常都是以文件的形式组织存放的；操作系统是以文件为单位对数据进行管理的。

每个文件都有一个文件名，文件名由基本名和扩展名组成，不同类型文件的扩展名不同。例如，文本文件的扩展名为.txt，Word 文件的扩展名一般为.docx，可执行文件的扩展名一般为.exe，C 语言源文件的扩展名为.c 等。

在计算机系统中，文件种类众多，其处理方法和用途各不相同。在计算机中，文件一般按文件内容和信息存储格式分类。

1. 按文件内容分类

计算机文件按文件内容可分为程序文件和数据文件。程序文件存储的是程序，包括源文件和可执行文件，如 Python 源文件（扩展名为.py）、C++源文件（扩展名为.cpp）、可执行文件（扩展名为.exe）等。数据文件存储的是程序运行所需要的各种数据，如文本文件（.txt）、Word 文件（.docx）、Excel 工作簿（.xlsx）等。

2. 按信息存储格式分类

计算机文件按信息存储格式可分为文本文件和二进制文件。文本文件是基于字符编码的文件，其常见编码格式有 ASCII、Unicode 等，可以使用文本编辑软件创建和修改，如记事本、EditPlus、UltraEdit 等。常见的文本文件有文本格式文件（.txt）、网页文件（.html）等。二进制文件存储的是各种数据的二进制编码，包含特殊的格式及计算机代码，必须用专用程序打开。常见的二进制文件有数据库文件、图像文件、可执行文件和音频文件等。

对于同样的数据，当存放在不同类型的文件中时，其存储格式和所需的空间大小也不同。例如，整数 567 若以 ASCII 编码格式存储，需要占用 3 字节；若以二进制编码格式存储，则一般需要占用 2 字节（有的需要占用 4 字节），如图 9.1 所示。

图 9.1　数据存储格式

9.2　文本文件访问

在 Python 中，访问文本文件可以分为以下 3 个步骤。

（1）使用 open()函数打开一个文件，返回一个文件对象。
（2）使用文件对象中的函数对文件内容进行读取或写入等操作。
（3）使用文件对象的 close()函数关闭文件。

9.2.1 打开文件

1. open()函数

Python 内置的 open()函数用于打开一个文件，返回一个文件对象，其一般格式为：

```
open(filename[,mode])
```

其中，filename 为要打开的文件名及路径；mode 为文件访问模式，如只读、写入、追加等，默认值为 r（只读）。文件访问模式如表 9.1 所示。

表 9.1 文件访问模式

模式	描 述	模式	描 述
r	以只读方式打开文本文件，默认模式	w+	打开一个文本文件用于读/写。如果该文件存在，则打开文件，否则创建新文件
rb	以二进制格式打开一个文件用于只读，文件指针将会位于文件的开头	wb+	以二进制格式打开一个文件用于写/读。如果该文件存在，则打开文件，否则创建新文件
r+	打开一个文本文件用于读/写，文件指针将会位于文件的开头	a	打开一个文本文件用于追加。如果该文件存在，则文件指针将会位于文件的结尾，否则创建新文件
rb+	以二进制格式打开一个文件用于写/读，文件指针将会位于文件的开头	ab	以二进制格式打开一个文件用于追加。如果该文件存在，则文件指针将会位于文件的结尾，否则创建新文件
w	打开一个文本文件用于写入。如果该文件存在，则打开文件，否则创建新文件	a+	打开一个文本文件用于追加/读。如果该文件存在，则文件指针将会位于文件的结尾，否则创建新文件
wb	以二进制格式打开一个文件用于写入。如果该文件存在，则打开文件，否则创建新文件	ab+	以二进制格式打开一个文件用于追加/读。如果该文件存在，则文件指针将会位于文件的结尾，否则创建新文件

【例 9.1】 使用 open()函数打开一个文件，查看返回的文件对象的相关信息。

程序代码：

```
file = open(r"D:\data1.txt","w")          # 打开一个文件用于写入
print("文件名:",file.name)
print("访问模式:",file.mode)
print("是否已关闭:",file.closed)
file.close()                              # 关闭文件
```

运行结果：

```
文件名: D:\data1.txt
访问模式: w
是否已关闭: False
```

程序运行成功后，会在 D 盘根目录下创建一个新文件 data1.txt。如果该文件已经存在，则会覆盖该文件。

在【例 9.1】中，data1.txt 文件的路径也可以写为：D:/data1.txt 或 D:\\data1.txt。

2. with-as 语句

在【例 9.1】中，在打开 D:\data1.txt 文件或者进行后面的读取、写入等操作的过程中都可能会发生错误，即使编写了关闭文件的语句也不一定能正常执行，从而导致文件不能正常关闭，缓存信息意外丢失或文件损坏等。为了避免发生这种情况，推荐使用 Python 中的 with-as 语句。

with-as 语句适用于对资源进行访问的场合，可以确保无论在使用过程中是否发生异常都会执

行必要的“清理”操作，释放资源，如文件使用后自动关闭等。

在 Python 中，对文件进行读/写时的 with-as 语句常用格式为：

```
with open(filename[,mode]) as file:
 语句块
```

其中，file 为 open()函数返回的文件对象。

with-as 语句也支持同时打开多个文件用于读/写。

【例 9.2】 使用 with-as 语句访问文本文件。

程序代码：

```
with open("D:/data2.txt","w") as file:
  num = file.write("Go its own way, let others say!")    # 向文件中写入字符
  print("写入字符 %d 个!"%num)
```

运行结果：

```
写入字符 31 个!
```

在执行 with-as 语句后，会自动关闭打开的文件 D:\data2.txt，不需要再使用 file.close()函数关闭。

9.2.2 文件操作

在 Python 中，对文本文件的操作（如读取、写入、关闭等）由文件对象的相关函数完成。

1. 写入

可以使用 file.write()函数或 file.writelines()函数向文件中写入内容。

1）file.write()函数

file.write()函数的功能是向文件中写入若干字符，并返回写入字符的数量，其一般格式为：

```
file.write(str)
```

其中，str 为要写入文件中的若干字符。

【例 9.3】 使用 file.write()函数向文件中写入若干字符。

程序代码：

```
with open("Shakespeare.txt","w") as file:
  num = file.write( "黑夜无论怎样悠长\n白昼总会到来" )
  print("向文件中写入字符 %d 个! "%(num))
```

运行结果：

```
向文件中写入字符 15 个!
```

在当前项目路径下查看 Shakespeare.txt 文件，可以看到已经将字符写入文件中，如图 9.2 所示。

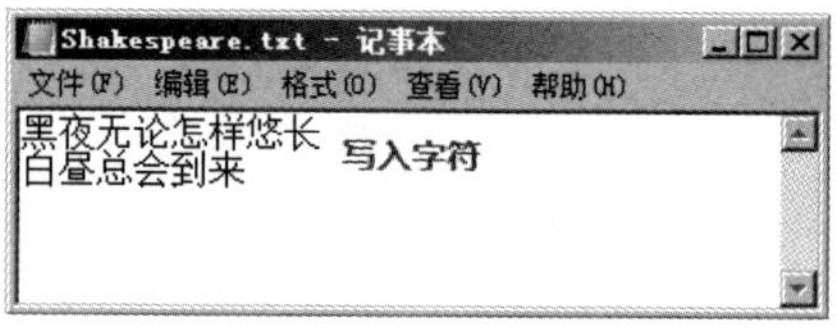

图 9.2　向文件中写入若干字符

【例 9.4】打开【例 9.3】中的结果文件 Shakespeare.txt，并向文件中追加内容。

程序代码：

```
str = input("请输入内容：")
with open("Shakespeare.txt","a") as file:        # 以追加模式打开一个文件，返回文件对象 file
  file.write("\n")                               # 在文件末尾写入回车符
  num = file.write(str)                          # 向文件中追加新的字符
  print("向文件中追加字符 %d 个! "%(num))
```

运行结果：

```
请输入内容：一莎士比亚
向文件中追加字符 5 个!
```

在当前项目路径下查看 Shakespeare.txt 文件，可以看到已经将通过键盘输入的内容追加到文件

中，如图 9.3 所示。

【例 9.5】 使用 file.write()函数向文件中写入元组。

程序代码：

```
mingTuple = ("王阳明","于谦","戚继光","海瑞","郑和","徐达")   # 明朝著名人物
with open("Ming.txt","w") as file:
  num = file.write(str(mingTuple))                        # 向文件中写入元组
  print("写入元组成功！")
```

运行结果：

```
写入元组成功！
```

在当前项目路径下查看 Ming.txt 文件，可以看到已经将元组写入文件中，如图 9.4 所示。

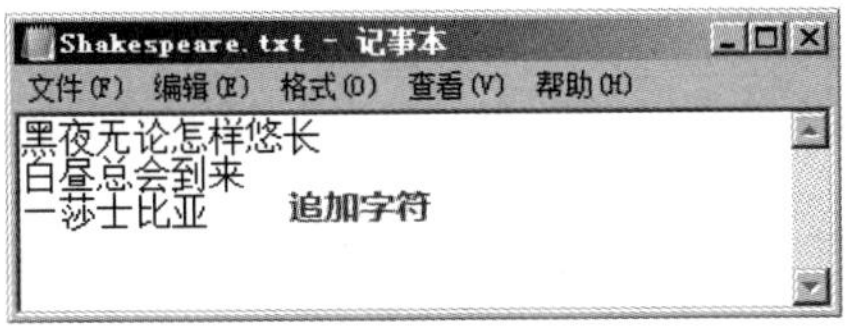

图 9.3　向文件中追加内容

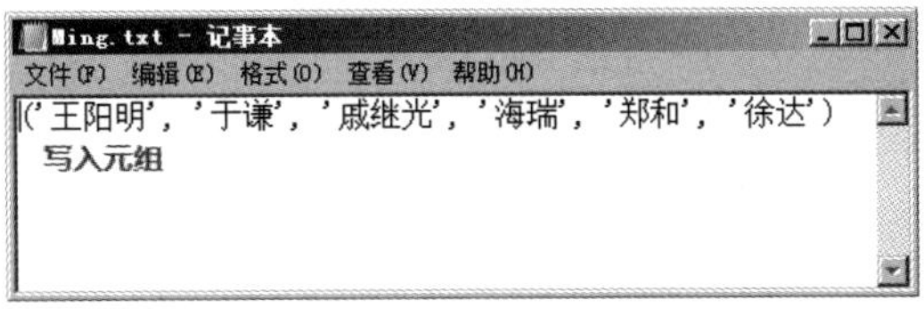

图 9.4　写入元组

2）file.writelines()函数

file.writelines()函数的功能是向文件中写入字符序列，其一般格式为：

```
file.writelines(sequence)
```

其中，sequence 为要写入的字符序列。

【例 9.6】 使用 file.writelines()函数向文件中写入字符序列。

程序代码：

```
str = ["好雨知时节，当春乃发生。\n","随风潜入夜，润物细无声。"]
with open("杜甫.txt","w") as file:
  file.writelines(str)
  print("写入字符序列成功！")
```

运行结果：

```
写入字符序列成功！
```

在当前项目路径下查看"杜甫.txt"文件，可以看到已经将字符序列写入文件中，如图 9.5 所示。

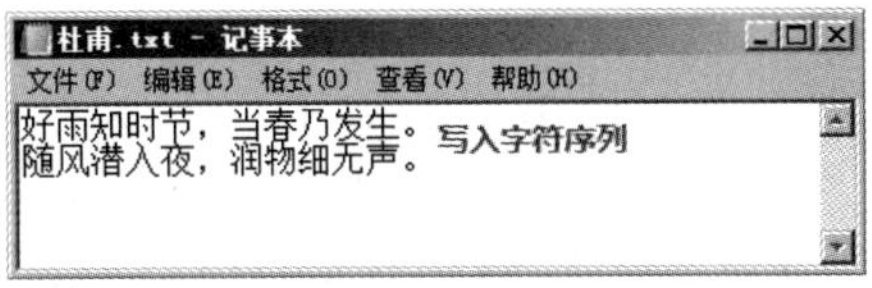

图 9.5　写入字符序列

2. 读取

从文件中读取内容可以使用 file.read()、file.readline()和 file.readlines()这 3 个函数。

1）file.read()函数

file.read()函数的功能是读取一个文件的内容，并返回一个字符串对象，其一般格式为：

```
file.read([size])
```

其中，size 为要读取内容的字符数，是可选参数。当 size 被忽略或为负数时，该文件中的所有内容都将被读取并返回。

【例 9.7】 使用 file.read()函数读取【例 9.4】中结果文件 Shakespeare.txt 的内容。

程序代码：

```
with open("Shakespeare.txt","r") as file:
  str = file.read()                         # 读取文件中的内容
  print(str)
```

运行结果：

```
黑夜无论怎样悠长
白昼总会到来
—莎士比亚
```

也可以使用 for 语句从文件对象中读取数据。

【例 9.8】 使用 for 语句读取【例 9.6】中结果文件“杜甫.txt”的内容。

程序代码：

```
with open("杜甫.txt","r") as file:
  for line in file:                          # 循环读取文件中的内容
    print(line,end='')
```

运行结果：

```
好雨知时节，当春乃发生。
随风潜入夜，润物细无声。
```

2）file.readline()函数

file.readline()函数的功能是从文件中读取一行内容，并返回一个字符串对象，其一般格式为：

```
file.readline([size])
```

其中，size 为要读取内容的字符数，是可选参数。

【例 9.9】 使用 readline()函数读取【例 9.4】中结果文件 Shakespeare.txt 的一行内容。

程序代码：

```
with open("Shakespeare.txt","r") as file:
  str = file.readline()                      # 从文件中读取一行内容
  print(str)
```

运行结果：

```
黑夜无论怎样悠长
```

如果要读取所有行，则可以循环读取文件对象。

3）file.readlines()函数

file.readlines()函数的功能是读取并返回该文件中包含的所有行，且以字符串列表形式返回，其一般格式为：

```
file.readlines([size])
```

其中，size 为要读取内容的字符数，是可选参数。

【例 9.10】 使用 readlines()函数读取【例 9.6】中结果文件“杜甫.txt”的内容。

程序代码：

```
with open("杜甫.txt","r") as f:
  str = f.readlines()                        # 从文件中读取所有行
  print(str)
```

运行结果：

```
['好雨知时节，当春乃发生。\n', '随风潜入夜，润物细无声。']
```

3. 其他文件操作

对文本文件的其他操作所对应的函数如下。

（1）file.close()：关闭文件。在关闭文件后，不能再进行读/写操作。

（2）file.flush()：刷新文件内部缓冲区，直接将内部缓冲区的数据立刻写入文件中，而不是被动地等待输出缓冲区写入。

（3）file.fileno()：返回一个整型的文件描述符（File Descriptor，FD）。

（4）file.isatty()：如果文件链接到一个终端设备，则返回 True，否则返回 False。

（5）file.tell()：返回文件当前位置。

（6）file.seek()：重定位文件对象的指针位置。

（7）file.truncate([size])：从文件的首行首字符开始截断，将文件截断为 size 个字符。当未设置 size 时，表示从当前位置截断。在截断之后，后面的所有字符都会被删除。

【例 9.11】 使用 file.tell()函数和 file.seek()函数重定位【例 9.4】中的结果文件 Shakespeare.txt。

程序代码：

```
with open("Shakespeare.txt","r") as file:
  data = file.readline()
  print(data.strip())
  print('输出一行后的文件指针在:',file.tell())        # 查看指针位置
  file.seek(0)                                      # 将文件指针重定位到开始位置
  print('使用 seek()函数将文件指针放回开始处:',file.tell())
  print('再次输出:',file.readline())
```

运行结果：

```
黑夜无论怎样悠长
输出一行后的文件指针在: 18
使用 seek()函数将文件指针放回开始处: 0
再次输出: 黑夜无论怎样悠长
```


9.3 二进制文件访问

对于二进制文件，不能使用记事本等文本编辑软件进行读/写，也不能通过 Python 的文件对象直接读取和理解其中的内容。要想正确地读/写二进制文件，必须理解二进制文件的结构、序列化规则和反序列化规则。

所谓二进制文件序列化，是指将内存中的数据对象在不丢失其类型的情况下转换为对应的二进制信息的过程。所谓二进制文件反序列化，是指将序列化后的二进制信息准确无误地恢复为原数据对象的过程。

与访问文本文件相似，访问二进制文件也分为 3 个步骤。

（1）打开二进制文件。

（2）访问二进制文件。写入操作是指将要写入的内容序列化后写入文件中的过程。读取操作是指将二进制文件中的内容读取出来并进行反序列化的过程。

（3）关闭二进制文件。

在 Python 中，常用于访问二进制文件的模块有 pickle、struct、marshal 和 shelve 等。

9.3.1 使用 pickle 模块读/写二进制文件

pickle 模块只能在 Python 中使用。在 Python 中，几乎所有的数据类型（如列表、字典、集合、类等）都可以使用 pickle 模块实现序列化。

pickle 模块中用于序列化和反序列化的函数有两个：pickle.dump()和 pickle.load()。

1. pickle.dump()函数

pickle.dump()函数的功能是序列化数据对象，并将该对象写入二进制文件中，其一般格式为：

```
pickle.dump(data,file[,protocol])
```

其中，data 为要写入二进制文件中的数据对象；file 为创建或打开的文件对象；protocol 为序列化模式，是可选参数。

2. pickle.load()函数

pickle.load()函数的功能是反序列化数据对象，即将二进制文件中的内容解析为一个数据对象，其一般格式为：

```
pickle.load(file)
```

其中，file 为打开的二进制文件对象。

【例 9.12】 使用 pickle.dump()函数向二进制文件中写入数据。

程序代码：

```
import pickle
list1 = [2,4,5,8]                                   # 数据
tuple1 = ("music","game","sports")                  # 数据
data = [list1,tuple1]                               # 数据
with open("pickle_file.dat","wb") as pickle_file:   # 打开二进制文件
  for i in data:
    pickle.dump(i,pickle_file)                      # 向文件中写入序列化内容
  print("写入数据成功！")
```

运行结果：

```
写入数据成功!
```

【例 9.13】 使用 pickle.load()函数读取二进制文件中的内容。

程序代码：

```
import pickle
with open("pickle_file.dat","rb") as pickle_file:   # 打开二进制文件
  data1 = pickle.load(pickle_file)                  # 将读取的内容反序列化为数据对象
  print("data1:",data1)
  data2 = pickle.load(pickle_file)
  print("data2:",data2)
```

运行结果：

```
data1: [2, 4, 5, 8]
data2: ('music', 'game', 'sports')
```

9.3.2 使用 struct 模块读/写二进制文件

在 Python 中，使用 struct 模块读/写二进制文件的方法如下。

（1）向二进制文件中写入数据。先使用 struct 模块的 pack()函数对数据对象按指定的格式进行序列化，然后使用文件对象的 write()函数将序列化结果写入二进制文件中。

（2）从二进制文件中读取数据。先使用文件对象的 read()函数读取二进制文件中的内容，然后使用 struct 模块的 unpack()函数完成反序列化，得到原来的数据对象。

struct.pack()函数的一般格式为：

```
struct.pack(fmt,data1,data2, ...)
```

其中，fmt 为给定的格式化字符串；data1、data2 为要写入的数据对象。

struct.unpack()函数的一般格式为：

```
struct.unpack(fmt, string)
```

其中，fmt 为给定的格式化字符串；string 为要反序列化的字符串。

【例 9.14】 使用 struct.pack()函数向二进制文件中写入数据。

程序代码：

```
import struct
a = "Hello"
b = 35
c = 89.46
```

```
binary1 = struct.pack('5sif',a.encode("UTF-8"),b,c)
with open("struct_file.dat","wb") as struct_file:
  struct_file.write(binary1)                  # 向文件中写入序列化内容
 print("写入数据成功! ")
```

运行结果：

```
写入数据成功!
```

【例 9.15】 使用 struct.unpack()函数读取二进制文件中的内容。

程序代码：

```
import struct
with open("struct_file.dat","rb") as struct_file:
  binary1= struct_file.read()                 # 读取二进制文件中的内容
 a,b,c = struct.unpack("5sif",binary1)        # 将读取的内容反序列化为数据对象
 print("a:",a.decode("UTF-8"))
 print("b:",b)
 print("c: %.2f"%c)
```

运行结果：

```
a: Hello
b: 35
c: 89.46
```

9.3.3 使用 marshal 模块读/写二进制文件

marshal 模块中用于读/写二进制文件的函数包括 marshal.dump()和 marshal.load()。

1. marshal.dump()函数

marshal.dump()函数的功能是将数据对象序列化后写入二进制文件中，其一般格式为：

```
marshal.dump(data,file)
```

其中，data 为待序列化的数据对象；file 为创建或打开的文件对象。

2. marshal.load()函数

marshal.load()函数的功能是执行与 marshal.dump()函数功能相反的操作，将二进制文件中的内容反序列化为数据对象。

```
marshal.load(file)
```

其中，file 为打开的二进制文件对象。

【例 9.16】 使用 marshal.dump()函数向二进制文件中写入数据。

程序代码：

```
import marshal
# 创建数据
data1 = ['def',34,87]                                  # 数据
data2 = {1:'优秀',2:'良好',3:'合格',4:'不合格'}          # 数据
data3 = (5,6,7)                                        # 数据
with open("marshal_file.dat",'wb') as output_file:
  marshal.dump(data1,output_file)                      # 向文件中写入序列化内容
  marshal.dump(data2,output_file)                      # 向文件中写入序列化内容
  marshal.dump(data3,output_file)                      # 向文件中写入序列化内容
  print("写入数据成功! ")
```

运行结果：

```
print("写入数据成功! ")
```

【例 9.17】 使用 marshal.load()函数读取二进制文件中的内容。

程序代码：

```
import marshal
```

```
with open('marshal_file.dat','rb') as marshal_file:      # 打开二进制文件
  data1 = marshal.load(marshal_file)                   # 将读取的内容反序列化为数据对象
  data2 = marshal.load(marshal_file)                   # 将读取的内容反序列化为数据对象
  data3 = marshal.load(marshal_file)                   # 将读取的内容反序列化为数据对象
  print(data1)
  print(data2)
  print(data3)
```

运行结果：

```
['def', 34, 87]
{1: '优秀', 2: '良好', 3: '合格', 4: '不合格'}
(5, 6, 7)
```

9.3.4 使用 shelve 模块读/写二进制文件

shelve 模块提供了一种类似字典的方式来读/写二进制文件，如向二进制文件中写入数据、读取数据或修改数据等。

shelve 模块提供了一个简单的数据存储方案，只有一个 open()函数。open()函数接收一个文件名作为参数，返回一个 shelf 对象，其一般格式为：

```
shelve.open(filename, mode, protocol=None, writeback=False)
```


其中，各参数含义如下。

（1）filename：打开或创建的二进制文件。

（2）mode：文件打开模式。mode 模式包括以下几项。

① 'c'：如果文件不存在，则创建该文件，允许读/写。

② 'r'：只读。

③ 'w'：可读/写。

④ 'n'：每次调用 open()函数都重新创建一个空文件，可读/写。

（3）protocol：序列化模式，可以是 1 或 2，默认值为 None。

（4）writeback：是否将所有从二进制文件中读取的对象存放到一个内存缓存中，默认值为 False。

【例 9.18】 使用 shelve 模块向二进制文件中写入数据。

程序代码：

```
import shelve
tg = dict(zip(['name','age'],['Tong Gang',31]))
tj = dict(zip(['name','age'],['Tie Jin',42]))
with shelve.open('shelve_file') as shelve_file:
  shelve_file['tg'] = tg                          # 向文件中写入序列化内容
  shelve_file['tj'] = tj                          # 向文件中写入序列化内容
  print("写入数据成功！")
```

运行结果：

```
写入数据成功！
```

程序运行成功后，会生成 3 个文件，分别是 shelve_file.dat、shelve_file.bak 和 shelve_file.dir。这是 Python 中的处理机制，读者可以忽略。

【例 9.19】 使用 shelve 模块读取二进制文件中的内容。

程序代码：

```
import shelve
with shelve.open('shelve_file') as shelve_file:
  print(shelve_file['tg'])                        # 读取数据
  print(shelve_file.get('tj'))                    # 读取数据
```

运行结果：

```
{'name': 'Tong Gang', 'age': 31}
{'name': 'Tie Jin', 'age': 42}
```

【例 9.20】 使用 shelve 模块修改二进制文件中的内容。

程序代码：

```
import shelve
with shelve.open('shelve_file') as shelve_file:
  tg = shelve_file['tg']                          # 从文件中读取数据
  tg['name'] = 'Tong Gen'                         # 修改数据
  shelve_file['tg'] = tg                          # 存储数据
  print(shelve_file ['tg'])
```

运行结果：

```
{'name': 'Tong Gen', 'age': 31}
```

9.4 典型案例

9.4.1 合并文件

【例 9.21】 合并指定路径下的联系人文件，要求没有重复的联系人信息。

分析：在指定路径下有 3 个联系人文件，即 contacts01.txt、contacts02.txt 和 contacts03.txt。3 个联系人文件的内容如下[①]。

（1）contacts01.txt 中的联系人信息：

```
姓名,电话号码,QQ 号
李化伟,18900000001,38201932
常晓萌,18900000002,431089216
董广聪,18900000003,560132
```

（2）contacts02.txt 中的联系人信息：

```
姓名,电话号码,QQ 号
董广聪,18900000003,560132
冯昌勇,18000000001,291032345
胡福德,18000000002,464252541
```

（3）contacts03.txt 中的联系人信息：

```
姓名,电话号码,QQ 号
冯昌勇,18000000001,291032345
胡福德,18000000002,464252541
贾庆奥,15300000001,24334903543
```

3 个联系人文件中的联系人信息有重复之处，需要合并，方法如下。

（1）获取并创建指定路径下的联系人文件列表 fileList。

（2）创建保存联系人信息的联系人信息列表 tempList 和联系人信息文件 contacts.txt。

（3）对 fileList 中的联系人文件 file 进行遍历：如果 file 中指定行的联系人信息不在 tempList 中，则说明联系人信息没有重复，可将其添加到 tempList 中，并写入 contacts.txt 文件中；否则，不添加到 tempList 中，也不写入 contacts.txt 文件中。

（4）如果发生异常，则进行处理，并给出提示信息。

程序代码：

```
import os,sys,re
```

① 注意：文件内容涉及的电话号码和 QQ 号均为作者虚构的信息。

```
try:
  # 获取目标目录的路径
  source_file_dir = os.getcwd() + '\\SourceFiles'
  # 获取当前目录中的文件列表
  fileList = os.listdir(source_file_dir)
  # 如果指定路径下没有需要合并的联系人文件，则退出程序
  if not fileList:
    print("指定路径下没有需要合并的联系人文件.")
    sys.exit(0)                           # 退出程序
  # 打开当前目录中的 contacts.txt 文件，如果没有，则创建
  with open(source_file_dir + '\\contacts.txt','w')  as file:
    tempList = []                         # 创建联系人信息列表
    # 遍历联系人文件列表中的联系人文件
    for fileName in fileList:
      filepath = source_file_dir + '\\' + fileName
      # 遍历单个文件，读取一行
      for line in open(filepath):
        line = re.sub('\n','',line)       # 删除联系人信息末尾的'\n'
        # 如果联系人信息在 line 中而不在 tempList 中，则没有重复，将其添加到 tempList 中，并写入 file 中
        if line not in tempList and  line + '\n' not in tempList:
          tempList.append(line)           # 将一行数据添加到 tempList 中
          file.write(line)                # 将一行数据写入 file 中
          file.write("\n")
    print("合并联系人文件成功! ")
except IOError as e:                      #指定路径不存在或发生读/写异常
    print("异常信息:",e.args[1],e.filename)
except:
  print("合并联系人文件失败! ")
```


运行结果：

```
合并联系人文件成功!
```

在【例 9.21】的程序运行成功后，合并的联系人信息文件 contacts.txt 中的信息如下。

```
姓名,电话号码,QQ 号
李化伟,18900000001,38201932
常晓萌,18900000002,431089216
董广聪,18900000003,560132
冯昌勇,18000000001,291032345
胡福德,18000000002,464252541
贾庆奥,15300000001,24334903543
```

9.4.2 CSV 文件操作

CSV（Comma Separated Values，逗号分隔值）文件是一种常用的文本格式文件，用于存储表格数据，包括数字、字符等。很多程序在处理数据时都会使用 CSV 文件。

Python 内置了 csv 模块来处理 CSV 文件。csv 模块中用于处理文件的常用函数如下。

（1）csv.writer(csvFile)：返回一个 writer 对象。csvFile 为打开的 CSV 文件对象。

（2）writer.writerow(row)：向 CSV 文件中写入一行数据。

（3）writer.writerows(rows)：向 CSV 文件中一次性写入多行数据。

（4）csv.reader(csvFile)：返回一个 reader 对象，可以通过迭代读取其中的内容。csvFile 为打开的 CSV 文件对象。

【例 9.22】 对 CSV 文件进行读/写操作。

分析：本例的实现方法如下。

（1）打开（或创建）salary.csv 文件，调用 csv.writer()函数将返回的文件对象 file 转换为 writer 对象 fw。

（2）调用 fw.writerow()函数向 CSV 文件中写入数据（包括标题和多行数据）。

（3）打开 salary.csv 文件，调用 csv.reader()函数将返回的文件对象 file 转换为 reader 对象 fr。
（4）从 reader 对象 fr 中读取数据。
程序代码：

```
import csv

# 标题
headers = ['NO','Name','Sex','Age','Salary']
# 多行数据
rows = [('1001','Jack','male',28,12800),('1002','Rose','female',22,8800),
        ('1003','Tim','male','26',10800)]

# 向 CSV 文件中写入数据
try:
  # 以写入模式打开文件
  with open('salary.csv','w',newline='') as file:
    fw = csv.writer(file)                       # 返回 writer 对象 fw
    fw.writerow(headers)                        # 向 CSV 文件中写入一行数据
    fw.writerows(rows)                          # 向 CSV 文件中写入多行数据
    print('写入数据成功！')
except:
  print('写入数据失败！')

# 从 CSV 文件中读取数据
print('读取数据结果:')
try:
  # 以只读模式打开文件
  with open('salary.csv','r') as file:
    fr = csv.reader(file)                       # 返回 reader 对象 fr
    rows = [row for row in fr]                  # 以列表形式返回 fr 中的数据
    print("标题:",rows[0])
    print("第 1 行数据:",rows[1])
    column = [row[1] for row in rows]
    print("第 1 列数据:",column)
    print("第 1 行第 1 列数据:", rows[1][1])
except:
    print('读取数据失败！')
```

运行结果：

```
写入数据成功!
读取数据结果:
标题: ['NO', 'Name', 'Sex', 'Age', 'Salary']
第 1 行数据: ['1001', 'Jack', 'male', '28', '12800']
第 1 列数据: ['Name', 'Jack', 'Rose', 'Tim']
第 1 行第 1 列数据: Jack
```

除可以使用【例 9.22】中提供的方法读取 CSV 文件中的数据外，NumPy 库和 Pandas 库也提供了能快速读取 CSV 文件中数据的函数。

练习题 9

1. 简答题

（1）计算机文件通常如何分类？
（2）在对文本文件进行读/写操作时，一般需要采用哪些步骤？
（3）使用 with-as 语句对文件进行读/写等操作有什么好处？
（4）文本文件对象中常用于读取和写入数据的函数有哪些？

（5）常用于对二进制文件进行操作的模块有哪些？分别有什么特点？

2. 选择题

（1）要向使用 open()函数打开的文件中追加内容，可以使用下列哪种文件访问模式？（　　）。

A．r　　B．w　　C．w+　　D．a

（2）在每次执行时，可以从文本文件中读取一行数据的函数是（　　）。

A．open()　　B．read()　　C．readline()　　D．write()

（3）能够重定位文件指针的函数是（　　）。

A．seek()　　B．tell()　　C．next()　　D．close()

（4）不能用于访问二进制文件的模块是（　　）。

A．pickle　　B．csv　　C．struct　　D．marshal

3. 填空题

（1）计算机文件是存储在外部存储器上的________。

（2）在 Python 中，要简化程序代码、自动释放和清理相关资源，可以使用语句________。

（3）pickle 模块中用于序列化和反序列化的两个常用函数分别是________和________。

（4）一种常用的存储表格数据的文件是________。

第 10 章　异常处理和单元测试

本章内容：

- 异常类和异常处理
- 单元测试
- 典型案例

10.1　异常类和异常处理

10.1.1　异常和异常类

程序在通过编译后，并不意味着运行时就能得到正确的结果，很可能因编程时考虑不周或运行时遇到一些特殊情况（如进行除法运算时除数为 0、访问列表时下标越界、要打开的文件不存在等），导致程序中断运行。这类导致程序中断运行的错误称为异常（Exception），又称“例外”。

异常是一个事件，该事件会在程序运行过程中发生，影响程序的正常运行。在一般情况下，Python 无法正常处理程序时就会发生一个异常。当 Python 程序发生异常时，需要捕获并处理该异常，否则程序会终止运行。

像其他高级编程语言一样，Python 定义了一些异常类，可以配合一定的机制处理 Python 程序中发生的各种异常。这些异常类的基类都是 BaseException。

常用异常类如表 10.1 所示。

表 10.1　常用异常类

异　常　类	功 能 描 述
BaseException	所有异常类的基类
Exception	常见错误类的基类
AttributeError	访问对象中没有的属性
IndexError	下标索引超出序列边界
IOError	输入/输出异常
KeyError	访问映射中不存在的键
TypeError	类型错误，函数应用了错误类型的对象
NameError	试图访问的变量名不存在
ImportError	导入模块/对象失败
IndentationError	缩进错误
RuntimeError	一般运行时错误
SyntaxError	语法错误
UnboundLocalError	访问未初始化的本地变量
ValueError	传入无效参数

10.1.2 异常处理

1. 异常处理格式

在 Python 中，使用 try-except-else-finally 语句对程序中的异常进行处理，格式如下：

```
try:
  语句块                                        # 可能抛出异常的语句块
except 异常类型 1[as 错误描述]:
  语句块                                        # 异常处理语句块
 ...
except 异常类型 n[as 错误描述]:
  语句块                                        # 异常处理语句块
except:
  语句块                                        # 默认的异常处理语句块
[else:
  语句块]                                       # 在没有抛出异常时执行的语句块
[finally:
  语句块]                                       # 在任何情况下都会执行的语句块
```

其中，各部分的说明如下。

（1）try 子句：包含可能抛出异常的语句块。

（2）except 子句：负责处理被抛出的异常，处理的尝试顺序与多个 except 子句的编写顺序一致。当发现第一个与异常类型匹配的 except 子句时，就执行其后的语句块。如果 except 子句后面的异常类型是 BaseException 或 Exception，或者没有异常类型，则该异常是通用异常，用于匹配异常处理过程中没有指明的异常类型。

（3）else 子句：当 try 子句中的语句块没有抛出异常时执行，是可选的。

（4）finally 子句：无论是否有异常被抛出，只要 finally 子句存在就会被最终执行，是可选的。

try-except-else-finally 语句的执行情况分为以下两种。

（1）try 子句中的语句块没有抛出异常：当 try 子句中的语句块没有抛出异常时，在执行完 try 子句中的语句块后，接着执行 else 子句中的语句块，最后执行 finally 子句中的语句块。

（2）try 子句中的语句块抛出异常：当 try 子句中的语句块抛出异常时，该异常的类型将与某 except 子句的异常类型匹配，之后执行该 except 子句中的语句块，最后执行 finally 子句中的语句块。

except 子句、else 子句和 finally 子句中的语句块可以为用户输出异常信息或提示信息。异常信息可以通过异常对象的 message 成员给出，也可以由用户根据要求给出。

【例 10.1】 使用 try-except 语句处理列表索引范围异常。

程序代码：

```
list1 = [2,1,3,4,7,11,18,29]          # 卢卡斯数
try:
  print(list1[8])
except IndexError as e:
  print("列表索引超出范围！")
```

运行结果：

```
列表索引超出范围!
```

【例 10.2】 使用 try-except 语句的默认 except 子句处理不确定异常。

程序代码：

```
a = 100
try:
  b = a + "Python"
```

```
    except Exception as e:
      print("异常类型: %s"%type(e))
      print("异常信息: %s"%e)
```

运行结果：

```
异常类型: <class 'TypeError'>
异常信息: unsupported operand type(s) for +: 'int' and 'str'
```

注意，【例 10.2】中的不确定异常是指编程人员在编程时不确定引发异常的类型，因此使用通用异常类型处理。

【例 10.3】 使用 try-except-else 语句处理整除程序的分类异常。

程序代码：

```
1  try:
2      x = int(input("请输入一个整数: "))
3      y = eval(input("请输入一个整数: "))
4      z = x / y
5      print("z =",z)
6  except TypeError as e1:
7      print("数据类型异常:",e1)
8  except ZeroDivisionError:
9      print("除数为零异常!")
10 except:
11     print("程序运行异常!")
12 else:
13     print("程序运行正确! ")
```

运行结果 1（异常由第 2 行代码引发）：

```
请输入一个整数: 'a'
程序运行异常!
```

运行结果 2（异常由第 4 行代码引发）：

```
请输入一个整数: 3
请输入一个整数: 'b'
数据类型异常: unsupported operand type(s) for /: 'int' and 'str'
```

运行结果 3（异常由第 4 行代码引发）：

```
请输入一个整数: 3
请输入一个整数: 0
除数为零异常!
```

运行结果 4（没有引发异常）：

```
请输入一个整数: 3
请输入一个整数: 2
z = 1.5
程序运行正确!
```

【例 10.4】 使用 try-except-else-finally 语句处理文件访问异常。

程序代码：

```
try:
  f = open("D:/test.txt","r")
  str = f.read()
except Exception as e:
  print("出现异常: %s"%e)
else:
  print('执行成功! ')
finally:
  print("执行完毕! ")
```

运行结果 1（D:\test.txt 存在）：

```
执行成功!
执行完毕!
```

运行结果 2（D:\test.txt 不存在）：

```
出现异常：[Errno 2] No such file or directory: 'D:/test.txt'
执行完毕!
```

2. **抛出异常**

在 except 子句、else 子句和 finally 子句的语句块中也可以将异常抛出，并提供给调用它的上一级处理。抛出异常由 raise 语句执行。

raise 语句的一般格式为：

```
raise [Exception [,args [,traceback]]]
```

其中，Exception 为异常的类型；args 为用户提供的参数，是可选的；traceback 表示跟踪异常对象，也是可选的。

【例 10.5】 定义一个函数，用于判定传入的参数是否为大于或等于 0 的整数，如果是，则输出该整数，否则抛出异常。

程序代码：

```
# 定义函数
def greaterZero(n):
  if n < 0:
    raise Exception("您传入了一个小于零的整数! ")          # 抛出异常
  else:
    print("n =",n)
try:
  x = int(input("请输入一个整数: "))
  greaterZero(x)                                          # 调用函数
except Exception as e:
  print(e)
```


运行结果 1：

```
请输入一个整数: 3
n = 3
```

运行结果 2：

```
请输入一个整数: -3
您传入了一个小于零的整数!
```

10.1.3 断言语句

assert 断言语句是一种在程序测试中比较常用的语句，可以在程序的某个位置判断是否满足某个条件。assert 断言语句的一般格式为：

```
assert expression[,arguments]
```

其中，expression 是结果为布尔值的表达式；arguments 为参数，一般为错误提示信息，是可选的。

assert 断言语句的运行过程：如果 expression 的结果为 True，则程序忽略 expression 后面的参数，运行 assert 断言语句后面的语句，否则触发异常。

【例 10.6】 assert 断言语句的使用。

程序代码及运行结果：

```
>>> x = 2
>>> assert x >= 0,"x 小于 0"                   # 表达式的结果为 True，不触发异常
>>> x = -2
>>> assert x >= 0,"x 小于 0"                   # 表达式的结果为 False，触发异常
Traceback (most recent call last):
  File "<pyshell#1>", line 1, in <module>
    assert x >= 0, "x 小于 0"
AssertionError: x 小于 0
```

```
>>> pwd = "e1k4n8"
>>> assert len(pwd) >= 6,"密码字符个数小于 6"          # 表达式的结果为 True，不触发异常
>>> pwd = "9k2d3"
>>> assert len(pwd) >= 6,"密码字符个数小于 6"          # 表达式的结果为 False，抛出异常
Traceback (most recent call last):
  File "<pyshell#14>", line 1, in <module>
    assert len(pwd) >= 6, "密码字符个数小于 6"
AssertionError: 密码字符个数小于 6
```

如果在程序测试中未发现错误，则在将 Python 源文件编译为字节码文件时，可以使用优化参数-o 或-oo 将 assert 断言语句从程序中删除。

10.2 单元测试

软件测试对于保证软件质量来说非常重要。一般来说，较大规模的软件公司都有专门的软件测试团队对开发的软件进行测试以保证软件质量。

在软件工程中，软件测试一般分为白盒测试和黑盒测试。对于业务比较复杂、代码量大的软件来说，白盒测试的难度较高，通常以黑盒测试为主。黑盒测试也称功能测试，是通过测试来检测每个功能能否正常使用的。黑盒测试着眼于程序外部结构，不考虑内部逻辑结构，主要针对软件界面和软件功能进行测试。

而单元测试（Unit Testing）是保证软件开发质量的基本方法，可以检验被测代码的一个很小、很明确的功能是否正确。一般来说，单元测试用于判断某个特定条件（或者场景）下某个特定函数的行为在各种情形下是否都符合要求。单元测试是在软件开发过程中进行的最低级别的测试活动，软件的独立单元将在与程序的其他部分隔离的情况下进行测试。

在 Python 中，常用于进行单元测试的是 unittest 模块中的 TestCase 类。TestCase 类中的常用断言函数如表 10.2 所示，如果这些函数的参数满足指定关系，则测试通过，否则测试不通过，并抛出异常。

表 10.2 TestCase 类中的常用断言函数

函 数	功能描述	函 数	功能描述
assertEqual(x,y)	测试 x==y 是否成立	assertNotEqual(x, y)	测试 x!= y 是否成立
assertTrue(x)	测试 x is True 是否成立	assertFalse(x)	测试 x is not True 是否成立
assertIs(x,y)	测试 x is y 是否成立	assertIsNot(x, y)	测试 x is not y 是否成立
assertIsNone(x)	测试 x is None 是否成立	assertIsNotNone(x, y)	测试 x is not None 是否成立
assertIn(x,y)	测试 x in y 是否成立	assertNotIn(x, y)	测试 x not in y 是否成立
assertIsInstance(x, y)	测试 isInstance(x,y)是否成立	assertNotIsInstance (x,y)	测试 not isInstance(x,y)是否成立
assertAlmostEqual(x,y) 或 assertAlmostEqual(x,y, delta=d)	测试 round(x−y,d)==0 是否成立或测试 x−y<=d 是否成立	assertNotAlmostEqual(x,y)	测试 round(x−y,7)!=0 是否成立或测试 not x−y<=d 是否成立
assertGreater(x, y)	测试 x>y 是否成立	assertGreaterEqual(x, y)	测试 x>=y 是否成立
assertLess(x, y)	测试 x<y 是否成立	assertLessEqual(x, y)	测试 x<=y 是否成立
assertRegex(s, r)	测试 r.search(s)是否成立	assertNotRegex(x, y)	测试 not r.search(s)是否成立
setUp	在执行每项测试之前自动调用	tearDown	在执行每项测试之后自动调用

【例 10.7】 使用 unittest 模块测试函数功能是否正确。

程序代码：

```
import unittest
# 定义测试类
class TestCaseOfArea(unittest.TestCase):
```

```
    # 定义测试方法，必须以 test 开头
    def test_area(self):
      area = getArea(3,4)
      # 断言方法用于核实得到的结果是否与期望的结果一致
      self.assertEqual(area,12,msg="测试未通过！")
# 定义求矩形面积的函数
def getArea(x,y):
  area = x * y
  return area
# 执行测试
if __name__ == '__main__':
  unittest.main()
```

运行结果：

```
Ran 1 test in 0.000s
OK
```

在【例 10.7】中，如果调用 getArea()函数得到的计算结果与预期结果不一致，则本次测试失败，并给出提示信息。

10.3 典型案例

10.3.1 自定义异常类

在编写程序时，可以通过继承 BaseException 类或其子类来定义自己的异常类，之后根据需要规定哪些方法用于处理发生的异常。

【例 10.8】 先创建一个银行类，用于处理用户资金业务；然后定义一个银行异常处理类，用于处理用户在银行办理资金业务时可能发生的异常。

分析：用户在银行办理资金业务时必须满足以下要求。

（1）用户的存入资金 save 必须是正数，取出资金 cost 必须是负数。

（2）用户在银行账户中的资金 money 不能小于零。

根据上述要求，定义一个处理用户资金业务的银行类 Bank 和一个银行异常处理类 BankException。Bank 类中包含处理用户资金业务的方法 Account()。在 Account()方法中，如果用户资金满足业务要求，则正常执行，否则抛出异常。

程序代码：

```
# 定义银行类
class Bank:
  money = 0
  def Account(self,save,cost):
    if save < 0 or cost > 0 or (save + cost + self.money) < 0:
      raise BankException(save,cost,self.money)
    self.money = self.money + save + cost
    print("业务(%d, %d)办理后,用户账户资金为 %d."%(save,cost,self.money))
  def getMoney(self):
    return self.money

# 定义异常处理类
class BankException(BaseException):
  message = ""
  def __init__(self,save,cost,money):
    self.message = "存入资金" + str(save) + "是负数，或者取出资金" + str(cost) + "是正数，
      或者业务办理后账户资金" + str(save + cost + money) + "小于零,不符合系统要求."
  def getMessage(self):
    return self.message
```

```
if __name__ == '__main__':
  bank = Bank()
  try:
    bank.Account(300,-200)
    bank.Account(200,-100)
    bank.Account(200,-600)
  except BankException as e:
    print(e.getMessage())
  print("用户账户资金为: %d."%bank.getMoney())
```

运行结果:

```
业务(300, -200)办理后,用户账户资金为 100.
业务(200, -100)办理后,用户账户资金为 200.
存入资金 200 是负数, 或者取出资金-600 是正数, 或者业务办理后账户资金-200 小于零,不符合系统要求.
用户账户资金为: 200 元.
```

在【例 10.8】中，语句 bank.Account(300, -200)和 bank.Account(200, -100)正常运行，计算存入资金和取出资金的结果并累加到用户账户资金中，结果为 200。语句 bank.Account(200, -600)中的参数不符合要求，引发异常。

10.3.2　自定义测试类

【例 10.9】 首先创建一个自定义类，用于从候选名单中投票选择最有影响力的人；然后创建一个自定义测试类，用于对自定义类进行测试。测试要求如下。

（1）候选名单中有 10 个候选项。

（2）若用户通过键盘输入的名字在候选名单中，则测试通过，否则测试不通过。

分析：本例的实现方法如下。

（1）创建被测试类 MostInfluFigureSurvey，其中的方法包括构造方法__init__()、显示调查问题方法 show_question()、存储用户答案方法 store_answer()和显示调查结果方法 show_results()。

（2）创建测试类 TestMostInfluFigureSurvey，其中的方法包括初始化变量和实例方法 setUp()、测试调查结果方法 test_user_answer()。

（3）进行测试。

程序代码:

```
import unittest

# 定义类
class MostInfluFigureSurvey():
  # 构造方法
  def __init__(self,question):
    self.question = question
    self.answers = {}
  # 显示调查问题
  def show_question(self):
    print(self.question)
  # 存储用户答案
  def store_answer(self,new_answer):
    if new_answer in self.answers:
      self.answers[new_answer] = self.answers[new_answer] + 1
    else:
      self.answers[new_answer] = 1
  # 显示调查结果
  def show_results(self):
    print("调查结果:")
    # 按照得票数由高到低排序
    result = sorted(self.answers.items(),key=lambda x: x[1],reverse=True)
```

```
        # 输出得票结果
        for item in result:
          print(item)

# 定义测试类
class TestMostInfluFigureSurvey(unittest.TestCase):
  # 创建被测试类的对象和相关变量
  def setUp(self):
    question = "您认为全球最有影响力的人是谁?"
    self.survey = MostInfluFigureSurvey(question)
    self.answers = {'穆罕默德':0,'牛顿':0,'释迦牟尼':0,'孔子':0,'圣保罗':0,'蔡伦':
     0,'爱因斯坦':0,'哥伦布':0,'伽利略':0,'欧拉':0}
  # 测试调查结果
  def test_user_answer(self):
    while True:
      answer = input("请输入您认为全球最有影响力的人: ")
      if answer == 'q':
        break
      if answer in self.answers:
        self.answers[answer] = self.answers[answer] + 1    # 名字在候选名单中，票数加 1
      self.survey.store_answer(answer)
      for key,value in self.survey.answers.items():
        self.assertIn(key,self.answers)                     # 名字是否在候选名单中
        self.assertEqual(value,self.answers[key])           # 候选人得票数是否正确
  # 显示调查结果
   self.survey. show_results()

if __name__ == '__main__':
  unittest.main()
```

运行结果：

```
请输入您认为全球最有影响力的人: 爱因斯坦
请输入您认为全球最有影响力的人: 牛顿
请输入您认为全球最有影响力的人: 爱因斯坦
请输入您认为全球最有影响力的人: q
Ran 1 test in 19.643s
OK
调查结果:
('爱因斯坦', 2)
('牛顿', 1)
```

在【例 10.9】中，如果通过键盘输入的是非候选名单中的名字，则不能通过测试。

练习题 10

1. 简答题

（1）什么是异常？在 Python 中，如何处理异常？

（2）在 Python 中，一般的异常处理格式是什么样的？

（3）什么是断言语句？断言语句的作用是什么？

（4）什么是测试？什么是单元测试？

2. 选择题

（1）在 Python 中，使用（　　）语句抛出异常。

A．try　　B．raise

C．except　　D．finally

（2）在 Python 中，不是异常处理关键字的是（　　）。

A．throw　　B．try　　C．except　　D．else

（3）以下关于异常处理语句的说法中正确的是（　　）。

A．一个 try 子句后面可以接一个或多个 finally 子句

B．finally 子句中的语句块不一定会被执行

C．一个 try 子句后面可以接一个或多个 except 子句

D．try 子句可以不与 except 子句或 finally 子句一起使用

（4）在 unittest 模块的 TestCase 类中，用于测试 x==y 是否成立的函数是（　　）。

A．assertNotIn(x, y)　　B．assertNotEqual(x, y)

C．assertIn(x,y)　　D．assertEqual(x,y)

3. 填空题

（1）所有异常类的基类是________。

（2）导致程序中断运行的事件称为________。

（3）常用于在程序的某个位置判断某个条件是否满足的断言语句是________。

（4）在 Python 中，常用于进行单元测试的是________模块中的________类。

第 11 章　数据库访问

本章内容：

- 概述
- 常用关系数据库访问
- 非关系数据库访问

11.1　概述

与使用文件存储数据相比，使用数据库存储数据更容易实现共享数据、降低数据冗余、保持数据独立性，以及增强数据一致性和可维护性等功能。目前，数据库技术已经被广泛应用在电子邮箱、金融、网站、办公自动化等方面，极大地方便和改变了人们的生活方式。

按照使用的是否为关系数据模型，数据库可分为关系数据库和非关系数据库。

1．常用关系数据库

（1）Oracle。Oracle 是甲骨文公司的目前世界上最流行的关系数据库之一，该数据库的可移植性好、使用方便、功能强大，适用于各类环境。

（2）SQL Server。SQL Server 是微软（Microsoft）公司的一个关系数据库。它是可扩展的、高性能的、为分布式客户机/服务器计算而设计的数据库，提供了基于事务的企业级信息管理系统方案。

（3）MySQL。MySQL 是一个开放源代码的关系数据库，使用常用的数据库管理语言——结构化查询语言（SQL）进行数据库管理。在对事务化处理要求不是特别高的情况下，MySQL 是很好的选择。

（4）Access：Access 也是微软公司的一个关系数据库，它结合了 Microsoft Jet Database Engine（底层数据库引擎）和图形用户界面的特点，是 Microsoft Office 的系统程序之一。

（5）SQLite。SQLite 是一个轻型的、遵循事务机制的关系数据库，支持 Windows 等多种操作系统，能够与很多程序语言结合使用，其处理速度比较快，目前用得较多的版本是 SQLite3。

2．常用非关系数据库

（1）MongoDB。MongoDB 是一个典型的非关系数据库，它支持的查询语言功能非常强大，可以存储比较复杂的数据类型，可以实现类似关系数据库单表查询的大部分功能，还支持对数据建立索引。

（2）HBase。HBase 是一个可靠性高、性能高、面向列、可伸缩、开源的分布式存储系统。不同于一般的非关系数据库，HBase 是一个适用于存储非结构化数据的非关系数据库。

（3）Redis。Redis 是一个开源的、使用 ANSI C 语言编写的、支持网络的、既基于内存也支持持久化的日志型 Key-Value 数据库，它提供了多种语言的 API。

本书仅介绍关系数据库 SQLite、Access、MySQL 和非关系数据库 MongoDB 的访问方法。

11.2 常用关系数据库访问

11.2.1 常用关系数据库简介

1. SQLite3 简介

SQLite3 是一个轻量级的、基于磁盘文件的关系数据库，它将每个数据库的信息完全存储在单个磁盘文件中，支持使用 SQL 语句访问数据库。可以使用 Navicat 12 for SQLite、SQLiteManager、SQLite Database Browser 等工具对 SQLite 进行可视化管理和操作。

SQLite3 支持的数据类型有 NULL、INTEGER、REAL、TEXT、BLOB，分别对应 Python 中的 None、Int、Float、String、Bytes（字节串）。

Python 中内嵌了 SQLite3，不需要另外安装数据库管理的相关软件，import sqlite3 语句的功能是将访问 SQLite3 数据库的模块导入。

在 Python 中，使用 sqlite3 模块的 connect()方法建立数据库连接。当指定的数据库文件不存在时，连接对象会自动创建数据库文件。如果数据库文件已经存在，则连接对象会直接打开该数据库文件。

要在 C 盘上创建一个名为 TestDB.db 的数据库，可以使用如下命令。

```
conn = sqlite3.connect('C:\\TestDB.db')
```

2. Access 简介

Access 是微软公司的一个关系数据库，是 Microsoft Office 的成员之一。可以使用 Access 进行数据分析或应用软件开发。

Access 支持的数据类型包括文本型（Text）、数字型（Number）、日期/时间型（Date/Time）、自动编号型（AutoNumber）、货币型（Currency）、是/否型（Yes/No）、备注型（Memo）、OLE 对象型（OLE Object）等。

Access 的使用方法参见相关资料，本书不再介绍。

在 Python 中，可以通过两个模块访问 Access。

（1）pywin32。这个模块要求先下载和安装 Python for Windows Extensions（即 pywin32）；然后创建用户数据源；最后通过用户数据源访问和操作 Access 的数据。

（2）pyodbc。与使用 pywin32 模块相比，使用 pyodbc 模块能以更快的速度访问 Access。pyodbc 模块的使用范围更广。

本节介绍使用 pyodbc 模块访问 Microsoft Access 2010 的方法。

pyodbc 模块的下载和安装方法参见 1.2.5 节。可以通过 PyPI 官网选择合适的版本并下载其对应的安装文件。本书案例下载的是模块安装文件 pyodbc-4.0.26-cp312-cp312m-win_amd64.whl。

3. MySQL 简介

MySQL 是一个关系数据库，目前是 Oracle 旗下的产品，是最流行的关系数据库之一。在 Web 应用方面，MySQL 是最好的关系数据库应用软件。

MySQL 支持多种类型，大致可以分为 3 类：数值类型、日期/时间类型和字符串（字符）类型。

（1）数值类型：包括 BIGINT（大整数）、INTEGER（普通整数）、MEDIUMINT（中等整数）、SMALLINT（小整数）、TINYINT（很小的整数）、FLOAT（单精度数）、DECIMAL（小数）、DOUBLE（双精度数）等。

（2）日期/时间类型：包括 DATETIME（日期时间）、DATE（日期）、TIMESTAMP（时间戳）、TIME（时间）和 YEAR（年份）等。

（3）字符串（字符）类型：包括 CHAR（定长）、VARCHAR（变长）、BINARY（定长二进制）、VARBINARY（变长二进制）、BLOB（二进制长文本）、TEXT（长文本）等。

连接 MySQL 的 Python 模块主要有两个，即 mysqldb 和 pymysql。在 Python 2.X 中，使用的是 mysqldb 模块；在 Python 3.X 中，使用的是 pymysql 模块。pymysql 模块遵循 Python 数据库 API V2.0 规范，并包含 pure-Python MySQL 客户端。本节只介绍在 Python 3.X 中使用 pymysql 模块连接和操作 MySQL 的方法。

在 Python 中，要连接和操作 MySQL，需要先安装 MySQL 和 pymysql 模块。

1）MySQL 的下载、安装和使用

本书以 Windows 操作系统环境下的 MySQL-community 版本为下载和安装对象。

在浏览器中登录 MySQL 官网，选择合适的 MySQL 版本并下载对应的安装文件。本书案例下载的 MySQL 安装文件是 mysql-installer-community-8.0.12.0.msi。双击 mysql-installer-community-8.0.12.0.msi 文件，运行安装程序，按照提示完成软件安装。

使用 MySQL 的步骤如下。

（1）进入 MySQL 运行环境。选择“开始”→“MySQL”→“MySQL Server 8.0”→“MySQL 8.0 Command Line Client – Unicode”菜单项，进入命令行界面。在命令行界面中输入登录密码，进入 MySQL 运行环境，如图 11.1 所示。

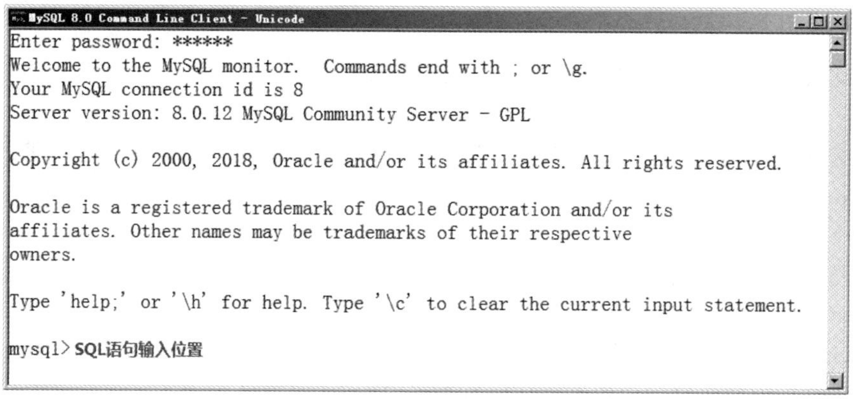

图 11.1　进入 MySQL 运行环境

（2）创建数据库。在命令行中输入 SQL 语句“CREATE DATABASE TESTDB;”并按回车键，创建数据库 TESTDB，如图 11.2 所示。

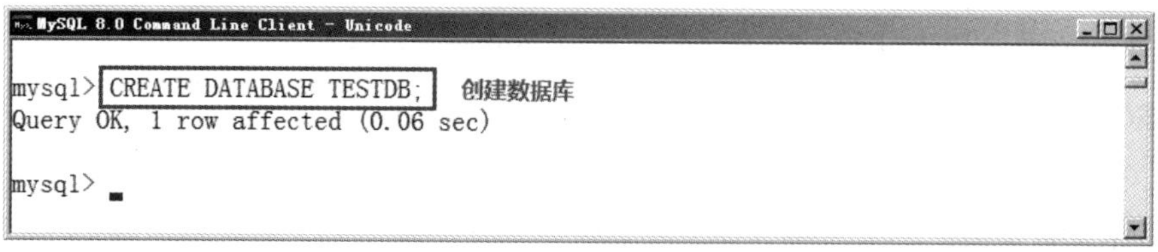

图 11.2　创建数据库

（3）连接数据库和创建数据表。首先在命令行中输入 SQL 语句“USE TESTDB;”并按回车键，连接数据库 TESTDB；然后在命令行中输入 SQL 语句“CREATE TABLE TABLE_USER(USERNAME

CHAR(20) PRIMARY KEY, PASSWORD CHAR(20), SEX CHAR(1), AGE INT);”并按回车键，创建数据表 TABLE_USER，如图 11.3 所示。

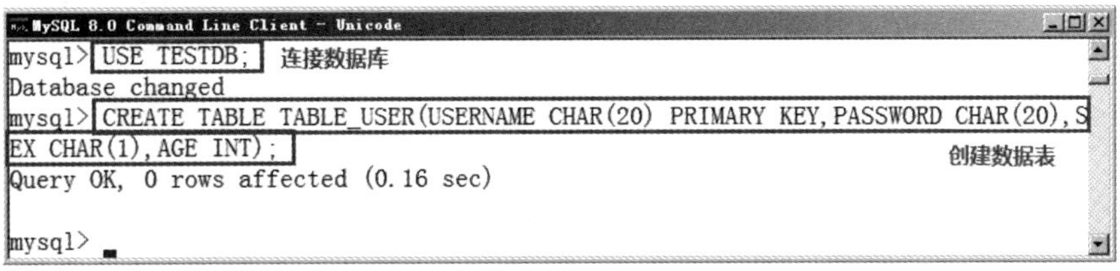

图 11.3　连接数据库和创建数据表

（4）操作数据库。对数据库中的数据表 TABLE_USER 进行操作，如添加记录、查询记录等，如图 11.4 所示。

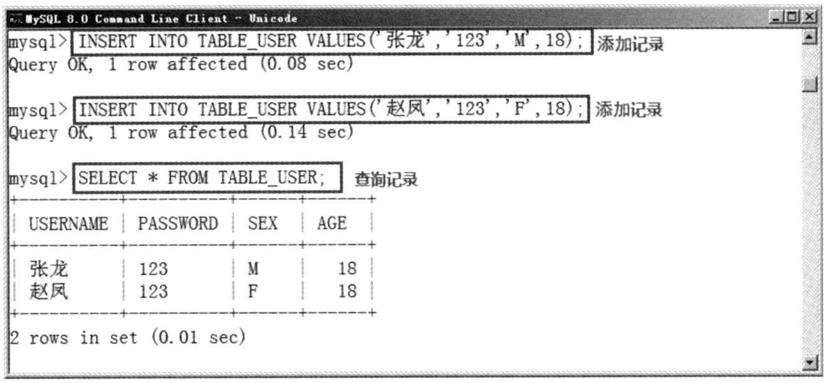

图 11.4　操作数据库

除使用命令行界面操作 MySQL 外，也可以使用 Navicat 12 for MySQL 等可视化管理工具对 MySQL 进行可视化管理和操作。

2）pymysql 模块的下载和安装

pymysql 模块的下载和安装方法参见 1.2.5 节。在浏览器中登录 PyPI 官网，可以下载 pymysql 模块的安装文件 pymysql-0.9.2-py2.py3-none-any.whl。

pymysql 模块中最常用的方法为 connect()，其功能为连接数据库，返回一个连接对象，其一般格式为：

```
pymysql.connect(host, userID, pwd, dbName, port, code)
```

其中，host 为服务器名（如果是本机，则使用 localhost 或 127.0.0.1）；userID 和 pwd 分别为登录账号和登录密码；dbName 为要连接的数据库文件及路径；port 为连接端口号；code 为连接编码。在默认情况下，可以省略端口号和连接编码。

11.2.2　Python DB-API 规范

在 Python 中，访问数据库的接口程序一般遵循 Python DB-API 规范。Python DB-API 规范定义了一系列必需的对象和数据库存取方式，以便为各种底层数据库系统和数据库接口程序提供一致的访问接口。

Python DB-API 主要包括 3 个对象，即 Connection（数据库连接对象）、Cursor（数据库交互对象）和 Exception（数据库异常类对象）。常用数据库对象和方法如表 11.1 所示。

表 11.1　常用数据库对象和方法

对　象	方　法	功能描述
Connection	connect()	打开或创建一个数据库连接，返回一个 Connection 对象
	cursor()	返回创建的 Cursor 对象
	commit()	提交当前事务
	rollback()	回滚自上一次调用 commit()方法以来对数据库所做的更改
	close()	关闭数据库连接
Cursor	execute(sql[,params])	执行一条 SQL 语句
	executemany(sql[,params])	执行多条 SQL 语句
	fetchone()	以列表形式返回查询结果集的下一行
	fetchmany()	以列表形式返回查询结果集的下一行组
	fetchall()	以列表形式返回查询结果集的所有（剩余）行
	close()	关闭 Cursor 对象
	rawcount()	返回执行 execute()方法所影响的行数

在 Python 中开发数据库程序的步骤如下。

（1）导入数据库访问模块。

（2）创建 Connection 对象，获取 Cursor 对象。

（3）使用 Cursor 对象运行 SQL 语句。

（4）根据运行结果使用 Cursor 对象获取数据或判断运行状态（提交事务或回滚事务）。

（5）关闭 Cursor 对象和 Connection 对象。

11.2.3　典型案例——访问关系数据库

本节的 3 个案例访问的都是关系数据库。这 3 个案例的代码结构类似，但在实现上采用了不同的方法，具体内容请参见代码。

【例 11.1】 访问 SQLite3 中的电影数据库。

分析：本例的实现方法如下。

（1）定义一个数据库操作类 OperateMovieDB，其中的每个方法用于实现指定的数据库操作。

① __init__()：构造方法，创建（或连接）数据库 MovieDB.db、游标 cur 和数据表 table_movie。数据表 table_movie 中包括如下字段。

- ID：编号，自增类型。
- Name：名称，Text 类型。
- Nation：国家，Text 类型。
- Category：类型，Text 类型。
- ProductionTime：出品时间，Text 类型。
- TicketPrice：票价，Real 类型。

② add_record(sql)：执行传入的 sql，向数据表 table_movie 中添加记录。

③ select_record(sql)：执行传入的 sql，从数据表 table_movie 中查询记录。

④ update_record(sql)：执行传入的 sql，更新数据表 table_movie 中的指定记录。

⑤ delete_record(sql)：执行传入的 sql，删除数据表 table_movie 中的指定记录。

⑥ num_of_record(sql)：执行传入的 sql，从数据表 table_movie 中查询满足条件的记录数。

⑦ __del__()：析构方法，关闭游标和数据库连接。

（2）创建 OperateMovieDB 类的对象 movie，并通过 movie 对象调用类中的方法在数据库中添加记录、查询记录、更新记录和删除记录。

程序代码（源文件为 OperateMovieDB.py）：

```
import sqlite3

# 定义数据库操作类
class OperateMovieDB:
  # 构造方法
  def __init__(self):
    try:
      self.conn = sqlite3.connect('MovieDB.db')       # 创建或连接数据库
      self.cur = self.conn.cursor()
      self.cur.execute('''create table if not exists table_movie(ID INTEGER
        PRIMARY KEY AUTOINCREMENT,Name text not null,Nation text,Category text,
       ProductionTime Text,TicketPrice real);''')
      self.conn.commit()
    except Exception as e:
      print("创建/连接数据库或创建数据表失败:",e)
  # 添加记录
  def add_record(self,sql):
    try:
      self.cur.execute(sql)
      self.conn.commit()
    except Exception as e:
      raise e
  # 查询记录
  def select_record(self,sql):
    try:
      cur1 = self.cur.execute(sql)
      return cur1
    except Exception as e:
      raise e
  # 更新记录
  def update_record(self,sql):
    try:
      self.cur.execute(sql)
      self.conn.commit()
    except Exception as e:
      raise e
  # 删除记录
  def delete_record(self,sql):
    try:
      self.cur.execute(sql)
      self.conn.commit()
    except Exception as e:
      raise e
  # 查询满足条件的记录数
  def num_of_record(self,sql):
    try:
      cur1 = self.cur.execute(sql)
      for row in cur1:
        return row[0]
    except Exception as e:
      raise e
  # 析构方法
  def __del__(self):
    self.cur.close()
    self.conn.close()

if __name__ == '__main__':
  movie = OperateMovieDB()                                # 创建对象
  print("1.添加记录:")
```

```
movieList = [["这个杀手不太冷","法国","犯罪","1994",36],["阿甘正传","美国","爱情",
  "1994",37],["我不是药神","中国","喜剧","2018",38]]  # 待添加的数据
try:
  for item in movieList:
    # 如果要添加的电影在数据表 table_movie 中不存在，则添加，否则不添加
    n = movie.num_of_record("select count(*) from table_movie where Name='"
     + item[0] +"'")
    if n == 0:
      addsql = "insert into table_movie(Name,Nation,Category,ProductionTime,
         TicketPrice) VALUES ('"+item[0]+"','"+item[1]+"','"+item[2]+"','"+
         item[3]+"',"+str(item[4])+")"
      movie.add_record(addsql)
  print("添加记录成功! ")
except Exception as e:
  print("添加记录失败:",e)
print("2.查询记录:")
try:
  selectsql = "select * from table_movie"
  cur1 = movie.select_record(selectsql)
  for row in cur1:
    print("编号:%s,名称:%s,国家:%s,类型:%s,出品时间:%s,票价:%6.2f 元." % (row[0],
      row[1],row[2],row[3],row[4],row[5]))
except Exception as e:
  print("查询记录失败:",e)
print("3.更新记录:")
try:
  updatesql = "update table_movie set TicketPrice=40 where Name='这个杀手不太冷'"
  movie.update_record(updatesql)
  print("更新记录成功! ")
except Exception as e:
  print("更新记录失败:",e)
print("4.删除记录:")
try:
  deletesql = "delete from table_movie where TicketPrice>=38"
  movie.delete_record(deletesql)
  print("删除记录成功! ")
except Exception as e:
  print("删除记录失败:",e)
print("5.查询记录:")
try:
  selectsql = "select * from table_movie"
  cur1 = movie.select_record(selectsql)
  for row in cur1:
    print("编号:%s,名称:%s,国家:%s,类型:%s,出品时间:%s,票价:%6.2f 元." % (row[0],
      row[1],row[2],row[3],row[4],row[5]))
except Exception as e:
  print("查询记录失败:",e)
del movie                                          # 删除对象
```

运行结果：

```
1. 添加记录:
添加记录成功!
2. 查询记录:
编号:1,名称:这个杀手不太冷,国家:法国,类型:犯罪,出品时间:1994,票价:36.00 元.
编号:2,名称:阿甘正传,国家:美国,类型:爱情,出品时间:1994,票价:37.00 元.
编号:3,名称:我不是药神,国家:中国,类型:喜剧,出品时间:2018,票价:38.00 元.
3. 更新记录:
更新记录成功!
4. 删除记录:
删除记录成功!
5. 查询记录:
编号:2,名称:阿甘正传,国家:美国,类型:爱情,出品时间:1994,票价:37.00 元.
```

【例 11.2】 访问 Microsoft Access 2010 中的商品数据库。

分析：本例的实现方法如下。

（1）在 Microsoft Access 2010 中创建数据库 GoodsDB.accdb 和数据表 table_goods。数据表 table_goods 中包括如下字段。

① GoodsID：编号，Text 类型，主键。

② GoodsName：名称，Text 类型。

③ Type：类型，Text 类型。

④ Address：产地，Text 类型。

⑤ Price：价格，数字类型。

（2）定义一个数据库操作类 OperateGoodsDB，其中的每个方法用于实现指定的数据库操作。

① __init__()：构造方法，连接数据库 GoodsDB.accdb，创建游标 cur。

② add_record(sql, param)：根据传入的 sql 和 param，向数据表 table_goods 中添加记录。

③ select_record(sql, param)：根据传入的 sql 和 param，从数据表 table_goods 中查询记录。

④ update_record(sql, param)：根据传入的 sql 和 param，更新数据表 table_goods 中的指定记录。

⑤ delete_record(sql, param)：根据传入的 sql 和 param，删除数据表 table_goods 中的指定记录。

⑥ num_of_record(sql, param)：根据传入的 sql 和 param，从数据表 table_goods 中查询满足条件的记录数。

⑦ __del__()：析构方法，关闭游标和数据库连接。

（3）创建 OperateGoodsDB 类的对象 goods，并通过 goods 对象调用类中的方法在数据库中添加记录、查询记录、更新记录和删除记录。

（4）本例与【例 11.1】的不同之处如下。

① 使用?作为占位符，通过传入的 sql 和 param 共同组成完整的 SQL 语句，从而使操作更灵活。

② 使用 cur.fetchone()方法和 cur.fetchall()方法从游标中获取数据。

程序代码（源文件为 OperateGoodsDB.py）：

```
import pyodbc
import os

# 定义数据库操作类
class OperateGoodsDB:
  # 构造方法
  def __init__(self):
    try:
     self.conn = pyodbc.connect(r"Driver={Microsoft Access Driver (*.mdb,
       *.accdb)};DBQ=" + os.getcwd() + r"\GoodsDB.accdb;Uid=;Pwd=;")
     self.cur = self.conn.cursor()
    except Exception as e:
      print("连接数据库失败:",e)
  # 添加记录
  def add_record(self,sql,param):
    try:
      self.cur.execute(sql,param)
      self.conn.commit()
    except Exception as e:
      raise e
  # 查询记录
  def select_record(self,sql,param):
    try:
```

```
            cur1 = self.cur.execute(sql,param)
            return cur1
        except Exception as e:
            raise e
    # 更新记录
    def update_record(self,sql,param):
        try:
            self.cur.execute(sql,param)
            self.conn.commit()
        except Exception as e:
            raise e
    # 删除记录
    def delete_record(self,sql,param):
        try:
            self.cur.execute(sql,param)
            self.conn.commit()
        except Exception as e:
            raise e
    # 查询满足条件的记录数
    def num_of_record(self,sql,param):
        try:
            cur1 = self.cur.execute(sql,param)
            return cur1.fetchone()[0]
        except Exception as e:
            raise e
    # 析构方法
    def __del__(self):
        self.cur.close()
        self.conn.close()

if __name__ == '__main__':
    goods = OperateGoodsDB()                              # 创建对象
    print("1.添加记录:")
    goodsList = [("1001","长虹电视","家电","四川","1288"),("1002","红富士苹果",
        "水果","山东","16")]                              # 待添加的数据
    try:
     # 查询指定名称的商品在数据表 table_goods 中是否存在。若不存在，则将其添加到数据表中
        for item in goodsList:
            GoodsName=(item[1])
            n = goods.num_of_record("select count(*) from table_goods where GoodsName=?",GoodsName)
            if n == 0:
                addsql = "insert into table_goods VALUES(?,?,?,?,?)"    # 使用?作为占位符
                goods.add_record(addsql,item)
        print("添加记录成功！")
    except Exception as e:
        print("添加记录失败:",e)
    print("2.查询记录:")
    try:
        selectsql = "select * from table_goods"
        param=()                                          # 空参数
        cur1 = goods.select_record(selectsql,param)
        for line in cur1.fetchall():
            for item in line:
                print(item,end=' ')
            print()
    except Exception as e:
        print("查询记录失败:",e)
    print("3.更新记录:")
    try:
        param=("888","长虹电视")                          # 参数
        updatesql = "update table_goods set Price=? where GoodsName=?"
        goods.update_record(updatesql,param)
```

```
    print("更新记录成功! ")
  except Exception as e:
    print("更新记录失败:",e)
  print("4.删除记录:")
  try:
    GoodsName =('红富士苹果')                          # 参数
    deletesql = "delete from table_goods where GoodsName=?"
    goods.delete_record(deletesql,GoodsName)
    print("删除记录成功! ")
  except Exception as e:
    print("删除记录失败:",e)
  print("5.查询记录:")
  try:
    selectsql = "select * from table_goods"
    param = ()                                      # 空参数
    cur1 = goods.select_record(selectsql,param)
    # 遍历结果集中的所有数据
    for line in cur1.fetchall():
      for item in line:
        print(item,end=' ')
  except Exception as e:
    print("查询记录失败:",e)
  del goods                                          # 删除对象
```


运行结果：

```
1. 添加记录:
添加记录成功!
2. 查询记录:
1001 长虹电视 家电 四川 1288
1002 红富士苹果 水果 山东 16
3. 更新记录:
更新记录成功!
4. 删除记录:
删除记录成功!
5. 查询记录:
1001 长虹电视 家电 四川 888
```

【例 11.3】 访问 MySQL 中的学生数据库。

分析：本例的实现方法如下。

（1）在 MySQL 中创建数据库 StuDB。

（2）定义一个数据库操作类 OperateStuDB，其中的每个方法用于实现指定的数据库操作。

① __init__()：构造方法，连接数据库 StuDB，创建游标 cur 和数据表 table_stu。数据表 table_stu 中包括如下字段。

- Sno：学号，char(20)，主键。
- Sname：姓名，char(20)。
- Sex：性别，char(1)。
- Age：年龄，Int。

② add_record(sql, param)：根据传入的 sql 和 param，向数据表 table_stu 中添加记录。

③ select_record(sql, param)：根据传入的 sql 和 param，从数据表 table_stu 中查询记录。

④ update_record(sql, param)：根据传入的 sql 和 param，更新数据表 table_stu 中的指定记录。

⑤ delete_record(sql, param)：根据传入的 sql 和 param，删除数据表 table_stu 中的指定记录。

⑥ __del__()：析构方法，关闭游标和数据库连接。

（3）创建 OperateStuDB 类的对象 stu，并通过 stu 对象调用类中的方法在数据库中添加记录、查询记录、更新记录和删除记录。

（4）本例与【例 11.2】的不同之处如下。

① 使用%s 作为占位符。

② 使用 MySQL 中的 replace into 取代 insert into，以免重复添加记录。

③ 使用 cur.executemany()方法实现多条记录的添加。

程序代码（源文件为 OperateStuDB.py）：

```
import pymysql

# 定义数据库操作类
class OperateStuDB:
  # 构造方法
  def __init__(self):
    try:
      self.conn = pymysql.connect("localhost","root","123456","StuDB",3306)
      self.cur = self.conn.cursor()
      # 查询指定数据表 table_stu 是否存在。若不存在，则创建它
      sql="SELECT count(*) FROM information_schema.TABLES WHERE table_name =
        'table_stu'"
      cur1=self.cur.execute(sql)
      if self.cur.fetchone()[0]==0:                    # 数据表不存在，创建数据表
        sql = "create table if not exists StuDB.table_stu(Sno char(20) primary
           key," "Sname char(20),Sex char(1),Age int)"
        self.cur.execute(sql)
        self.conn.commit()
        print("创建数据表成功！")
    except Exception as e:
      print("创建数据表失败:",e)
  # 添加记录
  def add_record(self,sql,param):
    try:
      self.cur.executemany(sql,param)                  # 添加多条记录
      self.conn.commit()
    except Exception as e:
      raise e
  # 查询记录
  def select_record(self,sql,param):
    try:
      self.cur.execute(sql,param)
      return self.cur
    except Exception as e:
      raise e
  # 更新记录
  def update_record(self,sql,param):
    try:
      self.cur.execute(sql,param)
      self.conn.commit()
    except Exception as e:
      raise e
  # 删除记录
  def delete_record(self,sql,param):
    try:
      self.cur.execute(sql,param)
      self.conn.commit()
    except Exception as e:
      raise e
  # 析构方法
  def __del__(self):
    self.cur.close()
    self.conn.close()
```

```
if __name__ == '__main__':
  stu = OperateStuDB()                                    # 创建对象
  print("1.添加记录:")
  try:
    stuList=[("1001","Smith","m","16"),("1002","Amy","f","15")]     # 待添加的数据
    # 若该行数据存在，则不添加，否则添加
    addsql="replace into table_stu(Sno,Sname,Sex,Age) values(%s,%s,%s,%s)"
    stu.add_record(addsql,stuList)
    print("添加记录成功! ")
  except Exception as e:
    print("添加记录失败:",e)
  print("2.查询记录:")
  try:
    param=("10")                                          # 参数
    selectsql = "select * from table_stu where Age>=%s"
    cur1 = stu.select_record(selectsql,param)
    for row in cur1.fetchall():
      print(row[0],row[1],row[2],row[3])
  except Exception as e:
    print("查询记录失败:",e)
  print("3.更新记录:")
  try:
    param=("17","1001")                                   # 参数
    updatesql = "update table_stu set Age=%s where Sno=%s"
    stu.update_record(updatesql,param)
    print("更新记录成功! ")
  except Exception as e:
    print("更新记录失败:",e)
  print("4.删除记录:")
  try:
    param = ('1002')                                      # 参数
    deletesql = "delete from table_stu where Sno=%s"
    stu.delete_record(deletesql,param)
    print("删除记录成功! ")
  except Exception as e:
    print("删除记录失败:",e)
  print("5.查询记录:")
  try:
    param=("10")
    selectsql = "select * from table_stu where Age>=%s"
    cur1 = stu.select_record(selectsql,param)
    for row in cur1.fetchall():
      print(row[0],row[1],row[2],row[3])
  except Exception as e:
    print("查询记录失败:",e)
  del stu                                                 # 删除对象
```

运行结果：

```
1. 添加记录:
添加记录成功!
2. 查询记录:
1001 Smith m 16
1002 Ary f 15
3. 更新记录:
更新记录成功!
4. 删除记录:
删除记录成功!
5. 查询记录:
1001 Smith m 17
```

11.3 非关系数据库访问

11.3.1 MongoDB

1. MongoDB 简介

MongoDB 是一个基于分布式文件存储的数据库，使用 C++编写，旨在为 Web 应用提供可扩展的高性能数据存储解决方案。MongoDB 介于关系数据库和非关系数据库之间，是非关系数据库中功能最丰富、最像关系数据库的。MongoDB 支持的数据结构非常松散，是类似 JSON 格式的 BSON 格式，可以存储比较复杂的数据类型。

前文也介绍过，MongoDB 最大的特点是支持的查询语言功能非常强大，其语法有些类似面向对象的查询语言，可以实现类似关系数据库单表查询的大部分功能，还支持对数据建立索引。

MongoDB 结构可以概括如下。

（1）一个 MongoDB 实例可以包含一组数据库。

（2）一个数据库可以包含一组集合（Collection，类似关系数据库中的数据表）。

（3）一个集合可以包含一组文档（Document，类似关系数据库中数据表的记录）。

（4）一个文档可以包含一组字段（Field，类似关系数据库中数据表记录的字段），每个字段都是一个 key/value 对。其中，key 必须为字符串类型，value 可以是包括文档类型在内的多种类型。

可以通过 MongoDB 官网下载对应版本的 MongoDB 安装文件 mongodb-win32-x86_64-2008plus-ssl-4.0.2-signed.msi。在下载完成后，双击 MongoDB 安装文件 mongodb-win32-x86_64-2008plus-ssl-4.0.2-signed.msi，根据提示完成软件安装。

2. MongoDB 的使用

在 MongoDB 安装完成后，其基本操作步骤如下。

（1）在 D:\路径下创建新的目录结构：D:\data\db 和 D:\data\log，分别用于存储数据库和日志文件。

（2）运行 cmd.exe，进入命令行界面，切换到安装 MongoDB 的 bin 目录所在路径下。之后运行命令 mongod –dbpath "D:\data\db"，启动 MongoDB，如图 11.5 所示。

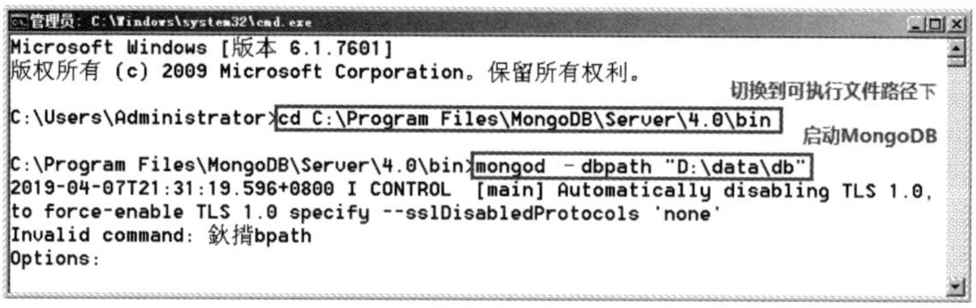

图 11.5 启动 MongoDB

（3）重新打开一个命令行界面，运行命令 mongo，进入 MongoDB 运行环境，如图 11.6 所示。

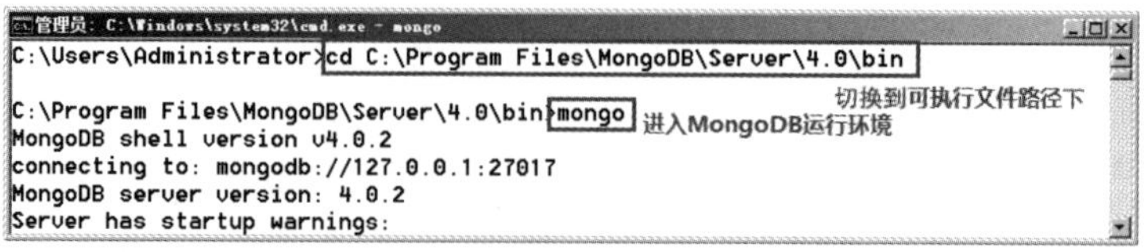

图 11.6 进入 MongoDB 运行环境

（4）创建并显示数据库 UniDB。

```
>use UniDB
switched to db UniDB
>show dbs
UniDB  0.000GB
admin  0.000GB
config  0.000GB
local   0.000GB
```

（5）向数据库 UniDB 中插入两条数据。

```
>bjdx = {'name':'Beijing University','address':'Beijing'}
{ "name" : "Beijing University", "address" : "Beijing" }
>db.UniDB.insert(bjdx)
WriteResult({ "nInserted" : 1 })
>fddx = {'name': 'Fudan University','address':'Shanghai'}
{ "name" : "Fudan University", "address" : "Shanghai" }
>db.UniDB.insert(fddx)
WriteResult({ "nInserted" : 1 })
```

（6）查询数据库 UniDB 中的所有数据。

```
> db.uniDB.find()
{ "_id" : ObjectId("5c60216a28aedd22113d4af1"), "name" : "Beijing University", "
address" : "Beijing" }
{ "_id" : ObjectId("5c6021d728aedd22113d4af2"), "name" : "Fudan University", "ad
dress" : "Shanghai" }
```


3. pymongo 模块的下载和安装

要在 Python 中访问 MongoDB，需要先下载和安装 pymongo 模块。

pymongo 模块的下载和安装方法参见 1.2.5 节。可以通过 PyPI 官网下载 pymongo 模块的安装文件。本书案例对应下载的模块安装文件是 pymongo-3.12.8-cp312-cp312m-win_amd64.whl。

4. 访问 MongoDB 的常用方法

在 Python 中访问 MongoDB 的常用方法如下。

（1）pymongo.MongoClient("mongodb://服务器名:端口号/")：连接 MongoDB 服务器。如果是本机，则服务器名可以使用 localhost，端口号一般使用默认的端口号 27017。

（2）myclient[db]：创建数据库。只有创建集合并插入一个文档后，数据库 db 才会被真正创建。

（3）mydb[collection]：创建集合。

（4）insert_one(document)：向集合中插入一个文档。

（5）insert_many(documents)：向集合中插入多个文档。

（6）find_one()：从集合中查询一个文档。

（7）find()：从集合中查询多个文档。

（8）update_one(cons, value)：更新一个文档。cons 为更新条件；value 为更新字段。

（9）update_many(cons, value)：更新多个文档。参数与 update_one()方法的相同。

（10）save(cons, value)：更新或插入文档。参数与 update_one()方法的相同。

（11）sort(key, order)：对文档进行排序。key 为要排序的字段；order 为排序规则，1 表示升序，−1 表示降序，默认值为 1（升序）。

（12）delete_one(cons)：删除集合中的一个文档。cons 为删除条件。

（13）delete_many(cons)：删除集合中的多个文档。参数与 delete_one()方法的相同。

11.3.2 典型案例——访问 MongoDB

【例 11.4】 访问 MongoDB 中的大学数据库。

分析：本例的实现方法如下。

（1）定义一个数据库操作类 OperateUniDB，其中的每个方法用于实现指定的数据库操作。

① __init__()：构造方法，连接数据库服务器，创建数据库 UniDB 和集合 Unis，在字段 Name 上创建唯一索引。

② add_document(uni)：根据传入的 uni，向集合 Unis 中添加文档。

③ find_document(cons)：根据传入的 cons，从集合 Unis 中查询指定文档。

④ update_document(cons,value)：根据传入的 cons 和 value，更新集合 Unis 中的指定文档。

⑤ delete_document(cons)：根据传入的 cons，删除集合 Unis 中的指定文档。

⑥ __del__()：析构方法，关闭服务器连接。

（2）创建 OperateUniDB 类的对象 uni，并通过 uni 对象调用类中的方法在数据库中添加文档、查询文档、更新文档和删除文档。

程序代码（源文件为 OperateUniDB.py）：


```
import pymongo

# 定义数据库操作类
class OperateUniDB:
  # 构造方法
  def __init__(self):
    try:
      self.myclient = pymongo.MongoClient("mongodb://localhost:27017/")
      self.mydb = self.myclient["UniDB"]
      self.mycol = self.mydb["Unis"]
      # 在字段 Name 上创建唯一索引
      self.mycol.create_index([("Name",1)],unique=True)
      print("创建/连接数据库和创建集合成功！")
    except Exception as e:
      print("创建数据库和集合失败:",e)
  # 添加文档
  def add_document(self,unis):
    try:
      self.mycol.insert_many(unis)
    except Exception as e:
      raise e
  # 查询文档
  def find_document(self,cons):
    try:
      res = self.mycol.find(cons)
      return res
    except Exception as e:
      raise e
  # 更新文档
  def update_document(self,cons,newvalue):
    try:
      self.mycol.update_many(cons,newvalue)
    except Exception as e:
      raise e
  # 删除文档
  def delete_document(self,cons):
    try:
      self.mycol.delete_many(cons)
    except Exception as e:
```

```
        raise e
    # 析构方法
    def del(self):
        self.myclient.close()                                # 关闭连接

if __name__ == '__main__':
    uni = OperateUniDB()                                     # 创建对象
    print("1.添加文档:")
    unis = [{"Name":"哈佛大学","Nation":"美国","score":100},{"Name":"麻省理工学院",
      "Nation":"美国","score":97.6},{"Name":"斯坦福大学","Nation":"美国","score":
     93.8},{"Name": "牛津大学","Nation": "英国","score": 87.6}]
    try:
        uni.add_document(unis)
        print("添加文档成功! ")
    except Exception as e:
        print("添加文档失败:",e)
    print("2.查询文档:")
    try:
        cons = {"Name":"哈佛大学"}
        res = uni.find_document(cons)
        for item in res:
            print(item)
    except Exception as e:
        print("查询文档失败:",e)
    print("3.更新文档:")
    try:
        cons = {"score":93.8}
        value = {"$set": {"score": 95.8}}
        uni.update_document(cons,value)
        print("更新文档成功! ")
    except Exception as e:
        print("更新文档失败:",e)
    print("4.删除文档:")
    try:
        cons = {"Name":"哈佛大学"}
        uni.delete_document(cons)
        print("删除文档成功! ")
    except Exception as e:
        print("删除文档失败:",e)
    print("5.查询文档:")
    try:
        param = {}
        res = uni.find_document(param)
        for item in res:
            print(item)
    except Exception as e:
        print("查询文档失败:",e)
    del uni                                                  # 删除对象
```

运行结果：

```
创建/连接数据库和创建集合成功!
1. 添加文档:
添加文档成功!
2. 查询文档:
{'_id': ObjectId('5c6051adffa16a2280f07321'), 'Name': '哈佛大学', 'Nation':
 '美国', 'score': 100}
3. 更新文档:
更新文档成功!
4. 删除文档:
删除文档成功!
5. 查询文档:
{'_id': ObjectId('5c6050ecffa16a22283e03ce'), 'Name': '麻省理工学院', 'Nation':
```

```
 '美国', 'score': 97.6}
{'_id': ObjectId('5c6050ecffa16a22283e03cf'), 'Name': '斯坦福大学', 'Nation':
 '美国', 'score': 95.8}
{'_id': ObjectId('5c6050ecffa16a22283e03d0'), 'Name': '牛津大学', 'Nation':
 '英国', 'score': 87.6}
```

在【例 11.4】中，为了避免集合中的数据重复，在字段 Name 上设置了唯一索引。因此，当多次运行程序时会因为重复向集合中添加相同的文档而失败，如果向集合中添加的是不同的文档，则会成功。如果需要重复运行程序，则可以先删除数据库集合中的所有文档，再运行本程序。

练习题 11

1. 简答题

（1）常用关系数据库和非关系数据库有哪些？

（2）SQLite3 支持哪些数据类型？

（3）Python DB-API 规范中包含哪些对象和类？分别有什么功能？

（4）在 Python 中开发数据库程序需要执行哪些操作步骤？

（5）MongoDB 结构是什么样的？

2. 选择题

（1）在遵循 Python DB-API 规范访问关系数据库时，要创建 Cursor 对象，应使用 Connection 对象的哪个方法？（　　）。

A．execute()　　B．cursor()　　C．commit()　　D．close()

（2）在遵循 Python DB-API 规范访问关系数据库时，要运行多条 SQL 语句，应使用 Cursor 对象的哪个方法？（　　）。

A．fetchall()　　B．execute()　　C．executemany()　　D．close()

（3）在 Python 中访问 Access 时，一般使用（　　）模块。

A．pyodbc　　B．sqlite3　　C．pymongo　　D．pymysql

（4）在使用 pymysql 模块访问 MySQL 时，提交当前事务的方法是（　　）。

A．connect()　　B．fetchone()　　C．rollback()　　D．commit()

（5）能够较好地支持大数据存储、管理及 NoSQL 的数据库是（　　）。

A．SQLite3　　B．Microsoft Access　　C．MySQL　　D．MongoDB

（6）在 MongoDB 中，一个数据库可以包含一组（　　）。

A．数据库（Database）　　B．集合（Collection）

C．字段（Field）　　D．键（Key）

3. 填空题

（1）Python 内置的关系数据库是________。

（2）在 Python 中，要在 C 盘上创建一个名为 TestDB.db 的 SQLite3 数据库，可以使用语句________。

（3）在 Python 中，用于连接和访问 Access 的模块是________。

（4）在 Python 中，要连接 MySQL，需要下载和安装________模块。

（5）在 MongoDB 中，一个文档可以包含一组________，每个字段都是________。

第 12 章　图形用户界面编程

本章内容：

- wxPython 库简介
- 事件处理
- 常用控件
- 布局
- 典型案例——专利管理系统

12.1　wxPython 库简介

目前，基于 Python 的图形用户界面（Graphical User Interface，GUI）编程库或模块有很多，如 tkinter 模块、PyQt 库、wxPython 库等。其中，tkinter 模块是基于 Python 的标准 GUI 工具包接口，PyQt 库是 Python 和 Qt 库的成功融合。与 tkinter 模块和 PyQt 库相比，wxPython 库是一个开源、跨平台、支持 GUI 编程的第三方库，允许 Python 程序设计人员方便地创建完整且功能健全的 GUI 程序。

本书只介绍 wxPython 库（以下简称 wxPython）的使用方法。wxPython 的下载和安装方法参见 1.2.5 节。可以通过 PyPI 官网下载 wxPython 安装文件。本书案例对应下载的安装文件是 wxPython-4.0.4-cp312-cp312m-win_amd64.whl。

【例 12.1】 创建一个简单的 GUI 程序，显示“欢迎来到 Python 世界！”。

程序代码：

```
import wx
# 创建对象 app
app = wx.App()
# 创建并设置窗体 frame
frame = wx.Frame(None,title="第 1 个 wxPython 程序",size=(300,150))
# 创建面板 panel，添加到窗体 frame 中
panel = wx.Panel(frame)
# 创建、设置标签，添加到面板 panel 中
sTxt_info = wx.StaticText(panel,label="欢迎来到 Python 世界！",pos=(60,40))
# 显示窗体
frame.Show(True)
# 调用 app.MainLoop()方法，进入循环
app.MainLoop()
```

运行结果如图 12.1 所示。

图 12.1　运行结果

由【例 12.1】可知，使用 wxPython 创建 GUI 程序的步骤如下。

（1）导入 wx 模块。

```
import wx
```

（2）创建一个 wx.App 实例。

```
app = wx.App()
```

（3）创建一个顶层窗体。

```
frame = wx.Frame(None)
```

（4）显示窗体。

```
frame.Show(True)
```

（5）进入应用程序循环，等待进行事件处理。

```
app.MainLoop()
```

12.2 事件处理

事件处理是 wxPython 程序工作的基本机制。

1. 事件和事件处理机制

事件指发生在系统中的事，应用程序通过触发相应的功能对它进行响应。事件可以是低级的用户动作，如移动鼠标、按下键盘等；也可以是高级的用户动作，如单击按钮、选中列表框选项等；也可能是其他方式，如网络连接、定时器触发等。

wxPython 程序中与事件和事件处理相关的主要概念如下。

（1）事件（Event）：在应用程序运行期间发生的事，要求有一个响应。

（2）事件对象（Event Object）：代表一个事件，其中包括事件的数据等属性，是 wx.Event 类或其子类的对象，子类如 wx.CommandEvent 和 wx.MouseEvent。

（3）事件类型（Event Type）：分配给每个事件对象的一个整数 ID。例如，wx.MouseEvent 类的事件类型标识了该事件是一个鼠标单击事件还是一个鼠标移动事件。

（4）事件源（Event Source）：能产生事件的任何 wxPython 对象，如按钮、菜单、列表框等控件。

（5）事件处理器（Event Handler）：响应事件时被调用的方法，也称处理器方法。

（6）事件绑定器（Event Binder）：一个封装了特定控件、特定事件类型和一个事件处理器的 wxPython 对象。为了被调用，所有事件处理器都必须用一个事件绑定器注册。

（7）wx.EvtHandler 类：其对象在一个特定类型、一个事件源和一个事件处理器之间创建绑定。

wxPython 程序通过将特定类型的事件和特定的代码关联来进行工作，在响应事件时执行相应代码。事件被映射到代码的过程称为事件处理。与大多数 GUI 程序相似，wxPython 程序采用基于事件的驱动机制。

2. 事件绑定器

事件绑定器由 wx.PyEventBinder 类的对象组成。事件绑定器的对象名称是全局性的，以 wx.EVT_开头。wxPython 中有各种不同类型的事件绑定器，用于将不同类型的控件和一个事件对象、一个处理器方法连接起来，使 wxPython 程序能够通过执行处理器方法中的代码响应控件事件。

要绑定控件事件，可以使用 wx.EvtHandler 类的 Bind()方法，其常用格式为：

```
self.Bind(eventBinder,handler,sourceCtrl)
```

或

```
self.sourceCtrl.Bind(eventBinder,handler)
```

其中，eventBinder 为事件绑定器；handler 是一个可以调用 wxPython 的对象，通常是一个被绑定的事件处理方法；sourceCtrl 是产生该事件的源控件。

【例 12.2】 编写一个程序，在标签中实时显示鼠标指针在窗体中的坐标。

程序代码：

```
import wx
# 创建窗体类，继承 wx.Frame 类
class MyFrame(wx.Frame):
  # 定义构造方法
```

```
    def __init__(self):
        # 调用父类构造方法，设置窗体参数
        wx.Frame.__init__(self,None,-1,"事件处理示例",size=(300,150))
        panel = wx.Panel(self,-1)                         # 创建面板
        panel.Bind(wx.EVT_MOTION, self.OnMove)            # 绑定事件
        # 创建标签
        self.sTxt_pos = wx.StaticText(panel,-1, "",pos=(70,30),size=(160,40))
        # 创建字体并设置为标签 self.sTxt_pos 的字体
        font = wx.Font(20,wx.DECORATIVE,wx.NORMAL,wx.BOLD)
        self.sTxt_pos.SetFont(font)
    # 定义鼠标移动事件处理方法
    def OnMove(self,event):
        pos = event.GetPosition()                        # 返回鼠标指针的坐标位置
        self.sTxt_pos.SetLabel("%s : %s" % (pos.x,pos.y)) # 显示鼠标指针的坐标位置
if __name__ == '__main__':
    app = wx.App(False)
    MyFrame().Show(True)                                 # 创建窗体对象，显示窗体
    app.MainLoop()
```

运行结果如图 12.2 所示。

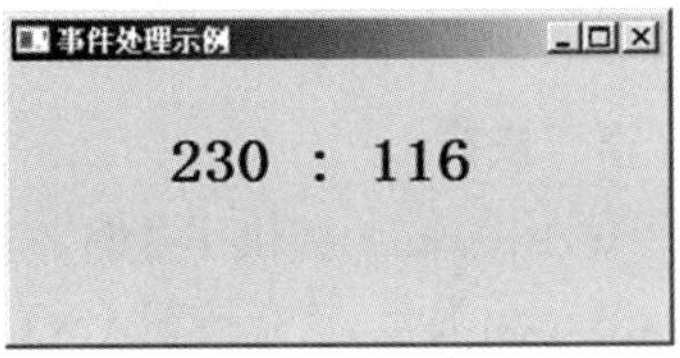

图 12.2　运行结果

12.3　常用控件

wxPython 提供了丰富的控件，如窗体、按钮、标签、文本框、列表框等，以便 Python 程序设计人员轻松地创建健壮、功能强大的 GUI 程序。下面介绍常用的 wxPython 控件使用方法。

12.3.1　窗体

窗体（wx.Frame）是一个容器，支持移动、缩放，可包含菜单、工具栏等，是所有窗体的父类。在使用窗体时，一般需要派生出子类。在创建一个窗体时，需要调用父类的构造方法来设置参数，格式为：

```
wx.Frame.__init__(parent,id,title,pos,size,style)
```

其中，parent 为窗体的父容器，如果窗体为顶级窗体，则 parent 的值为 None；id 为窗体的 wxPython ID；title 为窗体标题；pos 为窗体左上角在屏幕中的坐标位置，是元组类型的数据；size 为窗体的初始尺寸，是元组类型的数据；style 为窗体样式，如 wx.CAPTION、wx.CLOSE_BOX 等。

wx.Frame 的常用方法如下。

（1）Center()：设置窗体居中显示。

（2）SetPosition((x,y))：设置窗体左上角在屏幕中的显示坐标位置为(x,y)。

（3）SetSize((width, height))：设置窗体的尺寸为(width, height)。

（4）SetTitle(title)：设置窗体的标题为 title。

wx.Frame 的常用事件绑定器如下。

（1）wx.EVT_CLOSE：单击窗体的“关闭”按钮时触发相关处理程序。

（2）wx.EVT_MENU_OPEN：打开菜单时触发相关处理程序。

（3）wx.EVT_MENU_CLOSE：关闭菜单时触发相关处理程序。

【例 12.3】 窗体的创建和使用。

程序代码：

```
import wx
# 创建窗体类，继承 wx.Frame 类
class MyFrame(wx.Frame):
```

```
    # 定义构造方法
    def __init__(self,parent):
      # 调用父类构造方法，设置窗体参数
      wx.Frame.__init__(self,parent,id=-1,title="芙蓉楼送辛渐",size=(250,160))
      panel = wx.Panel(self)          # 创建面板
      # 创建标签，在标签中写入内容，添加到面板 panel 中
      wx.StaticText(parent=panel,label="寒雨连江夜入吴",pos=(70,20))
      wx.StaticText(parent=panel,label="平明送客楚山孤",pos=(70,40))
      wx.StaticText(parent=panel,label="洛阳亲友如相问",pos=(70,60))
      wx.StaticText(parent=panel,label="一片冰心在玉壶",pos=(70,80))
      self.Center()                   # 设置窗体运行初始位置为桌面中间
if __name__ == '__main__':
  app = wx.App()
  MyFrame(None).Show(True)
  app.MainLoop()
```

运行结果如图 12.3 所示。

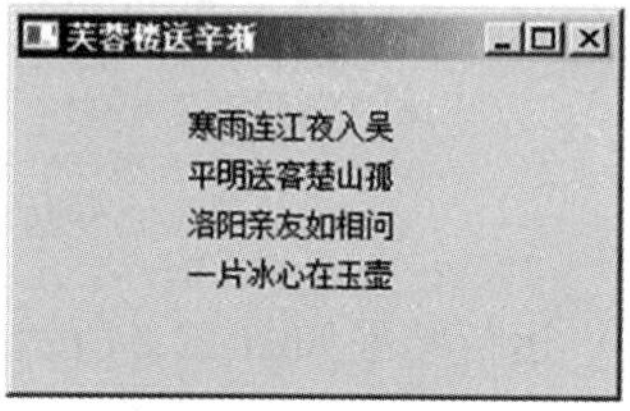

图 12.3　运行结果

12.3.2　按钮、标签和文本框

1. 按钮

wxPython 中提供了 3 种不同类型的按钮，即简单的传统按钮（wx.Button），二状态按钮（wx.ToggleButton）和带有位图的按钮（wx.BitmapButton）。本书只介绍 wx.Button 的使用方法。创建按钮的常用构造方法的格式为：

```
wx.Button(parent,id,label,pos,size,style)
```

其中，label 为按钮上显示的内容；style 为按钮样式，如 wx.BU_TOP、wx.BU_RIGHT 等；其余参数和 wx.Frame.__init__()方法中的相同。

wx.Button 的常用方法如下。

（1）SetLabel(label)：设置按钮上显示的内容为 label。

（2）GetLabel()：返回按钮上显示的内容。

wx.Button 最常用的事件绑定器为 wx.EVT_BUTTON。

2. 标签

标签（wx.StaticText）提供了一行或多行的只读文本，通常被放置在窗体上，或者作为另一个控件的标识符等。创建标签的常用构造方法的格式为：

```
wx.StaticText(parent,id,label,pos,size,style)
```

其中，各参数含义与 wx.Button()方法中的相同。

3. 文本框

文本框（wx.TextCtrl）用于接收通过键盘输入的内容或显示文本信息。创建文本框的常用构造方法的格式为：

```
wx.TextCtrl(parent,id,label,pos,size,style)
```

其中，各参数含义与 wx.Button()方法中的相同。

wx.TextCtrl 的常用方法如下。

（1）GetValue()：返回文本框中的内容。

（2）SetValue(text)：将文本框中的内容设置为 text。

wx.TextCtrl 的常用事件绑定器如下。

（1）wx.EVT_TEXT：当文本框中的内容发生变化时，触发相关处理程序。

（2）wx.EVT_TEXT_ENTER：当在文本框中按回车键时，触发相关处理程序。

（3）wx.EVT_TEXT_MAXLEN：当文本框中的文本长度达到指定最大值时，触发相关处理程序。

【例 12.4】 使用按钮、标签和文本框编写一个求和程序。

程序代码：

```
import wx
class MyFrame(wx.Frame):
  def __init__(self,superion):
    wx.Frame.__init__(self,parent=superion,title='2 个数求和',size=(300,220))
    panel = wx.Panel(self)                                   # 创建面板
    # 创建标签
    wx.StaticText(parent=panel,label='请输入操作数 1:',pos=(30,10))
    wx.StaticText(parent=panel,label='请输入操作数 2:',pos=(30,50))
    wx.StaticText(parent=panel,label='结  果: ',pos=(30,90))
    # 创建文本框
    self.txt_op1 = wx.TextCtrl(parent=panel,pos=(120,10))
    self.txt_op2 = wx.TextCtrl(parent=panel,pos=(120,50))
    self.txt_res = wx.TextCtrl(parent=panel,pos=(120,90),style=wx.TE_READONLY)
    # 创建按钮并绑定事件
    self.btn_Add = wx.Button(parent=panel,label='求 和',pos=(70,130))
    self.Bind(wx.EVT_BUTTON,self.On_btn_Add,self.btn_Add)
    self.btn_Quit = wx.Button(parent=panel,label='退 出',pos=(150,130))
    self.Bind(wx.EVT_BUTTON,self.On_btn_Quit,self.btn_Quit)
  # 定义"求和"按钮事件处理方法
  def On_btn_Add(self,event):
    op1 = int(self.txt_op1.GetValue())                       # 返回文本框中的内容
    op2 = int(self.txt_op2.GetValue())                       # 返回文本框中的内容
    sum = op1 + op2                                          # 求和
    self.txt_res.SetValue(str(sum))                          # 将求和结果显示在文本框中
  # 定义"退出"按钮事件处理方法
  def On_btn_Quit(self,event):
    wx.Exit()                                                # 退出程序
if __name__ == '__main__':
  app = wx.App()
  MyFrame(None).Show()
  app.MainLoop()
```

运行结果如图 12.4 所示。

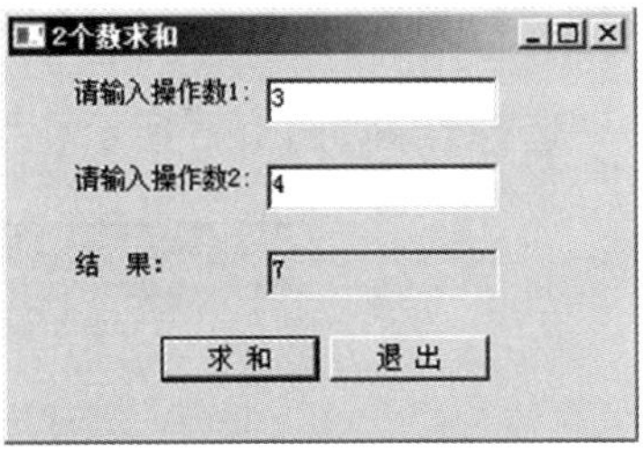

图 12.4　运行结果

12.3.3　单选按钮、复选框

单选按钮（wx.RadioButton）表示用户只能从多种可选按钮中选择一个选项。每个单选按钮都包括一个圆形按钮和旁边的文本标签。创建单选按钮的常用构造方法的格式为：

```
wx.RadioButton(parent,id,label,pos,size,style)
```

其中，各参数含义与 wx.Button()方法中的相同。

如果想要创建一组相互可选择的按钮，则需要将 wx.RadioButton 对象的样式参数设置为 wx.RB_GROUP，后续的按钮对象将会被添加到一组中，或者，也可以使用 wx.RadioBox 创建一组单选按钮。

wx.RadioButton 的常用方法如下。

（1）GetValue()：返回单选按钮的状态。

（2）GetLabel()：返回单选按钮的标签文本。

（3）SetValue(status)：设置单选按钮的状态 status 为选中（True）或未选中（False）。

（4）SetLabel(label)：设置单选按钮标签的显示内容为 label。

wx.RadioButton 的常用事件绑定器为 wx.EVT_BUTTON。

复选框（wx.CheckBox）提供了可以进行复选的控件，显示为一个小标记的矩形框，其使用方法和 wx.RadioBox 的使用方法基本相同。

【例 12.5】 单选按钮和复选框的使用。

程序代码：

```
import wx
class MyFrame(wx.Frame):
  def __init__(self,parent,title):
    super(MyFrame,self).__init__(parent,title=title,size=(320,200))
    self.InitUI()
  def InitUI(self):
    panel = wx.Panel(self)
    self.cb_music = wx.CheckBox(panel,label='音乐',pos=(10,10))        # 复选框
    self.cb_movie = wx.CheckBox(panel,label='电影',pos=(10,40))        # 复选框
    self.cb_artist = wx.CheckBox(panel,label='艺术',pos=(10,70))       # 复选框
    # 创建选项列表，并添加到单选按钮中
   ageList = ['儿童','青年','中年','老年']
    self.rb_age = wx.RadioBox(panel,label='年龄',pos=(80,10),
     choices=ageList,majorDimension=1,style=wx.RA_SPECIFY_ROWS)
    self.btn_ok = wx.Button(parent=panel,label='确 定',pos=(110,100))
    self.Bind(wx.EVT_BUTTON,self.On_btn_ok,self.btn_ok)
    self.Center()
    self.Show(True)
  # 定义“确定”按钮事件处理方法
  def On_btn_ok(self,event):
    str = "您的年龄段: " + self.rb_age.GetStringSelection() + "\n 您的爱好: "
    if self.cb_music.GetValue(): str = str + self.cb_music.GetLabel()
    if self.cb_movie.GetValue(): str = str + self.cb_movie.GetLabel()
    if self.cb_artist.GetValue(): str = str + self.cb_artist.GetLabel()
    wx.MessageBox(str)                                       # 在消息框中显示
if __name__ == '__main__':
 app = wx.App()
 MyFrame(None,'复选框和单选按钮使用示例')
 app.MainLoop()
```

运行结果如图 12.5 所示。

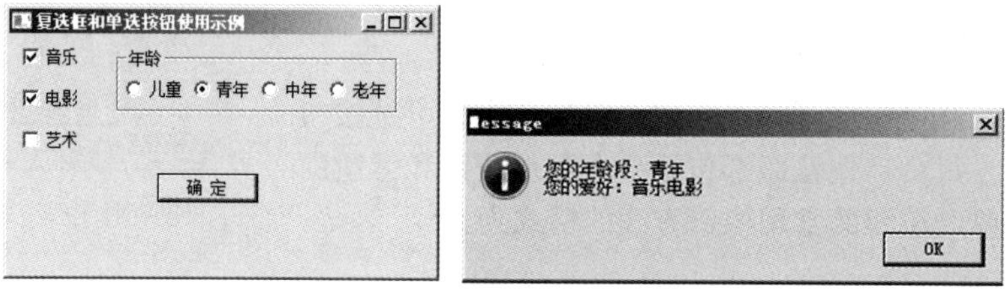

图 12.5　运行结果

12.3.4　列表框、组合框

列表框（wx.ListBox）用于放置多个元素以供用户进行选择，每个元素都是一个字符串，支持用户进行单选或多选。创建列表框的常用构造方法的格式为：

```
wx.ListBox(panel,id, pos,size,choices,style)
```

其中，choices 为选项列表，其他参数的含义与 wx.Button()方法中的相同。

wx.ListBox 的常用方法如下。

（1）Append(item)：在列表框尾部添加一个元素 item。

（2）Clear()：删除列表框中的所有元素。

（3）Delete(index)：删除列表框指定索引 index 处的元素。

（4）GetCount()：返回列表框中元素的个数。

（5）GetSelection()：返回当前选择项的索引，仅对单选列表框有效。

（6）SetSelection(index, status)：设置指定索引 index 处元素的选择状态 status。

（7）GetString(index)：返回指定索引 index 处的元素。

（8）SetString(index, item)：设置指定索引 index 处的元素 item。

（9）IsSelected(index)：返回指定索引 index 处元素的选择状态。

（10）Set(choices)：使用列表 choices 重新设置列表框。

wx.ListBox 的常用事件绑定器为 wx.EVT_LISTBOX，当列表框中的选项被选中时，触发相关处理程序。

组合框（wx.ComboBox）和列表框在窗体上的显示形式不同，用法基本相同。

【例 12.6】 列表框的使用。

程序代码：

```
import wx
class MyFrame(wx.Frame):
  def __init__(self):
    super().__init__(parent=None,title="ListBox使用",size=(250,170))
    self.InitUI()
  def InitUI(self):
    self.Center()                                          # 设置窗体居中显示
    panel = wx.Panel(parent=self)
    wx.StaticText(panel,label='请选择你从事的行业：',pos=(10,10))
    # 创建列表框、添加选项和绑定事件
    list = ['教育培训','航空航天',"石油化工","交通运输","医药卫生","旅游休闲"]
   self.listbox = wx.ListBox(panel,-1,choices=list,style=wx.LB_SINGLE,pos=
     (140,10))
    self.Bind(wx.EVT_LISTBOX,self.on_listbox,self.listbox)     # 绑定事件
    self.Show()
  # 定义列表事件处理方法
  def on_listbox(self,event):
    wx.MessageBox(self.listbox.GetStringSelection())
if __name__ == '__main__':
  app=wx.App()
  MyFrame().Show()
  app.MainLoop()
```

运行结果如图 12.6 所示。

图 12.6　运行结果

12.3.5　菜单

在 wxPython 中，菜单结构包含菜单栏（wx.MenuBar）、菜单或子菜单（wx.Menu）和菜单项（wx.Menuitem）三级结构，它们之间的关系可描述如下。

（1）一个窗体包含一个菜单栏，一个菜单栏只能属于一个窗体。

（2）一个菜单栏包含零到多个菜单，一个菜单只能属于一个菜单栏。

（3）一个菜单包含零到多个子菜单或菜单项，一个子菜单或菜单项只能属于一个菜单。

（4）每个菜单项都可以单独绑定事件。

在 wxPython 程序中创建菜单的步骤如下。

（1）创建菜单栏，将菜单栏添加到窗体中。

（2）创建菜单，将菜单添加到菜单栏或一个父菜单中。

（3）创建菜单项，将菜单项添加到适当的菜单或子菜单中。

（4）为菜单项绑定事件。

1. 菜单栏

创建菜单栏的常用构造方法的格式为：

```
menuBar = wx.MenuBar()
```

wx.MenuBar 的常用方法如下。

（1）Append(menu, label)：将显示内容为 label 的菜单 menu 添加到菜单栏尾部（靠右显示）。

（2）Insert(pos, menu, label)：将显示内容为 label 的菜单 menu 插入到指定位置 pos 处。

（3）Remove(pos)：删除指定位置 pos 处的菜单。

（4）EnableTop(pos, enable)：将指定位置 pos 处的菜单状态 enable 设置为 True（可用）或 False（不可用）。

（5）GetLabelTop(pos)：返回指定位置 pos 处的菜单显示内容。

（6）SetLabelTop(pos, label)：将指定位置 pos 处的菜单显示内容设置为 label。

在创建菜单栏 menuBar 后，可以通过 SetMenuBar()方法将其添加到窗体中。

```
self.SetMenuBar(menuBar)
```

2. 菜单

创建菜单的常用构造方法的格式为：

```
menu = wx.Menu()
```

wx.Menu 的常用方法如下。

（1）Append(menuItem)：将一个菜单项 menuItem 添加到菜单中。

（2）AppendMenu(id, label, subMenu, helpstring)：为菜单添加子菜单 subMenu。其中，id 为子菜单的标识符，label 为子菜单显示内容，helpstring 为帮助信息（可选参数）。

（3）AppendRadioItem(id, label, helpstring)：为菜单添加单选按钮菜单项。其中，id 为菜单项的标识符，label 为菜单项显示内容，helpstring 为帮助信息（可选参数）。

（4）AppendCheckItem(id, label, helpstring)：为菜单添加复选框菜单项。其中，id 为菜单项的标识符，label 为菜单项显示内容，helpstring 为帮助信息（可选参数）。

（5）Insert(pos, menuItem)：在指定位置 pos 处插入菜单项 menuItem。

（6）Remove(menuItem)：从菜单中删除菜单项 menuItem。

（7）GetMenuItems()：返回菜单的菜单项列表。

（8）AppendSeparator()：在菜单上添加一条分隔线。

3. 菜单项

可以使用 Append()方法将菜单项添加到菜单中；或者先创建一个菜单项，再将其添加到菜单中。

```
wx.Menu.Append(id,label,kind)
```

或

```
menuItem = wx.MenuItem(menu,id,label,helpstring,kind)
```

```
wx.Menu.Append(menuItem)
```

其中，各参数含义如下。

（1）menu：添加菜单项 menuItem 的菜单。

（2）id：菜单项 ID。在 wxPython 中，大量的标准 ID 被分配给标准菜单项，如 wx.ID_NEW、wx.ID_OPEN 被分配给标准菜单项“新建”和“打开”。

（3）label：菜单项显示内容。

（4）helpstring：帮助信息，是可选参数。

（5）kind：菜单项类型，是常量，一般从可选项 wx.ITEM_NORMAL（普通菜单项，默认选项）、wx.ITEM_CHECK（复选菜单项）、wx.ITEM_RADIO（单选菜单项）中选择一种。

wx.menuItem 的常用事件绑定器为 wx.EVT_MENU，事件绑定方法与 12.2 节中其他控件的相同，使用 Bind()方法即可。

可以为菜单项添加组合键，方法为：首先在菜单项显示内容后放置一个\t，然后在\t 后定义组合键。例如，使用“新建\tCtrl+N”可以为菜单项定义一个组合键 Ctrl+N，在打开的菜单程序中按 Ctrl+N 组合键即可运行“新建”菜单项。

【例 12.7】 菜单的创建和使用。

程序代码：

```
import wx
class MyFrame(wx.Frame):
  def __init__(self,*args,**kw):
    super(MyFrame,self).__init__(*args,**kw)
    self.InitUI()
  def InitUI(self):
    # 创建菜单栏
    self.menuBar = wx.MenuBar()
    # 创建菜单，添加到菜单栏中
    self.menu_file = wx.Menu()
    self.menu_edit = wx.Menu()
    self.menu_about = wx.Menu()
    self.menuBar.Append(self.menu_file,"文件")
    self.menuBar.Append(self.menu_edit,"编辑")
    self.menuBar.Append(self.menu_about,"关于")
    # 创建菜单项，添加到指定菜单中
    self.Menuitem_new = self.menu_file.Append(wx.ID_NEW,"新建\tCtrl+N")
    self.Menuitem_open = self.menu_file.Append(wx.ID_OPEN,"打开\tCtrl+O")
    self.Menuitem_save = self.menu_file.Append(wx.ID_SAVE,"保存\tCtrl+S")
    self.Menuitem_exit = self.menu_file.Append(wx.ID_EXIT,"退出\tCtrl+E")
    # 将菜单栏添加到窗体中
    self.SetMenuBar(self.menuBar)
    # 绑定事件
    self.Bind(wx.EVT_MENU,self.OnNew,self.Menuitem_new)
    self.Bind(wx.EVT_MENU,self.OnOpen,self.Menuitem_open)
    self.Bind(wx.EVT_MENU,self.OnSave,self.Menuitem_save)
    self.Bind(wx.EVT_MENU,self.OnQuit,self.Menuitem_exit)
    # 设置窗体
    self.SetSize((400,200))
    self.SetTitle("菜单使用示例")
    self.Center()
    self.Show()
  # 定义菜单项事件处理方法
  def OnNew(self,e):wx.MessageBox("您选择了新建(New)菜单！")
  def OnOpen(self,e):wx.MessageBox("您选择了打开(Open)菜单！")
  def OnSave(self,e):wx.MessageBox("您选择了保存(Save)菜单！")
  def OnQuit(self,e):self.Close()                    # 退出程序
if __name__ == '__main__':
```

```
    app = wx.App()
    MyFrame(None)
    app.MainLoop()
```

运行结果如图 12.7 所示。

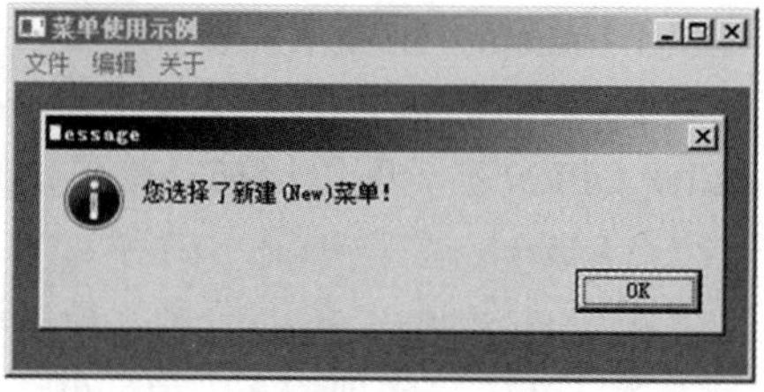

图 12.7　运行结果

【例 12.8】 弹出式菜单的创建和使用。

程序代码：

```
import wx
class MyFrame(wx.Frame):
  def __init__(self,*args,**kw):
    super(MyFrame,self).__init__(*args,**kw)
    self.panel = wx.Panel(self)
    self.InitUI()
  def InitUI(self):
    # 创建菜单栏和菜单
    menuBar = wx.MenuBar()
    self.popupMenu = wx.Menu()
    # 创建菜单项，添加到菜单中
    self.popupCopy = self.popupMenu.Append(wx.ID_COPY,'复制')
    self.popupCut = self.popupMenu.Append(wx.ID_CUT,'剪切')
    self.popupPaste = self.popupMenu.Append(wx.ID_PASTE,'粘贴')
    # 绑定右键弹出菜单事件
    self.Bind(wx.EVT_CONTEXT_MENU,self.OnRClick)
    # 绑定菜单项事件
    self.Bind(wx.EVT_MENU,self.OnpopupCopy,self.popupCopy)
    self.Bind(wx.EVT_MENU,self.OnpopupCut,self.popupCut)
    self.Bind(wx.EVT_MENU,self.OnpopupPaste,self.popupPaste)
    # 将菜单栏添加到窗体中
    self.SetMenuBar(menuBar)
    # 设置窗体
    self.SetSize((400,150))
    self.SetTitle("弹出式菜单使用示例")
    self.Center()
    self.Show()
  # 定义右键弹出菜单事件处理方法
  def OnRClick(self,event):
    pos = event.GetPosition()
    pos = self.panel.ScreenToClient(pos)
    self.panel.PopupMenu(self.popupMenu,pos)
  # 定义菜单项事件处理方法
  def OnpopupCopy(self,event):wx.MessageBox("您选择了复制(Copy)菜单项！")
  def OnpopupCut(self,event):wx.MessageBox("您选择了剪切(Cut)菜单项！")
  def OnpopupPaste(self,event):wx.MessageBox("您选择了粘贴(Paste)菜单项！")
if __name__ == '__main__':
  app = wx.App()
  MyFrame(None)
  app.MainLoop()
```

运行结果如图 12.8 所示。

图 12.8　运行结果

12.3.6　工具栏、状态栏

1. 工具栏

工具栏（wx.ToolBar）包括文本说明或图标按钮，可呈现为水平或垂直排列的条状区域，通常被放置在菜单栏的正下方。创建工具栏的常用构造方法的格式为：

```
wx.ToolBar(parent,id,pos,size,style)
```

其中，style 为工具栏样式，可以是 wx.TB_FLAT（平面效果）、wx.TB_HORIZONTAL（水平布局）、wx.TB_VERTICAL（垂直布局）、wx.TB_DOCKABLE（工具栏浮动和可停靠）等。其他参数

含义与 wx.Button()方法中的相同。

wx.ToolBar 的常用方法如下。

（1）AddTool(id, label, bitmap)：添加一个按钮到工具栏中。其中，id 为按钮的标识符，label 为按钮上显示的内容，bitmap 为按钮图标。

（2）AddRadioTool(id, label, bitmap)：添加一个单选按钮到工具栏中。其中，各参数含义同上。

（3）AddCheckTool(id, label, bitmap)：添加一个复选按钮到工具栏中。其中，各参数含义同上。

（4）AddLabelTool(id, label, bitmap)：添加一个标签到工具栏中。其中，各参数含义同上。

（5）RemoveTool(id)：删除工具栏中指定 id 的按钮。

（6）ClearTools()：删除工具栏中的所有按钮。

wx.ToolBar 的常用事件绑定器为 wx.EVT_TOOL。

2. 状态栏

状态栏（wx.StatusBar）通常被放置在窗体底部，用于显示程序运行时的状态信息。创建状态栏的常用构造方法的格式为：

```
wx.StatusBar(parent,id,pos,size,style)
```

其中，各参数含义和 wx.Button()方法中的相同。

wx.StatusBar 的常用方法如下。

（1）CreateStatusBar()：添加一个状态栏。

（2）SetFieldsCount(fieldValue)：设置状态分区个数为 fieldValue。

（3）SetStatusText(string)：设置状态栏内容为 string。

（4）SetStatusWidth(valueList)：设置状态栏宽度为 valueList。

【例 12.9】 工具栏和状态栏的使用。

程序代码：

```
import wx
class MyFrame(wx.Frame):
  def __init__(self,parent,title):
    super(MyFrame,self).__init__(parent,title=title)
    self.InitUI()
  def InitUI(self):
    # 创建并设置工具栏
    tb = wx.ToolBar(self,-1)
    self.ToolBar = tb
    # 在工具栏中添加按钮
    tb.AddRadioTool(101,'',wx.Bitmap("png/New.png"))            # 方法一
    Open = tb.AddRadioTool(102,'',wx.Bitmap("png/Open.png"))  # 方法二
    Save = tb.AddRadioTool(103,'',wx.Bitmap("png/Save.png"))
    tb.Bind(wx.EVT_TOOL,self.OnClick)
    tb.Realize()
    # 创建并设置文本区
    self.text = wx.TextCtrl(self,-1,style=wx.EXPAND | wx.TE_MULTILINE)
    self.text.Bind(wx.EVT_MOTION,self.OnTextMotion)
    # 创建并设置状态栏
    self.statusbar = self.CreateStatusBar()
    self.statusbar.SetFieldsCount(2)
    self.statusbar.SetStatusWidths([-1,-2])
    # 设置窗体
    self.SetSize((500,240))
    self.Centre()
    self.Show(True)
  def OnClick(self,event):
    if str(event.GetId()) == "101":
     self.text.AppendText("您选择了新建(New)" + "\n")
```

```
        if str(event.GetId()) == "102":
            self.text.AppendText("您选择了打开(Open)" + "\n")
        if str(event.GetId()) == "103":
            self.text.AppendText("您选择了保存(Save)" + "\n")
    def OnTextMotion(self,event):
        # 设置状态栏内容
        self.statusbar.SetStatusText("鼠标位置: " + str(event.GetPosition()),0)
        self.statusbar.SetStatusText(("文本框状态:" + str(self.text.IsEmpty())),1)
        event.Skip()
if __name__ == '__main__':
    ex = wx.App()
    MyFrame(None,"工具栏和状态栏使用示例")
    ex.MainLoop()
```

运行结果如图 12.9 所示。

在【例 12.9】中，需要将要使用的图像文件 New.png、Open.png 和 Save.png 放置在项目文件夹 png 下，否则运行时会因为找不到图像文件而导致错误发生。

图 12.9　运行结果

12.3.7　对话框

对话框（wx.Dialog）通常作为父窗体顶部的弹出窗体。对话框可以以模态（阻止父窗体）或无模态（对话框可被绕过）方式显示。创建对话框的常用构造方法的格式为：

```
wx.Dialog(parent,id,title,pos,size,style)
```

其中，title 为对话框的标题；style 为对话框的样式，如 wx.OK、wx.CANCEL 等。其他参数含义与 wx.Button()方法中的相同。

wxPython 程序中用得较多的是一些预配置对话框（wx.Dialog 的子类），如消息对话框（wx.MessageDialog）、输入对话框（wx.TextEntryDialog）、文件对话框（wx.FileDialog）、字体对话框（wx.FontDialog）等。本书只介绍消息对话框、输入对话框、文件对话框和字体对话框。

1. 消息对话框

消息对话框用于向用户显示信息，如提示信息、警告信息等。创建消息对话框的常用构造方法的格式为：

```
wx.MessageDialog(parent,message,title=None,style=None,pos=None)
```

其中，message 为显示在消息对话框中的内容；title 为消息对话框的标题；style 为消息对话框的样式，包括按钮样式（如 wx.OK、wx.CANCEL 等）和图标样式（如 wx.ICON_ERROR、wx.ICON_EXCLAMATION 等），可以是二者之一或者它们的组合。其他参数含义与 wx.Button()方法中的相同。

除此之外，还有一种创建消息对话框的简便方法：创建 wx.MessageBox 类的一个对象，调用 ShowModal()方法，返回 wx.YES、wx.NO、wx.CANCEL 或 wx.OK，具体格式为：

```
wx.MessageBox(message,caption=None,style=None)
```

其中，各参数含义与 wx.MessageDialog()方法中的相同。

消息对话框的使用参见【例 12.5】。

2. 输入对话框

输入对话框在运行时会弹出一个对话框，以供用户输入信息。创建输入对话框的常用构造方法的格式为：

```
wx.TextEntryDialog(parent,id,message,title,defaultValue,style,pos)
```

其中，message 为显示在输入对话框中的提示信息；defaultValue 为默认值；style 为对话框样式，如 wx.OK、wx.CANCEL 等。其他参数含义与 wx.MessageDialog()方法中的相同。

wx.TextEntryDialog 的常用方法如下。

（1）SetMaxLength(max)：设置用户可以输入到输入对话框中的最大字符数为 max。

（2）SetValue(string)：设置输入对话框的显示内容为 string。

（3）GetValue()：返回输入对话框的显示内容。

（4）ShowModal()：以模态方式显示对话框。如果用户单击“OK”按钮，则返回 wx.ID_OK，否则返回 wx.ID_CANCEL。

【例 12.10】 输入对话框的使用。

程序代码：

```
import wx
class MyFrame(wx.Frame):
  def __init__(self,superion):
    wx.Frame.__init__(self,parent=superion,title='TextEntryDialog 使用示例',
      size=(260,200))
    panel = wx.Panel(self)
    wx.StaticText(parent=panel,label="您的姓名:",pos=(15,55),size=(60,30))
    self.txt_name = wx.TextCtrl(parent=panel,pos=(75,50),size=(160,30),
      style=wx.TE_READONLY)
    self.btn_name = wx.Button(parent = panel,label = '请输入姓名',pos=(85,110))
    self.Bind(wx.EVT_BUTTON,self.On_btn_name,self.btn_name)
  # 定义“请输入姓名”按钮事件处理方法
  def On_btn_name(self,event):
    dlg = wx.TextEntryDialog(self,'请输入您的姓名：','文本输入对话框')
    if dlg.ShowModal() == wx.ID_OK:
      self.txt_name.SetValue(dlg.GetValue())
    dlg.Destroy()
if __name__ == '__main__':
  app = wx.App()
  MyFrame(None).Show()
  app.MainLoop()
```

运行结果如图 12.10 所示。

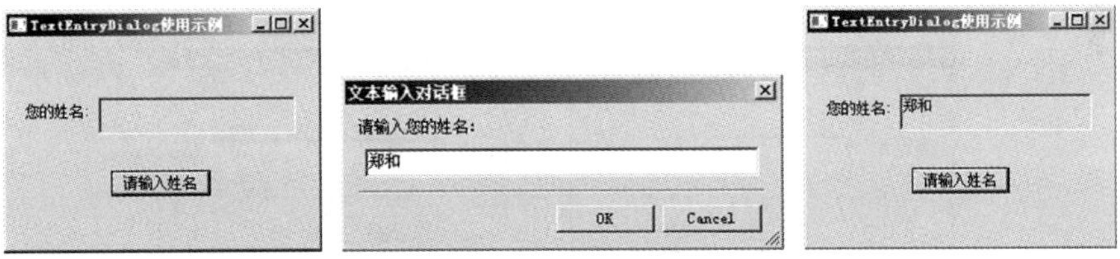

图 12.10　运行结果

3. 文件对话框

使用文件对话框可以浏览文件系统，选择打开文件或保存文件等。创建文件对话框的常用构造方法的格式为：

```
wx.FileDialog(parent,message,DefaultDir,DefaultFile,wildcard,style,pos,size)
```

其中，message 为对话框标题栏显示的内容；DefaultDir 为默认目录；DefaultFile 为默认文件；wildcard 为通配符，用于指定要选择的文件类型，格式是<display>|<wildcard>，如 "jpg files (*.jpg)|*.jpg|All files(*.*)|*.*"。其他参数含义与 wx.Button()方法中的相同。

wx.FileDialog 的常用方法如下。

（1）GetDirectory()：返回默认目录。

（2）GetFilename()：返回默认文件名。

（3）GetFilenames(self)：返回用户选择的文件列表。

（4）GetPath()：返回选定文件的完整路径。

（5）SetDirectory(dir)：设置默认目录为 dir。

（6）SetFilename(filename)：设置默认文件为 filename。

（7）SetPath(path)：设置文件路径为 path。

（8）ShowModal()：以模态方式显示对话框。如果用户单击“OK”按钮，则返回 wx.ID_OK，否则返回 wx.ID_CANCEL。

【例 12.11】 文件对话框的使用。

程序代码：

```
import wx
class MyFrame(wx.Frame):
  def __init__(self,superion):
    wx.Frame.__init__(self,parent=superion,title='FileDialog 使用示例',
      size=(300,180))
    panel = wx.Panel(self)
    wx.StaticText(parent=panel,label="当前文件:",pos=(20,50),size=(60,30))
    self.txt_file = wx.TextCtrl(parent=panel,pos = (80,50),size=(180,30))
    self.btn_file = wx.Button(parent=panel,label='选择文件',pos=(100,110))
    self.Bind(wx.EVT_BUTTON,self.On_btn_file,self.btn_file)
  # 定义“选择文件”按钮事件处理方法
  def On_btn_file(self,event):
    dlg = wx.FileDialog(self)
    if dlg.ShowModal() == wx.ID_OK:
      fileName = dlg.GetFilename()
      self.txt_file.SetValue(fileName)
    dlg.Destroy()
if __name__ == '__main__':
  app = wx.App()
  MyFrame(None).Show()
  app.MainLoop()
```


运行结果如图 12.11 所示。

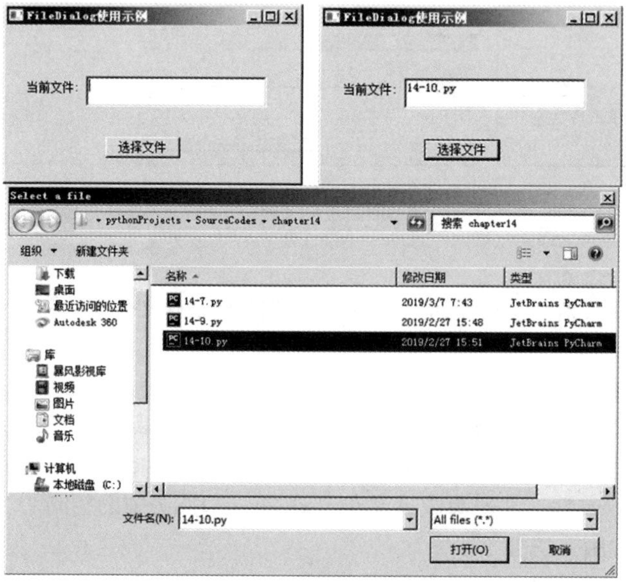

图 12.11　运行结果

4. 字体对话框

字体对话框用于选择字体及相关参数。创建字体对话框的常用构造方法的格式为：

```
wx.FontDialog(parent,data)
```

其中，parent 为字体对话框的父容器；data 为字体对象，如 wx.FontData()对象。

【例 12.12】 字体对话框的使用。

程序代码：

```
import wx
class IsPrimeFrame(wx.Frame):
  def __init__(self,superion):
    wx.Frame.__init__(self,parent=superion,title='FontDialog 使用示例',size=
      (240,220))
    panel = wx.Panel(self)
    self.txt_font = wx.TextCtrl(parent=panel,value="wx.FontDialog 使用！",pos=
     (20,50),size=(200,30),style=wx.TE_READONLY)              # 创建文本框
    # 创建按钮，并将其添加到面板中
    self.btn_font = wx.Button(parent=panel,label='改变字体',pos=(70,130))
    self.Bind(wx.EVT_BUTTON,self.On_btn_font,self.btn_font)   # 绑定事件
  # 定义“改变字体”按钮事件处理方法
  def On_btn_font(self,event):
    dlg = wx.FontDialog(self,wx.FontData())
    if dlg.ShowModal() == wx.ID_OK:
      font = dlg.GetFontData().GetChosenFont()
      self.txt_font.SetFont(font)
    dlg.Destroy()
if __name__ == '__main__':
  app = wx.App()
  IsPrimeFrame(None).Show()
  app.MainLoop()
```

运行结果如图 12.12 所示。

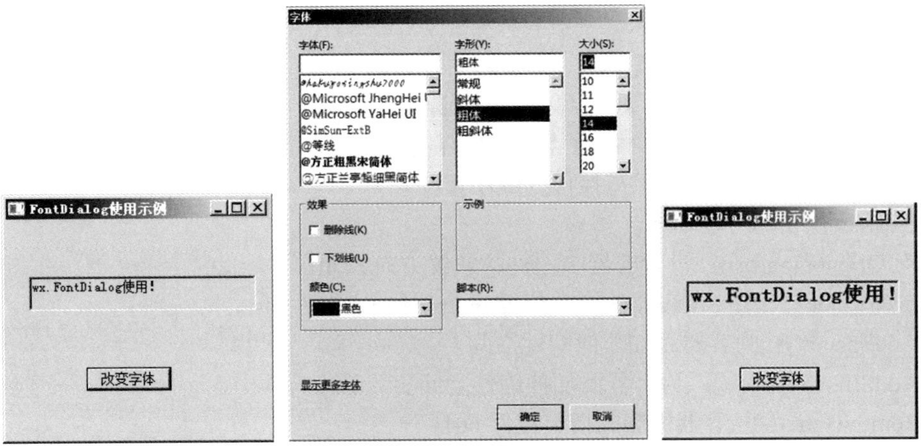

图 12.12　运行结果

12.4　布局

12.4.1　布局及其类型

在 wxPython 中，一个控件可以通过两种方式被放置在容器中：绝对定位和相对定位。

（1）绝对定位。绝对定位通过指定以像素为单位的绝对坐标将控件放置在容器中。容器中的控件位置由构造方法的 pos 参数决定。在容器中使用绝对定位的方式放置控件存在着诸多不足，比如当调整窗体时，控件无法随之进行适配；修改布局困难等。

（2）相对定位。相对定位采用布局管理器（Sizer）将控件放置在容器的指定网格中。

wxPython 使用布局管理器对容器中的控件进行管理的最大好处是：当调整容器尺寸时，容器内的控件会自动重新计算最优的大小和位置，不用像绝对定位的方式一样为每个控件设计大小和位置。

常用布局管理器有如下 5 种。

（1）wx.GridSizer：二维网格布局，可以指定行和列，容器中每个网格的尺寸都相同。

（2）wx.FlexiGridSizer：与 wx.GridSizer 类似，提升了灵活性，容器中网格的尺寸可以不同。

（3）wx.GridBagSizer：最灵活的网格布局管理器，控件可以被放置在容器的任意指定网格中。

（4）wx.BoxSizer：允许控件按行或列的方式放置，容器中网格的尺寸可以不同，通常用于嵌套。

（5）wx.StaticBoxSizer：提供围绕框边界和位于顶部的标签。

本书只介绍常用布局管理器 wx.BoxSizer 和 wx.GridSizer 的使用方法。

要将控件添加到布局管理器中，可以使用 Add()方法。

```
sizer.Add(ctrl,proportion,flag,border)
```


其中，ctrl 为添加到布局管理器中的控件；proportion 为控件相对大小；flag 用于控制对齐方式等；border 为控件之间留下的像素空间。

12.4.2 wx.BoxSizer

wx.BoxSizer 将控件以行或列方式放置到容器中。创建 wx.BoxSizer 对象的常用构造方法的格式为：

```
boxSizer = wx.BoxSizer(wx.HORIZONTAL 或 wx.VERTICAL)
```

其中，wx.HORIZONTAL 表示水平放置控件；wx.VERTICAL 表示垂直放置控件。

wx.BoxSizer 的常用属性如下。

（1）wx.EXPAND：设置控件大小，以完全填满有效空间。

（2）wx.SHAPED：与 wx.EXPAND 类似，但保持比例不变。

（3）wx.FIXED_MINSIZE：保持控件的最小尺寸。

wx.BoxSizer 的常用方法如下。

（1）SetOrientation(ori)：设置容器中控件的放置方向为 ori。

（2）Insert(index, ctrl)：在容器的指定位置 index 处插入控件 ctrl。

（3）AddSpacer()：为容器添加非伸缩性空间。

（4）AddStretchSpacer()：为容器添加伸缩性空间。

（5）Remove(ctrl)：从容器中删除指定控件 ctrl。

（6）Clear()：从容器中删除所有控件。

【例 12.13】 使用 wx.BoxSizer 布局容器中的控件。

程序代码：

```
import wx
class MyFrame(wx.Frame):
    def __init__(self,parent):
      wx.Frame.__init__(self,parent,size=(500,200),style=wx.
        DEFAULT_FRAME_STYLE|wx.RESIZE_BORDER|wx.MAXIMIZE_BOX)
      panel = wx.Panel(self,-1)                           # 创建面板
      box_h = wx.BoxSizer(wx.HORIZONTAL)                  # 创建水平的 wx.BoxSizer
```

```
        txt_filePath = wx.TextCtrl(panel,-1)              # 创建文本框
        btn_open = wx.Button(panel,-1,label='打开')       # 创建按钮
        # 将 txt_filePath 和 btn_open 添加到 box_h 中
        box_h.Add(txt_filePath,proportion=1,flag=wx.EXPAND|wx.ALL,border=5)
        box_h.Add(btn_open,proportion=0,flag=wx.ALL,border=5)
        # 创建编辑框
        et_exit = wx.TextCtrl(panel,style=wx.TE_MULTILINE | wx.TE_RICH2)
        box_v = wx.BoxSizer(wx.VERTICAL)                  # 创建垂直的 wx.BoxSizer
        box_v.Add(box_h,proportion=0,flag=wx.EXPAND)      # 将 box_h 添加到 box_v 中
        # 将 et_exit 添加到 box_v 中
        box_v.Add(et_exit,proportion=1,flag=wx.EXPAND,border=5)
        panel.SetSizer(box_v)                             # 设置 panel 的布局
if __name__ == '__main__':
  app = wx.App()
  frame = MyFrame(None)
  frame.SetTitle("BoxSizer 使用示例")
  frame.Show()
  app.MainLoop()
```

运行结果如图 12.13 所示。

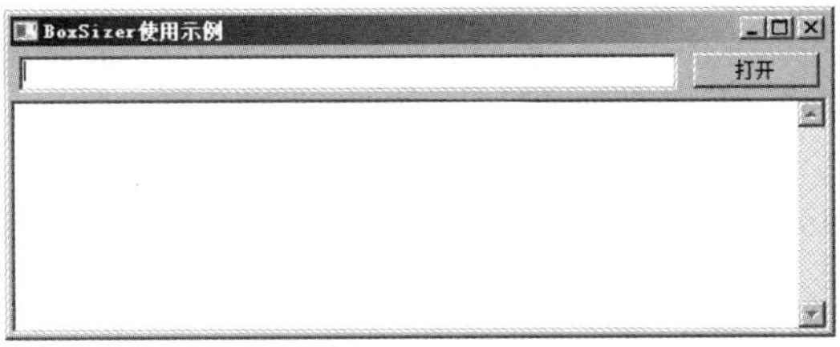

图 12.13　运行结果

12.4.3　wx.GridSizer

wx.GridSizer 将控件按从左到右、由上到下的顺序添加到容器的二维网格中。

创建 wx.GridSizer 对象的常用构造方法的格式为：

```
wx.GridSizer(rows,columns,vgap,hgap)
```

其中，rows 和 columns 为网格的行数和列数；vgap 和 hgap 为相邻控件之间的纵向和横向间距。

wx.GridSizer 的常用方法如下。

（1）Add()：向 wx.GridSizer 中添加控件。

（2）SetRows(rows)：设置容器中网格的行数为 rows。

（3）GetRows()：返回容器中网格的行数。

（4）SetCols(cols)：设置容器中网格的列数为 cols。

（5）GetCols()：返回容器中网格的列数。

（6）SetVGap(gap)：设置容器中网格单元之间的垂直间隙值为 gap（单位为像素）。

（7）GetVGap()：返回容器中网格单元之间的垂直间隙值（单位为像素）。

（8）SetHGap(gap)：设置容器中网格单元之间的水平间隙值为 gap（单位为像素）。

（9）GetHGap()：返回网格单元之间的水平间隙值（单位为像素）。

【例 12.14】 使用 wx.GridSizer 布局容器中的控件。

程序代码：

```
import wx
class MyFrame(wx.Frame):
  def __init__(self,parent,title):
    super(MyFrame,self).__init__(parent,title=title,size=(250,200))
```

```
        self.InitUI()
        self.Centre()
        self.Show()
    def InitUI(self):
        panel = wx.Panel(self)
        gridSizer = wx.GridSizer(4,2,10,10)          # 4 行 2 列的网格
        sTxt_name = wx.StaticText(panel,label="请输入您的姓名:",style=wx.ALIGN_LEFT)
        sTxt_sex = wx.StaticText(panel,label="请输入您的性别:",style=wx.ALIGN_LEFT)
        sTxt_age = wx.StaticText(panel,label="请输入您的年龄:",style=wx.ALIGN_LEFT)
        txt_name = wx.TextCtrl(panel)
        txt_sex = wx.TextCtrl(panel)
        txt_age = wx.TextCtrl(panel)
        btn_ok = wx.Button(parent=panel,label="确定")
        btn_exit = wx.Button(parent=panel,label="退出")
        gridSizer.Add(sTxt_name,1,wx.EXPAND)         # 位置:第 1 行第 1 列
        gridSizer.Add(txt_name,1,wx.EXPAND)          # 位置:第 1 行第 2 列
        gridSizer.Add(sTxt_sex,1,wx.EXPAND)          # 位置:第 2 行第 1 列
        gridSizer.Add(txt_sex,1,wx.EXPAND)           # 位置:第 2 行第 2 列
        gridSizer.Add(sTxt_age,1,wx.EXPAND)          # 位置:第 3 行第 1 列
        gridSizer.Add(txt_age,1,wx.EXPAND)           # 位置:第 3 行第 2 列
        gridSizer.Add(btn_ok,1,wx.EXPAND)            # 位置:第 4 行第 1 列
        gridSizer.Add(btn_exit,1,wx.EXPAND)          # 位置:第 4 行第 2 列
        panel.SetSizer(gridSizer)
if __name__ == '__main__':
    app = wx.App()
    MyFrame(None,title='GridSizer 使用示例')
    app.MainLoop()
```


运行结果如图 12.14 所示。

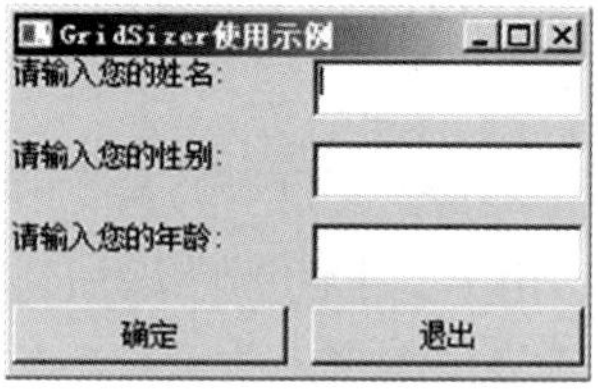

图 12.14　运行结果

12.5　典型案例——专利管理系统

【例 12.15】 开发一个基于 wxPython 的 GUI 专利管理系统。

具体分析如下。

1. 系统功能

本例实现了一个具有基本功能的专利管理系统。该系统包括两种角色：用户和管理员。非注册用户可以注册并在通过管理员审核后成为正式用户（简称用户）。用户可以申请和管理自己的专利，查询系统中已经审核的专利。管理员可以对用户和专利进行查询、审核等。

系统用例图如图 12.15 所示。

2. 开发环境和运行环境

（1）开发环境。开发环境包括 Windows 10、MySQL 8.0.12 Community Server-GPL、Python 3.12.8、PyCharm 2018.3 和 wxPython 4.0.4 等。

（2）运行环境。该系统可运行在 Windows 7、Windows 8、Windows 10 等操作系统中。

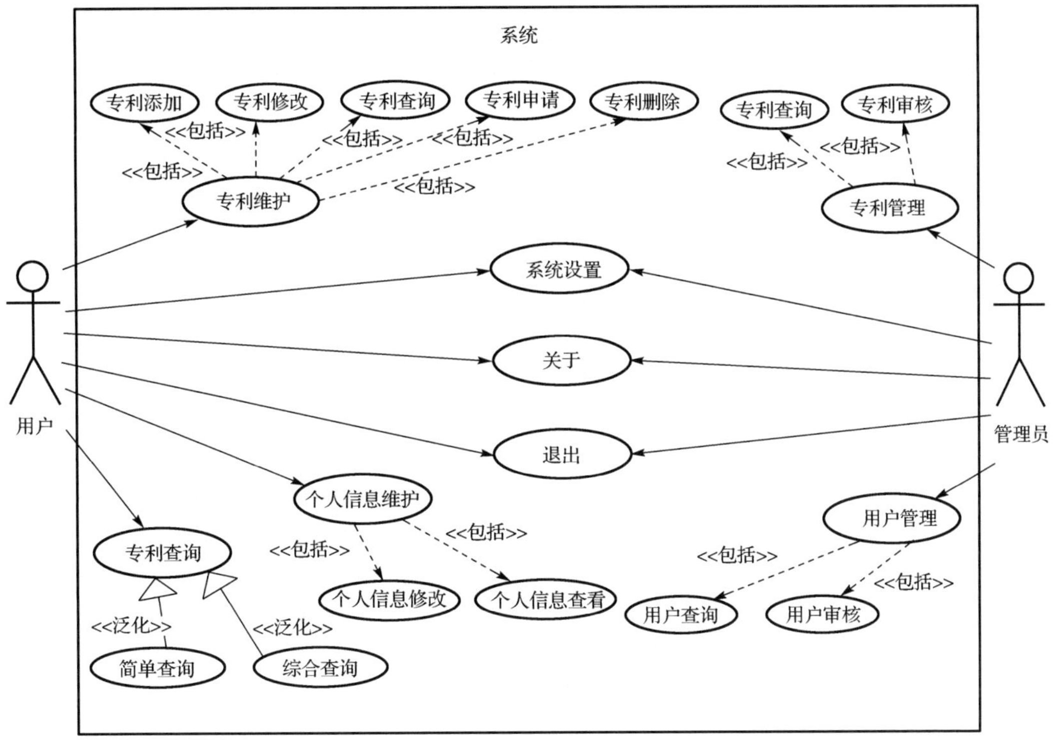

图 12.15　系统用例图

3. 数据库设计

（1）专利信息表（patent_info）：表中的字段如表 12.1 所示。

表 12.1　专利信息表中的字段

序 号	字　段	含　义	数 据 类 型	数 据 长 度	为　空	备　注
1	PatentID	专利编号	int	4	N	PK，自增
2	PatentName	专利名称	varchar	50	N	
3	PatentFunction	功能描述	varchar	500	Y	
4	BaseCategory	基础类别	varchar	20	N	FK，base_category(id)
5	RegionCategory	地域类别	varchar	20	N	FK，region_category(id)
6	FunctionCategory	功能类别	varchar	20	N	FK，function_category(id)
7	IDCard	用户身份证号	varchar	50	N	FK，user_info(IDCard)
8	ModifyDate	修改时间	date		N	
9	SubmitDate	提交时间	date		Y	
10	AuditDate	审核时间	date		Y	
11	PatentStatus	专利状态	varchar	20	N	FK，patent_status(id)

（2）用户信息表（user_info）：表中的字段如表 12.2 所示。

表 12.2　用户信息表中的字段

序 号	字　段	含　义	数 据 类 型	数 据 长 度	为　空	备　注
1	IDCard	身份证号	varchar	50	N	PK
2	TrueName	真实姓名	varchar	20	N	
3	Password	用户密码	varchar	50	N	

续表

序号	字　段	含　义	数据类型	数据长度	为　空	备　注
4	Gender	性别	varchar	10	Y	
5	Birthday	出生日期	varchar		Y	
6	Job	职业	varchar	20	Y	FK，job(id)
7	School	毕业学校	varchar	50	Y	FK，school(id)
8	Degree	学历/学位	varchar	50	Y	FK，degree(id)
9	Unit	单位	varchar	50	Y	FK，unit(id)
10	Title	职称	varchar	20	Y	
11	Phone	手机号	varchar	20	Y	
12	QQ	QQ 号	varchar	20	Y	
13	Email	电子邮箱	varchar	50	Y	
14	UserCategory	用户类别	varchar	20	Y	FK，user_category(id)
15	UserStatus	用户状态	varchar	20	Y	

（3）基础类别表（base_category）：表中的字段如表 12.3 所示。

表 12.3　基础类别表中的字段

序号	字　段	含　义	数据类型	数据长度	为　空	备　注
1	id	编号	varchar	10	N	PK
2	BaseName	名称	varchar	20	N	

（4）地域类别表（region_category）：表中的字段如表 12.4 所示。

表 12.4　地域类别表中的字段

序号	字　段	含　义	数据类型	数据长度	为　空	备　注
1	id	编号	varchar	10	N	PK
2	RegionName	名称	varchar	20	N	

（5）功能类别表（function_category）：表中的字段如表 12.5 所示。

表 12.5　功能类别表中的字段

序号	字　段	含　义	数据类型	数据长度	为　空	备　注
1	id	编号	varchar	10	N	PK
2	FunctionName	名称	varchar	20	N	

（6）专利状态表（patent_status）：表中的字段如表 12.6 所示。

表 12.6　专利状态表中的字段

序号	字　段	含　义	数据类型	数据长度	为　空	备　注
1	id	编号	varchar	10	N	PK
2	StatusName	名称	varchar	20	N	

（7）职业表（job）：表中的字段如表 12.7 所示。

表 12.7　职业表中的字段

序号	字　段	含　义	数据类型	数据长度	为　空	备　注
1	id	编号	varchar	10	N	PK
2	JobName	名称	varchar	20	N	

（8）毕业学校表（school）：表中的字段如表 12.8 所示。

表 12.8　毕业学校表中的字段

序号	字　段	含　义	数据类型	数据长度	为　空	备　注
1	id	编号	varchar	10	N	PK
2	SchoolName	名称	varchar	20	N	

（9）学历/学位表（degree）：表中的字段如表 12.9 所示。

表 12.9　学历/学位表中的字段

序号	字　段	含　义	数据类型	数据长度	为　空	备　注
1	id	编号	varchar	10	N	PK
2	DegreeName	名称	varchar	20	N	

（10）单位表（unit）：表中的字段如表 12.10 所示。

表 12.10　单位表中的字段

序号	字　段	含　义	数据类型	数据长度	为　空	备　注
1	id	编号	varchar	10	N	PK
2	UnitName	名称	varchar	20	N	

（11）用户类别表（user_category）：表中的字段如表 12.11 所示。

表 12.11　用户类别表中的字段

序号	字　段	含　义	数据类型	数据长度	为　空	备　注
1	id	编号	varchar	10	N	PK
2	CategoryName	名称	varchar	20	N	

（12）用户状态表（user_status）：表中的字段如表 12.12 所示。

表 12.12　用户状态表中的字段

序号	字　段	含　义	数据类型	数据长度	为　空	备　注
1	id	编号	varchar	10	N	PK
2	StatusName	名称	varchar	20	N	

4. 系统目录结构

专利管理系统主要包括如下源文件。

（1）main_page.py：主界面源文件。

（2）login_page.py：登录界面源文件。

（3）register_page.py：注册界面源文件。

（4）help_page.py：关于界面源文件。

（5）admin_patent_info_page.py：管理员管理专利信息界面源文件。

（6）admin_user_info_page.py：管理员管理用户信息界面源文件。

（7）db_connect_info.text：数据库连接信息文件。

（8）db_operation.py：数据库操作源文件。

（9）patent.py：专利信息源文件。

（10）user.py：用户信息源文件。

（11）user_info_page.py：用户基本信息界面源文件。

（12）user_patent_info_page.py：用户专利信息界面源文件。

（13）user_query_patent_info_page.py：专利查询界面源文件。

5. 程序代码

本例代码量比较大，此处没有提供详细的源代码，读者可以通过资源网站下载或联系作者索取。

6. 系统运行结果主要界面

（1）运行系统，进入系统主界面。

（2）注册。非注册用户单击“注册”按钮，可以在打开的注册界面中进行注册，如图 12.16 所示。在通过管理员审核后，注册用户（用户）可以申请专利。

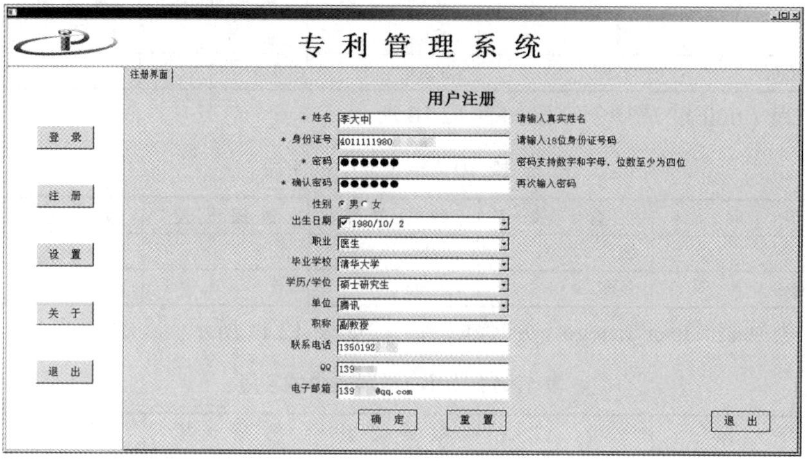

图 12.16　注册界面

（3）登录。用户或管理员单击“登录”按钮，可以在打开的登录界面中输入相应的身份证号和密码以登录系统，如图 12.17 所示。

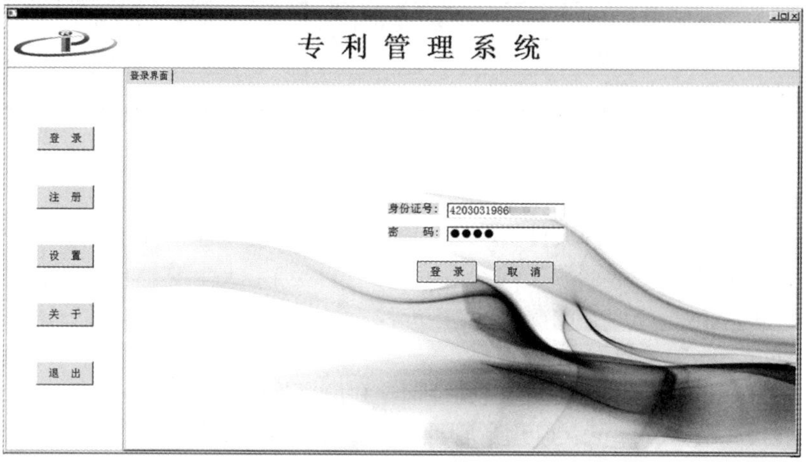

图 12.17　登录界面

（4）用户功能。用户登录成功后，可以实现如下功能。

① 在用户专利信息界面中维护个人专利信息，包括添加新的专利、修改专利、查询专利、删除专利等，如图 12.18 所示。

② 在专利查询界面中查询已经通过管理员审核的所有专利，如图 12.19 所示。

③ 在用户基本信息界面中对个人信息进行维护，如图 12.20 所示。

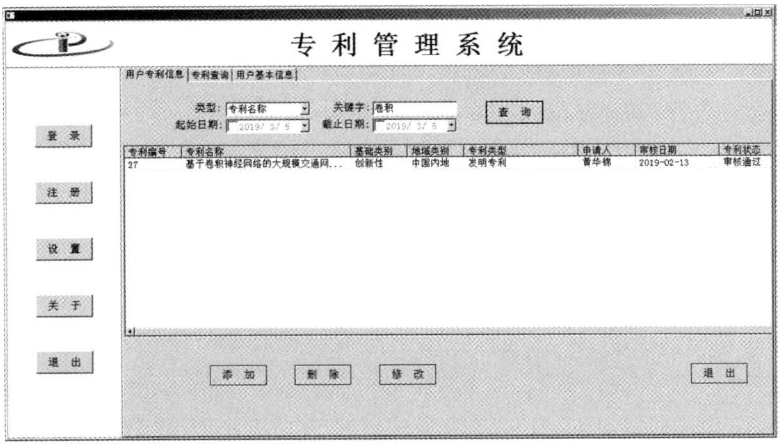

图 12.18　用户专利信息界面

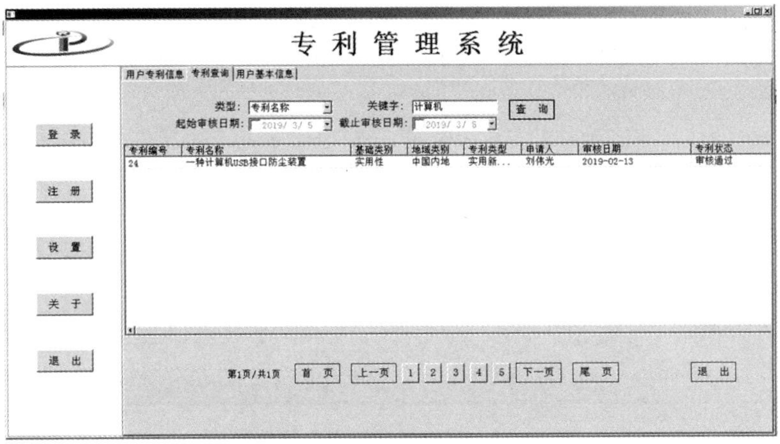

图 12.19　专利查询界面

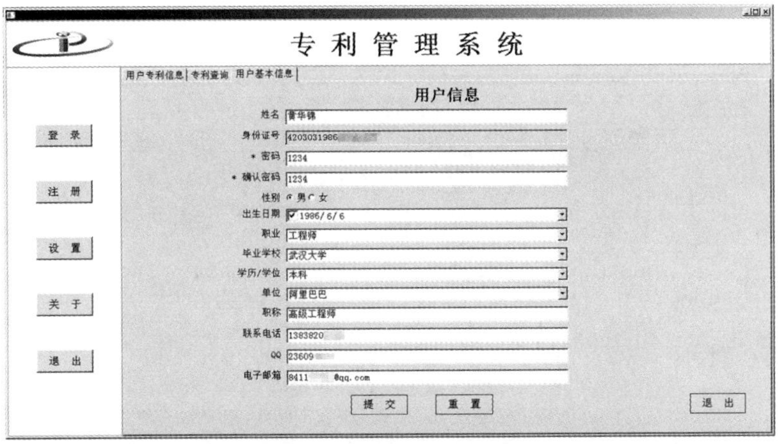

图 12.20　用户基本信息界面

（5）管理员功能。管理员登录成功后，可以实现如下功能。

① 在管理员管理专利信息界面中对用户提交的专利申请进行审核，如图 12.21 所示。

② 在管理员管理用户信息界面中对申请成为正式用户的非注册用户进行审核，如图 12.22 所示。

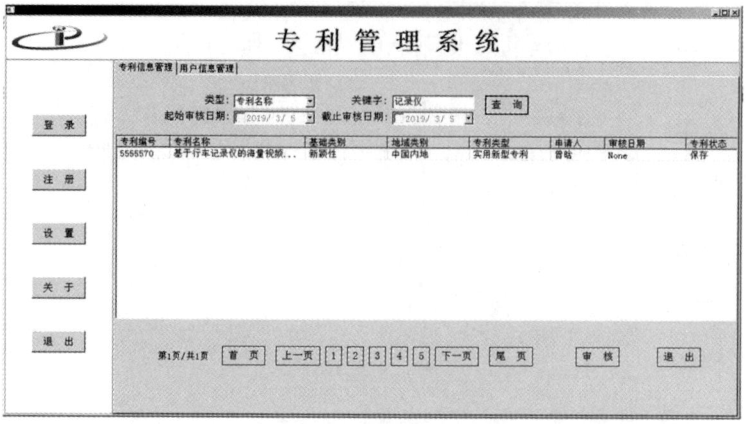

图 12.21　管理员管理专利信息界面

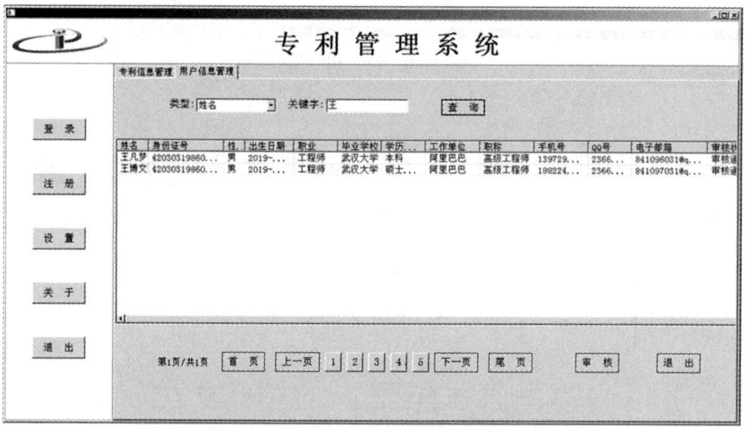

图 12.22　管理员管理用户信息界面

（6）设置。用户或管理员单击“设置”按钮，可以在设置界面中设置连接服务器参数，以便正常登录系统，如图 12.23 所示。

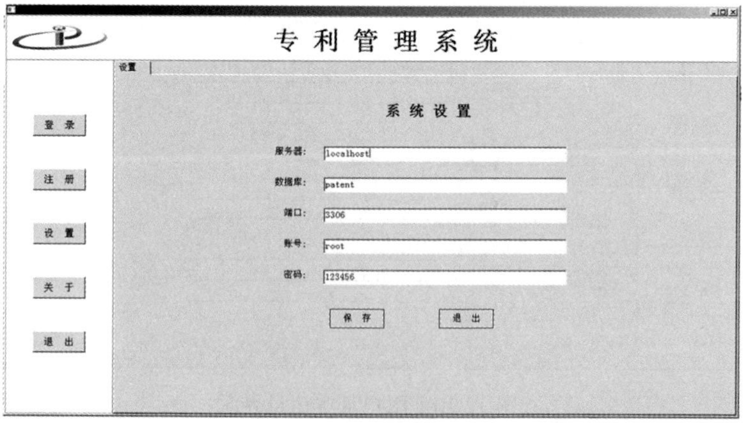

图 12.23　设置界面

（7）关于。用户或管理员单击“关于”按钮，可以在关于界面中查看系统主要功能介绍，如图 12.24 所示。

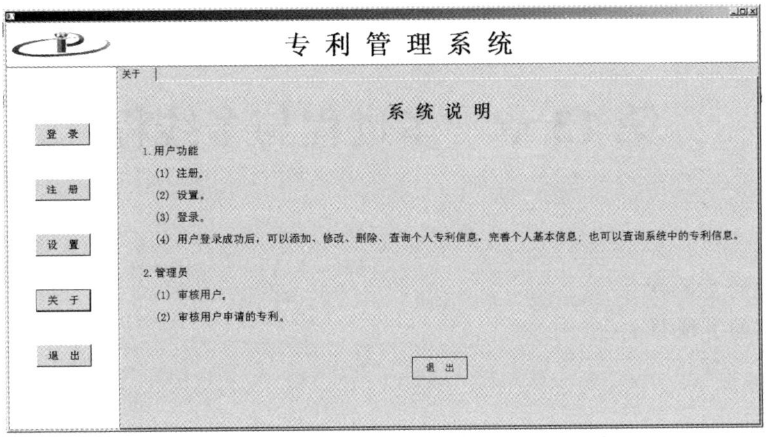

图 12.24　关于界面

（8）退出。用户或管理员单击“退出”按钮，可以退出系统。

练习题 12

1. 简答题

（1）列出 3 种以上由 Python 支持的 GUI 编程库或模块。
（2）与其他 GUI 编程库或模块相比，wxPython 有哪些优势？
（3）列出 5 种以上 wxPython 的常用控件，并说明其功能。
（4）wxPython 中的布局管理器（Sizer）有哪些？这些布局管理器是如何布局控件的？

2. 选择题

（1）下列选项中不属于 wxPython 特点的是（　　）。
A．收费　B．免费　C．开源　D．跨平台
（2）下列选项中可以用于放置其他控件的容器是（　　）。
A．wx.Button　B．wx.Frame　C．wx.ListBox　D．wx.StaticText
（3）下列选项中用于绑定控件与进行控件事件处理的方法是（　　）。
A．Bind()　B．Accept()　C．Listen()　D．Make()
（4）可以显示一行或多行的只读文本控件是（　　）。
A．wx.Button　B．wx.RadioButton　C．wx.ListBox　D．wx.StaticText
（5）可以将控件按从左到右和从上到下的顺序添加到二维网格中的布局管理器是（　　）。
A．wx.BoxSizer　B．wx.FlexiGridSizer　C．wx.GridSizer　D．wx.StaticBoxSizer

3. 填空题

（1）wxPython 是一个________、________、________的第三方库。
（2）要提供多个选项供用户选择，可以使用 wxPython 中的控件________或__________。
（3）在 Python 中，菜单结构一般包含________、________和________三级结构。
（4）包括文本说明或图标按钮，可呈现为水平或垂直排列的条状区域，通常被放置在菜单栏的正下方，这种控件是________。
（5）通常被放置在窗体底部，用于显示程序运行时的一些状态信息，这种控件是________。

第 13 章　多进程与多线程

本章内容：

- Python 中的多进程
- Python 中的多线程
- 典型案例

13.1　Python 中的多进程

13.1.1　进程的含义

进程（Process）是计算机程序对于某个数据集合的一次运行活动，是操作系统进行资源分配和调度的基本单位，是操作系统结构的基础。在早期面向进程设计的计算机结构中，进程是程序的基本运行实体；在当代面向线程设计的计算机结构中，进程是线程的容器。

每个进程都有自己的地址空间，一般包括文本区域（Text Region）、数据区域（Data Region）和堆栈（Stack Region）。进程是操作系统中最基本、最重要的概念。多道批处理操作系统一般都在进程的基础上实现。

运行中的进程可能具有以下 3 种基本状态。

（1）就绪状态（Ready）：进程已获得除处理器外的所需资源，正在等待分配处理器资源。

（2）运行状态（Running）：进程占用处理器资源，处于此状态的进程数应该小于或等于处理器数。

（3）阻塞状态（Blocked）：进程正在等待某种条件（如 I/O 操作、进程同步等）被满足，且在该条件被满足之前无法继续运行。

13.1.2　创建进程

在 Python 中，通常使用 multiprocessing 模块创建与管理进程。multiprocessing 模块支持子进程、进程间的通信与同步，提供 Process、Pool、Queue、Pipe、Lock 等控件，并且避免了 GIL（Global Interpreter Lock）问题，可以更有效地利用处理器资源。

multiprocessing 模块中用于创建进程的类主要有两个，即 Process 类（进程类）和 Pool 类（进程池类）。

1. 使用 Process 类创建进程

1）通过 Process 类对象创建进程

创建 Process 类对象的一般格式为：

```
Process([group[,target[,name[,args[,kwargs]]]]])
```

其中，group 为进程所属组；target 为进程调用对象（一个函数名或可调用的对象）；args 为调用对象的位置参数元组；name 为进程名；kwargs 为调用对象的关键字参数字典。

Process 类对象的常用属性与方法如下。

（1）pid：进程标识符，即进程 ID。

（2）daemon：守护进程标识，在调用 start()方法之前可以对其进行修改。

（3）exitcode：进程的退出状态码。

（4）name：进程名。

（5）is_alive()：返回进程是否在运行的标识，结果为 True 或 False。

（6）start()：启动进程，等待处理器调度。

（7）join([timeout])：阻塞当前上下文环境，直到调用此方法的进程终止或者到达指定 timeout（超时时间）。

（8）terminate()：无论任务是否完成，立即终止该进程。

（9）run()：执行 start()方法后自动调用该方法。

【例 13.1】 通过 Process 类对象创建进程。

程序代码：

```
from multiprocessing import Process
import os
# 子进程调用函数
def spFunc(spName):
  print('子进程标识: %s, ID: %s.' % (spName,os.getpid()))       # 查看子进程标识和 ID
if __name__ == '__main__':
  print('主进程开始...')
  print('主进程 ID: %s.' % os.getpid())                          # 查看主进程 ID
  sp1 = Process(target=spFunc,args=('sp1',))                    # 创建子进程 sp1
  sp2 = Process(target=spFunc,args=('sp2',))                    # 创建子进程 sp2
  sp1.start()                                                   # 启动子进程 sp1
  sp2.start()                                                   # 启动子进程 sp2
  sp1.join()                                                    # sp1 进入阻塞状态
  sp2.join()                                                    # sp2 进入阻塞状态
  print('主进程结束.')
```

运行结果（1 次运行结果）：

```
主进程开始...
主进程 ID: 4772.
子进程标识: sp2, ID: 1084.
子进程标识: sp1, ID: 1088.
主进程结束.
```

2）通过 Process 类的派生类创建进程

如果进程实现的功能比较复杂，则可以通过 Process 类的派生类创建进程，这时需要重写 Process 类的 run()方法。

【例 13.2】 使用 Process 类的派生类创建进程。

程序代码：

```
import os,time
from multiprocessing import Process
# 创建 Process 类的派生类
class SubProcess(Process):
  # 构造方法
  def __init__(self):
    Process.__init__(self)
  # 重写 run()方法
  def run(self):
    print("子进程名称 = {0}, ID = {1}".format(self.name,self.pid))
    time.sleep(2)
if __name__ == '__main__':
  print("主进程开始...")
  for i in range(3):
```

```
    sp = SubProcess()                           # 创建多个子进程
    sp.start()
    sp.join()
  print("主进程结束.")
```

运行结果（1次运行结果）：

```
主进程开始...
子进程名称 = SubProcess-1, ID = 2908
子进程名称 = SubProcess-2, ID = 6584
子进程名称 = SubProcess-3, ID = 1088
主进程结束.
```

2. 使用 Pool 类创建进程

如果要启动大量的子进程，则可以使用 Pool 类批量创建子进程。

【例 13.3】 使用 Pool 类创建多个子进程。

程序代码：

```
import multiprocessing,time,os
# 子进程调用函数
def spFunc(i):
  print("子进程 ID = {}, 结果 = {}.".format(os.getpid(),i ** 2))
  time.sleep(1)
if __name__ == "__main__":
  pool = multiprocessing.Pool(processes=3)        # 进程池中可以包含的进程数
  # 将任务添加到进程池的进程中并启动
  for i in range(1,4):
    pool.apply(spFunc,(i,))
  pool.close()                                    # 关闭进程池，不允许再向其中添加进程
  pool.join()                                     # 等待进程池中的所有进程运行完毕
```

运行结果：

```
子进程 ID = 7952, 结果 = 1.
子进程 ID = 2364, 结果 = 4.
子进程 ID = 6760, 结果 = 9.
```


13.1.3 进程通信

Python 中的 multiprocessing 模块包装了底层的机制，提供了 Queue（队列）、Pipes（管道）、Manager 对象、数组等多种方式来实现进程通信。

1. 使用 Queue 实现进程通信

使用 Queue 实现进程通信，主要采用以下两种方法。

（1）put()：向 Queue 中写入数据。

（2）get()：从 Queue 中读取数据。

【例 13.4】 在父进程中创建两个子进程：一个子进程负责向 Queue 中写入数据，另一个子进程负责从 Queue 中读取数据。

程序代码：

```
from multiprocessing import Process,Queue
import os,time,random
# 写入函数
def writeQueue(q):
  n = random.randint(1,100)
  print("写入 Queue 中的数据为:",n)
  q.put(n)                                        # 向 Queue 中写入数据
  time.sleep(1)                                   # 休眠 1 秒
# 读取函数
```

```
def readQueue(q):
  d = q.get(True)                          # 从 Queue 中读取数据
  print("从 Queue 中读取的数据为:",d)        # 输出从 Queue 中读取的数据
if __name__== '__main__':
  q = Queue()                              # 创建队列对象 q
  spw = Process(target=writeQueue,args=(q,))   # 创建子进程 spw
  spr = Process(target=readQueue,args=(q,))    # 创建子进程 spr
  spw.start()                              # 启动子进程 spw
  spr.start()                              # 启动子进程 spr
  spw.join()
  spr.join()
```

运行结果：

```
写入 Queue 中的数据为： 8
从 Queue 中读取的数据为： 8
```

2. 使用 Pipes 实现进程通信

【例 13.5】 使用 Pipes 实现进程通信。

程序代码：

```
from multiprocessing import Pipe,Process
# 子进程调用函数
def spFunc(cPipe):
  while True:
    try:
      print("接收的信息： ",cPipe.recv())
    except EOFError:
      break
if __name__ == '__main__':
  parentPipe,childPipe = Pipe(True)        # 创建管道
  sp = Process(target=spFunc,args=(childPipe,))   # 创建子进程 sp
  sp.start()                               # 启动子进程 sp
  parentPipe.send("量子通信")               # 发送信息
  parentPipe.send("引力波")                 # 发送信息
  parentPipe.close()
  sp.join()
```

运行结果：

```
接收的信息： 量子通信
接收的信息： 引力波
```

3. 使用 Manager 对象实现进程通信

Manager 对象控制一个拥有 List、Dict、Lock、RLock、Semaphore 等多种对象的服务器端进程，并且允许其他进程访问这些对象，实现进程通信。

【例 13.6】 使用 Manager 对象在子进程中修改数据。

程序代码：

```
from multiprocessing import Process,Manager
# 子进程调用函数
def spFunc(dict,list):
  dict['Alice'] = 21
  dict['Beth'] = 22
  list.append("physics")
  list.append("chemistry")
if __name__ == '__main__':
  manager = Manager()                      # 创建 Manager 对象
  list = manager.list()
  dict = manager.dict()
  sp = Process(target=spFunc,args=(dict,list))
  sp.start()
```

```
    sp.join()
    print("list:",list)
    print("dict:",dict)
```

运行结果：

```
dict: {'Alice': 21, 'Beth': 22}
list: ['physics', 'chemistry']
```

4. 使用数组实现进程通信

【例 13.7】 使用数组实现进程通信。

程序代码：

```
import multiprocessing
# 子进程调用函数
def spFunc(num):
  for i in range(3):
    num[i] = num[i] ** 3                                  # 子进程修改 num 数组
if __name__ == "__main__":
  num = multiprocessing.Array("i",[1,3,5])               # 创建 num 对象
  print("初始数组:",num[:])
  sp = multiprocessing.Process(target=spFunc,args=(num,))  # 创建子进程 sp
  sp.start()                                              # 启动子进程 sp
  sp.join()
  print("子进程修改后的数组:",num[:])
```


运行结果：

```
初始数组: [1, 3, 5]
子进程修改后的数组: [1, 27, 125]
```

13.1.4 进程同步

在 Python 中，主要使用两种方式实现进程同步，即锁（Lock）和 Event。

1. 使用锁实现进程同步

【例 13.8】 使用锁实现进程同步。

程序代码：

```
from multiprocessing import Process,Lock
import time,os
# 子进程调用函数
def spFunc(spName,v,lock):
  lock.acquire()                                         # 加锁
  for i in range(1,3):
    n = i ** v
    time.sleep(0.5)                                      # 休眠 0.5 秒
    print ("{0}: number = {1}".format(spName,n))
  lock.release()                                         # 释放锁
if __name__ == "__main__":
  lock = Lock()                                          # 创建锁
  sp1 = Process(target=spFunc,args=("sp1",2,lock))       # 创建子进程 sp1
  sp2 = Process(target=spFunc,args=("sp2",3,lock))       # 创建子进程 sp2
  sp1.start()                                            # 启动子进程 sp1
  sp2.start()                                            # 启动子进程 sp2
```

运行结果 1（加锁）：

```
sp2: number = 1
sp2: number = 8
sp1: number = 1
sp1: number = 4
```

运行结果 2（不加锁）：

```
sp1: number = 1
sp2: number = 1
sp1: number = 4
sp2: number = 8
```

2. 使用 Event 实现进程同步

【例 13.9】 使用 Event 实现顾客进程和商家进程同步。

程序代码：

```
import multiprocessing,time
# 商家进程调用函数
def sjFunc(event):
  print('接收订单和货款...')
  print('发货...')
  event.set()
  event.clear()
  event.wait()
  print('欢迎再次订购!')
# 顾客进程调用函数
def gkFunc(event):
  print('准备购买商品...')
  print('下订单、付款...')
  event.wait()
  print('收到商品...')
  print('评价商品...')
  event.set()
  event.clear()
if __name__ == '__main__':
  event = multiprocessing.Event()                                    # 创建 event 对象
  sjp = multiprocessing.Process(target=sjFunc,args=(event,))         # 商家进程
  gkp = multiprocessing.Process(target=gkFunc,args=(event,))         # 顾客进程
  gkp.start()                                                        # 顾客进程先启动
  time.sleep(0.5)
  sjp.start()
```

运行结果：

```
准备购买商品...
下订单、付款...
接收订单和货款...
发货...
收到商品...
评价商品...
欢迎再次订购!
```

13.2 Python 中的多线程

13.2.1 线程的含义

线程，有时被称为轻量级进程（Lightweight Process，LWP），是程序运行的最小单元。一个标准线程由线程 ID、当前指令指针（PC）、寄存器集合和堆栈等组成。线程是进程中的一个实体，是被系统独立调度和分派的基本单位。它自己不拥有系统资源，只拥有少量在运行中必不可少的资源，但它可与同属一个进程的其他线程共享进程所拥有的全部资源。

一个线程可以创建和撤销另一个线程，同一个进程中的多个线程之间可以并发运行。线程之间的相互制约会使得线程在运行中呈现出间断性。

线程也有就绪状态、运行状态和阻塞状态 3 种基本状态。

（1）就绪状态：线程具备运行的所有条件，在逻辑上可以运行，正在等待处理机的使用权。

（2）运行状态：线程占有处理机，正在运行。

（3）阻塞状态：线程正在等待一个事件（如某个信号量），在逻辑上不可以运行。

一个进程包括一个或多个线程（至少包括一个线程），一个线程只能属于一个进程。

13.2.2 创建线程

在 Python 中，可以使用如下两种方法创建线程。

（1）使用 threading 模块创建线程。

（2）使用线程池创建线程。

1. 使用 threading 模块创建线程

Python 中的_thread 模块只提供了低级别、原始的线程及一个简单的锁，功能有限。threading 模块是高级模块，对_thread 模块进行了封装，实现了更多、更高级的功能。

1）threading 模块中的主要类

threading 模块中的主要类如下。

（1）Thread：线程类，用于创建线程。

（2）Event：事件类，用于线程同步。

（3）Condition：条件类，用于线程同步。

（4）Lock/RLock：锁类，用于线程同步。

（5）Semaphore：信号质量类，用于线程同步。

其中，Thread 类提供了以下方法。

（1）run()：线程活动的方法。

（2）start()：启动线程。

（3）join([timeout])：等待至线程终止。timeout 代表线程运行的最大时间，是可选参数。例如，在主线程 A 中创建并调用子线程 B（使用 B.join()函数），主线程 A 会在调用的地方等待子线程 B 完成操作后再继续向下运行。

（4）daemon：设置线程的 daemon 属性。如果某个子线程的 daemon 属性为 False，则主线程会等待子线程运行结束后再退出，否则主线程在运行结束时不会对这个子线程进行检查，而是会直接退出。setDaemon()方法必须在 start()方法调用之前设置。

（5）isAlive()：返回线程是否活动。

（6）getName()：返回线程名。

（7）setName()：设置线程名。

（8）thread.exit()：触发 SystemExit 异常，如果该异常没有被捕获，则会影响此线程的退出。

2）threading 模块中的主要方法

threading 模块中的主要方法如下。

（1）active_count()或 activeCount()：返回当前处于活跃状态（Alive）的线程对象数量。

（2）threading.currentThread()：返回当前线程变量。

（3）threading.enumerate()：返回一个包含正在运行的线程的列表。

（4）threading.main_thread()：返回主线程对象，即启动 Python 解释器的线程对象。

（5）threading.get_ident()：返回当前线程的线程标识符。

【例 13.10】 通过 threading.Thread 对象创建线程。

程序代码：

```
from threading import Thread
import time
# 子线程调用函数
def thFunc(i):
  print("线程 %d 启动 ..."%i)
  time.sleep(1)
if __name__ == '__main__':
  print("主线程开始...")
  for i in range(3):
    th = Thread(target=thFunc,args=(i,))                    # 创建线程
    th.start()                                              # 启动线程
    th.join()                                               # 等待线程运行结束
  print("主线程结束...")
```

运行结果：

```
主线程开始 ...
线程 0 启动 ...
线程 1 启动 ...
线程 2 启动 ...
主线程结束 ...
```

【例 13.11】 通过 threading.Thread 派生类创建线程。

程序代码：

```
import time,threading
# 定义线程类
class MyThread(threading.Thread):
  # 重写构造方法
  def __init__(self):
    threading.Thread.__init__(self)
  # 重写 run()方法
  def run(self):
    for i in range(2):
      print("这里是线程 %s 中的 %d."%(self.getName(),i))     # 输出返回的线程名
      time.sleep(1)
if __name__ == '__main__':
  th1 = MyThread()
  th2 = MyThread()
  th1.setName("线程-1")                                      # 设置线程名
  th2.setName("线程-2")                                      # 设置线程名
  th1.start()
  th2.start()
  th1.join()
  th2.join()
```

运行结果：

```
这里是线程 线程-1 中的 0.
这里是线程 线程-2 中的 0.
这里是线程 线程-1 中的 1.
这里是线程 线程-2 中的 1.
```

2. 使用线程池创建线程

线程池是预先创建线程的一种技术。创建的线程都处于睡眠状态，即均未启动，不消耗处理器资源，只占用较小的内存空间。当请求到来时，线程池会给这次请求分配一个空闲线程，并将请求传入此线程中运行。

在 Python 中，使用线程池创建线程有如下方法。

（1）使用 threadpool 模块。

（2）使用 concurrent.futures 模块中的 ThreadPoolExecutor 类。

（3）使用 multiprocessing.dummy 模块中的 Pool 类。

本书仅介绍前两种方法。

1）使用 threadpool 模块创建线程

threadpool 是一个比较老的模块，可以通过 PyPI 官网下载，其安装方法参见 1.2.5 节。使用 threadpool 模块创建线程的代码如下。

```
#1.定义一个线程池
pool = ThreadPool(poolsize)
#2.使用 makeRequests 调用要在多线程中运行的函数
requests = pool.makeRequests(some_callable,list_of_args,callback)
#3.将所有要运行多线程的请求放到线程池中
[pool.putRequest(req) for req in requests]
#4.等待所有的线程完成工作后退出
pool.wait()
```

【例 13.12】 使用 threadpool 模块创建线程。

程序代码：

```
import threadpool
# 子线程调用函数
def AddFunc(op1,op2):
  print("%d + %d = %d."%(op1,op2,op1+op2))
if __name__ == '__main__':
  opList1 = [1,2]
  opList2 = [3,4]
  opList3 = [5,6]
  opList=[(opList1,None),(opList2,None),(opList3,None)]
  pool = threadpool.ThreadPool(3)
  requests = threadpool.makeRequests(AddFunc,opList)
  [pool.putRequest(req) for req in requests]
  pool.wait()
```

运行结果：

```
1 + 2 = 3.
3 + 4 = 7.
5 + 6 = 11.
```

2）使用 concurrent.futures 模块中的 ThreadPoolExecutor 类创建线程

concurrent.futures 是 Python 自带的模块，其常用函数有两个，即 submit()和 map()。

submit()函数向线程池中添加一个任务，返回一个 Future 对象，其一般格式为：

```
submit(func,*args,**kwargs)
```

其中，func 为需要异步执行的函数；args、kwargs 为传递给函数的参数。

map()函数从迭代器中获得参数后异步执行，并且每个异步操作都能用 timeout 参数来设置超时时间，其一般格式为：

```
map(func,iterables[,timeout])
```

其中，func 为需要异步执行的函数；iterables 为一个能迭代的对象；timeout 为每次异步操作的超时时间，可以是 int 类型或 float 类型。

submit()函数和 map()函数的区别是：map()函数可以保证输出的顺序，而 submit()函数输出的顺序是乱的。

【例 13.13】 使用 concurrent.futures 模块中的 ThreadPoolExecutor 类创建线程。

程序代码：

```
from concurrent.futures import ThreadPoolExecutor
# 子线程调用函数
```

```
def ExecuteTask(task):
  print("执行: %s."%(task))
if __name__ == '__main__':
  taskList = []
  for i in range(5):
    taskList.append("任务" + str(i))
  with ThreadPoolExecutor(5) as executor:
    for task in taskList:
      future = executor.submit(ExecuteTask,task)
```

运行结果:

```
执行: 任务 0.
执行: 任务 1.
执行: 任务 2.
执行: 任务 3.
执行: 任务 4.
```

13.2.3 线程通信

queue 模块的 queue 对象实现了多生产者/多消费者队列，以及多线程编程所需要的所有锁语义，可以应用在多个线程之间进行信息交换。

【例 13.14】 使用 queue 模块中的 Queue 对象实现线程通信。

程序代码:

```
import threading,queue,time
# 定义线程类
class MyThread(threading.Thread):
  # 重写构造方法
  def __init__(self,q,i):
    super(MyThread,self).__init__()
    self.q = q
    self.i = i
  # 重写 run()方法
  def run(self):
    self.q.put("这是第 %d 个线程 ..." % (self.i))          # 向队列 q 中写入数据
if __name__ == '__main__':
  q = queue.Queue()                                      # 创建队列 q
  # 创建 3 个子线程并启动
  for i in range(3):
    MyThread(q,i).start()
  # 输出队列 q 中的内容
  while not q.empty():
    print(q.get())                                       # 从队列 q 中读取数据
```

运行结果:

```
这是第 0 个线程 ...
这是第 1 个线程 ...
这是第 2 个线程 ...
```

13.2.4 线程同步

如果多个线程可以同时对某个数据进行修改，则可能出现不可预料的结果。为了保证数据的正确性，需要对多个线程进行同步。

在 Python 中，可以使用多种方法实现线程同步，如锁（Lock 或 RLock）、Condition 对象、Event 对象等。

1. 使用锁实现线程同步

使用 Thread 对象的 Lock 或 Rlock 可以实现简单的线程同步，这两个对象都有 acquire()函数和

release()函数。对于那些每次只允许一个线程操作的数据，可以将其操作放到 acquire()函数和 release()函数之间。

【例 13.15】 使用 Lock 实现线程同步。

程序代码：

```
import threading,time
# 子线程调用函数
def countFunc(tName ,lock):
    global num;                                              # 全局变量
    lock.acquire()                                           # 加 Lock
    while True:
      if num <= 3:
        print("当前线程是 %s, num = %s." % (tName,num))
        num = num + 1
        time.sleep(1)
      else:
        break
    lock.release()                                                   # 释放 Lock
if __name__ == "__main__":
  num = 1
  lock = threading.Lock()
  t1 = threading.Thread(target=countFunc,args=('A',lock))       # 创建线程 t1
  t2 = threading.Thread(target=countFunc,args=('B',lock))       # 创建线程 t2
  t1.start()                                                    # 启动线程 t1
  t2.start()                                                    # 启动线程 t2
```

运行结果 1（不加 Lock，1 次运行结果）：

```
当前线程是 A, num = 1.
当前线程是 B, num = 2.
当前线程是 A, num = 3.
```

运行结果 2（加 Lock，1 次运行结果）：

```
当前线程是 A, num = 1.
当前线程是 A, num = 2.
当前线程是 A, num = 3.
```

2. 使用 Condition 对象实现线程同步

Python 的 Condition 对象提供了对复杂线程同步的支持，其常用方法如下。

（1）acquire()：获得锁。

（2）release()：释放锁。

（3）wait([timeout])：线程挂起，直到收到一个 notify 通知或者到达超时时间（可选的浮点数，单位是秒）时才会被唤醒并继续运行。

（4）notify()：通知其他线程。

（5）notifyAll()：如果处于 wait 状态的线程比较多，则 notifyAll()方法的作用是通知所有线程。

【例 13.16】 使用 Condition 对象使两个线程中的内容依次执行。

程序代码：

```
import threading,time
# 子线程调用函数
def thFunc1(thName,cond):
  with cond:
    for i in range(0,6,2):
      print("线程%s: %d."%(thName,i))
      cond.wait()                                            # 等待
      cond.notify()                                          # 通知其他线程
# 子线程调用函数
def thFunc2(thName,cond):
```

```
    with cond:
      for i in range(1,6,2):
        print("线程%s: %d." % (thName,i))
        cond.notify()                                # 通知其他线程
        cond.wait()                                  # 等待
if __name__ == "__main__":
    cond = threading.Condition()                     # 创建 Condition 对象
    # 创建线程 th1、th2
    th1 = threading.Thread(target=thFunc1,args=("th1",cond))
    th2 = threading.Thread(target=thFunc2,args=("th2",cond))
    th1.start()
    th2.start()
    th1.join()
    th2.join()
```

运行结果：

```
线程 th1: 0.
线程 th2: 1.
线程 th1: 2.
线程 th2: 3.
线程 th1: 4.
线程 th2: 5.
```


3. 使用 Event 对象实现线程同步

threading 模块中的 Event 是一个事件类，它提供了处理事件的机制，常用于实现线程同步，其常用方法如下。

（1）set(sign)：设置 Event 对象内部的信号标志为 sign。

（2）clear()：清除 Event 对象内部的信号标志，将其状态设置为 False。

（3）isSet()：用于判断其内部信号标志的状态。

（4）wait(timeout)：只有在其内部信号标志的状态为 True 时才能很快地运行并返回。

【例 13.17】 使用 Event 对象实现线程同步。

程序代码：

```
import time,threading
# thBoss 线程调用函数
def bossFunc(thName):
  print("%s: 今晚加班到 11:30."%thName)
  event.isSet() or event.set()
  time.sleep(6)
  print("%s: 大家一起去吃夜宵 ..."%thName)
  event.isSet() or event.set()
# thEmployee 线程调用函数
def employeeFunc(thName,i):
  event.wait()
  print("%s %d: 好痛苦 ..."%(thName,i))
  time.sleep(1)
  event.clear()
  event.wait()
  print("%s %d: 太好了! "%(thName,i))
if __name__ == '__main__':
  # 创建 Event 对象
  event = threading.Event()
  # 创建老板线程 thBoss
  thBoss = threading.Thread(target=bossFunc,args=("thBoss",)).start()
  # 创建员工线程 thEmployee
  for i in range(2):
    thEmployee = threading.Thread(target=employeeFunc,args=("thEmployee",
      i)).start()
```

运行结果：

```
thBoss：今晚加班到 11:30.
thEmployee 0: 好痛苦 ...
thEmployee 1: 好痛苦 ...
thBoss：大家一起去吃夜宵 ...
thEmployee 0: 太好了！
thEmployee 1: 太好了！
```

13.3 典型案例

13.3.1 使用多进程导入/导出数据

【例 13.18】 使用多进程将多个 Excel 文件中的书籍信息导入 SQLite3 数据库中。

分析：本例中的书籍信息保存在 SQLite3 数据库 bookDB.db 的数据表 table_book 中。数据库文件在当前源文件所在路径的 resources 目录中。数据库 bookDB.db 的数据表 table_book 包括 4 个字段，即书籍编号（ID，主键）、书籍名称（Name）、书籍作者（Author）和书籍价格（Price）。

3 个 Excel 文件分别为 book_France.xlsx、book_England.xlsx 和 book_Russia.xlsx。每个 Excel 文件中有两条书籍信息，保存在项目的 excel_files_dir 目录中。

book_France.xlsx 文件中的书籍信息如表 13.1 所示。

表 13.1 book_France.xlsx 文件中的书籍信息

编　号	书　名	作　者	价格(元)
101	巴黎圣母院	维克多·雨果	79.6
102	三剑客	大仲马	55.4

book_England.xlsx 文件中的书籍信息如表 13.2 所示。

表 13.2 book_England.xlsx 文件中的书籍信息

编　号	书　名	作　者	价格(元)
103	呼啸山庄	艾米莉• 勃朗特	46.7
104	物种起源	查尔斯·达尔文	51.3

book_Russia.xlsx 文件中的书籍信息如表 13.3 所示。

表 13.3 book_Russia.xlsx 文件中的书籍信息

编　号	书　名	作　者	价格(元)
105	死魂灵	果戈理	64.7
106	战争与和平	列夫·托尔斯泰	55.3

具体实现方法如下。

（1）遍历指定路径下的所有 Excel 文件，保存在文件列表中。

（2）对每个 Excel 文件创建一个子进程。

（3）子进程的功能是先读取 Excel 文件中的书籍信息，然后将其写入数据库的数据表中。

程序代码：

```
import multiprocessing,sqlite3,os,openpyxl

# 创建/连接数据库
def create_connect_database():
  try:
```

```
    conn = sqlite3.connect(os.getcwd()+'\\resources\\bookDB.db')
    cur = conn.cursor()
    cur.execute('''create table if not exists table_book(ID text PRIMARY KEY,Name
     text not null,Author text,Price float);''')
    conn.commit()
  except Exception as e:
    print("创建/连接数据库或创建数据表失败:",e)

# 定义函数：获取 Excel 文件的第 1 个工作表
def eachXlsx(xlsxFn):
  wb = openpyxl.load_workbook(xlsxFn)
  ws = wb.worksheets[0]
  for index,row in enumerate(ws.rows):
    # 忽略表头
    if index == 0:
      continue
    yield tuple(map(lambda x:x.value,row))

# 定义子进程调用函数
def spFunc(filename):
  # 连接数据库，将指定 Excel 文件中的数据导入数据库中
  with sqlite3.connect(os.getcwd()+'\\resources\\bookDB.db') as conn:
    try:
      cur = conn.cursor()
      sql = 'INSERT INTO table_book VALUES(?,?,?,?)'
      cur.executemany(sql,eachXlsx(filename))
      conn.commit()
    except Exception as e:
      print("导入数据失败.",e)

if __name__ == "__main__":
   print("Excel 文件数据导入数据库开始...")
   create_connect_database()                            # 调用创建或连接数据库的函数
   pool = multiprocessing.Pool()                        # 创建进程池
   excel_path = os.getcwd() + "\\excel_files_dir"       # Excel 文件所在路径
   excel_File_list = os.listdir(excel_path)             # Excel 文件列表
   # 遍历 Excel 文件。每个进程负责将一个 Excel 文件中的书籍数据导入数据库中
   for filename in excel_File_list:
     excelFile = excel_path + "\\" + filename           # Excel 文件及路径
     pool.apply(spFunc,(excelFile,))
   pool.close()
   pool.join()
   print("Excel 文件数据导入数据库结束！！！")
```

运行结果：

```
Excel 文件数据导入数据库开始...
Excel 文件数据导入数据库结束！！！
```

程序运行后，查看数据库 bookDB.db 中的数据表 table_book，可以看到书籍信息已被写入。

数据表 table_book 设置了字段 ID 为主键，以防止重复插入相同的记录。因此，本程序如果多次运行，将会提示主键冲突。如果需要多次测试，则可以先将数据库 bookDB.db 删除，再重新运行本程序。

13.3.2 使用多线程模拟彩票发行

【例 13.19】 使用多线程模拟彩票发行。

分析：本例的实现方法如下。

（1）彩票号码为 4 位数字，对应彩票号码范围为 1000 ~ 9999。

（2）每次运行均随机生成 4 位中奖号码。

（3）每次彩票发行的实际数量为 5000。

（4）一次彩票购买操作对应一个线程。抽奖人购买的彩票号码随机生成，且每次购买的彩票号码不能相同。

（5）如果抽奖人某次购买的彩票号码与中奖号码相同，则提示有人中奖。

（6）如果抽奖人购买的所有彩票号码都与中奖号码不同，则提示无人中奖。

程序代码：

```
import threading,queue,random

# 定义线程类
class MyThread(threading.Thread):
  # 重写构造方法
  def __init__(self,cpfx_q,i,zjhm,lock):
    super(MyThread,self).__init__()                 # 调用父类构造方法
    self.cpfx_q = cpfx_q
    self.i = i
    self.zjhm = zjhm
  # 重写 run()方法
  def run(self):
    lock.acquire()
    zjxx = self.cpfx_q.get()                        # 中奖信息出队列
    cphmList = self.cpfx_q.get()                    # 可购买的彩票号码列表出队列
    cphm = random.choice(cphmList)                  # 模拟抽奖人随机购买彩票
    cphm_num = cphmList.index(cphm)                 # 查找抽奖人购买的彩票号码在列表中的位置
    # 比较抽奖人购买的彩票号码和中奖号码是否相同
    if cphm == self.zjhm:
      zjxx = "抽奖人 " + str(self.i) + " 号购买的彩票 " + str(cphm) + " 中奖了!恭喜您! "
    # 从可购买的彩票号码列表中删除已经购买的彩票号码
    cphmList.pop(cphm_num)
    self.cpfx_q.put(zjxx)                           # 中奖信息入队列
    self.cpfx_q.put(cphmList)                       # 可购买的彩票号码列表入队列
    lock.release()

if __name__ == '__main__':
  print("-----------------------彩票发行开始...----------------------")
  cpfx_q = queue.Queue()                            # 创建彩票发行队列
  cphmList = list(range(1000,10000))                # 可购买的彩票号码列表：4 位数字
  random.shuffle(cphmList)                          # 使可购买的彩票号码列表中的彩票号码乱序
  zjxx = "无人中奖! "                                # 中奖信息
  cpfx_q.put(zjxx)                                  # 中奖信息入队列
  cpfx_q.put(cphmList)                              # 可购买的彩票号码列表入队列
  zjhm = random.randrange(1000,10000)               # 随机生成中奖号码
  print("本次彩票发行中奖号码:",zjhm)
  lock = threading.Lock()
  # 模拟抽奖人购买彩票，每个线程对应一次抽奖人购买彩票的操作
  for i in range(5000):
    MyThread(cpfx_q,i,zjhm,lock).start()
  print("本次彩票发行结果:",cpfx_q.get())
  print("-----------------------彩票发行结束!!!-----------------------")
```

运行结果 1（无人中奖）：

```
-----------------------彩票发行开始...-----------------------
本次彩票发行中奖号码：3607
本次彩票发行结果：无人中奖!
-----------------------彩票发行结束!!!-----------------------
```

运行结果 2（有人中奖）：

```
-----------------------彩票发行开始...-----------------------
本次彩票发行中奖号码：8013
本次彩票发行结果：抽奖人 3431 号购买的彩票 8013 中奖了!恭喜您!
-----------------------彩票发行结束!!!-----------------------
```

练习题 13

1. 简答题

（1）什么是进程？什么是线程？它们之间有什么区别和联系？
（2）在 Python 中创建进程的常用方法有哪几种？
（3）在 Python 中如何实现进程通信和进程同步？
（4）在 Python 中如何创建一个新的线程？
（5）在 Python 中如何实现线程通信和线程同步？

2. 选择题

（1）运行中的进程不具有的状态是（　　）。
A．中断状态　B．就绪状态　C．运行状态　D．阻塞状态
（2）进程的 start()方法的功能是（　　）。
A．阻塞进程　B．启动进程　C．中断进程　D．关闭进程
（3）threading.Thread 类的作用是（　　）。
A．线程同步　B．线程通信　C．线程创建　D．线程中断
（4）用于表示当前活跃线程数的方法是（　　）。
A．currentThread()　B．activeCount()
C．enumerate()　D．run()
（5）不能用于实现 Python 中进程通信的是（　　）。
A．Queue 对象　B．Pipes 对象　C．Manager 对象　D．Lock 对象
（6）不能用于实现 Python 中线程同步的是（　　）。
A．Queue 对象　B．Condition 对象　C．Event 对象　D．Lock 对象

3. 填空题

（1）________是计算机程序关于某个数据集合的一次运行活动。
（2）________是程序运行的最小单元。
（3）Python 中常用于创建与管理多进程的模块是________。
（4）Python 中常用于创建与管理多线程的模块是________。
（5）用于阻塞进程的方法是________。
（6）Python 中返回当前线程变量的方法是________。
（7）可以使用锁（Lock 或 RLock）实现线程同步。其中，加锁的方法是____________，释放锁的方法是____________。
（8）向一个队列（Queue）中写入数据和读取数据的方法分别是__________和____________。

第 14 章　网络程序设计

本章内容：

- 网络协议
- 套接字（Socket）编程
- Web 编程
- 典型案例

14.1　网络协议

14.1.1　互联网协议族

要把全世界不同类型的计算机都连接起来，必须规定一套全球通用的通信协议，这就是互联网协议族（Internet Protocol Suite，IPS）。互联网协议族中最具有代表性的是 OSI/RM（Open System Interconnection Reference Model，开放系统互连参考模型）和 TCP/IP（Transmission Control Protocol/Internet Protocol，传输控制协议/网际协议）。

OSI/RM 分为 7 层，即物理层、数据链路层、网络层、传输层、会话层、表示层和应用层。TCP/IP 分为 4 层，即网络接口层、网际层、传输层和应用层，是因特网（Internet）的通信标准。

OSI/RM 和 TCP/IP 的对应关系如表 14.1 所示。

表 14.1　OSI/RM 和 TCP/IP 的对应关系

OSI/RM		TCP/IP	
分　层	功　能	分　层	各层协议
应用层	文件传输、电子邮件、文件服务等	应用层	HTTP、TFTP、FTP、NFS、WAIS、Telnet、SNMP、SMTP、DNS
表示层	数据格式化、代码转换、数据加密等		
会话层	建立或解除与节点的连接		
传输层	提供端对端的接口	传输层	TCP、UDP
网络层	为数据包选择路由	网际层	IP、ICMP、ARP、RARP、AKP
数据链路层	传输帧，检测错误	网络接口层	FDDI、Ethernet、PDN、SLIP、PPP
物理层	在物理媒体上传输二进制数据		IEEE 802.1A、IEEE 802.2 ~ IEEE 802.11

14.1.2　TCP/IP

TCP/IP 中最重要的两个协议是 TCP 和 IP。

IP 负责通过网络将数据从一台计算机发送到另一台计算机上。由于网络链路复杂，两台计算机之间经常有多条路由，因此由路由器决定如何把一个 IP 包转发出去。IP 包的特点是按块发送，途经多条路由，但不保证能到达，也不保证能按顺序到达。

同一台计算机上运行着多个网络程序，每个网络程序都会向操作系统申请唯一的端口。两台计算机上的网络程序要建立网络连接，就需要具有各自的 IP 地址和端口（Port）。因此，一个 IP 包除了包含要传输的数据，还应包含源 IP 地址和目标 IP 地址、源端口和目标端口。

TCP 建立在 IP 之上，负责在两台计算机之间建立可靠的连接，保证数据包按顺序到达。TCP 先通过握手（Handshake）建立连接，然后对每个 IP 包编号，确保对方按顺序收到。如果包丢失了，就自动重发。许多常用的高级协议都建立在 TCP 的基础上，如用于浏览网页的 HTTP、用于发送邮件的 SMTP 等协议。

UDP（User Datagram Protocol，用户数据报协议）与 TCP 一样用于处理数据包，是一种无连接的协议。UDP 提供数据包分组、组装功能，但不能对数据包进行排序。UDP 支持那些需要在计算机之间传输数据的网络应用，主要作用是将网络数据压缩成数据包。

14.2 套接字（Socket）编程

14.2.1 套接字简介

套接字是 TCP/IP 的一个封装，用于描述 IP 地址和端口。应用程序通常通过套接字向网络发出请求或者应答网络请求。

套接字是一个软件抽象层，不负责发送数据，真正负责发送数据的是套接字后面的协议。套接字包括 B/S 架构和 C/S 架构两种，本质上都是客户端和服务器端之间的数据通信。

在 Python 中，使用 socket()函数创建套接字，其一般格式为：

```
socket.socket([family[,type[,protocol]]])
```

其中，family 为套接字家族，可以是 AF_UNIX 或 AF_INET；type 为套接字类型，根据面向连接还是面向非连接分为 SOCK_STREAM 或 SOCK_DGRAM；protocol 一般不填，默认值为 0。

套接字的功能通过其内建函数完成，分为服务器端套接字函数（见表 14.2）、客户端套接字函数（见表 14.3）和公共套接字函数（见表 14.4）。

表 14.2 服务器端套接字函数

函 数	描 述
bind(address)	将地址 address(ipaddr, port)绑定到套接字中
listen(backlog)	将 socket 置于侦听状态，backlog 为队列中最多可容纳的等待接收的传入连接数
accept()	被动接收 TCP 客户端连接，（阻塞式）等待连接的到来

表 14.3 客户端套接字函数

函 数	描 述
connect(address)	主动初始化 TCP 服务器连接， address 的格式一般为元组(ipaddr, port)
connect_ex()	connect()函数的扩展版本，在出错时返回出错码

表 14.4 公共套接字函数

函 数	描 述
recv(bufsize)	接收 TCP 数据，并以字符串形式返回数据，bufsize 指定要接收的最大数据量
send(string)	发送 TCP 数据，将 string 中的数据发送到连接的套接字中，返回值为要发送的字节数
sendall()	完整发送 TCP 数据
recvfrom()	接收 UDP 数据，与 recv()函数类似，返回值为(data, address)
sendto(address)	发送 UDP 数据。将数据发送到套接字中，address 是形式为(ipaddr, port)的元组，用于指定远程地址，返回值为发送的字节数
close()	关闭套接字
settimeout(timeout)	设置套接字操作的超时时间，timeout 是一个浮点数，单位是秒
gettimeout(timeout)	返回当前超时时间的值，单位是秒，如果没有设置超时时间，则返回 None

14.2.2 基于 TCP 的套接字编程

基于 TCP 的套接字编程模型如图 14.1 所示。

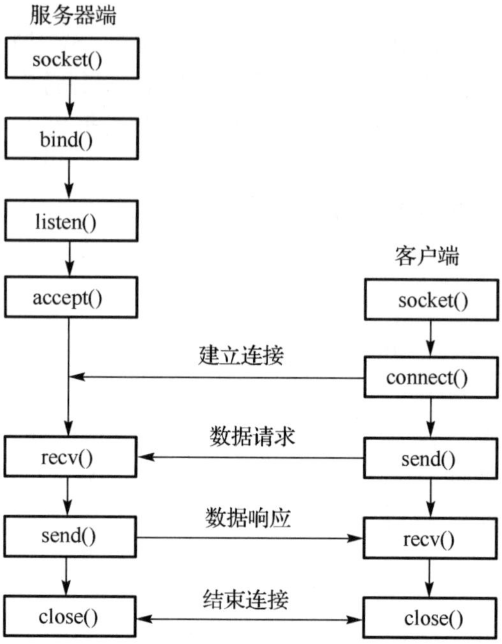

图 14.1 基于 TCP 的套接字编程模型

1. 服务器端

服务器端实现步骤如下。

（1）创建套接字：通过设置 serverSocket=socket.socket()完成。

（2）绑定套接字：通过 serverSocket.bind(IP, port)函数完成。

（3）定义最大等待连接数：通过 serverSocket.listen(n)函数完成，其中参数 n 表示最多可有 n 个客户端在等待发送消息（挂起）。

（4）进入阻塞状态：通过设置 conn, addr = serverSocket.accept()完成，等待客户端发起连接请求。

（5）与客户端通信：通过 send()函数和 recv()函数完成。

（6）关闭连接：通过连接对象的 close()函数完成。

2. 客户端

客户端实现步骤如下。

（1）创建 socket 对象：通过设置 clientSocket = socket.socket()完成。

（2）使用 socket 对象连接服务器端：通过 clientSocket.connect(IP, port)函数完成。

（3）与服务器端通信：通过 send()函数和 recv()函数完成。

（4）关闭套接字：通过 clientSocket.close()函数完成。

【例 14.1】 基于 TCP 套接字的服务器端–客户端简单通信。

服务器端程序代码：

```
import socket
serverSocket = socket.socket()                          # 创建套接字
serverSocket.bind(('127.0.0.1',12345))                  # 绑定套接字
```

```
    serverSocket.listen(5)                                    # 设置挂起的连接数
    print("等待客户端发起连接请求！")
    while True:
      conn,addr = serverSocket.accept()                       # 等待客户端发起连接请求
      print("客户端连接成功...")
      while True:
        try:
          recv_data = conn.recv(1024)                         # 接收信息
          if len(recv_data) == 0:
            print("服务器端：好吧，我也退出连接！")
            break
          print("客户端：" + str(recv_data.decode()))
          send_data = "(阿甘)妈妈常常说，人生就如同一盒巧克力，你永远无法知道下一粒你会拿到什么。"
          conn.send(bytes(send_data,encoding='utf8'))         # 给客户端发送信息
          print("服务器端:" + send_data)
        except Exception:
          break
      conn.close()                                            # 关闭连接
```

客户端程序代码：

```
    import socket
    clientSocket = socket.socket()                            # 创建套接字
    clientSocket.connect(('127.0.0.1',12345))                 # 绑定套接字
    while True:
      send_data = input("客户端：").strip()                   # 通过键盘输入信息
      if send_data == 'exit':
        print("客户端：我要退出连接了！")
        break
      if len(send_data) == 0:
        continue
      clientSocket.send(bytes(send_data,encoding='utf8'))     # 发送信息
      recv_data = clientSocket.recv(1024)                     # 接收服务器信息
      print("服务器端：" + str(recv_data.decode()))            # 输出信息
    clientSocket.close()                                      # 关闭连接
```

运行结果（服务器端先运行）：

```
等待客户端发起连接请求！
客户端连接成功...
客户端：你知道《阿甘正传》中最经典的一句台词是什么吗？
服务器端：(阿甘)妈妈常常说，人生就如同一盒巧克力，你永远无法知道下一粒你会拿到什么。
服务器端：好吧，我也退出连接！
```

运行结果（客户端后运行）：

```
客户端：你知道《阿甘正传》中最经典的一句台词是什么吗？
服务器端：(阿甘)妈妈常常说，人生就如同一盒巧克力，你永远无法知道下一粒你会拿到什么。
客户端：exit
客户端：我要退出连接了！
```

14.2.3 基于 UDP 的套接字编程

TCP 建立的是可靠连接，并且通信双方都可以以流的形式发送数据。与 TCP 相比，UDP 是面向无连接的协议。在使用 UDP 时，不需要建立连接，只需要知道对方的 IP 地址和端口，就可以直接发送数据包，但不保证能到达。使用 UDP 传输数据不可靠，但优点是比 TCP 的速度快。对于不要求可靠到达的数据，可以使用 UDP 传输。

与 TCP 类似，使用 UDP 的通信双方也分为客户端和服务器端。基于 UDP 的套接字编程模型如图 14.2 所示。

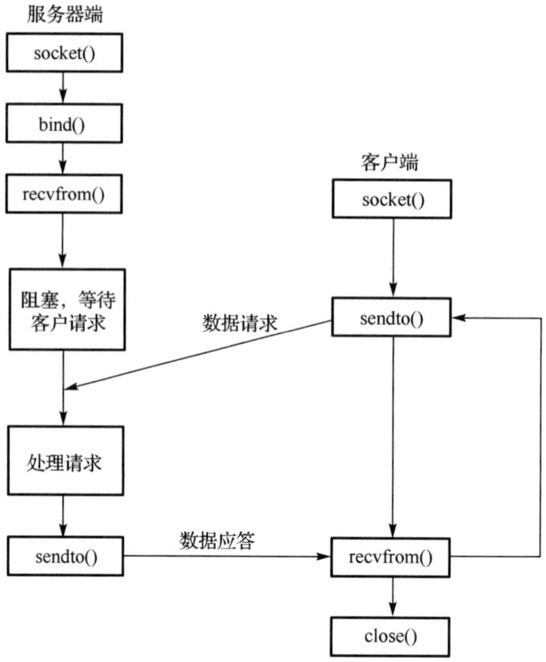

图 14.2　基于 UDP 的套接字编程模型

1. 服务器端

（1）创建套接字：通过设置 serverSocket = socket.socket(socket.AF_INET, socket.SOCK_DGRAM)完成。socket.SOCK_DGRAM 用于指定 socket 的类型是 UDP。

（2）绑定套接字：通过 serverSocket.bind((IP, Port))函数完成，且不需要调用 listen()方法，而是直接接收来自任何客户端的数据。

（3）接收数据：通过设置 data, addr = serverSocket.recvfrom(1024)完成，接收来自客户端的数据，其中，data 为接收的数据；addr 为客户端的地址、端口。

（4）发送数据：通过 sendto()函数完成，将数据发送给客户端。

2. 客户端

（1）创建套接字：通过设置 clientSocket = socket.socket(socket.AF_INET, socket.SOCK_DGRAM)完成。

（2）发送数据：通过 clientSocket.sendto(data, (IP, Port))函数完成，向服务器端发数据。

（3）接收数据：通过设置 data, addr = clientSocket.recvfrom(1024)完成，接收来自服务器端的数据。

（4）关闭套接字：通过 clicntSocket.close()函数完成。

【例 14.2】 基于 UDP 套接字的服务器端–客户端简单通信。

服务器端程序代码：

```
import socket
serverSocket = socket.socket(socket.AF_INET,socket.SOCK_DGRAM)      # 创建套接字
serverSocket.bind(('127.0.0.1',12345))                              # 绑定套接字
print("在 12345 端口绑定 UDP...")
answers = ["伽利略, 哥白尼","爱迪生, 特斯拉","诺贝尔, 门捷列夫"]          # 回答列表
i = 0
while True:
  question,addr = serverSocket.recvfrom(1024)                       # 接收客户端的信息
  print("客户端问:",question.decode())                               # 输出接收的问题
```

```
  # 发送数据给客户端
  serverSocket.sendto(bytes("服务器端答:" + answers[i],encoding='utf8'),addr)
  i = i + 1
serverSocket.close()                                          # 关闭套接字
```

客户端程序代码：

```
import socket
clientSocket = socket.socket(socket.AF_INET,socket.SOCK_DGRAM)
                                                              # 创建套接字对象
questions = ['世界上最伟大的天文学家是谁？','世界上最伟大的发明家是谁？',
        '世界上最伟大的化学家是谁？']                             # 问题列表
# 遍历问题列表 questions 中的问题
for question in questions:
  # 发送问题给服务器端
  clientSocket.sendto(bytes(question,encoding='utf8'),('127.0.0.1',12345))
  print("客户端问:" + question)                                 # 输出发送的问题
  answer,addr = clientSocket.recvfrom(1024)                    # 接收服务器端的回答
  print(str(answer.decode()))                                  # 输出回答
clientSocket.close()                                           # 关闭套接字
```

运行结果（服务器端先运行）：

```
在 12345 端口绑定 UDP...
客户端问：世界上最伟大的天文学家是谁?
客户端问：世界上最伟大的发明家是谁?
客户端问：世界上最伟大的化学家是谁?
```

运行结果（客户端后运行）：

```
客户端问：世界上最伟大的天文学家是谁?
服务器端答：伽利略，哥白尼
客户端问：世界上最伟大的发明家是谁?
服务器端答：爱迪生，特斯拉
客户端问：世界上最伟大的化学家是谁?
服务器端答：诺贝尔，门捷列夫
```

14.3 Web 编程

14.3.1 Web 编程概述

随着互联网和移动互联网的兴起，浏览器/服务器（Browser/Server，B/S）架构得到了快速发展。与客户端/服务器（Client/Server，C/S）架构相比，B/S 架构下的应用程序逻辑和数据都存储在服务器端，客户端只需要安装浏览器，由浏览器通过 Web 服务器与后台数据库进行数据交互即可。

B/S 架构的工作流程如下。

（1）客户端发送请求。用户通过浏览器向服务器发送请求。

（2）服务器端处理请求。服务器接收浏览器的请求并进行处理。

（3）服务器端发送响应。服务器把处理结果（如网页、图像等）返回给浏览器。

（4）浏览器显示结果。浏览器解释、执行服务器的响应并呈现给用户。

与 Java 等编程语言一样，Python 能够很好地支持 Web 编程。为了提高 Web 开发的效率，减轻网页开发的工作负荷，提升代码的可重用性，通常采用 Web 应用框架（Web Application Framework）进行 Web 开发。

Web 应用框架是一种开发框架，用于支持动态网站、网络应用程序及网络服务的开发。目前已经有十多种基于 Python 的 Web 应用框架，如 Django、Flask、Web2py、Tornado 和 Bottle 等。下面对几种常用的、基于 Python 的 Web 应用框架进行简单介绍。

（1）Django。Django 是 Python 界最流行的 Web 应用框架，是一个免费、开源和高级别的基于

Python 的 Web 应用框架。Django 最出名的是其全自动化的管理后台，由经验丰富的开发人员构建。它鼓励快速开发和干净、实用的设计，可以处理 Web 开发中的许多问题，使开发者可以专注于编写应用程序。

（2）Flask。Flask 是一个使用 Python 编写的轻量级 Web 应用框架。它基于 Werkzeug 工具箱和 Jinja2 模板引擎，使用 BSD 许可证开源，采用微型核心设计，没有默认的数据库、表单验证工具，可以使用 extension 模块扩展功能，如 ORM、表单验证工具、文件上传和各种开放式身份验证技术。

（3）Web2py。Web2py 是一个全栈式 Web 应用框架，旨在敏捷、快速地开发 Web 应用。它具有快速、安全及可移植的数据库驱动程序，并兼容 Google App Engine。

（4）Tornado。Tornado 是一种 Web 服务器软件的开源版本，是一种非阻塞式服务器，其运行速度很快，是提供实时 Web 服务的一个理想应用框架。

（5）Bottle。Bottle 是一个简单高效的、遵循 WSGI 规范的微型 Python Web 应用框架，采用单文件设计。除 Python 标准库外，Bottle 不依赖任何第三方库。

本书只介绍 Django 的使用方法。

14.3.2 Django

1. Django 简介

Django 是一个开源 Web 应用框架，采用 Python 编写而成。Django 项目源自一个在线新闻 Web 站点，于 2005 年 7 月获得 BSD 许可证后发布。

Django 的核心控件如下。

（1）用于创建模型的对象关系映射（Object Relational Mapping，ORM）。它以 Python 类的形式定义用户数据模型，并将定义的用户数据模型与关系数据库连接起来，得到一个容易使用的数据库 API。

（2）自动化管理界面。Django 自带一个 ADMIN 站点（类似于内容管理系统），不需要创建人员管理和更新内容。

（3）URL 设计。Django 使用正则表达式管理 URL 映射，灵活性非常高。

（4）模板系统。该系统使用 Django 强大、可扩展的模板语言，可以分隔设计、内容和 Python 代码，并且具有可继承性。

（5）缓存系统。该系统可以通过挂载内存缓冲或其他框架实现超级缓冲。

MVC（Model-View-Controller）是软件开发中广泛采用的软件架构模式。它通过分层设计实现了数据逻辑、界面显示与用户交互的分离。开发者可以独立修改视图（如调整 UI 布局或交互方式）或扩展模型（如变更数据存储方案），无须重新编写核心业务逻辑。MVC 通常包括 3 部分。

（1）Model（模型）：程序中处理应用程序数据逻辑的部分，通常负责在数据库中存取数据。

（2）View（视图）：程序中处理界面显示的部分，一般根据模型数据创建。

（3）Controller（控制器）：程序中处理用户交互的部分，负责从视图中读取数据，控制用户输入，并向模型发送数据。

Django 对传统的 MVC 模式进行了修改：将视图进一步分为视图（View）和模板（Template）两部分，使动态的逻辑处理与静态的页面展现分离；对模型采用 ORM 技术，将关系数据库表抽象成面向对象的 Python 类，使表操作转换成类操作，从而避免了复杂的 SQL 语句编写。在进行这种修改后，形成了 Django 独特的 MTV 模式，即模型、模板和视图。

在 MTV 中，模型和 MVC 中的定义相同；模板负责将数据与 HTML 结合；视图负责实际的业务逻辑实现。

2. Django 的下载与安装

Django 可以通过其官网下载。因为 Django 的不同版本之间有差异，所以 Django 支持的 Python 版本也各不相同。本书案例使用的是与 Python 3.12.8 版本对应的 Django 2.2。

考虑到集成开发环境的便捷性，本书中关于 Django 的案例基于 PyCharm。Django 在 PyCharm 中的下载和安装方法参见 1.2.5 节。

3. 创建 Django 项目

【例 14.3】 创建一个 Django 项目，通过浏览器访问开发服务器，在浏览器中显示“Hello，world!”。

具体步骤如下。

（1）创建 Django 项目。

打开“New Project”（创建新项目）对话框，选择要创建的 Django 项目的类型，并选择项目存储路径，输入项目名“DjangoWeb”和应用名“FirstWeb”，之后单击“Create”按钮创建项目，如图 14.3 所示。

创建成功后的 Django 项目目录和文件结构如图 14.4 所示。

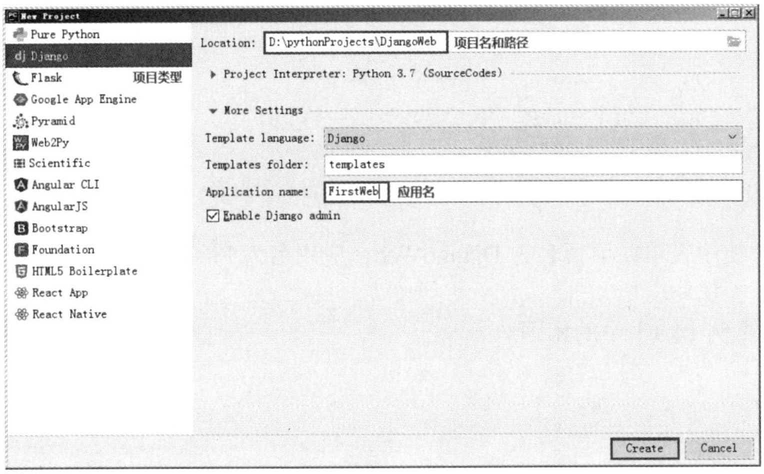

图 14.3 “New Project”（创建新项目）对话框

图 14.4 Django 项目目录和文件结构

（2）修改路由文件。

路由文件 urls.py 中的程序代码如下。

```
from django.contrib import admin
from django.urls import path
from FirstWeb import views
urlpatterns = [
  path('admin/',admin.site.urls),
  path(r'',views.index),
]
```

（3）修改配置文件。

配置文件 views.py 中的程序代码如下。

```
from django.shortcuts import render
def index(request):
  return render(request,'index.html')
```

（4）创建网页文件。

在 templates 目录下创建一个名为 index.html 的网页文件，代码如下。

```
<!DOCTYPE html>
<html lang="en">
  <head>
    <meta charset="UTF-8">
    <title>第一个 Django 程序</title>
  </head>
  <body>
   Hello, world!
 </body>
</html>
```

（5）运行。

运行开发服务器，在浏览器地址栏中输入“http://127.0.0.1:8000”并按回车键，运行结果如图 14.5 所示。

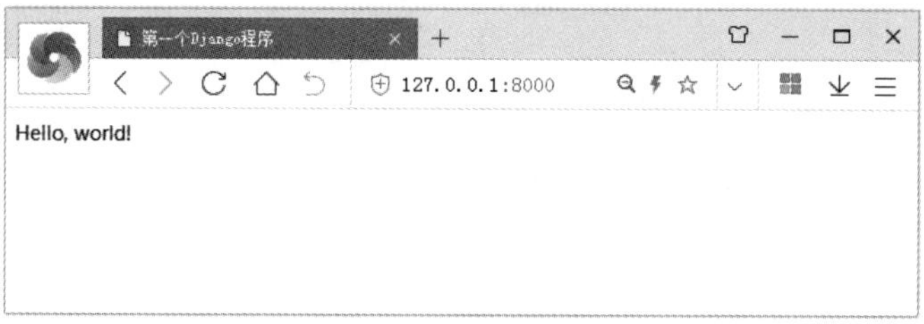

图 14.5　运行结果

4. 使用表单

【例 14.4】 在 Django 项目中使用表单，项目名为 DjangoWeb，应用名为 FirstWeb。

（1）修改路由文件。

路由文件 urls.py 中的内容与【例 14.3】中的相同。

（2）修改配置文件。

配置文件 views.py 中的程序代码如下。

```
from django.shortcuts import render
# 定义一个数据列表
list = [{"username":'django','password':'django'}]
def index(request):
  # 返回前端通过 POST 方式传递过来的用户名和密码
  username = request.POST.get('username',None)
  password = request.POST.get('password',None)
  # 将用户名和密码组装成字典
  if username and password:
    data = {'username':username,'password':password}
    list.append(data)
  return render(request,'index.html',{'form':list})
```

（3）创建网页文件。

网页文件 index.html 中的关键代码如下。

```
<body>
  <table border="1">
    <form action="/" method="post"> {% csrf_token %}
      <P><label >用户名:</label><input type="text" name ='username'/></P>
      <P><label>密码: </label><input type="text" name='password'/></P>
      <p><input type="submit" value="提交"/></p>
    </form>
```

```
    <tr>
     <td>用户名</td>
     <td>密码</td>
   </tr>
    {% for item in form %}
    <tr><td>{{item.username}}</td><td>{{item.password}}</td></tr>
    {% endfor %}
  </table>
</body>
```

（4）运行。

表单运行结果如图 14.6 所示。

图 14.6　表单运行结果

5. 创建数据模型和迁移数据库

Django 对各种数据库（包括 Access、MySQL、SQL Server、SQLite、Oracle 等）提供了很好的支持。Django 为这些数据库提供了统一的调用 API，用户可以根据自己的业务需求选择不同的数据库。

1）创建数据模型

（1）创建数据模型的常用字段如下。

① AutoField：自动增长的 IntegerField，在不指定时会自动创建属性名为 id 的自动增长属性。

② BooleanField：布尔字段，值为 True 或 False。

③ NullBooleanField：支持 Null、True、False 三种值。

④ CharField(max_length=字符长度)：字符字段。其中，max_length 表示最大字符长度。

⑤ TextField：大文本字段，一般在超过 4000 个字符时使用。

⑥ IntegerField：整数。

⑦ DecimalField(max_digits=None, decimal_places=None)：十进制浮点数。其中，max_digits 表示总位数；decimal_places 表示小数位数。

⑧ FloatField：浮点数。

⑨ DateField[auto_now=False, auto_now_add=False])：日期。

⑩ TimeField：时间，参数同 DateField。

⑪ DateTimeField：日期时间，参数同 DateField。

（2）通过选项实现对字段的约束，选项如下。

① null：如果为 True，则表示该字段允许为空值，默认值是 False。

② blank：如果为 True，则表示该字段允许为空白，默认值是 False。

③ db_column：字段的名称。如果未指定，则使用属性的名称。

④ db_index：如果值为 True，则会在表中为此字段创建索引，默认值是 False。

⑤ default：默认值。

⑥ primary_key：如果为 True，则该字段会成为模型的主键字段，默认值是 False，一般作为 AutoField 的选项使用。

⑦ unique：如果为 True，则该字段在表中必须有唯一值，默认值是 False。

⑧ verbose_name：字段的显示名称。

⑨ auto_now：自动创建，无论添加或修改，都是当前操作时的时间。

⑩ auto_now_add：自动创建，永远是创建时的时间。

（3）在模型类中定义 Meta 类，用于设置元信息，如使用 db_table 自定义表的名字。常用元选择如下。

① db_table：定义该 model 在数据库中的表名，如 db_table='Students'。

② verbose_name：指定一个易于理解和表述的对象名，如 verbose_name="学生"。

③ verbose_name_plural：指定对象的复数表述名，如 verbose_name_plural="学生"。

（4）不同模型之间的关系有如下 3 种。

① 一对多关系：models.ForignKey()，外键约束，在多个类中定义。

② 多对多关系：models.ManyToManyField()，在两个类的任意一个中定义。

③ 一对一关系：models.OnetoOneField()，在两个类的任意一个中定义。

2）迁移数据库

（1）要迁移数据库，可以使用以下两个命令。

① makemigrations：在当前目录下生成一个 migrations 目录，该目录中的内容就是数据库要执行的内容。

② migrate：执行之前生成的 migrations 目录中的内容。执行结果是在项目路径下生成名为 db.sqlite3 的数据库。

（2）对数据库进行的常用操作如下。

① 添加数据：通过对象的 save()函数完成。

② 获取数据：Django 提供了多种方式来获取数据库中的内容。例如：

- 类名.objects.all()：获取类名对应数据表的所有数据。
- 类名.objects.all()[:n]：切片操作，获取前 n 条记录。
- 类名.objects.filter(cons)：获取满足条件 cons 的多行数据。
- 类名.objects.get(cons)：获取满足条件 cons 的单行数据。

③ 更新数据：通过 save()函数或 update()函数完成。

④ 删除数据：通过类名.objects.filter(条件).delete()完成。

【例 14.5】在 Django 项目中创建和访问员工数据库，项目名为 DjangoWeb，应用名为 FirstWeb。

（1）创建数据模型。

在 models.py 文件中创建数据模型，其程序代码如下。

```
from django.db import models
class Employee(models.Model):
  eid = models.AutoField(primary_key=True,verbose_name='编号')
  name = models.CharField(max_length=50,verbose_name='姓名')
  age = models.IntegerField(blank=True,null=True,verbose_name='年龄')
  department = models.CharField(max_length=50,verbose_name='部门')
  salary = models.FloatField(blank=True,null=True,verbose_name='薪水')
```

（2）迁移数据库。

选择“Tools”→“Run manage.py Task”菜单项，打开 manage.py 控制界面，运行如下命令。

```
manage.py@chapter14_5 > makemigrations
manage.py@chapter14_5> migrate
```

在命令运行成功后，DjangoWeb 项目下会生成名为 db.sqlite3 的数据库。在 db.sqlite3 数据库中包含一个名为 FirstWeb_employee(eid,name,age,department,salary)的数据表。

（3）修改路由文件。

路由文件 urls.py 中的内容与【例 14.3】中的相同。

（4）修改配置文件。

配置文件 views.py 中的程序代码如下。

```
from django.shortcuts import render
from .models import Employee
def index(request):
  SaveData()
  results = Employee.objects.all()
  return render(request,'index.html',{'results':results})
# 向数据表中添加数据
def SaveData():
  data1 = Employee(eid='101',name='春花',age=18,department='行政部',salary=6500)
  data1.save()
  data2 = Employee(eid='102',name='夏梦',age=18,department='技术部',salary=5500)
  data2.save()
  data3 = Employee(eid='103',name='秋实',age=18,department='服务部',salary=5000)
  data3.save()
  data4 = Employee(eid='104',name='冬梅',age=18,department='服务部',salary=5000)
  data4.save()
```


（5）修改网页文件。

网页文件 index.html 中的关键代码如下。

```
<body>
  <table border="">
    <tr>
      <td style="text-align:center;width:60px">编号</td>
      <td style="text-align:center;width:60px">姓名</td>
      <td style="text-align:center;width:60px">年龄</td>
      <td style="text-align:center;width:60px">部门</td>
      <td style="text-align:center;width:60px">薪水</td>
    </tr>
    {% for item in results %}
    <tr>
      <td style="text-align:center;width:60px">{{ item.eid }}</td>
      <td style="text-align:center;width:60px">{{ item.name }}</td>
      <td style="text-align:center;width:60px">{{ item.age }}</td>
      <td style="text-align:center;width:60px">{{ item.department }}</td>
      <td style="text-align:center;width:60px">{{ item.salary }}</td>
    </tr>
    {% endfor %}
  </table>
</body>
```

（6）运行。

运行结果如图 14.7 所示。

图 14.7　运行结果

6. 后台管理工具

Django 提供了基于 Web 的后台管理工具，它是 django.contrib 的一部分。

【例 14.6】 对 Django 项目的后台进行管理，项目名为 DjangoWeb，应用名为 FirstWeb。

（1）修改路由文件。

路由文件 urls.py 中的内容与【例 14.3】中的相同。

（2）修改配置文件。

配置文件 views.py 中的内容与【例 14.5】中的相同。

（3）创建超级用户。

在登录之前需要先创建超级用户。

创建超级用户的方法如下。

① 打开 manage.py 控制界面。

② 按照界面提示输入超级用户名、密码和邮箱等信息，创建超级用户。

```
manage.py@Django > createsuperuser
Tracking file by folder pattern:  migrations
Username (leave blank to use 'administrator'):  admin
Email address:  88668866@qq.com
Warning: Password input may be echoed.
Password:  admin123456
Superuser created successfully.
```


输入的超级用户名为 admin，密码为 admin123456，邮箱为 88668866@qq.com。

（4）使用管理工具。

管理文件 FirstWeb/admin.py 的程序代码如下。

```
from django.contrib import admin
from FirstWeb.models import Employee
admin.site.register(Employee)
```

启动开发服务器，通过浏览器访问 http://127.0.0.1:8000/admin/，打开后台管理登录界面，如图 14.8 所示。

输入用户名和密码，登录开发服务器，在后台数据管理界面中对后台数据进行管理，如图 14.9 所示。

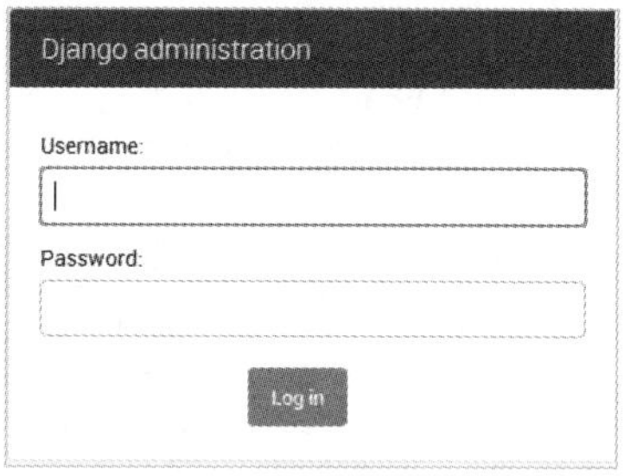

图 14.8 后台管理登录界面

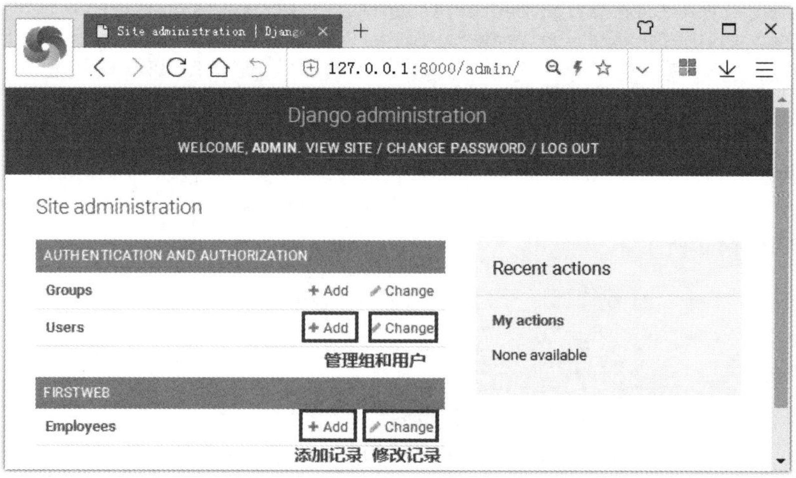

图 14.9 后台数据管理界面

14.4 典型案例

14.4.1 简单嗅探器

Sniffer（嗅探器）又称抓取数据包软件，是一种监视网络数据运行的设备。它采用基于被动侦听原理的网络分析方式。

Sniffer 的工作原理是，利用以太网的特性将网络接口控制器（Network Interface Controller，NIC）（简称网卡）设置为混杂（Promiscuous）模式，使网卡能接收在网络上传输的每个信息包。通过 Sniffer，用户可以监视网络状态、数据流动情况，以及网络上传输的信息。

Sniffer 可以通过软件或硬件实现。通过软件实现的 Sniffer 物美价廉（如 NetXray、Net Monitor、Sniffer Pro、WinNetCap 等），易于学习使用，便于交流，但无法抓取在网络上传输的所有信息，往往无法真正了解网络的故障和运行情况。通过硬件实现的 Sniffer 通常都是商业性的，价格比较昂贵。

本书只介绍通过软件实现 Sniffer 的方法。

【例 14.7】 编程实现一个简单的 Sniffer。

分析：在使用 Sniffer 进行网络数据包抓取和分析时，通常包括以下 4 个步骤。

（1）创建套接字。

（2）将网卡设置为混杂模式。

（3）捕获数据包。

（4）分析数据包。

程序代码：

```
import socket, time

if __name__ == '__main__':
  ad = dict()
  LocalIP = socket.gethostbyname(socket.gethostname())
  socket1 = socket.socket(socket.AF_INET,socket.SOCK_RAW,socket.IPPROTO_IP)
  socket1.bind((LocalIP, 10000))
  socket1.setsockopt(socket.IPPROTO_IP,socket.IP_HDRINCL,1)
  socket1.ioctl(socket.SIO_RCVALL,socket.RCVALL_ON)          # 打开混杂模式
  start_time = time.clock()
  # 接收数据包
  while True:
    pocket = socket1.recvfrom(65565)
    host_ip = pocket[1][0]
    if host_ip != LocalIP:                                   # 过滤本机消息
      ad[host_ip] = ad.get(host_ip,0) + 1
    end_time = time.clock()
    if end_time-start_time >= 30:                            # 执行时间:30 秒
      break
  socket1.ioctl(socket.SIO_RCVALL, socket.RCVALL_OFF)        # 关闭混杂模式
  socket1.close()
  if ad.items():
    print("本机 IP 地址为 %s, 接收数据包情况如下:"%LocalIP)
  else:
    print("没有接收到数据包。请检查网络是否连通！")
  for item in ad.items():
    print("远程计算机 IP 地址:%s, 发包数目:%d."%(item[0],item[1]))
```

运行结果：

```
本机 IP 地址为 192.168.0.100，接收数据包情况如下：
远程计算机 IP 地址:192.168.1.1，发包数目:2.
远程计算机 IP 地址:14.116.136.253，发包数目:1.
远程计算机 IP 地址:192.168.0.1，发包数目:2.
远程计算机 IP 地址:180.163.237.176，发包数目:1.
远程计算机 IP 地址:36.99.30.145，发包数目:2.
远程计算机 IP 地址:36.110.237.201，发包数目:1.
远程计算机 IP 地址:34.224.24.102，发包数目:2.
```

14.4.2 多线程端口扫描

一个端口就是一个潜在的通信通道。对目标计算机进行端口扫描，能得到许多有用的信息。端口扫描的原理是，当一台主机向远端服务器的某个端口提出建立一个连接的请求时，如果对方有此项服务，则会应答，否则不会应答。

利用这个原理，如果对选定的某个范围内的端口分别建立连接，并记录远端服务器的应答，则可以知道目标服务器上安装了哪些服务，如对方是否提供 FPT 服务、WWW 服务或其他服务。常用服务及默认端口如表 14.5 所示。

表 14.5　常用服务及默认端口

服　务	默 认 端 口	服　务	默 认 端 口	服　务	默 认 端 口
HTTP	80/tcp	SSH	22/tcp	WebLogic	7001
HTTPS	443/tcp	SMTP	25/tcp	Websphere 应用程序	9080
Telnet	23/tcp	POP3	110/tcp	Tomcat	8080
FTP	21/tcp	Oracle 数据库	1521	QQ	1080/udp
TFTP	69/udp	SQL Server 数据库	1433/tcp	RDP 远程桌面	3389

【例 14.8】 使用多线程和 Socket 测试远程主机的端口开放情况。

分析：本例的实现方法如下。

（1）使用 Socket 连接，如果连接成功，则认为端口开放，否则认为端口关闭。

（2）使用多线程（线程池）扫描指定远程主机的多个端口以加快扫描速度。

程序代码：

```python
import time,threadpool,socket

# 扫描端口函数
def scan_port(portList):
  global remote_host_ip
  try:
    soc = socket.socket(2,1)
    res = soc.connect_ex((remote_host_ip,portList))
    if res == 0:
      print('Port %s: OPEN'%portList)
      soc.close()
  except Exception as e:
    print("扫描端口异常: ",e)

if __name__ == '__main__':
  remote_host = input("请输入远程主机域名: ")            # 需要在端口处扫描主机域名
  remote_host_ip = ""
  try:
    remote_host_ip = socket.gethostbyname(remote_host)
    print('正在扫描远程主机 %s，请等候.' % remote_host_ip)
  except Exception as e:
    print("连接远程主机异常: %s."%repr(e))
```

```
socket.setdefaulttimeout(1)                          # 超时时间(秒)
portList = []
for i in range(0,1024):
  portList.append(i)
start_time = time.time()
pool = threadpool.ThreadPool(10)                     # 创建线程池
reqs = threadpool.makeRequests(scan_port,portList)
[pool.putRequest(req) for req in reqs]
pool.wait()
end_time = time.time()
print("端口扫描时间: %d 秒."% (end_time-start_time))
```

运行结果 1（因特网连通）：

```
请输入远程主机域名: www.baidu.com
正在扫描远程主机 14.215.177.38, 请等候.
Port 80: OPEN
Port 443: OPEN
端口扫描时间: 51 秒.
```

运行结果 2（因特网未连通）：

```
请输入远程主机域名: www.baidu.com
连接远程主机异常: gaierror(11004, 'getaddrinfo failed').
端口扫描时间: 0 秒.
```


14.4.3 使用网络爬虫爬取全国城市天气信息

网络爬虫（又称网页蜘蛛、网络机器人）是一种按照一定的规则自动爬取万维网信息的程序或脚本。Python 爬虫架构主要由 5 部分组成，分别是调度器、URL 管理器、网页下载器、网页解析器和应用程序，如图 14.10 所示。

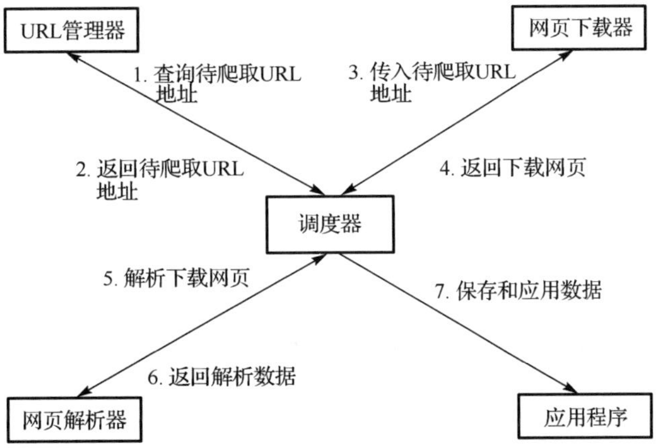

图 14.10 Python 爬虫架构

1. 调度器

调度器主要负责调度 URL 管理器、网页下载器、网页解析器，使它们协调地工作。

2. URL 管理器

URL 管理器包括待爬取 URL 地址和已爬取 URL 地址，防止重复和循环爬取 URL 地址。

3. 网页下载器

网页下载器通过传入一个 URL 地址来下载网页，将网页转换成一个字符串。

在 Python 中，用于实现网页下载的有 Cookie、Urllib（Python 自带库）、Requests（第三方库）

和 Scrapy 库等。其中，使用最广泛的是 Scrapy 库。

Scrapy 库是一个为了爬取网站数据、提取结构性数据而编写的应用框架，可以被应用在包括数据挖掘、信息处理或历史数据存储等一系列操作的程序中。Scrapy 库的下载和安装参见 1.2.5 节。

4. 网页解析器

网页解析器会对一个网页字符串进行解析，并按照要求提取有用的信息。网页解析器可以使用正则表达式、html.parser、beautifulsoup、lxml 等。

5. 应用程序

在提取网页中的有用数据后，可以将数据直接或处理后保存在数据库（如 SQLite、MySQL 或 MongoDB）中，也可以将数据保存在一定格式的数据文件（如 CSV 文件）中。所保存的数据可以被直接用在应用程序中，也可以进一步用于数据分析、挖掘等，以探究其中的规律和内在关联等。

【例 14.9】 使用 Scrapy 库构建一个爬虫项目，提取网站“www.**.com.cn”上各个城市的天气信息并保存到 SQLite3 数据库中。

分析：中国天气网是中国气象局面向公众提供气象信息服务的核心门户，它集成了中国气象局下属各业务部门最新的气象业务服务产品和及时、丰富的气象资讯，是在查询天气信息时用得最多的一个网站。

通过中国天气网，用户可以查询全国所有省份的各个城市或直辖市各个区的当日天气信息及其从当日算起一周内的天气信息。

其中，北京、上海、重庆、天津、香港、澳门、海南、吉林等省、直辖市各个区的天气信息网页源代码和其他省、直辖市的有所不同，需要单独分析（详见源文件 CityWeather.py 中的代码）。

中国天气网每天一般在 7:30、11:30、18:00 等时间分别发布一次全国主要城市的天气信息。在不同时间发布的天气信息稍有差异，天气信息页面代码也稍有不同。本例只爬取中国天气网每天在 7:30 发布的各城市天气信息。读者可参考本例的方法，编写程序爬取在其他时间发布的各城市天气信息。

本例的具体实现步骤如下。

1）创建爬虫项目

进入存储爬虫项目代码的目录，运行如下命令，创建爬虫项目 CityWeatherSpider。

```
scrapy startproject CityWeatherSpider
```

进入 CityWeatherSpider 所在的项目目录，运行如下命令，创建爬虫文件 CityWeather.py。

```
scrapy genspider CityWeather.py www.**.com.cn
```

在上述命令运行成功后，将会生成如下结构的目录和文件。

（1）scrapy.cfg：项目的配置文件。

（2）CityWcatherSpider：项目的 Python 模块。

（3）CityWeatherSpider/items.py：项目的目标文件。

（4）CityWeatherSpider/pipelines.py：项目的管理文件。

（5）CityWeatherSpider/settings.py：项目的设置文件。

（6）CityWeatherSpider/spiders/：存储爬虫代码的目录。

（7）CityWeatherSpider/spiders/CityWeather.py：爬虫文件。

2）分析天气网站源代码

以广东省为例，打开中国天气网，找到广东省天气信息所在位置，如图 14.11 所示。在网页中单击鼠标右键，在弹出的快捷菜单中选择“查看网页源代码”菜单项，找到与“城市预报列表”对应的位置，如图 14.12 所示。

图 14.11　网页——广东省各个城市的天气信息及链接

```
<div class="forecast"><h1 class="weatheH1">城市预报列表
(2019-02-04 07:30发布)<span><img class="contraction" src="/m2/i/jian02.gif" /></span></h1>
<div class="forecastBox" id="forecastID">
<dl>
<dt>
<a title="广州天气预报" href="http://www.**.com.cn/weather/101280101.shtml" target="_blank">广州</a>
</dt>
<dd>
<a href="http://www.**.com.cn/static/html/legend.shtml" target="_blank"><img alt="" src="/m2/i/icon weather/21x15/d01.gif" /><img alt=""
src="/m2/i/icon weather/21x15/n01.gif" /></a>
<a><span>27℃</span></a>/<a><b>17℃</b></a>
</dd>
</dl>
<dl>
<dt>
<a title="韶关天气预报" href="http://www.**.com.cn/weather/101280201.shtml" target="_blank">韶关</a>
</dt>
```

图 14.12　网页源代码——广东省各个城市的天气信息及链接

通过图 14.12 中的源代码，我们可以获取广东省各个城市的天气信息及链接。以广州市为例，打开广州市天气信息页面，如图 14.13 所示。

```
<div class="crumbs fl">
    <a href="http://gd.**.com.cn" target="_blank">广东</a>
    <span>></span>
    <a href="http://www.**.com.cn/weather/101280101.shtml" target="_blank">广州</a><span>></span>  <span>城区</span>
</div>
```

图 14.13　广州市天气信息页面

查看广州市天气信息页面中的源代码，找到广州市从当日算起一周内的天气信息，如图 14.14 所示。

```
<ul class="t clearfix">
<li class="sky skyid lv3 on">
<h1>4日（今天）</h1>
<big class="png40 d01"></big>
<big class="png40 n01"></big>
<p title="多云" class="wea">多云</p>
<p class="tem">
<span>27</span>/<i>17℃</i>
</p>
<p class="win">
<em>
<span title="无持续风向" class="NNW"></span>
<span title="无持续风向" class="NNW"></span>
</em>
<i><3级</i>
</p>
```

图 14.14　广州市从当日算起一周内的天气信息

3）定义爬虫信息

在源文件 items.py 中定义爬虫信息。

源文件 items.py 中的程序代码如下。

```
import scrapy
class CityweatherspiderItem(scrapy.Item):
  weather = scrapy.Field()
```

4）编写爬虫代码

爬虫程序的源文件 CityWeather.py 应实现如下功能。

（1）获取各个城市的天气信息页面。

（2）从各个城市的天气信息页面中获取该城市从当日算起一周内的天气信息。

（3）将获取的天气信息通过 Item 返回。

源文件 CityWeather.py 中的程序代码如下。


```
from urllib.request import urlopen
import scrapy,re,sys
from CityWeatherSpider.items import CityweatherspiderItem
from datetime import datetime,timedelta

class CityWeatherSpider(scrapy.Spider):
  name = 'CityWeather'
  allowed_domains = ['www.**.com.cn']
  # 所有省、直辖市的中英文对应字典
  province_dict = {"北京":"beijing","上海":"shanghai","天津":"tianjin",
    "重庆":"chongqing","香港":"hongkong","澳门":"macao","安徽":"anhui",
    "福建":"fujian","广东":"guangdong","广西":"guangxi","贵州":"guizhou",
    "甘肃":"gansu","海南":"hainan","河北":"hebei","河南":"henan","黑龙江":
    "heilongjiang","湖北":"hubei","湖南":"hunan","吉林":"jilin","江苏":
    "jiangsu","江西":"jiangxi","辽宁":"liaoning","内蒙古":"neimenggu",
    "宁夏":"ningxia","青海":"qinghai","陕西":"shanxi","山西":"shanxi",
    "山东":"shandong","四川":"sichuan","台湾":"taiwan","西藏":"xizang",
    "新疆":"xinjiang","云南":"yunnan","浙江":"zhejiang"}
  start_urls = []          # 各个城市的天气信息网址列表
  try:
    for province in province_dict.values():
      # 省和直辖市的天气信息网址
     url = 'https://www.**.com.cn/' + province + '/index.shtml'
      # 下载各个城市的天气信息页面
      with urlopen(url) as file:
        contents = file.read().decode()
      # 提取各个城市的天气信息网址的正则表达式
      pattern = '<a title=".*?" href="(.+?)" target="_blank">(.+?)</a>'
      # 从省和直辖市的天气信息页面源代码中解析各个城市的天气信息网址，添加到 start_urls 中
      for url in re.findall(pattern, contents):
         start_urls.append(url[0])
  except:
    print("提示:无法连接服务器。请检查网络是否连通！")
    sys.exit(0)              # 退出程序
  def parse(self, response):
    try:
      weather_list=[]           # 城市天气信息列表
      item = CityweatherspiderItem()
      # 提取省、直辖市名称，各个城市或区的名称
      province = response.xpath('//div[@class="crumbs fl"]//a[1]//text()').
       extract()[0]
      if province in ["北京","上海","重庆","天津","香港","澳门","海南","吉林"]:
        city = response.xpath('//div[@class="crumbs fl"]//span[2]//text()').
         extract()[0]
      else:
```

```
      city=response.xpath('//div[@class="crumbs fl"]//a[2]//text()').
       extract()[0]
    selector = response.xpath('//ul[@class="t clearfix"]')[0]
    # 创建一周日期
    d = datetime.now().date()
    d0 = str(d.year)+"-"+str(d.month)+"-"+str(d.day)
    d1 = str((d+timedelta(1)).year)+"-"+str((d+timedelta(1)).month)+"-"+
     str((d+timedelta(1)).day)
    d2 = str((d+timedelta(2)).year)+"-"+str((d+timedelta(2)).month)+"-"+
     str((d + timedelta(2)).day)
    d3 = str((d+timedelta(3)).year)+"-"+str((d+timedelta(3)).month)+"-"+
     str((d + timedelta(3)).day)
    d4 = str((d+timedelta(4)).year)+"-"+str((d+timedelta(4)).month)+"-"+
     str((d + timedelta(4)).day)
    d5 = str((d+timedelta(5)).year)+"-"+str((d+timedelta(5)).month)+"-"+
     str((d + timedelta(5)).day)
    d6 = str((d+timedelta(6)).year)+"-"+str((d+timedelta(6)).month)+"-"+
     str((d + timedelta(6)).day)
    i = 0
    riqi_list = [d0,d1,d2,d3,d4,d5,d6]
    # 天气信息包括：cloud(是否有云)、high(最高温)、low(最低温)、wind(是否有风)
    for li in selector.xpath('./li'):
      cloud = li.xpath('./p[@title]//text()').extract()[0]
      high = li.xpath('./p[@class="tem"]//span//text()').extract()[0]
      low = li.xpath('./p[@class="tem"]//i//text()').extract()[0]
      low =re.findall(r"\d+",low)[0]
      wind = li.xpath('./p[@class="win"]//em//span[1]/@title').extract()[0]
      wind = wind + li.xpath('./p[@class="win"]//i//text()').extract()[0]
      temp_list=[province,city,riqi_list[i],cloud,high,low,wind]
      weather_list.append(temp_list)
      i = i + 1
    item['weather'] = weather_list
    return [item]
  except:
    # 出现异常，关闭爬虫
    self.crawler.engine.close_spider(self, "请在 7:30—11:30 运行本程序!!! ")
```

5）指定爬虫数据处理方式

爬虫数据的处理可以通过 pipelines.py 文件完成，主要实现如下功能。

（1）定义数据处理类 DataOperation。DataOperation 类的功能是创建或连接数据库、创建数据表、在数据表中添加或更新数据等。

（2）调用 DataOperation 类在数据表中添加或更新天气数据。如果数据表中没有某城市某日的天气数据，则将该城市某日的天气数据写入数据库中，否则更新该城市某日的天气数据。

源文件 pipelines.py 中的程序代码如下。

```
import sqlite3

class CityweatherspiderPipeline(object):
  def process_item(self,item,spider):
    op = DataOperation()
    for item in item["weather"]:
      op.add_update_data(item)
    del op
    return item

# 数据处理类
class DataOperation():
  conn = sqlite3.connect('WeatherDB.db')                    # 连接数据库
  cur = conn.cursor()                                       # 创建 Cursor 对象
  # 构造函数
```

```
    def __init__(self):
      try:
        self.cur.execute('''create table if not exists table_weather (ID INTEGER
          PRIMARY KEY AUTOINCREMENT,province text,city text,riqi text,cloud
          text,high int,low int,wind text);''')
        self.conn.commit()
      except Exception as e:
        print("创建数据表失败:", e)
    # 添加或更新数据
    def add_update_data(self,list):
      try:
        op = DataOperation ()
        record_count=op.num_of_record(str(list[0]),str(list[1]),str(list[2]))
        if record_count==0:                                   # 数据在表中不存在，添加数据
          addsql = "insert into table_weather(province,city,riqi,cloud,high,low,
             wind) VALUES (\'"+str(list[0])+"\',\'"+str(list[1])+"\',\'"+str
             (list[2])+"\',\'"+str(list[3])+"\',"+str(list[4])+","+str
             (list[5])+",\'"+str(list[6])+"\')"
          self.cur.execute(addsql);
          self.conn.commit()
        else:                                                 # 数据在表中存在，更新数据
          updatesql = "update table_weather set cloud=\'"+str(list[3])+"\',high=
             "+str(list[4])+",low="+str(list[5])+",wind=\'"+str(list[6])+"\
             ' where province = \'"+str(list[0])+"\' and city=\'"+str(list[1])
             +"\' and riqi=\'"+str(list[2])+"\'"
          self.cur.execute(updatesql)
          self.conn.commit()                                  # 提交事务
      except Exception as e:
        print("添加或更新数据失败:",e)
    # 查询满足条件的数据数量
    def num_of_record(self,province,city,riqi):
      try:
        sql ="select count(*) from table_weather where province = \'"+province+"\'
          and city =\'"+city+"\' and riqi=\'"+riqi+"\'"
        cursor = self.cur.execute(sql)
        for row in cursor:
          return row[0]
      except Exception as e:
        print("查询数据失败:",e)
```

6）指定数据处理程序

在源文件 settings.py 中指定数据处理程序。源文件 settings.py 中的程序代码如下。

```
ITEM_PIPELINES = {
  'CityWeatherSpider.pipelines.CityweatherspiderPipeline':1,
}
```

7）运行爬虫程序

进入爬虫项目所在目录 CityWeatherSpider，运行如下命令，启动爬虫程序。

```
scrapy crawl CityWeather
```

运行结果有如下 3 种情况。

（1）因特网连通且程序在指定时间范围（每天 7:30—11:30）内运行。程序将从中国天气网成功爬取各个省（直辖市）的各个城市（区）的天气信息，并保存到数据库 WeatherDB.db 的数据表 table_weather 中，如图 14.15 所示。

（2）因特网未连通。程序运行后，将提示“无法连接服务器。请检查网络是否连通！”。

（3）程序在指定时间范围外运行。程序运行后，将提示“请在 7:30—11:30 运行本程序！！！”，并关闭爬虫。

ID	province	city	riqi	cloud	high	low	wind
1	北京	城区	2019-02-04	晴	4	6	东风<3级
2	北京	城区	2019-02-05	晴转多云	5	5	东南风<3级
3	北京	城区	2019-02-06	多云	4	5	北风<3级
4	北京	城区	2019-02-07	多云转阴	1	5	东南风<3级
5	北京	城区	2019-02-08	多云转晴	4	6	西北风3-4级转4-5级
6	北京	城区	2019-02-09	晴	1	9	西北风4-5级转<3级
7	北京	城区	2019-02-10	晴	0	8	西南风<3级
8	北京	延庆	2019-02-04	晴	1	11	东南风<3级
9	北京	延庆	2019-02-05	晴转多云	3	10	东南风<3级
10	北京	延庆	2019-02-06	多云	0	10	东南风<3级

图 14.15　保存到数据表中的天气信息（以北京为例）

14.4.4　基于 Django 的个人博客

【例 14.10】 编程实现一个基于 Django 的简单个人博客。

具体分析如下。

1. 个人博客功能

个人博客一般需要具有以下基本功能。

（1）浏览博客列表。

（2）查看博客详情，对博客进行评论。

（3）添加新的博客、修改博客、删除博客等。

2. 开发环境

开发环境包括 Python 3.12.8、Django 2.2、PyCharm 2018.3.5、SQLite3 等。

3. 实现步骤

1）创建项目和应用

创建名为 BlogWeb 的项目和名为 BlogApp 的应用（创建方法参见【例 14.3】）。

2）模型设计和数据库迁移

（1）模型设计。模型设计包括博客类别、博客标签、博客和评论。

① 博客类别（category）。博客类别的属性包括博客类别名称（name）。

② 博客标签（tag）。博客标签的属性包括博客标签名称（name）。

③ 博客（blog）。博客的属性包括标题（title）、作者（author）、内容（content）、创建时间（create_time）、修改时间（modify_time）、点击量（click_nums）、博客类别（category）和博客标签（tag）。

一个博客属于一个类别，一个类别包括多个博客，因此类别和博客之间是一对多的关系。

一个博客可以有多个标签，一个标签可以属于多个博客，因此标签和博客之间是多对多的关系。

④ 博客评论（comment）。博客评论的属性包括博客（blog）、评论人姓名（name）、内容（content）和创建时间（create_time）。

（2）数据库迁移。

运行命令 makemigrations 和 migrate，生成名为 db.sqlite3 的数据库。

db.sqlite3 数据库包含以下 5 张数据表。

① table_category：包括字段 id（类别编号）、name（类别名称）。

② table_tag：包括字段 id（标签编号）、name（标签名称）。

③ table_blog：包括字段 id（博客编号）、title（标题）、author（作者）、content（正文）、category_id（类别编号）、click_nums（点击量）、create_time（创建时间），modify_time（修改时间）。

④ table_blog_tag：包括字段 id（编号）、blog_id（博客编号）、tag_id（标签编号）。

⑤ talbe_comment：包括字段 id（评论编号）、name（评论人姓名）、content（评论内容）、blog_id（博客编号）、create_time（评论时间）。

3）管理后台

① 创建超级用户。使用 createsuperuser 命令创建超级用户 admin/admin123456。创建方法参见【例 14.6】。

② 使用创建的超级用户登录并添加博客类别和博客标签。

4）创建 form

在源文件 forms.py 中创建 form。

5）设计视图

在源文件 views.py 中设计视图。

6）配置 URL

在源文件 urls.py 中配置 URL。

7）设计网页

博客中的网页包括“博客列表”页面（bloglist.html）、“添加博客”页面（addblog.html）、“修改博客”页面（editblog.html）和“博客详情”页面（blogdetail.html）等。

程序代码：完整代码可以通过资源网站下载或联系作者索取。

（1）源文件 models.py 中的关键代码如下。

```
from __future__ import unicode_literals
from django.db import models

# 博客类别
class Category(models.Model):
  name=models.CharField(max_length=20,verbose_name='博客类别名称')
  class Meta:
    verbose_name="博客类别"
    verbose_name_plural=verbose_name
    db_table = "table_Category"
  def __str__(self):
    return self.name

# 博客标签
class Tag(models.Model):
  name=models.CharField(max_length=20,verbose_name='博客标签名称')
  class Meta:
    verbose_name="博客标签"
    verbose_name_plural=verbose_name
    db_table = "table_Tag"
  def __str__(self):
    return self.name

# 博客
class Blog(models.Model):
  title=models.CharField(max_length=50,verbose_name='标题')
  author=models.CharField(max_length=20,verbose_name='作者')
  content=models.TextField(verbose_name='内容')
  create_time = models.DateTimeField(verbose_name='创建时间',auto_now_add=True)
```

```
  modify_time = models.DateTimeField(verbose_name='修改时间',auto_now=True)
  click_nums = models.IntegerField(verbose_name='点击量',default=0)
  category=models.ForeignKey(Category,verbose_name='博客类别',on_delete=
    models.CASCADE)
  tag = models.ManyToManyField(Tag,verbose_name='博客标签')
  class Meta:
    verbose_name="我的博客"
    verbose_name_plural=verbose_name
    db_table = "table_Blog"
  def __str__(self):
    return self.title

# 博客评论
class Comment(models.Model):
  blog = models.ForeignKey(Blog,verbose_name='博客',on_delete=models.CASCADE)
  name = models.CharField(max_length=20,verbose_name='评论人姓名',default='佚名')
  content = models.CharField(max_length=240,verbose_name='内容')
  create_time = models.DateTimeField(verbose_name='创建时间',auto_now_add=True)
  class Meta:
    verbose_name="博客评论"
    verbose_name_plural="博客评论"
    db_table = "talbe_Comment"
  def __str__(self):
    return self.content
```


（2）源文件 forms.py 中的关键代码如下。

```
from django import forms
from .models import *

# 评论
class CommentForm(forms.Form):
  name = forms.CharField(label='用户名',max_length=16,widget=forms.TextInput
    (attrs={'style': 'width:300px;font-size:13pt'}))
  content = forms.CharField(label='内容',widget=forms.Textarea(attrs={'style':
    'width:600px;height:200px;font-size:13pt'}))

# 博客
class BlogForm(forms.Form):
  title = forms.CharField(label="标题",help_text="博客的标题...",max_length=50,
    widget=forms.TextInput(attrs={'style': 'width:300px;font-size:13pt'}))
  author = forms.CharField(label='作者',max_length=20,widget=forms.TextInput
    (attrs={'style': 'width:300px;font-size:13pt'}),)
  content = forms.CharField(label='正文',widget=forms.Textarea(attrs={'style':
    'width:800px; height:300px;font-size:13pt'}))
  category = forms.ModelChoiceField(label='博客类别',widget=forms.Select
    (attrs={'style': 'width:300px;height:30px;font-size:13pt'}),queryset=
   Category.objects.all())
  tag = forms.ModelMultipleChoiceField(label='博客标签',widget=forms.SelectMultiple
    (attrs= {'style': 'width:300px;height:100px;font-size:13pt'}),queryset=
   Tag.objects.all())
```

（3）源文件 views.py 中的关键代码如下。

```
from django.shortcuts import render,render_to_response,redirect
from .models import Blog,Comment,Tag
from .forms import CommentForm,BlogForm
from django.http import Http404,HttpResponse
from datetime import datetime
from django.contrib import messages

# 博客列表
def get_blogs(request):
  blogs=Blog.objects.all().order_by('-create_time')  # 获取所有博客，按时间排序
```

```
    return render_to_response('bloglist.html', {'blogs':blogs})
# 博客详情
def get_details(request,blog_id):
    # 获取博客详情
    try:
        blog=Blog.objects.get(id=blog_id)                    # 获取固定的 blog_id 的对象
        tags = blog.tag.all()                                # 获取与博客对应的标签
    except Blog.DoesNotExist:
        raise Http404
    # 添加博客评论
    if request.method == 'GET':
        form = CommentForm()
    else:
        form = CommentForm(request.POST)
        if form.is_valid():                                  # 数据有效
            cleaned_data=form.cleaned_data
            cleaned_data['blog']=blog
            cleaned_data['create_time'] = datetime.now()
            Comment.objects.create(**cleaned_data)           # 添加评论
    # 返回参数
    ctx={
        'blog':blog,
        'comments': blog.comment_set.all().order_by('-create_time'),
        'form': form,
        "tags":tags
    }
    return render(request,'blogdetail.html',ctx)
# 添加博客
def add_blog(request):
    if request.method == 'GET':
        form = BlogForm()
        return render(request, 'addblog.html', {'form': form})
    else:
        form = BlogForm(request.POST)
        if form.is_valid():
            cleaned_data = form.cleaned_data
            print("cleaned_data:",cleaned_data)
            title1 = form.cleaned_data["title"]
            author1 = form.cleaned_data["author"]
            content1 = form.cleaned_data["content"]
            category1 = form.cleaned_data["category"]
            create_time = datetime.now()
            modify_time = datetime.now()
           blog1={"title":title1,"author":author1,"content":content1,"category":
             category1,"create_time":create_time,"modify_time":modify_time}
            # 添加新创建的博客列表 table_Blog
            inserted = Blog.objects.create(**blog1)
            blog_id = inserted.id                            # 获取新创建博客的 id
            blog1 = Blog(id=blog_id)
            tag_list = form.cleaned_data["tag"]              # 获取博客标签
            for item in tag_list:
                tag_id = Tag.objects.get(name=item).id       # 获取与博客标签对应的 id
                tag1 = Tag(id = tag_id)
                blog1.tag.add(tag1)                          # 添加记录到数据表 table_Blog_tag 中
            return redirect('bloglist')
        else:
            return render(request, 'addblog.html', {'form': form})
# 修改博客
def edit_blog(request,blog_id):
    if request.method == 'GET':
        # 使用与 blog_id 对应的数据初始化表单
        blog = Blog.objects.get(id=blog_id)
```

```
      form = BlogForm(initial={'title':blog.title,'author':blog.author,
       'content':blog.content,'category':blog.category,'tag':blog.tag.all()})
      return render(request, 'editblog.html', {'form':form,'blog_id':blog_id})
    else:
      form = BlogForm(request.POST)
      if form.is_valid():
        # 从表单中获取新的数据，并保存到数据表 talbe_Blog 中
        blog = Blog.objects.get(id = blog_id)
        blog.title = form.cleaned_data["title"]
        blog.author = form.cleaned_data["author"]
        blog.content = form.cleaned_data["content"]
        blog.category = form.cleaned_data["category"]
        blog.modify_time = datetime.now()
        blog.save()
        # 更新数据表 table_Blog_tag 中的数据
        tags = form.cleaned_data["tag"]               # 获取选择的博客标签
        blog1 = Blog(id=blog_id)                      # 创建对象
        tag_list = []
        for tag in tags:
          tag_id = Tag.objects.get(name=tag).id       # 获取与博客标签对应的 id
          tag_list.append(tag_id)
        blog1.tag.set(tag_list)                       # 插入记录到数据表 table_Blog_tag 中
        return redirect('bloglist')
      else:
        return render(request, 'editblog.html', {'form': form, 'blog_id': blog_id})
# 删除博客
def del_blog(request,blog_id):
  if request.method == 'GET':
    Blog.objects.filter(id=blog_id).delete()
    return redirect('bloglist')
```

（4）源文件 urls.py 中的关键代码如下。

```
from django.contrib import admin
from BlogApp.views import *
from django.urls import path
from BlogApp import views

# 配置 URL
urlpatterns = [
  path('bloglist/',views.get_blogs,name='bloglist'),
  path('blogdetails/<int:blog_id>/',views.get_details,name='blogdetails'),
  path('addblog/',views.add_blog,name='addblog'),
  path('editblog/<int:blog_id>/',views.edit_blog,name='editblog'),
  path('delblog/<int:blog_id>/',views.del_blog,name='delblog'),
  path(r'admin/',admin.site.urls),
]
```

（5）源文件 bloglist.html 中的关键代码如下。

```
{% for blog in blogs %}
<div>
 <div>
  <a href="{% url 'blogdetails' blog.id %}">{{ blog.title }}</a>
  <a href="{% url 'editblog' blog.id %}">修改</a>
  <a href="{% url 'delblog' blog.id %}">删除</a>
 </div>
 <div>
  <span style="font-size:13pt">类别：{{ blog.category.name }}</span>
  <span style="font-size:13pt">作者：{{ blog.author }}</span>
  <span style="font-size:13pt">点击量：{{ blog.click_nums }}</span>
 </div>
 <div style="font-size:large;">内容：{{blog.content | truncatechars:100}}</div>
</div>
{% endfor %}
```

（6）源文件 blogdetail.html 中的关键代码如下。

```
<div class="blog">
 <div class="title"> <h3>{{ blog.title }}</h3></div>
 <div class="info">
  <span class="category" >类别：{ blog.category.name }}</span>
  <span class="tag" >标签：{% for tag in tags %} {{ tag }} {% endfor %}</span>
  <span class="click_nums" >点击量：{{ blog.click_nums }}</span>
  <span class="author" >用户：{{ blog.author }}</span>
  <span class="create_time" >创建时间：{{ blog.create_time }}</span>
  <span class="modify_time" >最后修改时间：{{ blog.modify_time }}</span>
 </div>
 <div class="content" > {{ blog.content }} </div>
</div>
```

（7）源文件 addblog.html 中的关键代码如下。

```
<form action="{% url 'addblog' %}" method="post" >
 {% csrf_token %}
 <table style="width:100%;color:#000000;">
  <tr>
    <td style="width:90px;height:35px;text-align:left;font-size:13pt">标题：</td>
   <td style="height:35px">{{ form.title }}</td></tr>
  <tr>
    <td style="width:90px; height:35px;text-align:left;font-size:13pt">作者：</td>
   <td style="height:36px">{{ form.author }}</td></tr>
  <tr>
  <td style="width:90px; height:225px;text-align:left;font-size:13pt">正文：</td>
   <td style="height:225px">{{ form.content }}</td></tr>
  <tr>
  <td style="width:90px; height:35px;font-size:13pt">博客类别：</td>
   <td style="height:35px">{{ form.category }}</td></tr>
  <tr>
    <td style="width:84px;height:35px;font-size:13pt" valign="top">博客标签：</td>
   <td style="height:35px">{{ form.tag }}</td></tr>
 </table>
 <input type="submit" value="提 交" style="width:100px;font-weight:
   bold;font-size: 13pt;" />
 <a href="{% url 'bloglist'  %}"><input type="button" value="返  回" ></a>
</form>
```

（8）源文件 editblog.html 中的关键代码如下。

```
<form action="{% url 'editblog' blog_id%}" method="post" >
 {% csrf_token %}
 <table style="width:100%;color:#000000;">
  <tr>
    <td style="width:90px;height:35px;text-align:left;font-size:13pt">标题：</td>
   <td style="height:35px">{{ form.title }}</td></tr>
  <tr>
    <td style="width:90px;height:35px;text-align:left;font-size:13pt">作者：</td>
   <td style="height:36px">{{ form.author }}</td></tr>
  <tr>
    <td style="width:90px;height:225px;text-align:left;font-size:13pt" >正文：</td>
   <td style="height:225px">{{ form.content }}</td></tr>
  <tr>
  <td style="width:90px;height:35px;font-size:13pt">博客类别：</td>
   <td style="height:35px">{{ form.category }}</td></tr>
  <tr>
    <td style="width:84px;height:35px;font-size:13pt" valign="top">博客标签：</td>
   <td style="height:35px">{{ form.tag }}</td></tr>
 </table>
 <input type="submit" value="提 交" style="width:100px;font-weight:bold;
   font-size:13pt;" />
```

```
    <a href="{% url 'bloglist' %}"><input type="button" value="返  回" /></a>
</form>
```

运行步骤及结果如下。

（1）运行开发服务器。

（2）进入博客首页。在浏览器地址栏中输入“http://127.0.0.1:8000/bloglist/”并按回车键，进入“博客列表”页面，如图 14.16 所示。

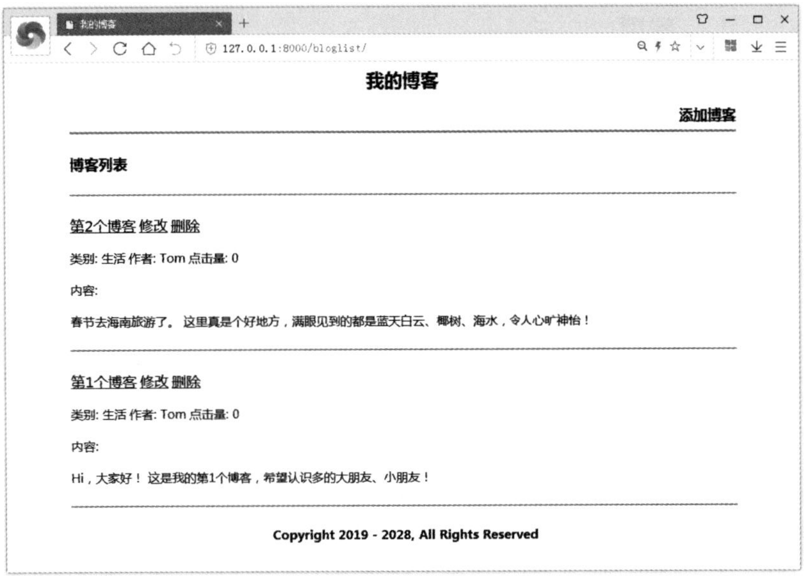

图 14.16 “博客列表”页面

（3）添加博客。在“博客列表”页面中单击右上角的“添加博客”链接，可以进入“添加博客”页面，如图 14.17 所示。在该页面中可以添加新的博客，并进行提交。

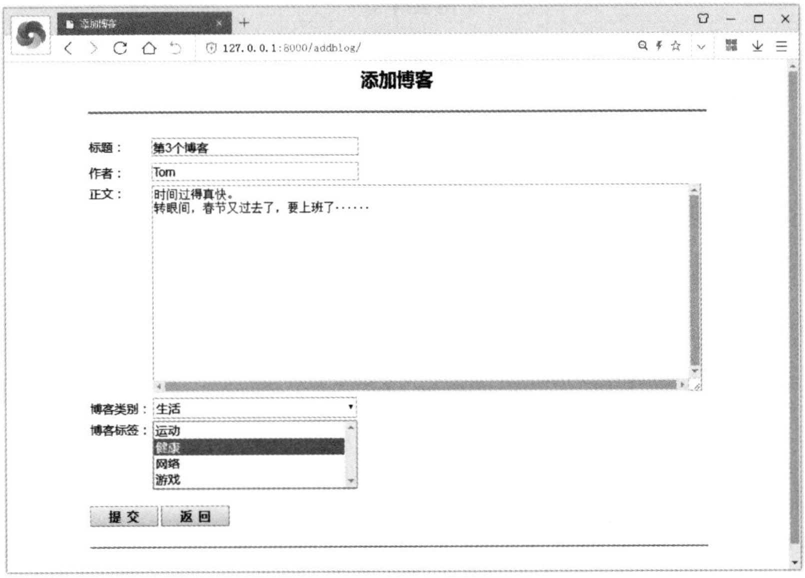

图 14.17 “添加博客”页面

（4）修改博客。在“博客列表”页面中单击某博客的“修改”链接，可以进入“修改博客”页面，如图 14.18 所示。在该页面中可以修改博客，并进行提交。

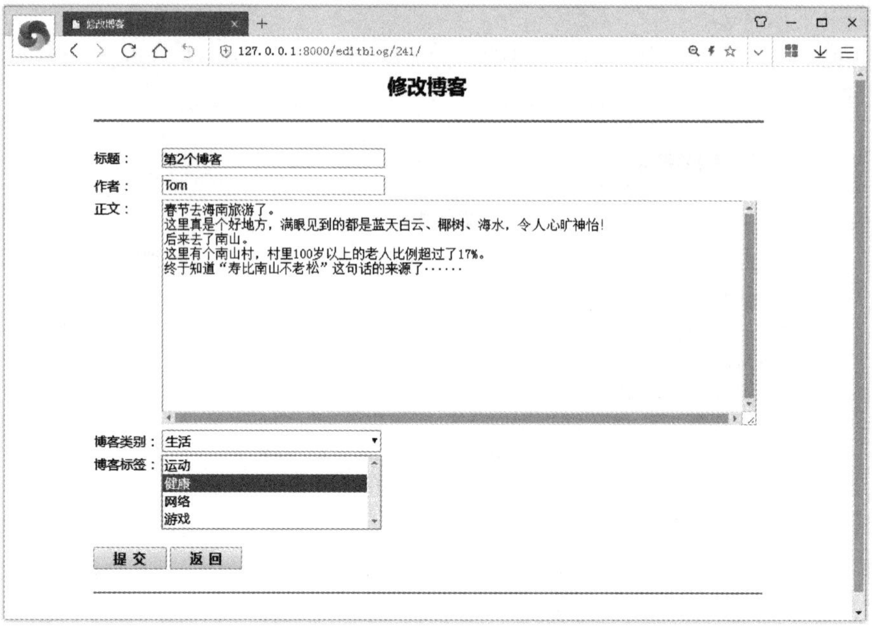

图 14.18　“修改博客”页面

（5）博客详情。在“博客列表”页面中单击某博客的标题链接，可以进入“博客详情”页面，如图 14.19 所示。在该页面中可以查看博客详情、评论，也可以发表新的评论。

图 14.19　“博客详情”页面

（6）删除博客。在“博客列表”页面中单击某博客的“删除”链接，可以删除该博客。

练习题 14

1. 简答题

（1）在 TCP/IP 中，TCP 和 IP 分别位于哪一层？它们的功能是什么？

（2）什么是套接字？套接字包括哪些内容？

（3）基于 TCP 的套接字编程模型的服务器端和客户端实现分别包括哪些步骤？

（4）基于 Python 的常用 Web 应用框架有哪些？

2. 选择题

（1）在 TCP/IP 中，IP 位于（　　）。

A．网络接口层　B．网际层　C．传输层　D．应用层

（2）下列选项中位于 TCP/IP 应用层的是（　　）。

A．TCP　B．IP　C．HTTP　D．PPP

（3）在基于 TCP 的套接字编程模型中，用于接收数据的套接字函数是（　　）。

A．bind()　B．listen()　C．accept()　D．recv()

（4）不是基于 Python 的 Web 应用框架的是（　　）。

A．Django　B．Flask　C．Spring MVC　D．Web2py

（5）在 Django 中，用于定义数据模型的文件是（　　）。

A．models.py　B．urls.py　C．admin.py　D．views.py

（6）文件传输协议（FTP）的默认端口是（　　）。

A．21　B．22　C．23　D．80

3. 填空题

（1）________处于 OSI/RM 中的最低层。

（2）UDP 的含义是________________________。

（3）套接字（Socket）是 TCP/IP 的一个封装，用于描述________和________。应用程序通常通过套接字向网络发出请求或者应答网络请求。

（4）最流行的基于 Python 的 Web 应用框架是________。

（5）在 Django 的 MVC 模式中，M 指________，V 指________，C 指________。

（6）目前使用非常广泛的一种基于 Python 的爬虫框架是________。

第 15 章　Python 与人工智能

本章内容：

- 概述
- 机器学习
- 深度学习

15.1　概述

15.1.1　人工智能简介

1. 什么是人工智能

1939 年，27 岁的数学天才阿兰·图灵思考"如何用一台机器打败另一台机器"。1956 年，一批年轻的科学家在达特茅斯会议上首次提出"人工智能"（Artificial Intelligence，AI）。1997 年，在一场万众瞩目的国际象棋比赛中，IBM 的"深蓝"计算机击败了国际象棋冠军卡斯帕罗夫。2016 年和 2017 年，在象征人类智力巅峰的围棋大赛上，Google 的 AlphaGo 分别战胜了世界围棋顶级棋手李世石九段和柯洁九段。

自 1956 年正式提出人工智能这个概念至今，人们已经感觉到人工智能不再停留在口头上和实验室中，而是离人类越来越近，已经进入人类的工作和生活中，与人类深度融合。人工智能是 21 世纪三大尖端技术（基因工程、纳米科学、人工智能）之一。

人工智能是研究、开发用于模拟、延伸和扩展人类智能的理论、方法、技术及应用系统的一门新科学技术。

人工智能企图了解智能的实质，并生产出一种新的能以与人类智能相似的方式做出反应的智能机器。人工智能领域的研究包括机器人、语言识别、图像识别、自然语言处理和专家系统等。人工智能自诞生以来，其理论和技术日益成熟，应用领域不断扩大。基于人工智能的科技产品将是人类智慧的"容器"。

因为认识到人工智能对国家科技、经济和人们生活的巨大作用和影响，所以部分国家对人工智能进行了战略布局，如表 15.1 所示。

表 15.1　部分国家的人工智能战略布局

国　家	时　间	政策/规划	机　构
美国	2016 年、2018 年	《国家人工智能研究与发展战略计划》《人工智能、自动化与经济》等	美国白宫科技政策办公室
欧盟	2014 年、2018 年	《2014—2020 年欧洲机器人技术战略》《欧盟人工智能法案》等	欧盟委员会等
中国	2015—2017 年	《中国制造 2025》《新一代人工智能发展规划》等	国务院、科学技术部等
日本	2015 年、2017 年	《机器人新战略》《人工智能技术战略》等	日本政府
印度	2018 年	《国家人工智能战略》等	印度政府

一些世界顶尖公司在人工智能的研究和应用方面投入了巨大的人力、物力，如 Google 拥有两个世界顶尖的人工智能实验室，即 Google X 实验室和 DeepMind 实验室（AlphaGo 是其代表作品）；微软创始人在 2014 年成立了艾伦人工智能研究院，致力于研究人工智能；Facebook 发展了两个人工智能实验室（FAIR 和 AML）；百度在 2013 年、2017 年分别成立了深度学习研究院和深度学习技术及应用国家工程实验室；阿里巴巴在 2016 年成立了人工智能实验室；腾讯在 2018 年成立了机器人实验室。

一些国内外知名大学也纷纷成立研究机构或学院进行人工智能方面的研究和教学，如麻省理工学院在 1959 年就成立了人工智能实验室，并于 2018 年 10 月宣布投入 10 亿美元建设新的人工智能学院；斯坦福大学在 1962 年成立的人工智能实验室致力于推动机器人教育；加州大学伯克利分校的机器人和智能机器实验室致力于用机器人模拟动物的行为；清华大学在 1987 年成立了智能技术与系统国家重点实验室；中国科学院大学在 2017 年 5 月宣布成立人工智能技术学院；中国科学技术大学建立了两个人工智能方向的国家工程实验室。

人工智能与科学技术及工业等方面相结合已经产生了多方面的应用，包括人脸识别（如 face++）、购物推荐（如淘宝 App）、语音识别（如讯飞输入法）、图像识别（如微信小程序）、新闻资讯推荐（如今日头条）、无人驾驶、AlphaGo 围棋、苹果公司个人助理 Siri（可以帮助用户发送短信等）、亚马逊推出的 Alexa（可以帮助用户在网上搜寻信息）等。

2. 人工智能、机器学习和深度学习

与人工智能一起经常被提及的还有机器学习（Machine Learning，ML）和深度学习（Deep Learning，DL）。

那么，人工智能、机器学习和深度学习三者之间的关系是什么样的呢？事实上，这三者既高度相关又互有区别（三者之间的关系如图 15.1 所示）。其中，人工智能涵盖范围最广，最早被提出；机器学习在 20 世纪 80 年代才逐渐被提出和研究；深度学习则在近几年才被广泛研究并迅速成为研究热点。

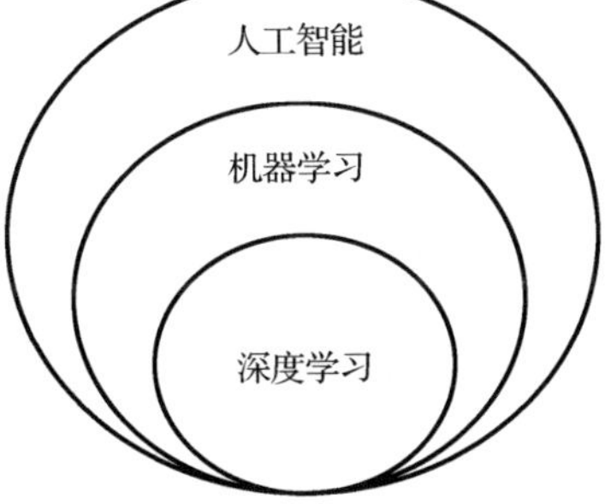

图 15.1　人工智能、机器学习和深度学习之间的关系

人工智能是研究用计算机模拟人的某些思维过程和智能行为（如学习、推理、思考、规划等）的学科。人工智能涉及计算机科学、心理学、哲学、语言学等几乎所有自然科学和社会科学，其涵盖范围已远远超出了计算机科学的范畴。

机器学习是一门专门研究计算机如何模拟或实现人类的学习行为以获取新的知识或技能，并重新组织已有的知识结构，使之不断改善的学科。机器学习是人工智能的核心，是使计算机具有智能的根本途径，其应用涉及人工智能的各个领域，主要用于归纳、综合而不是演绎。

深度学习源于对人工神经网络的研究，是机器学习的分支，它试图使用包含复杂结构或者由多重非线性变换构成的多个处理层对数据进行高层抽象。深度学习除可以学习特征和任务之间的关联外，还能自动从简单特征中提取复杂特征。

因此，人工智能涉及非常广泛的问题，而机器学习是解决这类问题的一个重要手段，深度学习则是机器学习的一个分支和深化。在很多人工智能相关的问题上，深度学习方法突破了传统机器学习方法的瓶颈，推动了人工智能的发展，并拓展了人工智能的应用范围。

15.1.2 Python 与人工智能的关系

人工智能已经逐渐影响人们学习、生活和工作的各个方面。现在，甚至在未来很长一段时间内，人工智能都是很多行业及机构学习、研究、应用的重点和热点。那么如何学习人工智能呢？这需要我们掌握一些数学知识、用于训练的大量数据、经典机器学习理论和算法、人工智能学习框架及用于人工智能的程序开发语言等。

目前，用于人工智能的程序开发语言主要有 Prolog、LISP、C、C++、Java 和 Python。与其他编程语言相比，Python 拥有在人工智能学习和处理过程中所需要的各种库。

（1）数据获取库（如 Requests、Scrapy）和数据解析库（如 Beautiful Soup）。

（2）数据分析、处理库，如 NumPy、Pandas、SciPy 和 MatPlotlib 等。

（3）人工智能库，如自然语言处理库 NLTK、机器学习库 Sklearn 和深度学习库 TensorFlow、Keras、PyTorch 等。

另外，Python 的开源、与平台无关性、包装能力、可组合性、可嵌入性都非常有利于人工智能的学习和研究。

Python 及第三方库能够满足人工智能在数据获取、分析和处理等方面的大部分需求，加快了人工智能学习和研究的速度，因此逐渐成为人工智能研发的首选语言。

15.2 机器学习

机器学习是一门研究机器获取新知识和新技能，并识别现有知识的科学。机器学习领域的主要研究对象是人工智能，特别是如何在经验学习中改善具体算法的性能。

通过机器学习，用户可以快速地发现自己喜欢的新音乐，快速找到想要网购的鞋子，通过命令控制手机，让恒温器自动调节温度，更准确地识别出潦草的手写内容，更安全地防止信用卡诈骗，通过网页快速寻找头条新闻等。机器学习算法和软件逐渐成为许多产业的核心工具。

那么，机器学习是如何进行学习的呢？人们普遍认为，机器学习的基础是归纳（Generalize），就是从已知案例数据中找出未知的规律。机器学习的过程与推理过程是紧密相连的，机器学习中所用的推理越多，系统的能力就越强。

机器学习通常按学习方式和模型类型分类。

（1）按学习方式分类：机器学习可分为监督学习（Supervised Learning）、无监督学习（Unsupervised Learning）、半监督学习（Semi-Supervised Learning）和强化学习（Reinforcement Learning）等。

（2）按模型类型分类：机器学习可分为回归、基于距离方法、正则化方法、树方法、贝叶斯方法、聚类、神经网络、深度学习、降维、集成学习、文本挖掘等。

典型的机器学习算法有决策树、随机森林算法、逻辑回归、支持向量机（SVM）、朴素贝叶斯、K-最近邻算法、K-均值算法、Adaboost 算法、神经网络算法和马尔可夫算法等。

机器学习已经有了十分广泛的应用，如数据挖掘、计算机视觉、自然语言处理、生物特征识别、搜索引擎、医学诊断、信用卡欺诈检测、证券市场分析、DNA 序列测序、语音和手写识别、战略游戏和机器人运用等。

15.2.1 Sklearn

1. 简介

Sklearn 是 Scikit-learn 的简称，是用 Python 实现的，是基于 NumPy、SciPy、Matplotlib 等的机器学习算法库。Sklearn 的内容丰富，功能强大，包含大量用于机器学习的算法、模块和数据集。

（1）算法：实现数据预处理、分类、回归、降维、模型选择等常用的机器学习算法。

（2）模块：包括特征提取、数据处理和模型评估等模块。

（3）数据集：内置了大量用于训练、测试和评估模型的数据集。

Sklearn 可以不受任何限制，遵从自由的 BSD（伯克利软件发行版，一种开源协议）授权。许多 Sklearn 算法都可以快速执行且支持扩展（海量数据集除外）。同时，Sklearn 的稳定性很好，大部分代码都可以通过 Python 的自动化测试。

Sklearn 的下载和安装方法参见 1.2.5 节。可以通过 PyPI 官网下载 Sklearn 安装文件。本书案例对应下载的是 Sklearn 安装文件 scikit_learn-0.20.3-cp312-cp312m-win_amd64.whl。

2. 使用 Sklearn 进行机器学习的主要步骤

1）获取数据

要获取数据，通常有 3 种方法，即使用 Sklearn 现有数据集、创建新的数据集和获取真实数据集。

（1）使用 Sklearn 现有数据集。Sklearn 中包含了大量优质的数据集，其中比较有代表性的数据集如下。

① 鸢尾花数据集：通过 load_iris()方法调用，数据规模为 150（个样本）× 4（每个样本有 4 个特征），常用于分类算法。

② 波士顿房价数据集：通过 load_boston()方法调用，数据规模为 506（个样本）× 13（每个样本有 13 个特征），常用于回归算法。

③ 手写数字数据集：通过 load_digits()方法调用，数据规模为 5620（个样本）× 64（每个样本有 64 个特征），常用于回归算法。

④ 糖尿病数据集：通过 load_diabetes()方法调用，数据规模为 442（个样本）× 10（每个样本有 10 个特征），常用于回归算法。

（2）创建新的数据集。Sklearn 中的样本生成器（samples_generator）包含大量创建样本数据的方法，其中比较常见的方法如下。

① make_blobs()：产生多类单标签数据集，为每个类分配一个或多个正态分布的点集，提供控制每个数据点的参数，即中心点（均值）、标准差等，常用于聚类算法。

② make_classification()：产生多类单标签数据集，为每个类分配一个或多个正态分布的点集，提供为数据集添加噪声的方式，包括维度相性、无效特征和冗余特征等。

③ make_regression()：产生回归任务的数据集，期望目标输出的是具有随机特征的稀疏随机线性组合，并且附带噪声。它的有用特征可能是不相关的或者低秩的。

④ make_multilabel_classification()：产生多类多标签随机样本集。这些样本集模拟了从很多话题的混合分布中抽取的词袋模型，每个文档的话题数量都符合泊松分布，而话题本身则从一个固定的随机分布中抽取出来。同样地，单词数量也是从泊松分布中抽取的，句子则是从多项式中抽取的。

⑤ make_gaussian_quantiles()：产生分组多维正态分布的数据集。

（3）获取真实数据集。一些国内外机构提供了免费的真实数据集，这些真实数据集可以直接用于模型的学习、测试和评估等。

2）数据预处理

数据预处理是机器学习中不可缺少的一环，它可以使数据更加有效地被模型或评估器识别。常用的数据预处理方法如下。

（1）数据归一化。数据归一化通常使用两种方式：一种方式是把数变为(0,1)范围内的小数；另一种方式是把有量纲表达式变为无量纲表达式。

（2）正则化。正则化是计算两个样本的相似度时必不可少的一个操作，其基本思想是：首先求出样本的 p-范数，然后对该样本的所有元素都除以该范数，最终使得每个样本的范数都为 1。

（3）one-hot 编码。one-hot 编码又称 1 位有效编码，常用 n 位表示一个样本的 n 个属性，其他位为 0，只有 1 位为 1，表示该样本所属的类别。

3）数据集拆分

在训练数据集时，通常会把训练的数据集进一步拆分成训练集和测试集。训练集用于建立模型，测试集用于对模型进行验证。

4）定义模型

Sklearn 为所有模型提供了非常相似的接口，这样可以使用户更加快速地熟悉所有模型的用法。Sklearn 中常用的模型如表 15.2 所示。

表 15.2　Sklearn 中常用的模型

模　型	模　块	构 造 函 数	主 要 应 用
线性回归	sklearn.linear_model	LinearRegression()	预测
逻辑回归	sklearn.linear_model	LogisticRegression()	预测
贝叶斯分类	sklearn.naive_bayes	MultinomialNB()	多类别分类
决策树	sklearn.tree	DecisionTree()	多类别分类、回归
SVM	sklearn.svm	SVC()	多类别分类
神经网络	sklearn.neural_network	MLPClassifier()	分类、回归
K-最近邻算法	sklearn.neighbors	KNeighbors()	聚类、分类

5）模型评估

在机器学习中，只有经过模型评估，才能知道模型是否可用。模型评估的基本思路如下。

（1）准备测试样本。测试样本的特征应与训练样本的特征一致。

（2）使用模型对测试样本进行计算。将计算结果与样本中的真实值进行比较，评估其准确率。

6）保存模型

在训练好模型后，可以将训练好的模型保存到本地或者网络上。可以将模型保存为 pickle 文件，或者使用 Sklearn 自带方法 joblib()对模型进行保存。

7）应用模型

在保存模型后，可以在实际开发过程中使用该模型，如对数据进行分类或预测等。

15.2.2 典型案例——使用线性回归模型训练、测试和预测数据

【例 15.1】 使用 Sklearn 中的线性回归模型训练、测试和预测数据。

分析：本例的实现方法如下。

（1）通过 Sklearn 中的 datasets.make_regression()方法生成指定数量的回归数据集。

（2）将生成的数据集拆分为训练数据和测试数据。

（3）使用训练数据训练、保存模型。

（4）使用测试数据评估模型。

（5）将生成的模型保存在指定位置。

（6）从指定位置读取模型并预测数据。

程序代码：

```
import matplotlib.pyplot as plt
from sklearn.linear_model import LinearRegression
from sklearn.externals import joblib
from sklearn import datasets
from sklearn.model_selection import train_test_split

# 1.生成数据集
x,y=datasets.make_regression(n_samples=200,n_features=1,n_targets=1,noise=6)
# 生成数据集，以散点图显示
print("1.生成数据集的散点图(见图 15.2 左),训练数据和预测数据拟合线(见图 15.2 右).")
plt.scatter(x,y)
plt.xticks(fontsize=16)
plt.yticks(fontsize=16)
plt.xlabel('x 轴 - x',fontproperties='SimHei',fontsize=18)
plt.ylabel('y 轴 - y',fontproperties='SimHei',fontsize=18)
plt.show()
# 2.拆分数据集，70%的数据用于训练，30%的数据用于测试
train_x,test_x,train_y,test_y = train_test_split(x,y,test_size=0.3,random_state=0)
# 3.训练模型
LinearModel = LinearRegression()
LinearModel.fit(train_x,train_y)
fitted_y = LinearModel.predict(train_x)
# 用图形显示训练数据和预测数据
plt.plot(train_x,train_y,'bo')
plt.plot(train_x,fitted_y,'r',linewidth = 4.0)
plt.xlabel('x 轴 - train_x',fontproperties='SimHei',fontsize=18)
plt.ylabel('y 轴 - train_y/fitted_y',fontproperties='SimHei',fontsize=18)
plt.legend(['train_y','fitted_y'],fontsize=16)
plt.xticks(fontsize=16)
plt.yticks(fontsize=16)
plt.show()
# 4.评估模型
print("2.模型评估值: %.6f."%LinearModel.score(test_x,test_y))
# 5.保存模型
joblib.dump(LinearModel,'TrainModel.m')
# 6.使用模型
LinearModelUse = joblib.load('TrainModel.m')
testx = [[1.6]]
print("3.%f 的预测结果为: %f."%(testx[0][0],LinearModelUse.predict([[1.6]])))
```

运行结果：

```
1.生成数据集的散点图(见图 15.2 左),训练数据和预测数据拟合线(见图 15.2 右).
2.模型评估值: 0.991244.
3.1.600000 的预测结果为: 112.579482.
```

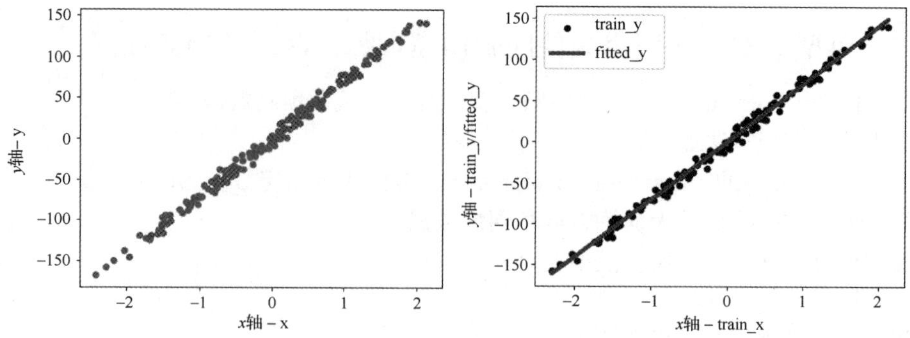

图 15.2　数据集的散点图与训练数据和预测数据拟合线

15.3　深度学习

深度学习的概念源于人工神经网络的研究，由 Hinton 等人于 2006 年提出，它通过组合低层特征形成更加抽象的高层类别或特征，以发现数据的特征分布。

深度学习是机器学习研究中的一个新领域，其动机在于建立模拟人脑进行分析学习的神经网络，模仿人脑的机制来解释数据，如图像、声音和文本等。

与机器学习方法一样，深度学习方法也有监督学习与无监督学习之分。在不同的学习框架下建立的学习模型有很大的不同。例如，卷积神经网络（Convolutional Neural Network，CNN）是一种监督学习下的深度学习模型，而深度信念网（Deep Belief Net，DBN）是一种无监督学习下的深度学习模型。

在开始深度学习项目之前，选择一个合适的框架是非常重要的。一个合适的框架能起到事半功倍的作用。当前最流行的深度学习框架有 TensorFlow、Keras、PyTorch、Caffe 等，这些框架都已经开源，主要使用 Python，也可以兼容 R 语言或其他语言。

深度学习框架在 2018 年的综合得分排名如图 15.3 所示（排名数据由 Jeff Hale 提供）。

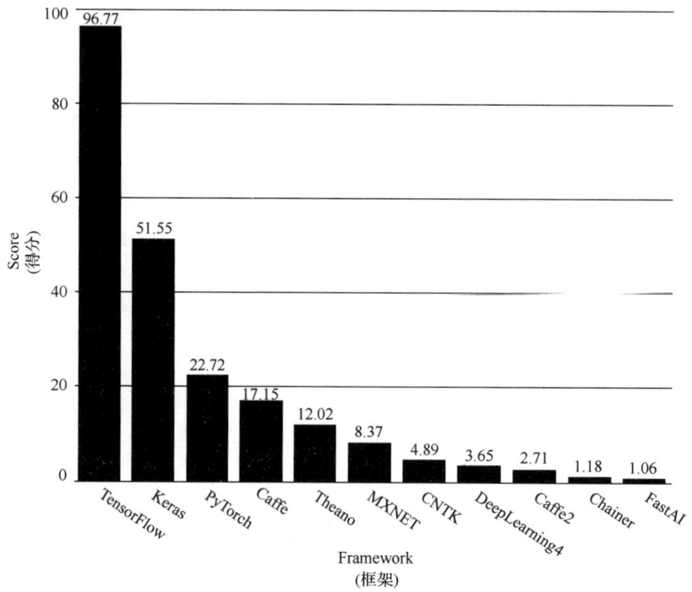

图 15.3　深度学习框架在 2018 年的综合得分排名

从图 15.3 中可以看出，TensorFlow 排名第一。在 GitHub 活跃度、Google 搜索热度、Medium 文章数、亚马逊书籍覆盖率和 arXiv 论文引用量等数据上，TensorFlow 所占的比重都是最大的。TensorFlow 还拥有最多的开发者用户，并大量出现在在线职位描述中。

因此，本书只介绍基于 TensorFlow 的深度学习基础知识和初步使用方法。

15.3.1 TensorFlow

1. 简介

TensorFlow 是 Google 开源的第二代用于数字计算的软件库。TensorFlow 可以被理解为一个深度学习框架，它有完整的数据流向和处理机制，封装了大量高效、可用的算法及神经网络搭建方面的函数，可以在此基础上进行深度学习的研究。TensorFlow 的灵活架构可以在多种平台上展开计算，如台式计算机中的一个或多个 CPU/GPU、服务器、移动设备等。

在 Google Brain 团队的支持下，TensorFlow 已经成为全世界使用人数最多、社区最庞大的一个深度学习框架，它具有 Python 和 C++的接口，教程非常完善，目前是深度学习框架的首选，且支持 Keras。

TensorFlow 是当今深度学习领域中最火的框架之一，它具有如下特点。

1）高度的灵活性

TensorFlow 允许以计算图的方式建立计算网络，同时可以很方便地对网络进行操作。用户可以在 TensorFlow 的基础上用 Python 编写自己的上层架构和库。如果 TensorFlow 没有提供用户需要的 API，则用户也可以自己编写底层的 C++代码来实现需要的功能，并通过自定义操作将新编写的功能添加到 TensorFlow 中。

2）良好的可移植性

TensorFlow 可以在 CPU 和 GPU 上运行，可以在台式机、服务器、移动设备上运行。在一个平台上编写的 TensorFlow 程序，几乎可以不加修改地运行在其他平台上。

3）多语言支持

TensorFlow 采用非常易用的 Python 来构建和执行计算图，同时支持 C++语言。可以直接通过 Python 或 C++程序来执行 TensorFlow，也可以采用交互式的 IPython 来方便地尝试各种想法。TensorFlow 也支持其他流行的语言，如 Lua、JavaScript 或 R 语言等。

4）丰富的算法库

TensorFlow 提供了所有开源深度学习框架中最全的算法库，并且还在不断地添加新算法。这些算法库基本上满足了大部分需求，对于普通应用，基本上不用用户自己再自定义实现基本功能的算法库。

5）完善的文档

TensorFlow 官网提供了非常详细的文档介绍，内容包括各种 API 的使用方法和基础应用的例子，也包括一部分深度学习的基础理论。

2. 开发环境搭建

TensorFlow 的下载和安装方法参见 1.2.5 节。可以通过 PyPI 官网下载 TensorFlow 安装文件。本书案例对应下载的 TensorFlow 安装文件是 tensorflow-1.13.1-cp312-cp312m-win_amd64.whl。

3. 工作原理

TensorFlow 中的计算可以表示为一个有向图（Directed Graph），或称计算图（Computation

Graph）。在 TensorFlow 中，将每个运算操作看作一个节点（Node），节点与节点之间的连接称为边（Edge），在计算图的边中流动（Flow）的数据称为张量（Tensor）。

计算图中的每个节点可以有任意多个输入和任意多个输出。每个节点都描述了一种运算操作（Operation）。可以将节点看作运算操作的实例化（Instance）。计算图用于描述数据的计算流程，也负责维护和更新状态。用户可以对计算图的分支进行条件控制或循环操作，可以使用 Python、C++、Java 等语言设计计算图。TensorFlow 通过计算图将所有的运算操作全部运行在 Python 外面，可以说，Python 只是一种接口，真正的核心计算过程是在底层采用 C++或 CUDA 在 CPU 或 GPU 上运行。

一个 TensorFlow 计算图描述了计算的过程。为了进行计算，TensorFlow 计算图必须在会话（Session）中被启动。会话将 TensorFlow 计算图的运算操作分发到 CPU 或 GPU 的设备上，同时提供执行运算操作的方法。这些方法执行后，将产生的 Tensor 返回。在 Python 中，返回的 Tensor 是 NumPy ndarray 对象。

整个操作就好比数据在计算图中沿着边流过一个个节点，之后通过会话启动计算。简单来说，要完成整个过程，需要做的是定义数据、计算图和计算图上的节点，以及通过会话启动计算。

要学习和使用 TensorFlow，首先需要了解以下几个比较重要的概念。

（1）计算图：表示计算任务要做的一些操作，是由一个个节点和连接各个节点的边组成的。要定义一个计算图，只需要定义好各个节点及节点的输入/输出（对应计算图的边）。

（2）节点：代表各种操作，如加法、乘法、卷积运算等，输入/输出各种数据（Tensor）。一种运算操作代表一种类型的抽象运算，如矩阵乘法。TensorFlow 内建了很多种运算操作。

（3）会话：建立会话，此时会生成一个空图。在会话中添加节点和边，形成一个图。一个会话可以有多个图，通过执行这些图可以得到结果。

（4）张量：表示数据。

（5）变量：记录一些数据和状态。

（6）feed 和 fetch：为任意的操作赋值或从其中获取数据。

形象的比喻是：把会话看作车间，把计算图看作车床，里面用 Tensor 作为原料，用变量作为容器，用 feed 和 fetch 作为铲子，把数据加工成需要的结果。

4. 基本使用

下面通过几个简单的例子来介绍 TensorFlow 的基本使用方法。

【例 15.2】 两个矩阵的乘法运算。

程序代码：

```
import tensorflow as tf                  # 导入 TensorFlow
a = tf.constant([[1,2]])                 # 定义一个 1 行 2 列的矩阵 a
b = tf.constant([[2],[4]])               # 定义一个 2 行 1 列的矩阵 b
c = tf.matmul(a,b)                       # 矩阵乘法运算
sess = tf.Session()                      # 创建会话
result = sess.run(c)                     # 启动会话
print("result =",result)                 # 输出结果
sess.close()                             # 关闭会话
```

运行结果：

```
result = [[10]]
```

【例 15.3】 两个变量的加法运算。

程序代码：

```
import tensorflow as tf
# 定义变量
```

```
a = tf.Variable(3)
b = tf.Variable(4)
c = tf.add(a,b)
# 初始化变量
init_op = tf.global_variables_initializer()
# 创建交互式会话
sess = tf.InteractiveSession()
sess.run(init_op)
# 运行并输出变量
print('c =',sess.run(c))
print('c =',sess.run(c))                                    # 输出结果
sess.close()                                                # 关闭会话
```

运行结果：

```
c = 7
```

【例 15.4】 占位符的使用示例。

程序代码：

```
import tensorflow as tf
# 占位符
a = tf.placeholder(tf.int32)
b = tf.placeholder(tf.int32)
# 构建计算图
c = a * 10 + b
# 创建会话
sess = tf.InteractiveSession()
# 方式一：通过 eval()方法给 a、b 传值
print("c =",c.eval({a:1,b:2}))                              # 零维张量
print("c =",c.eval({a:[1],b:[2]}))                          # 一维张量
print("c =",c.eval({a:[[1,2],[3,4]],b:[[1,2],[3,4]]}))      # 二维张量
# 方式二：通过 feed_dict 给 a、b 传值
print("c =",sess.run(c,feed_dict={a:1,b:2}))                # 零维张量
print("c =",sess.run(c,feed_dict={a:[1],b:[2]}))            # 一维张量
print("c =",sess.run(c,feed_dict={a:[[1,2],[3,4]],b:[[1,2],[3,4]]}))
                                                            # 二维张量
sess.close()                                                # 关闭会话
```

运行结果：

```
c = 12
c = [12]
c = [[11 22]
 [33 44]]
c = 12
c = [12]
c = [[11 22]
 [33 44]]
```

15.3.2 典型案例——识别模糊的手写数字图像

MNIST 是机器学习领域中的一个经典问题，要求把 28 像素 × 28 像素的手写数字图像（见图 15.4）识别为相应的数字，数字的范围为 0 ~ 9。

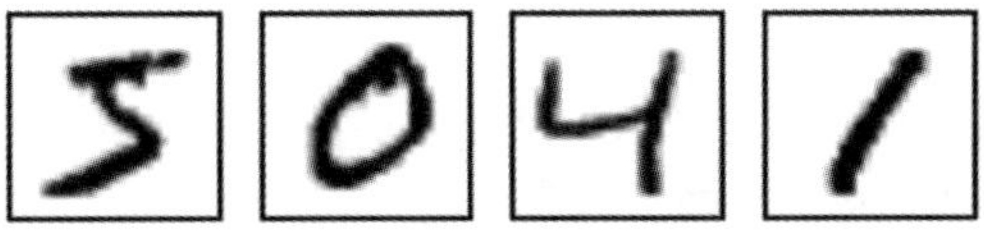

图 15.4 手写数字图像

MNIST 数据集（见表 15.3）可以通过其官网下载，也可以使用 TensorFlow 库中的模块自动下

载和安装。

表 15.3 MNIST 数据集

编 号	文 件	内 容
1	train-images-idx3-ubyte.gz	训练集图像——55000 张训练图像，5000 张验证图像
2	train-labels-idx1-ubyte.gz	训练集图像对应的数字标签
3	t10k-images-idx3-ubyte.gz	测试集图像——10000 张图像
4	t10k-labels-idx1-ubyte.gz	测试集图像对应的数字标签

MNIST 数据集在解压缩和重构后组成如表 15.4 所示的 MNIST 数据集对象。

表 15.4 MNIST 数据集对象

编 号	文 件	目 的
1	data_sets.train	55000 组图像和标签，用于训练
2	data_sets.validation	5000 组图像和标签，用于迭代验证训练的准确性
3	data_sets.test	10000 组图像和标签，用于最终测试训练的准确性

MNIST 数据集中的图像分辨率为 28 像素 × 28 像素，每张图像就是 1 行 784（即 28 × 28）列的数据。MNIST 数据集中的标签是 0 ~ 9 范围内的数字，用于描述给定图像中表示的数字。每个标签是一个 one-hot 向量，只有 1 位是数字 1，其余的为 0，如[1,0,0,0,0,0,0,0,0,0]表示数字 0。

可以查看 MNIST 数据集的相关信息。下面以 data_sets.train 文件为例介绍训练集中数据的相关信息。

（1）data_sets.train.images：训练集图像数据。

（2）data_sets.train.labels：训练集标签数据。

（3）data_sets.train.num_examples：训练集中的样本数。

（4）data_sets.train.images.shape：训练集图像数据的维数(55000, 784)。

（5）data_sets.train.labels.shape：训练集标签数据的维数(55000, 10)。

（6）data_sets.train.images[1].reshape(−1,28)：训练集中的索引为 1 且可转换为 28 像素 × 28 像素的二维数据。

（7）data_sets.train.labels[1]：训练集中索引为 1 的标签数据。

【例 15.5】 使用 TensorFlow 对 MNIST 数据集中的手写数字图像进行训练、测试和识别。

分析：本例的实现步骤如下。

（1）导入 MNIST 数据集。

（2）构建模型。

（3）训练模型。

（4）测试模型。

（5）保存模型。

（6）读取模型。

（7）验证模型。

程序代码：

```
import tensorflow as tf
import matplotlib.pyplot as plt
import time
# 1. 导入 MNIST 数据集
import tensorflow.examples.tutorials.mnist.input_data as inputdata
mnist = inputdata.read_data_sets("MNIST_data/",one_hot=True)
```

```
# 2. 构建模型
x = tf.placeholder(tf.float32,[None,784])                        # 图像数据
y_real = tf.placeholder("float",[None,10])                       # 标签真实值
# 学习参数：参数矩阵 W，偏置 b
W = tf.Variable(tf.zeros([784,10]))
b = tf.Variable(tf.zeros([10]))
y_predict = tf.nn.softmax(tf.matmul(x,W) + b)                    # 标签预测值
# 反向传播结构
train_cost = -tf.reduce_sum(y_real * tf.log(y_predict))          # 损失函数
# 优化器
optimizer = tf.train.GradientDescentOptimizer(0.01).minimize(train_cost)
# 设置模型保存路径
saver = tf.train.Saver()
model_path = "model/mnist_model.ckpt"
train_epochs = 2000                                              # 训练轮数
batch_size = 100                                                 # 每轮训练数据量
# 创建字典，保存训练过程中的参数信息
train_info = {"epoch":[],"train_cost":[],"train_accuracy":[]}
# 启动会话
with tf.Session() as sess:
  sess.run(tf.global_variables_initializer())                    # 初始化所有变量
  # 3. 训练模型
  start_time = time.time()
  print("1.训练模型")
  for epoch in range(1,train_epochs + 1):
    batch_xs,batch_ys = mnist.train.next_batch(batch_size)       # 训练数据
    opt,cost=sess.run([optimizer,train_cost],feed_dict={x:batch_xs,y_real:
     batch_ys})
    # 计算识别准确率
    train_cor_pred = tf.equal(tf.argmax(y_predict,1),tf.argmax(y_real,1))
    train_accuracy = tf.reduce_mean(tf.cast(train_cor_pred,tf.float32))
    train_acc = train_accuracy.eval({x:batch_xs,y_real:batch_ys})
    # 保存训练信息
    train_info["epoch"].append(epoch)
    train_info["train_cost"].append(cost)
    train_info["train_accuracy"].append(train_acc)
  end_time = time.time()
  print("模型训练时间：%.8f 秒."%(end_time - start_time))           # 模型训练时间
  # 用图形显示训练过程中的损失和识别准确率的变化情况
  print("训练过程中的损失(见图 15.5 左)和识别准确率的变化情况(见图 15.5 右):")
  plt.figure()
  plt.plot(train_info["epoch"], train_info["train_cost"], "r")
  plt.xlabel('x 轴 - 轮数', fontproperties='SimHei', fontsize=18)
  plt.ylabel('y 轴 - 损失', fontproperties='SimHei', fontsize=18)
  plt.xticks(fontsize=16)
  plt.yticks(fontsize=16)
  plt.legend(['train_cost','line'], fontsize=16)
  plt.figure()
  plt.plot(train_info["epoch"],train_info["train_accuracy"],"b")
  plt.xlabel('x 轴 - 轮数', fontproperties='SimHei', fontsize=18)
  plt.ylabel('y 轴 - 识别准确率',fontproperties='SimHei',fontsize=18)
  plt.xticks(fontsize=16)
  plt.yticks(fontsize=16)
  plt.legend(['train_accuracy','line'],fontsize=16)
  plt.show()
  # 4. 测试模型
  print("2.测试模型")
  test_cor_pred = tf.equal(tf.argmax(y_predict,1),tf.argmax(y_real,1))
  # 计算识别准确率
  test_accuracy = tf.reduce_mean(tf.cast(test_cor_pred, tf.float32))
  test_acc = test_accuracy.eval({x:mnist.test.images,y_real:
   mnist.test.labels})
```

```
    print("测试识别准确率:",test_acc)
    # 5. 保存模型
    save_path = saver.save(sess,model_path)
  # 启动会话
  with tf.Session() as sess:
    sess.run(tf.global_variables_initializer())
    # 6. 读取模型
    saver.restore(sess,model_path)
    # 7. 验证模型
    print("3.验证模型")
    # 计算识别准确率
    valid_cor_prediction = tf.equal(tf.argmax(y_predict,1),tf.argmax(y_real,1))
    valid_accuracy = tf.reduce_mean(tf.cast(valid_cor_prediction,tf.float32))
    print("验证识别准确率:",valid_accuracy.eval({x: mnist.validation.images,
     y_real:mnist.validation.labels}))
    # 输出验证结果
    output = tf.argmax(y_predict,1)
    batch_xs,batch_ys = mnist.train.next_batch(2)
    res,pred_v = sess.run([output,y_predict],feed_dict={x:batch_xs})
    print("识别结果:",res)
    print("标签:",batch_ys)
    print("手写数字图像(见图 15.6):")
    plt.imshow(batch_xs[0].reshape(-1,28))
    plt.show()
    plt.imshow(batch_xs[1].reshape(-1,28))
    plt.show()
```


运行结果：

```
1.训练模型
模型训练时间: 980.11700010 秒.
训练过程中的损失(见图 15.5 左)和识别准确率的变化情况(见图 15.5 右):
```

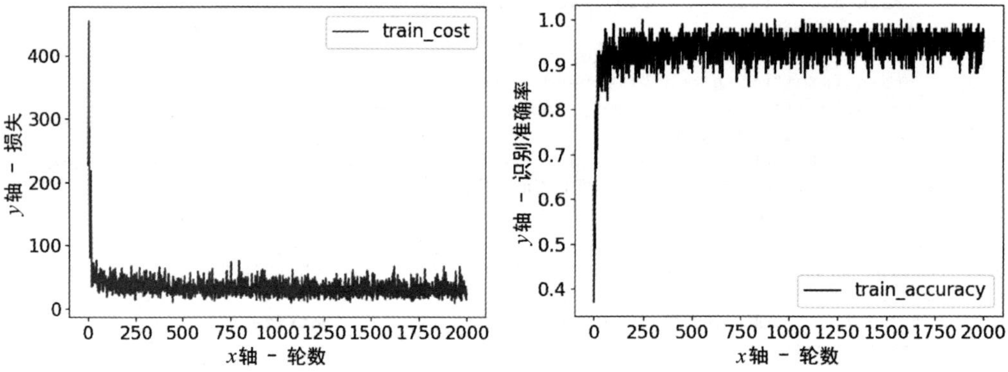

图 15.5　训练模型过程中的损失和准确率的变化情况

```
2.测试模型
测试识别准确率: 0.9206
3.验证模型
验证识别准确率: 0.9236
识别结果: [9 8]
标签: [[0. 0. 0. 0. 0. 0. 0. 0. 0. 1.]
 [0. 0. 0. 0. 0. 0. 0. 0. 1. 0.]]
```

手写数字图像如图 15.6 所示。

从运行结果可知，识别准确率为 92.36%，识别结果和标签、手写数字图像显示的结果一致，说明识别结果是正确的，识别准确率比较高。但是，识别准确率还是存在一定的误差，因此在不同的运行场景下也会出现识别错误的情况。

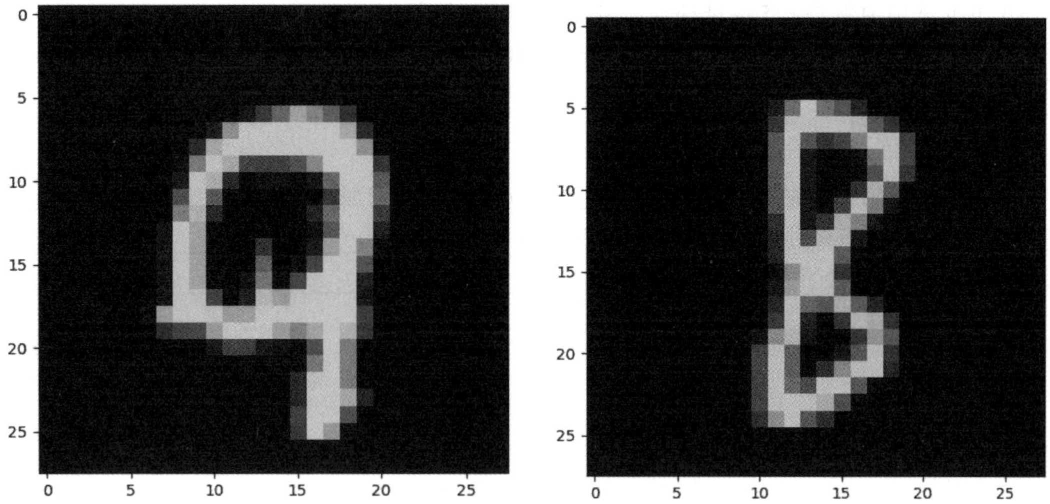

图 15.6　手写数字图像

本例中用于识别 MNIST 数据集手写数字图像的单层神经网络是比较基础的一种。读者也可以采用更多高级的神经网络，如多层神经网络、卷积神经网络等，对 MNIST 数据集中的手写数字图像进行训练、测试和识别，以得到更高的准确率。

练习题 15

1. 简答题

（1）人工智能、机器学习和深度学习之间的关系是什么样的？

（2）为什么说 Python 是学习和研究人工智能的首选语言？

（3）Sklearn 主要包含哪些功能？

（4）TensorFlow 有什么特点？

2. 选择题

（1）2016 年和 2017 年，在象征人类智力巅峰的围棋大赛上，分别战胜了世界围棋顶级棋手李世石九段和柯洁九段的是（　　）。

A. Google 的 AlphaGo　　B. IBM 的“深蓝”计算机

C. 苹果公司的 Siri　　D. 亚马逊的 Alexa

（2）下列选项中基本上不能支持人工智能程序开发的语言是（　　）。

A. LISP　　B. Prolog

C. Python　　D. Pascal

（3）Sklearn 中可用于聚类的模型是（　　）。

A. 线性回归　　B. K-最近邻算法

C. 贝叶斯分类　　D. 决策树

（4）由 Google 开发的一个非常火的深度学习框架是（　　）。

A. Caffe　　B. PyTorch

C. TensorFlow　　D. Keras

（5）下列选项中不是人工智能研究领域的是（　　）。

A．机器证明　　B．模式识别

C．编译原理　　D．人工生命

3. 填空题

（1）________被认为是 21 世纪三大尖端技术（另外两个是基因工程、纳米科学）之一。

（2）3 个人工智能与科学技术及工业等方面相结合的应用是________、________、________。

（3）Sklearn 中包含了大量优质的数据集，如________、________、________等。

（4）TensorFlow 中的数据称为________。

第 2 部分　实 验 篇

实验 1　Python 初步

一、实验目的

1. 掌握 Python 开发环境的下载、安装和使用方法（至少包括一种集成开发环境，如 PyCharm、Anaconda3 等）。

2. 掌握在 Python 开发环境中下载和安装第三方库的方法。

3. 掌握在 Python 程序中导入和使用模块的方法。

4. 熟悉 Python 程序结构，掌握编写、保存、运行 Python 程序的方法和步骤。

5. 掌握输入函数和输出函数的使用方法。

二、实验内容

1. 下载、安装和测试两种以上的 Python 开发环境（至少包括一种集成开发环境，如 PyCharm、Anaconda3 等）。

2. 使用 pip 命令（或国内镜像源）下载、安装和测试 NumPy、Pandas、SciPy 等常用第三方库。

3. 在 PyCharm 中下载、安装和测试 NumPy、Pandas、SciPy 等常用第三方库。

4. 分别在 Python 命令行界面和 IDLE 中使用交互方式运行语句 print('Hello,world!')。

5. 编写和保存一个简单的程序 hello.py，分别在 Python 命令行界面和 IDLE 中以文件方式运行，输出“你好，欢迎来到 Python 世界！”。

6. 通过键盘使用 input()函数输入一个学生的学号 sno、姓名 name、性别 sex、籍贯 native，然后使用 print()函数输出。输出结果如下（示例）。

学号: x1011, 姓名: 樊东东, 性别: 男, 籍贯: 上海

7. 在集成开发环境（如 PyCharm 等）中编写一个 Python 程序 pow.py，先导入数学模块 math，通过键盘输入一个浮点数 x，然后调用 math 模块中的数学函数 pow()计算该数的平方 y，分别以浮点数和科学记数法输出结果（均保留 2 位小数）。要求：给每条语句加上合适的注释。

实验 2　Python 编程基础

一、实验目的

1. 熟悉 Python 中的数据类型及特点。

2. 掌握变量的创建和使用方法。

3. 掌握字符串的创建、使用方法及常见字符串函数的使用方法。

4. 掌握各种运算符的使用方法。

5. 掌握常用内置函数的使用方法。

6. 掌握在 Python 开发环境中调试程序的方法。

二、实验内容

1. 编写一个程序，完成以下功能。

（1）使用 input()函数通过键盘输入 3 个浮点数作为长方体的棱长 len、height、width。

（2）计算并输出长方体的体积 volume 和表面积 surface_area。

2. 编写程序计算数学表达式 $\frac{3x+4\sqrt{x^2+2y^2}}{1+\cos z^3}$ 的结果并输出。

3. 编写程序求解方程 $x^2+4x+3=0$ 的 2 个根（x_1 和 x_2），然后使用字符串格式化函数输出结果：$\mathrm{x}_1=\mathrm{value1}, \mathrm{x}_2=\mathrm{value2}$。

4. 给定一个字符串 str ="君子之行,静以修身,俭以养德,非淡泊无以明志,非宁静无以致远"，编程实现如下功能。

（1）输出字符串 str。

（2）使用索引方式输出字符串 str 中的字符"静"、"俭"。

（3）使用切片方式输出子字符串"修身"、"养德"。

5. 用户通过键盘输入两个整数并赋给变量 x 和 y（提示信息为："请通过键盘输入 2 个非 0 的整数:"），计算这两个整数 x 和 y 的和 sum、差 minus、积 mul、商 div 和余数 mod，输出结果。要求:（1）使用一条语句结合内置函数 eval()给变量 x 和 y 赋值;（2）使用字符串的 format()函数进行格式化输出，其中，商保留 2 位小数。

6. 某公司采用公用电话传递 4 位整数数据，该数据在传递过程中是加密的。加密规则如下：对每个数位上的数字都加上 5，然后用得到的和除以 10 的余数代替该数位上的数字，再将第 1 位和第 4 位交换，第 2 位和第 3 位交换。编写程序实现上述功能。

7. 已知 list=[1, 2, 3, 4, 5, 6, 7, 8, 9, 10]，使用 Python 内置函数 filter()、map()等完成如下功能。

（1）将列表 list 中的元素按奇数和偶数进行过滤，将结果分别存储到两个新列表（list1 和 list2）中。

（2）将 list1 中的元素作为十位数和 list2 中对应位置的元素相加，将结果保存到列表 list3 中。

（3）输出 list1、list2 和 list3。

8. 在 PyCharm 中编写一个程序，完成如下功能。

（1）通过键盘给 4 个变量 a、b、c、d 赋浮点数值。

（2）编程计算 $f=\frac{(a+b)c}{d}$。

（3）在代码的合适位置设置断点，之后对程序进行调试，观察调试过程中各个变量值的变化。

实验 3　程序设计结构

一、实验目的

1. 熟悉程序设计结构的 3 种类型。

2. 掌握 if 单分支语句、if 二分支语句、if 多分支语句及 if 语句嵌套的使用方法。

3. 掌握 while 语句的使用方法。
4. 掌握 for 语句的使用方法。
5. 掌握循环结构嵌套的使用方法。

二、实验内容

1. 通过键盘输入 3 个数并赋给变量 a、b、c，按从大到小的顺序输出。
2. 给定一个不多于 5 位的正整数，要求：计算该正整数的位数；逆序打印出各数位上的数字。
3. 求 1～100 范围内能被 4 整除的所有数的和。
4. 判断并输出 100～1000 范围内的所有素数。
5. 有 1、2、3、4 四个数字，能组成多少个互不相同的 3 位数？
6. 编写一个程序，显示所有的水仙花数。水仙花数是指一个 3 位数的各数位上的数字立方和等于该数本身，如 $153 = 1^3 + 5^3 + 3^3$。
7. 输入年份和月份，判断该月有多少天。

提示：

（1）1 月、3 月、5 月、7 月、8 月、10 月、12 月有 31 天，4 月、6 月、9 月、11 月有 30 天。
（2）2 月在闰年有 29 天，在非闰年有 28 天。
（3）若年份能被 4 除且不能被 100 整除，或者能被 400 整除，则是闰年。

8. 编程输出如下图形。

```
      *
    * * *
  * * * * *
* * * * * * *
  * * * * *
    * * *
      *
```

9. 2015 年 6 月，我国迎来了 13 亿人口，若按人口数年增长率为 0.8%计算，则多少年后我国人口数超过 20 亿？

10. 甲和乙两个人做一笔换钱生意，规则为：甲每天给乙 10 万元钱，直到满一个月（30 天）；而乙第一天给甲 1 分钱，第二天给甲 2 分钱，第三天甲给 4 分钱……也就是说，乙每天给甲的钱是前一天的 2 倍，直到满一个月（30 天）。编程实现上述功能，分别显示甲给乙的钱和乙给甲的钱。

实验 4　组 合 数 据

一、实验目的

1. 熟悉组合数据的类型。
2. 掌握列表、元组、字典、集合等组合数据的创建和访问方法。
3. 掌握组合数据推导式的使用方法。
4. 熟悉组合数据的常见应用。

二、实验内容

1. 元组 grade = (68, 87, 83, 91, 93, 79, 68, 86, 66, 78)，要求实现如下功能。

（1）输出 grade 中的第 2 个元素。

（2）输出 grade 中的第 3～7 个元素。

（3）使用 in 运算符查询 grade 中是否包含成绩 87 并输出。

（4）调用 index()函数在 grade 中查找指定成绩为 78 的学生的位置（索引）index1 并输出。

（5）调用 count()函数查询成绩 68 在 grade 中的出现次数 count1 并输出。

（6）调用 len()函数获取 grade 中的元素个数 len1 并输出。

2. 列表 list1 中包含 10 个 1～100 范围内的随机整数，将 list1 中的奇数变成它的平方，偶数变成它的立方，并将结果保存在列表 list2 中，输出结果。

3. 列表 list1= [3, 8, 11, 26, 47]，要求通过键盘输入一个新的元素，并将该元素插入 list1 中，保持 list1 中的元素有序。编程实现上述功能。

4. 编写一个程序，删除列表 list1=[8,4,3,2,9,6,5,3,8,1,7,2,4,5,6]中的重复元素并输出。

5. 集合 set1 = {2, 5, 9, 1, 3}，set2 = {3, 6, 8, 2, 5}，调用集合操作符或函数完成以下功能并输出结果。

（1）向 set1 中添加一个新的元素 7。

（2）求 set1 和 set2 的并集。

（3）求 set1 和 set2 的交集。

（4）求 set1 和 set2 的差集。

（5）判断关键字 key = 4 是否在 set1 或 set2 中。

6. 计算小明一天的生活费用，包括“早餐”费用、“中餐”费用、“晚餐”费用、“其他费用”等。要求使用字典完成（字典名为 fee_dict），其中“早餐”“中餐”等为键（key），具体费用为值（value），并给这些费用设定合理的值，计算费用总和 fee_total 并输出。

7. 将某班学生的“Python 程序设计”课程成绩保存在字典 score_dict 中，学号为键（key），分数为值（value）。实现如下功能，并输出每个步骤的结果。

（1）向字典中添加学生成绩。

（2）修改字典中指定学生的成绩。

（3）删除指定学生的成绩。

（4）查询指定学生的成绩。

8. 列表 list1=[1,2,3,4,5,6,7,8,9]，要求实现如下功能并输出结果。

（1）使用列表推导式将列表 list1 中的奇数取出并存放在列表 list2 中，将偶数取出并存放在列表 list3 中。

（2）使用列表推导式将 list2 中的元素作为十位数，list3 中的元素作为个位数，并将结果存放在列表 list4 中。

实验 5　函　　数

一、实验目的

1. 掌握函数的定义和调用方法。

2．掌握函数参数传递原理和方法。

3．掌握匿名函数、递归函数、嵌套函数的创建和调用方法。

4．掌握变量类型和作用域。

二、实验内容

1．编写一个函数 func(n)，接收一个十进制整数 n 作为参数，返回一个二进制整数。

2．编写两个函数，其中一个函数计算并返回斐波那契数列第 i 项（使用递归函数实现）；另一个函数计算并返回斐波那契数列前 10 项的和，并对其进行测试。

3．编写一个函数 func(str)，计算并返回字符串 str 中的数字、字母及其他类型字符的个数。

4．编写一个函数 func(str1, str2)，将字符串 str1 中出现的字符串 str2 删除，并作为函数的结果返回。

5．编写一个函数 func(n)，实现如下功能。

（1）如果传入的参数 n 为偶数，函数返回数学表达式 $\frac{1}{2}+\frac{1}{4}+\cdots+\frac{1}{2n}$ 的结果。

（2）如果传入的参数 n 为奇数，函数返回数学表达式 $\frac{1}{1}+\frac{1}{3}+\cdots+\frac{1}{2n+1}$ 的结果。

6．现有 5 个人坐在一起。向第 5 个人询问其年龄，他说他比第 4 个人大 2 岁；向第 4 个人询问其年龄，他说他比第 3 个人大 2 岁；向第 3 个人询问其年龄，他说他比第 2 个人大 2 岁；向第 2 个人询问其年龄，他说他比第 1 个人大 2 岁；向第 1 个人询问其年龄，他说他 10 岁。问：第 5 个人的年龄是多少岁？（分别使用非递归函数和递归函数实现。）

7．如果一个正整数的所有因子（包括 1，不包括它本身）之和与该数相等，则这个数称为完数。例如，6 是一个完数，因为 6=1+2+3。编写一个函数 isWs(n)，判断传入的正整数是否为完数，若返回 True，则是完数；若返回 False，则不是完数。

8．验证哥德巴赫猜想：任意一个大于 2 的偶数都可以表示为两个素数之和。编写一个函数 isGDBH(n)，将传入的 4 ~ 100 范围内的偶数表示为两个素数之和，并将结果保存在列表中返回。例如，函数传入参数为 10，则返回["10=3+7","10=5+5"]。

9．编程实现如下功能。

（1）编写 3 个函数，分别求三角形、矩形和圆形的周长。

（2）使用装饰器对上述 3 个函数的传入参数进行调用和合法性检查。

实验 6　面向对象程序设计

一、实验目的

1．理解类和对象的概念，掌握类的定义和使用方法。

2．熟悉类的成员和方法的类型，掌握其定义和使用方法。

3．掌握类的属性及其使用方法。

4．掌握派生类的创建和使用方法。

5．理解类的多态含义，掌握类的多态实现方法。

6．掌握抽象类和抽象方法的使用方法。

二、实验内容

1．编程实现如下功能。

（1）定义一个抽象类 Shape，在 Shape 类中定义求面积的抽象方法 getArea()和求周长的抽象方法 getPerimeter()。

（2）分别定义继承 Shape 类的 3 个子类，即 Triangle、Rectangle 和 Circle，在这 3 个子类中重写 Shape 类中的方法 getArea()和 getPerimeter()。

（3）创建 Triangle 类、Rectangle 类和 Circle 类的对象，对这 3 个类中的方法进行调用测试。

2．设计一个超市进销存管理系统，要求如下。

（1）系统包括 7 种操作，分别是：1——查询所有商品；2——添加商品；3——修改商品；4——删除商品；5——卖出商品；6——汇总；-1——退出系统。

（2）选择操作序号“1”，显示所有商品。

（3）选择操作序号“2”，添加新的商品（包括商品名称、数量和进货价格）。

（4）选择操作序号“3”，修改商品。

（5）选择操作序号“4”，删除商品。

（6）选择操作序号“5”，卖出商品（包括商品名称、数量和销售价格）。

（7）选择操作序号“6”，汇总当天卖出的商品，包括每种商品的名称、数量、进货总价、销售总价等。

（8）选择操作序号“-1”，退出系统。

实验 7　模块、包和库

一、实验目的

1．了解模块、包、库的概念、区别和联系。

2．掌握常用标准库模块的功能和使用方法。

3．掌握常用第三方库的功能和使用方法。

4．掌握自定义模块的创建和使用方法。

二、实验内容

1．使用 turtle 模块绘制一个五角星。

2．使用 datetime 模块获取当前时间，并指出当前时间的年、月、日、周数，以及当天是该周的第几天？

3．使用 os 模块获取当前项目工作路径，并输出当前工作路径下的所有文件。

4．编写一个计算 $\sum_{i=1}^{10000} i$ 的函数，使用 timeit 模块计算该函数的执行时间。

5．使用 random 模块和 NumPy 库生成一个 3 行 4 列的多维数组，数组中的每个元素为 1 ~ 100 范围内的随机整数，之后求该数组中所有元素的平均值。

6．使用 Pandas 库创建一个数据帧（DataFrame），之后输出某行、某列和某个单元格的数据。

7. 使用 Matplotlib 库绘制 $y=2x+1$ 和 $y=x^2$ 的图形，并设置坐标轴的名称和图例。
8. 编写一个程序，对一篇中文文章进行分词和统计，并使用词云图展示结果。
9. 自定义一个模块，之后在其他源文件中进行调用、测试。

实验 8　正则表达式

一、实验目的

1. 了解正则表达式的基本概念和处理过程。
2. 掌握使用正则表达式模块 re 进行字符串处理的方法。

二、实验内容

1. 编写一个程序，使用正则表达式校验输入的手机号是否正确。
2. 编写一个程序，使用正则表达式校验输入的车牌号是否正确。
3. 编写一个程序，使用正则表达式对某新闻网站的内容进行解析，找出该网站报道的当天热点事件。

实验 9　文 件 访 问

一、实验目的

1. 了解文件的基本概念和类型。
2. 掌握在 Python 中访问文本文件的方法和步骤。
3. 熟悉在 Python 中访问二进制文件的方法和步骤。

二、实验内容

1. 编写一个程序，通过键盘将曹操的《观沧海》写入文本文件 gch.txt 中。
2. 编写一个程序，实现如下功能。
（1）随机产生 20 个 1 ~ 100 范围内的整数，并写入文本文件 sjs.txt 中。
（2）从文本文件 sjs.txt 中读取数据，计算并输出标准方差。
3. 编写一个程序，将文本文件 file1.txt 中的内容复制到文本文件 file2.txt（空文件）中。
4. 编写一个程序，将文本文件 file1.txt 中的内容连接到文本文件 file2.txt 的内容后面。
5. 创建一个名为 grade.csv 的文件，通过 input()函数向文件中写入学生的相关信息，格式为“姓名，性别，年龄，语文成绩，数学成绩，英语成绩”，当输入“−1”时结束输入。统计所有学生的总成绩、排序，并写入新文件 statistics.csv 中。
6. 现有两个文本文件（a.txt 和 b.txt），各存放一行英文字母，要求把这两个文件中的信息合并（按字母顺序排列）后写入一个新文件 c.txt 中。

7. 编写一个程序，分别将一个数字、字符串、列表、元组、字典和集合写入一个二进制文件 bFile.dat 中，之后从二进制文件 bFile.dat 中读取并显示。

8.（选做）使用二进制读/写模块（如 pickle）编写一个程序，实现如下功能。

（1）将给定音乐文件（如 a.mp3）转化为数组并保存为二进制文件 a_bin.dat。

（2）从二进制文件 a_bin.dat 中读取数组并重新恢复为音乐文件。

实验 10　异常处理和单元测试

一、实验目的

1. 了解异常的基本概念和常用异常类。
2. 掌握异常处理的格式和处理方法。
3. 掌握断言语句的作用和使用方法。
4. 了解单元测试的基本概念和作用。
5. 掌握在 Python 中使用测试模块进行单元测试的方法和步骤。

二、实验内容

1. 编程实现如下功能。

（1）定义一个利用列表实现队列的类 List_Queue，可以实现队列元素进入、删除、求队列长度等功能。

（2）定义一个异常处理类 List_Queue_Exception，对 List_Queue 类中可能出现的异常进行处理。

2. 编程实现如下功能。

（1）定义一个实现算术运算的类 Arithmetic_Operation，可以实现两个整数的加法、减法、乘法和除法等运算。

（2）定义一个测试类 Test_Arithmetic_Operation，对 Arithmetic_Operation 类中的功能进行测试。

实验 11　数据库访问

一、实验目的

1. 了解在 Python 程序中能够访问的数据库类型。
2. 掌握在 Python 中操作不同数据库（如 SQLite3、Access、MySQL 和 MongoDB 等）的方法和步骤。

二、实验内容

1. 编写一个学生成绩管理系统，实现对学生成绩的管理，要求如下。

（1）将成绩信息存储在数据库中，可以选择 SQLite3、Access、MySQL、MongoDB 或其他数据库中的一种作为数据库。

（2）数据库中只有一张数据表，即学生成绩表 tb_grade。该表至少包括下列字段：sno（学号）、sname（姓名）、sex（性别）、birthday（出生日期）、maths（高等数学）、english（英语）和 os（操作系统）。

（3）程序运行后，可以动态地从系统中查询、添加、修改和删除学生成绩。

2. 编写一个员工信息管理系统，实现对员工信息的管理，要求如下。

（1）将员工信息存储在数据库中，可以选择 SQLite3、Access、MySQL、MongoDB 或其他数据库中的一种作为数据库，但不能与第 1 题所选择的数据库相同。

（2）数据库中有 3 张表：员工信息表 tb_emp、专业表 tb_profession、部门表 tb_dept。

（3）员工信息表 tb_emp 中包括下列字段：eid（编号）、name（姓名）、sex（性别）、birthday（出生日期）、intro（个人介绍）、profession（专业）和 dept（部门）。专业表 tb_profession 中包括下列字段：id（编号）和 name（名称）。部门表 tb_dept 中包括下列字段：id（编号）、name（名称）。

（4）专业表 tb_profession 中的 id 和部门表 tb_dept 中的 id 分别是员工信息表 tb_emp 中字段 profession 和 dept 的外键。

（5）程序运行后，可以从系统中查询、添加、修改和删除员工信息。

实验 12　图形用户界面编程

一、实验目的

1. 掌握使用 wxPython 编制图形用户界面程序的方法和步骤。
2. 掌握 wxPython 中图形用户界面的事件响应机制。
3. 掌握 wxPython 中各种常用控件的使用方法。
4. 掌握 wxPython 中布局策略的设计与使用。

二、实验内容

1. 使用 wxPython 编写一个计算器程序，该程序具有加、减、乘、除、乘方、平方根、正弦、余弦等基本功能。

2. 使用 wxPython 编写一个记事本程序，该程序具有以下功能。

（1）包含 4 个菜单，分别是“文件”“编辑”“格式”“帮助”。

（2）“文件”菜单中包括“新建”“打开”“保存”“退出”等菜单项，能够实现相应的新建文件、打开文件、保存文件和退出系统等功能。

（3）“编辑”菜单中包括“复制”“剪切”“粘贴”等菜单项，能够对记事本中选择的内容进行复制、剪切和粘贴等。

（4）“格式”菜单中包括“修改字体”等菜单项，能够对选择的文字进行字体类型、大小和颜色等的修改。

（5）“帮助”菜单中包括“关于”和“系统信息”等菜单项。

实验 13　多进程与多线程

一、实验目的

1．了解进程和线程的概念、区别、联系。

2．掌握在 Python 中创建多进程，以及实现进程通信及进程同步的方法和步骤。

3．掌握在 Python 中创建多线程，以及实现线程通信及线程同步的方法和步骤。

二、实验内容

1．编写一个多进程程序，实现对列表中的元素（数字类型）进行并行计算（求各个元素的立方），并将结果写入一个文本文件中。

2．编写一个多线程程序，模拟客户在指定时间内通过网上商城抢购热销商品的情况，并将结果写入 CSV 文件中。

提示：可以将供抢购的商品名称、价格和数量预先设定并存放在一个字典中，客户通过网上商城抢购商品的类型和数量是随机确定的。

实验 14　网络程序设计

一、实验目的

1．了解 TCP 和 UDP 的工作原理。

2．了解 IP 地址和端口的含义及作用。

3．掌握 Socket 编程的基本方法和步骤。

4．掌握常见网络程序的编制方法。

5．掌握使用 Django 编写 Web 程序的方法和步骤。

二、实验内容

1．使用基于 TCP 或 UDP 的套接字编程模型编写一个智能聊天机器人程序。

2．使用 Scrapy 库编写一个网络爬虫，爬取某个城市的楼市信息。

3．使用 Django 编写一个 Web 网站或程序（如网上商店、新闻网站、博客等），该 Web 网站或程序具有对网站或程序中的内容进行查询、添加、修改、删除和统计等功能。

实验 15　Python 与人工智能

一、实验目的

1．熟悉使用 Sklearn 库开发机器学习程序的基本方法和步骤。

2．熟悉使用 TensorFlow 框架开发深度学习程序的基本方法和步骤。

二、实验内容

1．使用 Sklearn 库中的模型对数据集（Sklearn 中的现有数据集、创建的数据集或真实数据集）进行分类、预测或聚类。

2．使用 TensorFlow 框架对选择的数据集（TensorFlow 官方提供的数据集、创建的数据集或真实数据集）进行学习并应用学习结果。

参 考 文 献

[1] 董付国. Python 程序设计基础[M]. 北京：清华大学出版社，2018.

[2] 董付国. Python 程序设计[M]. 北京：清华大学出版社，2018.

[3] 刘卫国. Python 程序设计[M]. 北京：电子工业出版社，2015.